시그널

시그널

초판 1쇄 발행 2019년 5월 27일
초판 9쇄 발행 2019년 10월 10일

지은이 피파 맘그렌 / **옮긴이** 조성숙

펴낸이 조기흠
편집이사 이홍 / **책임편집** 정선영 / **기획편집** 유소영, 이수동, 송병규, 박단비
마케팅 정재훈, 박태규, 김선영, 홍태형 / **디자인** 필요한 디자인 / **제작** 박성우, 김정우

펴낸곳 한빛비즈(주) / **주소** 서울시 서대문구 연희로2길 62 4층
전화 02-325-5506 / **팩스** 02-326-1566
등록 2008년 1월 14일 제 25100-2017-000062호

ISBN 979-11-5784-326-8 03320

이 책에 대한 의견이나 오탈자 및 잘못된 내용에 대한 수정 정보는 한빛비즈(주)의 홈페이지나
이메일(hanbitbiz@hanbit.co.kr)로 알려주십시오. 잘못된 책은 구입하신 서점에서 교환해드립니다.
책값은 뒤표지에 표시되어 있습니다.
홈페이지 www.hanbitbiz.com / **페이스북** hanbitbiz.n.book / **블로그** blog.hanbitbiz.com

지금 하지 않으면 할 수 없는 일이 있습니다.
책으로 펴내고 싶은 아이디어나 원고를 메일(hanbitbiz@hanbit.co.kr)로 보내주세요.
한빛비즈는 여러분의 소중한 경험과 지식을 기다리고 있습니다.

Signals

How Everyday Signs Can Help Us
Navigate the World's Turbulent Economy

시그널

일상의 신호가 알려주는
격변의 세계 경제 항해법

피파 맘그렌 지음 | 조성숙 옮김

버 한빛비즈
Hanbit Biz, Inc.

들어가는 말

보통은 세계 경제에 가장 무심한 사람들이 세계 경제의 요동에 가장 호되게 고통을 받는다. 정말로 아이러니한 일이다. 반면에 세계 경제에 가장 깊은 관심을 내보이는 경제 전문가라는 사람들은 한결같이 잘못된 판단과 결정을 반복한다. 경제학자도 다른 전문가도 지난 10년간 굵직한 경제 사건의 조짐을 번번이 놓치기만 했다. 2008년 금융위기, 중국의 성장세 둔화, 미국의 경기 회복, 브렉시트, 트럼프 당선, 인플레이션의 귀환, 반유럽연합과 반유로화 움직임의 부상을 그들은 예상하지 못했다. 지식인도 비지식인도 이해하지 못할 힘에 허둥대기만 했다. 저건 폭풍이야, 우리가 뭐 어쩔 수 있는 게 아니야. 그게 우리 모두의 태도였다.

하지만 내 눈에는 이 사건들이 다가오고 있는 것이 보였다. 나는 위기 사건에 대해 글을 쓰고 경고했고, 그럴 때마다 조롱을 받았다. 내가 남보다 더 똑똑하다거나 제반 정보와 지식이 더 훌륭해서 그 조짐을 읽은 것은 아니었다. 나는 다만 두 눈을 크게 뜨고 있었을 뿐이었다. 조금 많이 유치하고 비웃음을 당할 만한 답변이지만 사실이다.

확연한 신호를 우리가 매번 놓치는 이유는 무엇인가? 2016년 미국 대통령 선거 여론 조사에서는 힐러리 클린턴의 승리를 낙관했다. 하지만 클린턴의 유세장을 찍은 사진을 보면 자리가 듬성듬성한 반면, 트럼프의 유세장 사진에는 빈자리 없이 사람들이 입장하려고 줄까지 길게 서 있었다. 최종 승자가 누구인지는 이제 다 안다.

전문가가 이런 중요한 신호를 놓치는 이유는 단순하다. 외눈박이처럼 세상을 보는 태도를 버리지 않아서다. 사람들은 수학적 방법론과 전문적 식견이라는 좁은 굴뚝에 푹 파묻힌 채 세상을 깊숙이 파헤치기를 좋아한다. 그들은 숫자가, 데이터가, 모델이, 여론 조사가, 아니면 너무 따분하고 복잡해서 일반인은 관심을 갖지도 이해하지도 못하는 합리적인 수학 모델이 유일하게 합당한 답을 알려줄 수 있다고 믿는다.

게다가 수학이라는 렌즈를 낀 상태로만 세상을 바라보면 우리는 과거의 노예가 된다. 어쨌거나 데이터는 과거지향적이다. 데이터는 어제 일어난 결과만을 확인해준다. 과거를 미래에 대입하는 것은 듣기에는 그럴듯하지만, 우습게도 금융시장에서는 지양하는 방법이기도 하다. 투자상품 계약서에는 "과거의 수익은 미래의 성과를 보장하지 않습니다."라는 경고 문구가 반드시 적혀 있어야 한다. 그러나 우리는 경제의 과거 실적이 어떤 식으로건 미래를 예측하는 잣대가 된다고 가정한다.

내 주장을 감히 말하자면, 분석 방법 '자체'에 문제가 있다. 계속 한쪽 눈을 감고서 세상을 본다면 우리는 계산할 수 없는 것은 고려 대상에 포함시키지도 않을 것이다.

우리는 지평 전체를 돌아보면서 스토리, 일화, 서사, 전체 상황 등 수학적 계량화가 불가능한 신호는 살피려 하지 않는다. 그러나 둘 다 할 수 있다. 포장은 똑같은데 전보다 줄어든 포테이토칩과 전보다 줄어든 초콜릿 개수, 똑같은 상자인데 중량은 줄어든 시리얼은 우리 눈으로도 얼마든지 확인할 수 있다. 이 모든 것은 투입비가 올랐다는 신호이다. 따라서 생활비가 상승하지 않았다고 중앙은행이 아무리 말할지라도, 확인 자료가 나오기 전에도, 미래의 생활비가 오를 것이라는 암시는 '지금' 드러난다.

신호는 데이터에 아직 포함되지 않은 미래에 대한 힌트이다. 두 눈을 다 뜨고 세상을 바라보면 우리는 더 넓고 전체적인 시각으로 세상을 조망할 수 있다. 세상은 수학적 정리만으로 이루어지지 않는다. 아인슈타인의 말처럼 "중요하다고 해서 다 셀 수 있는 것은 아니다."

우리가 세계 경제를 온전히 이해하지 못하는 데에는 다른 중요한 요소도 작용한다. 예를 들어, 이유는 찾기 힘들지만 교육수준이 높은 사람들 사이에는 어떤 전문적 식견이건 지표이건 그것을 반증할 또 다른 등치가 있다는 일종의 의심이 존재한다. 이로 인해 우리가 어떤 정치나 경제 사실에 보이는 관심은 어느샌가 의견으로 조금씩 바뀐다. 이렇게 해서 우리는 탈진실post-truth(사실이나 진실보다 감정과 느낌에 호소하는 것이 사회적으로 더 많은 공감을 얻는 현상-옮긴이)과 대안적 사실alternative fact(진실이나 사실에서 벗어나는 것을 사회가 수용하는 현상. 탈진실과 비슷하다.-옮긴이)의 새로운 시대를 시작했다.

개별 일화는 중요한 사실인가? 아닐 수도 있다. 그러나 개별 일화가 보여주는 증거도 도움이 될 수 있다. 우리가 고려해야 할 스토리가 주위에 있다. 패션을 예로 들어보자. 나는 이 책의 1장에서 전통 경제학자는 귀담아듣지 않는 패션계의 신호를 거론한다. 어떤 경제학자도 패션을 미래의 중요한 지표로 생각하지 않지만, 2017년의 정계와 경제계는 두 모자 진영으로 갈라져 아주 중요한 싸움을 벌였다. 한쪽 진영은 도널드 트럼프의 선거 구호인 "미국을 다시 위대하게"라는 슬로건이 새겨진, 윗부분이 약간 각지고 뻣뻣한 빨간 모자를 쓰고 다녔다. 반대 진영은 핑크색 니트로 짠 '퍼시 햇pussy hat(양쪽으로 귀를 상징하는 삼각형이 삐죽이 솟아 있는 분홍색 니트 모자-옮긴이)'을 쓰고 다녔다. 이것은 트럼프 진영에 대한 반대를 상징하고, 더 부드럽고 더 포괄적으로 미래를 수용한다는 뜻을 대변하고 있었다. 뒤에서도 나오지만, 지금 들끓는 사회 구성의 문제에 대한 해결책은 시민과 그들 정부 사이에 새로운 사회계약(새로운 거래)을 위한 씨실과 날실이 엮일 때 나오게 될 것이다. 그 해결책은 스티치로 문구를 박아 넣거나 니트 모자를 엮는 단순한 행동에서 시작되었다. 이 두 모자만큼 지금의 세계를 분명하게 설명해주는 데이터 포인트가 있다면 나도 한번 보고 싶다.

아집에 사로잡힌 전문 경제학자와 '전문가'는 작은 일화도 엄격한 숫자만큼 중요하다는 사실에는 눈을 감는다. 그들은 거의 언제나 틀리면서도 숫자에 대한 굳은 확신은 버리지 않는다. 이 전문가들은 세계 각국 중앙은행에서 사실상 인플레이션을 일으키는 정책을 대대적으로 펼쳤음에도 불구하고 인플레이션이 없다고 말한다. 크게 뜬 내 두 눈에는 인플레이션이 유발한 결과가 빤히 보인다. 한 예로, 미국 오리건주 포틀랜드시에서 일어난 폭력 시위에 모두가 깜짝 놀랐다. 2015년에만 임대료가 15% 올랐고 2016년도에도 계속 오른 것을 왜 아무도 눈여겨보지 않았는가? 인플레이션은 정말로 없는가? 포틀랜드 시민은 고통을 체감하고 있었다. 우리는 시민의 고통을 무시하고 심지어 고통의 원인도 무시한다. 영국에서는 브렉시트 찬반 투표 전에 난방비, 철도 요금, 학교 등록금, 집값이 동시다발적으로 올랐지만, 많은 전문가가 심각한 경제적 고통에 시달리는 영국 시민이 브렉시트 찬성에 표를 던질 것이라고는 미처 예상하지 못했다.

아무도 그 의미를 주시하지 않던 신호가 일순간 큰 혼란을 만들어내기도 한다. 2016년 말, 삼각형 모양으로 유명한 초콜릿 바를 만드는 토블론Toblerone에서 원가 절감을 위해 삼각형 사이를 넓힌다는 결정을 내렸을 때 소비자 분노가 치솟았던 것을 생각해보자. 삼각형 사이를 넓히면 당연히 원재료가 적게 들어간다. 회사는 원가를 줄였지만 대신에 소비자의 분노라는 폭풍우를 맞이했다. 이른바 토블론 게이트Tobleronegate였다. 토블론의 투입비 상승이 생활비 전반의 상승 가능성을 암시한다고 받아들인 사람은 거의 없었다. 인플레이션이 일어나고 있다는 것은 선진국 중앙은행에서도 확답을 내놓은 사안이다. 토블론 사태가 우리의 분노를 부추길 만한 일인가? 초콜릿 바나 립스틱이나 다른 일상용품의 가격 상승은 경제 전체에서 본다면 별로 중요하지 않을 수 있다. 그러나 이 작은 물건들이 시민에게는 상호행동의 수단이다. 이 작은 물건들에서 얻는 고통이나 기쁨이 경제 지평 전반의 분위기를 좌우하는 무대를 만든다.

무언가 더 중대한 위험이 닥치고 있다. 과거에도 헛발질 일쑤이던 경제학자와 전문가 들은 지금도 숫자 계산만 가지고 우리의 미래를 설명하려 한다. 그들은 미래를 상당히 비관한다. 그러므로 우리는 질문을 던져야 한다. 이 전문가들은 어떤 근거를 가지고 예측을 하는가?

중앙은행 관료가 애플과 사과를 비교하는 방식을 살펴보자. 중앙은행은 아이폰이나 아이패드의 연산력이 하루가 다르게 올라가면서 생활비가 떨어지고 있다고 말한다. 연산력의 단위당 가격 하락이 다른 생활비 상승을 보전해주고 있다는 말이다. 집에서 향상된 연산력을 잘 활용할 줄 아는 식구는 열네 살 자식밖에 없다는 사실은 일단 넘어가자. 우리는 왜 중앙은행 관료가 컴퓨터 연산력 향상에 맞춰 생활비를 하락 조정하는 일은 흔쾌히 하면서, 삶의 질 하락에 맞춰 생활비를 상승 조정하는 일은 하지 않는지 질문해야 한다.

사과는 수십 년 동안 유통기한이 조금씩 늘어났지만 맛은 예전만 못하다. 2017년 2월에는 갈변하지 않는 유전자 조작 사과가 마트에 첫선을 보였다. 누군가의 말처럼, 사과 맛이 예전보다 못하지만 유통기한이 늘어난 것은 사과 질의 하락을 뜻하는 것일 수 있다. 생활비를 계산할 때 애플 컴퓨터 제품군의 연산력 향상이 사과의 품질 하락을 상쇄해준다고 봐야 하는가? 애플과 사과처럼 작은 것이 사람들의 삶에 영향을 미치고 고통과 분노를 유발한다. 그리고 종국에는 더 큰 정치적 움직임으로 진화한다. 이런 비약에는 약간의 상상력이 필요하다. 그리고 상상력이야말로 경제학자들도 말하지만 미래 예측의 핵심이다.

모든 곳의 경제학자와 전문가가 브렉시트, 트럼프 당선, 중국의 성장세 둔화에 놀랐다고 말하지만, 유럽 대륙 전체가 유럽연합EU이나 유로화에 반대하는 데 표를 던질 리 없다고 자신한다. 문제는 유럽인이 그들의 사회계약이 얼마나 심각한 수준으로 훼손되었는지를 깨닫기 시작했다는 것이다. 영국의 브렉시트 찬반 투표 다음 날 아침, 금융시장은 이탈리아 은행 채권을 한꺼번에 매물로 쏟아냈다. 영국이 유럽연합을 탈퇴한다면 (채무 문제가 굉장히 심각한) 이탈리아도 탈퇴할지 모른다. 이탈리아 정부가 내놓은 대응책은 브렉시트 가결 후 주주가치가 약 98% 사라진 한 은행에(세계에서 가장 오래된 은행인 방카 몬테 데이 파스키 디 시에나Banca Monte dei Paschi di Siena, BMPS) 50억 유로의 긴급 구제금융을 행하는 것이었다(2017년 7월 유럽연합은 이탈리아 정부의 54억 유로 규모 BMPS 구제금융을 허용했다.-옮긴이). 시민들은 고개를 갸웃거렸다. "25세 이하 청년 실업률이 39%나 되어도 자기들 잘못은 하나도 없다며 단 5센트도 내놓으려 하지 않던 정부에서 몰락한 은행을 위한 돈은 어떻게 마련했다는 것인가?" 유럽의 시민 사이에서는 사회계약의 재협상이 필요하다는 주장이 거세질 수밖에 없는 상황이다.

유로화 체제에서의 이탈이 '더는 생각도 못할 일은 아니다.'라는 유럽 전역 고위 관료의 말은 정말로 뜬금없는 발언인가? 내 생각은 이렇다. 그리스는 쉽지 않더라도 유로화 체제에서 벗어나야 한다. 유로화 체제에서 벗어나면 유럽연합 전체는 아닐지라도 그리스는 통화 가치를 절하하고 다시금 성장의 계기를 맞을 수 있을 것이다. 그리스가 얼마나 큰 고통을 받았는지는 여러 곳에서 드러나고 있다. 그러나 유럽 대륙 전체의 '반대' 분위기는 우리의 눈을 가리고 있다.

수정구를 보듯 투명하게 미래를 예측할 수 있는 사람은 아무도 없다. 우리는 불확실한 미래를 예측하는 것을 목표로 삼아서는 안 된다. 그보다는 어떤 미래가 다가오든 준비를 단단히 다지는 것을 목표로 삼아야 한다.

지금 드러나는 신호는 무엇인가? 이 책의 초판이 발행되고 나서 무수한 사건이 발생했다. 그러나 2015년 크라우드 펀딩을 받고 2016년 웨이든펠드 앤드 니콜슨Weidenfeld and Nicolson 출판사 앨런 샘슨Alan Samson의 조언과 충고를 받으며 책을 출간한 후에 벌어진 여러 사건은 내 주장에 설득력을 더해주었다고 믿는다.

사회계약

위험해진 것은 우리 개인의 처지, 일자리 전망, 의료비, 아이의 미래만이 아니다. 더 큰 것이 위험해졌다. 서로 충돌하는 알력과 작용이 사회라는 조직에 압력을 가하고 있다. 시민과 그들의 국가는 언제나 사회계약을 체결한다. 채무 부담의 압력은 사회계약을 파기 직전으로 몰고 있으며, 정치 지도자가 사회계약의 약속을 제대로 이행하는 것은 불가능해졌다.

어떤 때는 사회계약에 굉장히 심각한 압박이 가해져서 시민이 더는 시스템 자체를 믿지 못하게 된다. 아랍의 봄은 정부 시스템 전체가 붕괴되는 결과를 불러왔다. 브렉시트는 유럽연합이라는 초국가적 시스템으로부터 영국을 빼내려는 시도이다. 트럼프 대통령은 취임 연설에서 자신의 당선은 정치 시스템 전체를 뒤집어야 한다는 국민의 뜻이 반영된 것이라고 말했다. "우리는 워싱턴 D.C.의 힘을 들어내 국민인 여러분에게 되돌려줄 것입니다." 그를 어떻게 생각하건 또 이 연설의 진짜 의중이 무엇이건, 힘은 더 이상 전통적인 권력자의 것도 아니고 전통적인 방식으로 발휘해서도 안 된다는 개념만은 깊이 새겨야 한다. 이런 생각에 마음이 기우는 시민이 늘고 있다.

사회계약이 위기에 처한 큰 원인은 과다한 채무이다. 채무 부담은 계속 늘었다. 지난 10년간 미국의 채무액은 두 배로 늘어 20조 달러 돌파를 눈앞에 두고 있다(2018년에는 21조 달러를 넘어섰다.-옮긴이).

'부국'이라고 생각되는 나라들조차 정부가 과거처럼 돈을 푸는 정책을 펼치지 못하면서 사회계약 파기의 위기가 닥쳤다. 예를 들어, 사우디아라비아가 전통적인 이슬람력을 폐기하고 2016년 10월부터 양력인 그레고리우스력을 사용하기로 결정한 것도 명백한 신호이다. 그게 무슨 경제 신호인가 싶을 수 있다. 하지만 사우디아라비아가 굳이 힘들게 달력을 바꾼 이유가 있다. 그러면 사우디아라비아는 11일 치의 공무원 월급을 덜 줘도 된다.[1] 나에게 이것은 그 어떤 데이터보다 사우디아라비아 사회계약의 현주소를 강력하게 보여주는 신호였다.

우리는 중국이 거의 무제한의 재무 보유고를 가진 '부국'이라고 생각했다. 그러나 모든 것이 급격하게 변했다. 한때 중국은 세계 경제를 구할 구원자로 칭송받았다. 지금은 자본 도피와 외환 보유고 잠식이 대단히 심각한 수준이라 국제통화기금IMF에서는 중국에 다가올 위험을 여러 차례 경고했다. 그래서 중국도 새 길을 모색하고 있다.

그 새 길이 일대일로一帶一路, One Belt One Road이다. 이에 대해서는 8장에서 자세히 설명하겠지만, 일대일로가 거창한 구상에 불과하다고 생각하는 사람에게 한마디 하고 싶다. 2016년 5월, 아시아인프라투자은행Asian Infrastructure Investment Bank, AIIB은 세계은행보다 더 큰 재무 상태표를 가지고 문을 열었다. 중국은 연결점 건설에 박차를 가하고 있다. 세계 최장의 철도 노선 두 개가 이미 준비를 끝내고 개통되었다. 그중 동쪽의 중국 이우시에서 서쪽의 영국 런던까지 달리는 열차가 2017년 1월 1일 이우시를 출발해 1월 18일에 런던에 도착했다. 이우시와 마드리드를 잇는 노선은 2015년에 개통되었다.

사회계약의 파기만이 아니라 사회계약끼리의 충돌 역시 우리 시대를 압박하는 중대한 문제일 것이다. 과중한 채무 부담과 쉬운 해결책이 없다는 것을 생각한다면, 국가는 사회계약을 충돌시키는 쪽으로 움직일 공산이 크다. 독일이 시민과 맺은 사회계약에서는 채무 문제의 해결책으로 인플레이션을 철저히 배제한다. 스페인과 이탈리아와 프랑스의 사회계약은 인플레이션을 채무 문제의 해결책으로 사용할 것을 요구한다. 사회계약의 충돌이 유럽연합의 심장부에 매복해 있다. 인플레이션이 낮을 때는 사회계약의 충돌이 문제가 되지 않았다. 그러나 지금, 높아지는 인플레이션에 유럽연합은 언제 쪼개져도 이상하지 않을 정도로 위태롭다.

새로 취임한 대통령이 보여주었듯이 미국의 사회계약에서는 모든 국제관계에서 언제나 미국이 '우선'이어야 한다. 트럼프는 일자리를 미국으로 돌아오게 만들고 외교 정책도 미국 이익을 최우선으로 둘 것이라고 약속했다. 중국의 사회계약과 충돌할 수밖에 없는 약속이었다. 시진핑 주석은 2020년까지 1인당 소득을 두 배로 올리겠다고 약속했다. 두 나라의 약속이 동시에 지켜질 수 있을 것인가?

미국과 러시아의 사회계약은 서로 양립할 수 있는가? 두 나라는 진정한 관계 회복 시기에 접어들었는가? 과거 러시아의 위대함을 되찾겠다는 푸틴 대통령의 야심은 아무도 주목하지 않는 곳까지 손을 뻗고 있다. 러시아는 2016년 10월 이집트 엘 알라메인시 근처에서 첫 북아프리카 군사훈련을 시행했다.[2] 러시아는 북극해와 칼리닌그라드, 지중해 주둔군을 빠른 속도로 늘리고 있다.

미국 내의 사회계약도 요동치고 있기는 마찬가지이다. 기술 발달로 인해 정계에도 우버Uber 현상이 몰아닥치고 있다. 신임 대통령은 기술을 이용해 전통적 정치 접근법을 없애고 해체하고 파괴한다. 선거에서 이긴 그는 이제 여론 조사나 전통적인 정당 정치후원금 모집이나 '주류 언론'에 의지하지 않고, 또 통상적으로 정치 사안을 처리해주는 전통적 정책 전문가와 기술관료의 도움에 의지하지 않고 국정을 운영한다는 방침을 세웠다. 이런 권력 구조의 개편이 조화롭게 진행될 수 있을 것인가? 다른 나라의 정계에도 이런 우버 접근법이 언제 어떻게 들이닥칠지 모르는 일이다.

사회계약의 붕괴는 모든 삶에 영향을 미친다. 어렵고 눈살이 찌푸려지는 일이긴 하지만 사회계약의 붕괴가 왜 발생하고 있는지 그 이유를 고민해야 한다. 포퓰리즘은 쉽게 사라지지 않을 것이다. 포퓰리즘에 반대하는 사람 역시 언제나 등장할 것이다. 대중이 어리석어서 무엇이 위험하고 무엇이 최고의 이익이 되는지 판별할 수 없다고 전문가가 아무리 열심히 말해도, 그 말에 고개를 끄덕일 사람은 없다.

지금 시대의 문제를 완치할 수 있는 해결책은 딱 하나이다. 내일의 경제를 건설해야 한다. 더 많은 사람에게 약속을 하고 제대로 이행할 수 있는 더 강하고 더 좋은 경제를 건설해야 한다. 이 책의 마지막에 나오지만, 혁신과 기술 발전은 세계 경제의 급변이 이제 막 시작되었음을 알리는 조짐이다. 이런 내 생각은 지금도 변하지 않왔다. 우리는 우리 개인이, 공동체가, 회사가, 나라가 직면한 문제에서 빠져나가기 위해 우리를 성장시키고 혁신할 수 있다. 의약과 원재료, 건설과 화학, 종이돈에서 사이버머니까지 모든 곳에서 혁신이 숨 가쁘게 일어나고 있다.

더 많은 사람이 신호가 보내는 의미를 알아챌 수 있다면, 더 많은 사람이 변화를 유리하게 이용할 수 있을 것이다. 그리고 내일의 경제를 건설하는 데 필요한 계산된 위험감수 능력도 기를 수 있을 것이다. 누구는 두려움에 잔뜩 움츠려 있을지 몰라도, 나는 당신에게 (그렇다, 누구도 아닌 당신이다.) 계산된 위험감수 능력을 기르는 데 필요한 자신감을 북돋아주고 싶다. 나는 당신이 경제학도 충분히 매력적이고 멋지고 유익하고 가끔은 흥미롭고 재미있는 학문이라는 사실을 알게 되기를 희망한다. 경제는 혼란의 도가니이지만, 그 경제의 미래를 그리고 당신의 미래를 만드는 것은 당신의 선택과 관점과 행동이다. 내일의 경제는 어디로 달아나지 않는다. 관건은 내일의 경제와 어떻게 상호작용할 것인지에 대한 당신의 선택이다. 어차피 다가올 미래라면, 나는 이 책이 미래로 향하는 당신의 항해를 한결 쉽게 해주는 수단이 되기를 갈망한다.

차례

1장

세계 경제가
신호를 보내고 있다

2007년 5월, 나는 친구에게 아일랜드 집을 빨리 팔라고 진심으로 설득하고 또 설득했다. 이 친구는 나를 신뢰하며, 내 직업이 무엇인지도 잘 알고 있다. 세계 경제가 돌아가는 상황과 그것이 물가와 투자자에게 미칠 영향을 알아내는 일이 내 직업이다. 나는 내 집까지 팔면서 친구를 설득하려 안간힘을 썼지만 소용없었다. 이 친구는 "6개월 안에 50만 달러가 더 오를 겁니다."라고 장담하는 은행원과 부동산 중개인의 말을 더 믿었다. 페인트칠도 새로 하지 않은 집의 가격이 6개월 안에 그렇게 치솟을 수 있다고 믿는 순간이 왔다는 것, 그것이 신호다.

신호는 어디에서나 나온다. 나는 영국판 〈보그〉의 2009년 6월 호 표지에서 도저히 눈을 뗄 수가 없었다. 표지 사진은 중요한 신호를 보내고 있었다. 나는 그게 무슨 신호인지 이해하는 데 한참이나 걸렸다. 세계 최고의 슈퍼모델인 나탈리아 보디아노바가 전라로 멋진

몸의 곡선을 드러내고 있는데 눈길이 가지 않으면 더 이상하겠지만, 나는 표지의 무언가가 거슬렸다. '뭐가 문제지?' 마음속에 이런 생각이 들었다. 세계 패션을 선도하는 〈보그〉가 표지에 어떠한 패션도 담고 있지 않았던 것이다. 패션은커녕 천 쪼가리 하나 등장하지 않았다. 표지 모델은 당시 세 아이의 엄마였다. 그녀는 다른 여자가 보기에 여전히 부러울 정도로 날씬하고, 오랫동안 패션지를 장식해왔지만, 날씬하다 못해 뼈만 앙상한 모델과는 거리가 멀었다. 〈보그〉의 표지는 중요한 신호였다. 패션 산업이 그동안의 오랜 고객층을, 신청만 하면 곧바로 발급되는 신용카드를 펑펑 써대다 끝내는 날아오는 거액의 청구서에 신음하는 젊은 고객층을 잃고 있다는 빼도 박도 못할 사실을 알려주는 신호였다.

금융위기가 세계를 강타한 후 패션 산업은 누가 새 고객이 될 것인지 감도 잡지 못했다. 패션에 돈을 쓸 만큼 지갑 사정이 괜찮은 사람은 누구인가? 어쩌면 조금은 더 나이를 먹은 사람이나, 이전과는 전혀 다른 사람이 새로운 고객층이 될지 몰랐다. 바로 엄마들이었다. 결국 패션계 전체가 생각을 뒤집었다. 걸음마 시절로 돌아간 것이다. 아무것도 걸치지 않은 태초의 모습으로 돌아가, 아름다운 슈퍼모델이었다가 지금은 세 아이의 엄마가 된 고객을 위한 디자인을 하기 시작했다. 그리고 이 스펙트럼의 양 끝에 있는 고객들은 돈을 펑펑 써댈 입장이 아니라는 사실도 뼈저리게 인식하게 되었다.

몇 년 뒤인 2012년에 나는 당시 영국판 〈보그〉 수석 패션디렉터인 루신다 챔버스Lucinda Chambers와 그 표지에 대해 말할 기회가 있었다. 내가 보기에 그녀는 물론, 패션팀도 무언가 '신호'를 보내려는 의도는 전혀 없었다. 그게 분명했지만, 또한 그 점이 중요했다. 예술가를 비롯해 창의적인 일을 하는 사람은 자신도 의식하지 못하는 사이에 시대정신을 느끼고 작품에 반영한다. 우리가 비즈니스 전문지를 장악하는 은행가나 금융 전문가의 의견에만 의존하지 말고 예술가의 작품에 관심을 가져야 하는 것도 이런 이유다. 지금 생각해보면 천 쪼가리 하나 내비치지 않은 〈보그〉의 표지는 변화와 불확실성을 감지하고 반영한 것이었다.

2013년, 금융위기는 훨씬 심각하게 진화하면서 세계 경제를 둔화시키고, 비즈니스 모델의 재창조를 선택이 아닌 필수로 만들었다. 그리고 패션계는 전통적 신호를 발산했다. 바로 헴라인(스커트 길이)의 변화였다. 일각에서는 호경기에는 헴라인이 올라가고, 불경기에는 헴라인이 내려간다고 말한다. 그게 맞든 아니든 그 시대에 유행하는 헴라인은 누구의 눈에도 잘 보인다. 그런데 내가 이 글을 쓰는 지금, 패션계조차 헴라인에 대해 한목소리를 내지 못하고 있다. 헴라인이 제각각이기 때문이다. 유행에 맞는 실루엣이나 옷의 형태가 어때야 하는지 너도나도 말이 다르다. 왜일까? 아마도 패션계가 여전히 진짜 고객을 정의하지 못하고 있기 때문일 것이다. 이렇듯 패션에서도 경제 상황에 대한 신호를 얻을 수 있다.

푸치 스타일과 자라

금융위기가 시작되기 직전인 2007년 5월, 나는 영국의 유명 다국적 패션 소매 브랜드인 탑샵Topshop의 창업자 중 한 명과 대화를 나눌 기회가 있었다. 1969년 필립 그린 경Sir Phillip Green, 리처드 케어링Richard Caring, 토니 콜먼Tony Colman이 세운 탑샵은 수십 년째 영국 패션계에 군림하고 있다. 이 세 사람만큼 패션을 잘 아는 사람도 드물 것이다.

나는 정말로 우연한 기회에 디즐리 파크에서 그중 한 명의 옆자리에 앉게 되었다(솔직히 말하면 셋 중 정확히 누구인지는 나도 잘 모르겠다.). 옥스퍼드셔주 치핑 노턴시에 위치한 유구한 전통의 디즐리 파크는 원로 정치인과 사업가가 자주 만나 정치와 경제를 논하는 곳이다. 탑샵 창업자의 이야기를 들으면서 나는 패션에 대한 그의 통찰을 경제 신호로 바꿔서 해석했다. 자리를 파한 후 문득 금융위기 직전에 패션을 지배한 이른바 블링블링하고 대담한 패턴은 강력한 신호였다는 사실이 떠올랐다. 모든 여자가 하나같이 푸치Pucci를 연상시키는 옷을 입는다는 건 뭐가 이상해도 한참 이상한 일이었다.

푸치는 이탈리아 고급 패션 브랜드로, 1950~1960년대에 그레이스 켈리, 마릴린 먼로, 소피아 로렌, (존 F. 케네디 대통령의 부인이었던) 재키 오나시스가 리비에라에서 이 브랜드의 화려한 패턴의 스카프와 스트레치 니트를 걸친 모습이 화제가 되면서 패션계의 강자로 떠올랐다. 현란할 정도로 화려한 색상이 매력적인 푸치의 옷은 체구가 작은 여성에게 잘 어울린다. 체구가 큰 여성이 입으면 조금 우스꽝스럽게 보인다.

그런데 왜 모든 옷가게가 앞다퉈 이런 대담한 옷을 판 것일까? 그 답을 찾기는 어렵지 않았다. 중국의 공장들이 엄청나게 싼 비용으로 비슷한 옷을 마구 찍어냈기 때문이었다. 궁지에 몰린 디자이너들은 과거보다 더 모험적인 디자인을 내놓아야 했다. 다른 공급업체로 가려는 바이어의 발길을 돌리기 위해서는 제품을 차별화하는 방법밖에 없었다. 하지만 소비자는 튀고 색다른 옷을 샀을 뿐, 소유한다는 만족감을 오래 누리지 못했다.

2007년에는 모든 옷가게가 요란하고 싸구려 티가 풀풀 나는 푸치 짝퉁의 향연을 벌였다. 젊은 여성들은 신청도 하지 않은 신용카드를 우편으로 받았고, 카드로 중국 공장들이 찍어내는 저가 옷을 기쁜 마음으로 구매했다. 가볍게 기분 전환을 하기 위해 블라우스 한 벌쯤은 대수롭지 않게 샀다. 이 젊은 여성들의 지출은 분수를 넘었다. 옷 한 벌은 아주 쌌지만, 모두 합치면 무시하지 못할 금액이었다. 게다가 대부분의 옷은 한두 번만 입으면 금세 유행에 뒤처졌기 때문에 따지고 보면 결코 싼 것이 아니었다. 옷은 쌌지만, 일회용이나 다름없었다. 젊은 고객의 카드 빚은 점점 불어났고, 어느 순간이 되자 소비를 줄일 수밖에 없었다. 상점이 소비자의 발길이 끊기는 것을 알아채지 못할 리 없었다.

소매회사는 언제라도 저금리의 은행 대출과 IPO Initial Public Offering (최초 주식공모)를 통해 공개 자본시장에 쉽게 접근할 수 있었기 때문에 현금 흐름이나 재고관리 능력을 상실한 지 오래였다. 재고를 수

북이 쌓아놓은 소매회사는 경기가 약화되고 소비자가 신용 한도를 초과해 더는 옷을 살 수 없게 되는 순간, 자금 부족에 허덕이게 될 것이 분명했다. 한마디로 모두가 분수에 넘치게 돈을 써대고 있었다. 유명 싱어송라이터 에릭 클랩튼과 J. J. 케일은 2006년 11월 7일에 발표한 〈로드 투 에스콘디도Road to Escondido〉 앨범에서 '참 편해It's Easy'라는 노래로 이런 세태를 풍자했다.

> 돈이 없으면 안타까울지도,
>
> 카드를 써, 3개월 할부로 긁어.
>
> 편해, 참 편해.
>
> 내일이 오지 않으면 다 공짜잖아.

하지만 내일은 어김없이 온다. 2007년 8월, 금융위기가 본격적으로 기지개를 켜면서 음악이 멈췄다. 눈 깜짝할 사이에 두려움이 낙관을 밀어내고 들어앉았다. 처음에는 모두 금융시장과 미국 시장에만 해당하는 국지적 위기라고 생각했다. 미국 중앙은행인 연방준비제도는 금리 인하와 다른 추가 대응 방안을 발표했다. 당연히 감지해야 하는 강력한 신호였다. 하지만 세계 경제의 참여자 대다수는 무슨 일이 일어나고 있는지 알아채지 못했다.

1년 후인 2008년 9월, 리먼 브라더스Lehman Brothers가 파산한 후에야 시장과 대중은 낌새를 알아챘다. 그리고 자신감이 급락하면서 경제 활동이 일제히 멈췄다. 돈을 빌려올 데도 없고, 수북이 쌓인 싸구려 옷을 더는 팔지 못하게 된 의류 소매회사가 줄줄이 도산했다. 사실 고객은 이미 충분히 많은 옷을 가지고 있어서 살 필요도 없었고, 살 돈도 없었다. 무너진 경제가 실직자를 양산하면서 직장을 유지하기 위해서든 새 일자리를 찾기 위해서든 옷차림은 무난한 흰색 셔츠와 검은색 스커트 또는 점잖은 정장이면 되었다. 불경기였고, 밥벌이에 방해가 되는 요란한 옷을 살 정도로 간이 부은 사람은 별로 없었다.

　의류회사가 줄도산을 하고 있는 시기에 자라Zara라는 의류 소매체인이 급부상하기 시작했다. 자라의 성공은 신호였다. 다른 의류회사와 자라의 차별점은 무엇인가? 무엇보다 이 스페인 의류회사는 아시아 공장에서 값싼 옷을 찍어내는 것이 아니라, 제품의 4분의 3 정도를 유럽에서 만들었다. 자라 디자이너들은 세계 각지에서 산 원단을 스페인으로 가지고 와서 대형 냉장창고에 곱게 보관해두었다가 필요할 때마다 바로 꺼내 썼다. 금융위기에 호되게 얻어맞은 경쟁사들은 선적 시간이나 비용에 허덕였지만 자라는 아니었다. 자라는 경쟁사처럼 옷이 아시아에서 배를 타고 오기까지 하염없이 서너 달을 기다리지 않고 일주일에 서너 번씩 매장에 신상품을 공급할 수 있었다.

　자라가 성공한 데에는 다른 여러 가지 원인도 있었다. 자라에 가면 언제나 사무복의 정석인 꽤 괜찮은 검은색이나 남색 스커트, 흰색 블라우스를 발견할 수 있다. 구직자는 자라의 옷이 기본 품질은 된다고 믿는다. 자라는 트렌디한 패션 아이템도 많지만, 유행을 타지 않는 클래식한 옷도 많이 갖추고 있다. 이런 요인이 모두 합쳐져 재고 회전율도 빠르다. 쇼핑객은 참새가 방앗간을 서성이듯 자라 매장을 찾는다. 언제 가도 신상품이 들어와 있고, 조금만 기다리면 마음에 드는 옷이 곧 들어올 것이기 때문이다. 이런 빠른 회전율에는 옷이 아시아에서 배를 타고 6~8주 정도 바다를 건너올 필요가 없다는 것도 한몫했다. 상품의 50%는 스페인의 공장에서 제작되고, 25% 정도는 다른 유럽연합 국가에서 생산된다. 덕분에 유럽 내의 매장은 매일 신상품을 가져다 놓을 수 있다. 빠른 상품 회전율의 '가성비 value for money'에 대해 새로운 명제를 제시한 자라는 고객이 계속 매장으로 들어오게 만든다.

경기 침체와 실업률 증가라는 이중고가 닥친 후 자라는 가성비 높은 기본 의류에 트렌디하면서도 새롭고 신선한 상품을 꾸준히 추가했다. 의류 산업의 줄도산이 잇따르는 불경기 속에서도 자라의 매출은 계속 늘었다. 자라가 비상장 가족회사라는 점도 크게 도움이 되었다. 경쟁사는 하나같이 주가가 곤두박질쳤고, 은행은 이 회사들에 마이너스 대출의 상환을 요구하거나 신용 한도를 낮추며 IPO 취소를 통보했다. 하지만 자라는 독자 생존과 번창에 필요한 현금 흐름을 자체 힘으로 충분히 확보하고 있었다.

결국 〈보그〉가 표지에 내건 올 누드 사진은 의류 소매업에 대대적인 사고의 전환이 필요하다는 것을 알린 신호였다. 또한 이 특별한 시기에 자라의 성공은 세계 경제가 크게 변하고 있음을 알리는 신호였다. 새 옷을 사서 한 번 입고 다음 날 쓰레기통에 버리는, 이른바 일회용 패션의 시대는 금융위기로 경제가 비틀거리면서 끝났다. 도산한 여러 의류회사와 자라의 성공을 비교하면 전통적인 여성복 비즈니스 모델에 어떤 결함이 있는지 드러났다. 개성이 강하고 차별화되는(튀는) 옷을 싼값에 대량으로 찍어내고, 중국과 방글라데시 공장에서 생산된 상품이 바다를 건너오는 데 여러 달이 걸리고, 은행과 사모 투자자 그리고 자본시장이 무한정 자본을 대주는 것. 이것이 그전까지 전통적인 여성복 비즈니스 모델이었다.

깡마른 미녀와 립스틱

〈보그〉의 표지를 다시 이야기하면, 보디아노바가 엄마라는 것도 중요한 신호였다. 운동선수처럼 탄탄한 몸매에 '여장부' 스타일의 1980년대 원조 슈퍼모델(크리스티 털링턴, 린다 에반젤리스타, 나오미 캠벨)의 유행이 지나간 후 패션 사진작가는 깡마르고 어리고 건드리면 쓰러질 듯한 케이트 모스 같은 모델을 선호했다. 여성의 '깡마른 날씬함'은 부가 크게 창출되는 시기와 관련이 있다고 생각한다. 깡마른 미녀라고 하면 흔히 소설 《위대한 개츠비》에 나오는 1920년대의 신여성이나 1960년대 야리야리한 몸매로 유명한 모델 트위기를 떠올린다. 당연한 생각이다. 대다수 여성은 날씬함을 유지하기가 매우 힘들다. 체질적으로 살이 찌지 않는 DNA를 타고난 극소수를 제외하면 성인 여자가 날씬하고 군살 없는 몸매를 가지려면 많은 노력과 시간, 돈이 필요하다.

어려운 때일수록 마음의 위안이 중요하다. 그리고 이것은 세계 경제에 또 다른 신호를 던진다. 예를 들어 경기 악화로 주머니 사정이 나빠진 여성은 옷은 포기해도 화장품은 포기하지 않는다. 특히 립스틱은 절대 포기하지 않는다. 에스티 로더Estée Lauder는 이런 여성의 성향 덕분에 지난번 금융위기가 오히려 득이 되었다. 경기 악화에도 에스티 로더의 립스틱과 립글로스 매출은 늘었는데, 그만하면 감당할 수 있는 가격이고 한 번 쓰고 버릴 것도 아니기 때문이다. 립스틱과 립글로스 매출 증가는 내가 보기에 대다수가 벌벌 떠는 것과 다르게 세계 경제가 무너지지 않고 살아남을 것임을 알리는 신호였다.

전쟁과 기아의 공포도 립스틱에 대한 욕구를 없애지 못한다. 나의 출판대행인인 앨런 샘슨은 1945년 베르겐-벨젠에 있는 나치 포로수용소에 수감된 영국 포로를 구하기 위해 제일 먼저 도착했던 영국군 중령 머빈 윌렛 고닌Mervin Willett Gonin의 일기 내용을 언급했다. 그 일기에는 립스틱에 대한 내용도 있었다.

영국 적십자가 도착하고 곧바로, 무슨 관련이 있는지는 모르겠지만, 한 무더기의 립스틱도 같이 도착했다. 우리 남자들이 원할 만한 물품은 절대로 아니었다. 남자들이 원했던 건 다른 수백, 수천 가지의 물품이었다. 누가 립스틱을 원했는지 도통 알 수 없었다. 누가 그것을 원했는지 알 수 있으면 소원이 없을 것 같았다. 정말로 천재적이고 매우 기발하고 번뜩이는 아이디어였기 때문이다. 포로들에게 립스틱보다 더 반가운 것은 없었다.[1]

여자들이 립스틱에 얼마나 관심이 많은지 모를 리 없는 〈보그〉의 패션팀은 립스틱과 립글로스만 바르고 옷은 걸치지 않은 보디아노바 사진을 표지에 내걺으로써 무언가 중요한 신호를 보냈다. 패션팀은 넉넉한 지갑과 빼빼 마른 몸매를 꿈꾸는 인간의 희망과 열망에만 호소해서는 패션계가 살아남지 못할 것이라는 신호를 보내고 있었다. 이제 패션계가 호소해야 하는 대상은 체구나 체형 혹은 연령대가 아니라 진짜 소득을 올리는 현실의 여자였다. 표지와 광고에 '플러스 사이즈' 모델을 기용하는 추세 역시 경기 둔화가 시작되고 더욱 가속이 붙을 것이라는 신호이다.

오늘날 세계 중요 경제국(미국, 영국, 유럽, 일본, 중국)도 무시해서는 안 될 신호를 보내고 있다. 경제에서 가장 중요한 신호는 돈의 가격일 것이다. 선진국 대다수는 돈의 가격, 즉 금리를 강제로 내리누르고 있다. 저금리 신호는 부동산이나 식품 같은 실물자산hard asset의 가격을 올렸고, 더불어 세계 주식시장의 주가도 올렸다. 이 말은 경제의 신호가 무엇이고, 그 신호가 우리의 일상생활에 어떤 영향을 미칠지 이해하고 있어야 한다는 뜻이다.

하지만 웬만한 사람은 경제학이라는 말만 들어도 겁을 먹는다. 사람들이 생각하는 경제학은 수학과 알고리즘투성이의 복잡한 학문이다. 그래서 나는 경제학 배경 지식이 전혀 없는 사람도 세계 경제를 쉽게 이해할 수 있도록 책을 쓰기로 결심했다. 머리를 싸매고 공부해야 하는 학문으로서의 경제학이 아니라, 남녀노소 누구에게나 사는 곳과 직업에 상관없이 재미있고 일상생활에 유익한 경제학을 보여주는 것이 나의 목표다.

사람들은 똑똑한 학자들이 세계 경제 문제를 알아서 잘 처리할 것이라고 생각한다. 내가 백악관에서 일할 때 나와 내 동료도 그런 '똑똑한 사람'으로 대접받았다. 온갖 기법과 기술로 중무장한 세계 최대 투자은행의 트레이딩룸에서 일할 때에도 대중으로부터 '똑똑한 사람' 대접을 받았다. 솔직히 말하겠다. 그 '똑똑한' 사람 중 하나였던 나로서는 대중의 그 드높은 기대가 무섭다. 물론 경제 전문가는 머리가 좋지만 척척박사는 아니다. 그들은 경제에 속한 모두의 집단 의사결정보다 더 똑똑하지는 않다. 그렇기 때문에 경제 전문가는 세계 경제의 주요 참여자가 보내는 신호의 의미와 목적을 이해하려 할 때 무엇보다도 그 신호의 이유와 동기를 알아내려고 한다.

더 많은 일상의 신호

본론으로 들어가기 전에 '신호'의 개념을 더 명확히 정의할 필요가 있다. 나로 하여금 한 발 물러나 친구와 고객에게 "다 팔아!"라고 외치고 싶은 마음이 들게 한 몇 가지 신호가 더 있다. 내 가족은 2007년 5월, 다가올 금융위기를 준비하며 살던 집을 팔고 저렴한 임대 주택으로 이사했다. 내 경우를 굳이 말하는 이유는 그럼으로써 현재 이 순간 세계 경제가 보내는 수많은 신호를 우리 모두가 이해해야 한다는 주장에 설득력이 더해질 것 같아서다.

핼러윈 디너 접시 세트, 대손충당금 발표, 중국산 물건의 고장

2006~2007년, 금융위기는 아직 오지 않았지만 세계 경제가 암울해질 것이라는 신호는 곳곳에서 보였다. 예를 들어 어느 날 내가 뉴욕 블루밍데일스 백화점 꼭대기 층을 서성이고 있는데, 산더미처럼 쌓아올린 현란한 무늬의 핼러윈 접시 세트가 눈에 들어왔다. '1년에 한 번만 쓰는 디너 접시 세트에 돈을 쓸 사람이 있나? 딱 하루 쓰고 나면 나머지 364일은 어디에 두라는 거야?' 궁금했다. 1년에 하루만 쓰는 핼러윈 디너 접시 세트를 사는 사람은 집도 엄청나게 커야겠지? 그런 집은 난방비가 얼마나 나올까? 사람들이 벌이보다 씀씀이가 더 큰 것은 아닐까? 오늘의 소득을 내일을 위해 저축하는 것이 아니라, 내일의 소득을 오늘 앞당겨 쓴다면 당연히 문제가 생긴다. 주머니에 들어오지도 않은 돈을 핼러윈 디너 접시 세트를 사는 데 쓴다는 것은 불길한 신호였다.

또 다른 신호는 당시 사회 전체에 물든 어플루엔자affluenza(풍요를 뜻하는 affluence와 독감을 뜻하는 influenza의 합성어. 풍요의 시대에 만연한 소비 중독 바이러스란 의미로, 물질적으로 끝없이 더 많은 것을 추구하는 현상을 말한다-옮긴이)[2]의 분위기였다. 부자는 '충분한' 돈이 창출되지 않는다는 사실에 화를 냈다. 나보다 남들이 훨씬 잘산다는 식의 감정이 모두에게 퍼져 있었다. 부자마저도 자신들이 소외되고 뒤처졌다고 생각했다.

내 친구 카티아 하디디안이 어사 키트의 콘서트에 갔을 때 일이다. 키트는 자신의 히트곡 '구식 여자Just an Old-Fashioned Girl'[3]의 가사 중 '구식 백만장자'와 결혼하고 싶다는 부분을 '구식 억만장자'와 결혼하고 싶다고 바꿔 불렀다. 그러고는 관중에게 눈을 찡긋하며 '인플레이션…'이라고 속삭이듯 말했다. 웃지 못할 일이지만 키트의 개사가 맞다! 오늘날 백만장자라고 해봤자 전혀 특별하지 않은 침실 두 개짜리 집을 얻는 것이 고작이다. 억만장자쯤은 되어야 특별한 집을 가질 수 있다.

또 다른 신호는 2007년 9월 홍콩상하이은행HSBC이 모기지 판매회사인 하우스홀드 파이낸스Household Finance 인수와 관련해서 거의 10억 달러를 손실충당금으로 배정해두었다고 발표한 것이다.[4] HSBC의 대손충당금 발표는 모기지시장 전체에 문제가 닥칠 것이 분명하다는 신호였다. 결국 HSBC가 나중에 대손상각(대출금, 받을 어음, 외상 매출금 따위의 수취 채권 가운데 회수가 불가능한 금액을 영업 손실로 처리하는 일-옮긴이)으로 처리한 모기지 계정은 무려 200억 달러나 되었다. 대형은행 한 곳에서 이런 어마어마한 실수가 발생했다면, 다른 은행에서도 이 정도의 손실이 발생하지 않았을까? 그리고 잘 알려졌다시피 은행들은 무더기로 돈을 잃었고, 그 엄청난 손실을 떠안은 것은 납세자였다(그렇다. 여러분이나 나와 같은 납세자다.). 2007년의 HSBC 대손충당금 발표는 중요한 신호였지만, 정작 그 순간 그것을 중요하게 생각한 사람은 거의 없었다.

비슷한 시기에 나온 신호가 또 있다. 당시 내가 샀던 중국산 물건들이 걸핏하면 고장이 났다. 짜증은 났지만 나로서는 문제의 본질이 무엇인지 이해할 수 없었다. 뒤늦은 해석을 하자면, 중국은 가치사슬의 저 아래에 있었기 때문에 싼 게 비지떡인 수준의 물건조차 만들지 못하고 있었다.

그러다가 아주 중요한 신호를 발견했다. 나와 안면이 있는 금융 트레이더들이 입으로는 하나같이 '금융위기는 반드시 온다.'며 떠들고 다니면서도 매도 주문은 하나도 내지 않았다. 이유인즉, 자신은 다른 트레이더보다 똑똑하므로 위기가 오면 (주식시장이든 부동산 시장이든) 제일 먼저 발을 뺄 수 있다고 생각했기 때문이다. 오만의 전형적 표상이었다. 그러나 시장보다 더 똑똑하다고 자부하는 트레이더들, 남들은 할 수 없지만 자신만은 할 수 있다고 자부하는 트레이더들이 한날한시에 매도 주문을 냈다.

이 신호 하나만으로도 나는 집을 팔고 우리 가족 모두가 싼 임대주택으로 옮겨가야 할 시기라는 확신이 들었다.

핸드백 결투

마지막으로 내가 본 순간부터 이상하다고 생각한 신호는 여자들이 핸드백에 거액을 쏟아붓는 것이었다. 나는 여자의 핸드백을 보고 '성적 흥분을 느끼는' 이성애자 남자를 본 적이 없다(물론 그런 남자도 있기야 있을 것이다.). 반대로 여자의 구두를 보고 진짜 쾌감을 느끼는 남자 이야기는 종종 들었다. 물론 경제가 호황일 때에는 여자도 성적 어필과 상관없는 물건을 살 현금이 넉넉했다.

핸드백은 여자들끼리 경쟁하도록 만들기 위해 고안된 것일까? 내 눈앞에 펼쳐지는 것이 새벽의 검 싸움이 아니라, 칵테일파티의 핸드백 결투인가? 이것은 금융 과열의 신호인가? 금융위기가 닥쳤고, 주머니 사정과 미래를 걱정하지 않을 수 없게 된 여자들은 핸드백에 쏟던 지출을 멈추고 대신 구두로 관심을 돌렸다. 구두 매출이 가방 매출을 앞지르기 시작했다. 하지만 핸드백 결투건 구두로의 관심 전환이건 내가 보기에는 둘 다 유의미한 신호였다.

다이아몬드를 박아 넣은 두개골

신호의 중요성을 무시하거나 알아채지 못하는 데에는 태도도 한몫했다. 영국의 현대예술가 데이미언 허스트Damien Hirst가 2007년 8월 13일 금융위기가 시장을 강타하기 약 두 달 전에 발표한 〈신의 사랑을 위하여For the Love of God〉라는 작품이 있다.

18세기 남성의 두개골에 백금을 입히고 다이아몬드를 빈틈없이 박아 넣은 이 작품은 제작비만 대략 1,400만 파운드(한화 약 200억 원)가 들었다고 한다. 〈데일리 메일〉은 '세상에 모습을 드러낸 데이미언 허스트의 보석 왕관, 5,000만 파운드어치 다이아몬드를 박아 넣은 두개골!'이라는 제목으로 그의 작품을 소개했다. 초고가의 아방가르드 작품을 선보이는 데이미언 허스트는 최고의 명성을 얻고 있는 현대작가 중 한 명이다. 그는 커다란 포름알데히드 용액이 담긴 통 속에 상어 사체를 넣은 첫 작품 〈살아 있는 자의 마음속에 있는 죽음의 육체적 불가능성The Physical Impossibility of Death in the Mind of Someone Living〉(1991)으로 세상을 충격에 빠뜨렸다. 그리고 2008년에는 죽은 송아지의 뿔과 발굽을 18캐럿(K) 금으로 칠해, 금테를 두른 포름알데히드가 담긴 통에 넣은 〈황금 송아지The Golden Calf〉를 발표했다. 〈신의 사랑을 위하여〉라는 작품을 발표한 시기만 봐도 허스트가 대중의 정서를 읽고 시대정신을 파악하는 능력이 뛰어나다는 것이 입증된다. 또한 그 능력은 작품이 거액에 팔림으로써 충분한 보상도 받았다.

솔직히 나는 그때에는 이 강력한 신호를 알아채지 못했다. 꿈보다 해몽일지 몰라도 그는 한 시대가 끝나고 있음을, 부자들이 주체하지 못할 정도로 부를 쌓은 나머지 할 수만 있다면 죽는 순간 자신들의 두개골을 다이아몬드로 감쌀지도 모른다는 신호를 보내고 있었다. 동시에 허스트는 죽을 때 돈을 싸 들고 가지 못한다는 사실을 일깨워주고 있었다. 감당도 못할 만큼 어마어마한 부를 쌓는 시대에, 살아온 인생을 진정으로 보여줄 수 있는 것은 무엇인가? 그러나 부에는 한계가 있다고 말하는 예술 작품이 당시 미술품 사상 최고가인 1억 달러에 팔린 것은 입맛이 씁쓸해지는 아이러니다. 이 두개골은 '신의 사랑을 위해서는 얼마의 돈이 필요한가?'라고 나지막하게 힐난하고 있었다.

이제는 나도 확실히 알 수 있다. 〈신의 사랑을 위하여〉를 살 만한 재력이 있던 사람들의 재무 상황은 작품이 낙찰되고 몇 달도 지나지 않아 순식간에 돌변했다. 심지어 이 작품이 대중에게 첫선을 보였을 때는 금융시장이 이미 바뀐 후였다. 그리고 허스트와 그의 후원자들이 구매자에게 작품 구입 대금을 빌려주었다는 뒷소문도 돌았다(실제로 이 작품의 구매처는 개인이 아니라 허스트 본인을 포함한 컨소시엄 집단이다. -옮긴이).

부유한 구매자들은 그때 허스트의 작품이 보내는 신호의 의미를 알아차리지 못했을 것이다. 신호의 의미를 인정하면 자신도 변해야 하니 당연했다. 신호를 인정하면, 자산을 팔고 리스크를 줄이고 사업을 매각하고 자신의 순자산이 기대보다 훨씬 가치가 낮아졌다는 사실을 인정한다는 뜻이 됐다. 시대가 변했다는 이유만으로 자신을 정의하는 삶을 포기하기는 어렵다. 그보다는 지금까지의 즐겁고 안락한 삶이 요행수가 아니었다고 믿는 쪽이 훨씬 마음 편하다. '우리는 유능해. 우리는 똑똑해. 어떤 경제적 폭풍이든 이겨낼 수 있어.' 우리는 스스로 이렇게 되뇐다. 이것이 남부럽지 않게 성공하고 머리도 좋은 사람들이 이번 금융위기에 모든 것을 잃게 된 이유이다. 행운과 실력을 혼동해 치르는 대가는 치명적이다.

신호를 관찰하는 것만으로는 충분하지 않다. 자신만의 관점을 가지고 행동해야 한다. 미래에 대한 관점을 가진다는 것은 자신의 인격을 드러낸다는 뜻이다. 랠프 월도 에머슨Ralph Waldo Emerson은 "사람은 자신의 세계관이 자신의 인격을 고백하는 것이라는 사실을 깨닫지 못한다."라고 말했다. 우리가 세상을 바라보는 관점과 위험을 인지하는 시각은 우리의 인격을 드러낸다. 무엇에 손을 뻗고, 언제 손을 뻗어야 할지 선택하려면 인격이 필요하고, 당연히 그런 행동에는 인격이 드러난다.

귀퉁이의 최고급 레스토랑

경제는 가끔 사포로 포장된 선물을 준다. 시장의 수직 낙하는 어떤 사람에게는 훌륭한 기회다. 부동산이나 유능한 인재를 큰돈 들이지 않고 얻을 적기는 언제인가? '거품이 터졌을' 때밖에 없다. 금융위기와 경기 불황이 최고조였던 2008년에 셰프인 스테파니 아이자드Stephanie Izard는 최고급 식당인 소녀와 염소Girl and the Goat를 차린다는 용감하다 못해 무모해 보이는 결단을 내렸다. 친구와 가족 말고는 누구도 그녀에게 돈을 빌려주려 하지 않았다. 그녀가 리얼리티 TV 요리대회 우승자라는 사실은 도움이 되지 못했다. 그녀는 어쩔 수 없이 싼 지역을 물색했다. 그녀가 선택한 곳은 시카고 웨스트 루프의 한 귀퉁이였다. 모두의 예상을 뒤엎고, 지금 이 지역은 미국 최고의 레스토랑이 밀집한 곳으로 발전했다. 그녀가 일궈낸 것은 150명이 넘는 직원과 예약 대기자 명단이 9개월 치나 꽉 차 있다는 특별함만이 아니다. 그녀는 프라이빗 다이닝룸이라는 2차 시장까지 만들었다. 스테파니 아이자드의 이 과감한 결단 덕분에 인근 지역 전체는 시카고에서도 가장 세련되고 근사한 장소 중 하나가 되었다.

아이즈 와이드 셧

세계 경제에 대한 신호는 중요하고 흥미롭지만 무심코 지나치기 쉽다. 어떤 신호는 수신하고 해석하고 대응하기 어렵지 않다. 아이가 울면 우리는 거기에 반응해 아이가 힘들어하는 부분을 덜어준다. 신호등이 빨간색으로 바뀌면 우리는 멈춰 선다. 정리해고가 있을 것이라는 소문이 돌면 우리는 명단에 들어가지 않으려 옷도 단정하게 입고 일도 더 열심히 한다. 유로화 대비 파운드화 환율이 오르거나 내려가면 사람들은 유럽 여행 계획을 짜거나 취소한다.

토스트 타는 냄새가 나면 얼른 일어나 토스터를 꺼야 하는 것처럼, 세계 경제가 보내는 신호에도 빨리 반응해야 한다. 세계 경제는 우리 생활 전체에 뿌리까지 영향을 미치기 때문이다. 우리가 모르는 사이에 물가가 변하고 생활이 달라질 수 있다. 단순히 고기나 립스틱, 초콜릿 가격만 달라지는 것이 아니라 주택담보대출 가격도 달라지고 임금과 의료비도 달라진다. 우리가 별 생각 없이 받아들인 물가의 변화는 우리 삶에 진정 큰 영향을 미친다. 빵값 상승이 그랬고 (뒤에서 설명하겠지만 빵값 상승은 '아랍의 봄'을 야기한 촉매제 중 하나였다.) 월스트리트의 신용부도스와프Credit Default Swap, CDS(신용부도스와프는 리스크가 있는 여러 등급의 채무를 하나의 풀로 묶은 복잡한 금융 투자 상품이다.)의 가격 변동이 그랬다. 그리고 시장이 우리의 시간과 능력에 치르는 가격 역시 변한다.

하지만 글로벌 금융시장과 세계 경제가 이토록 중요한 신호를 보내는데도 우리는 별로 관심을 기울이지 않는다.

'경제학'이라고 하면 흔히들 복잡한 수학 등식과 '한계수요(수요-공급)' 같은 무미건조한 개념부터 떠올린다. 그런 것을 상상하는 순간 움찔하면서 고개를 돌리는 것은 인지상정이다. 내 오랜 경험으로 봐도 사람들은 '경제학'을 어려운 수식 일색에 엄청나게 따분한 학문이라고 생각한다. 보통 경제 신호는 하나같이 수학의 언어로 묘사된다. 숫자, 통계, 확률, 측정, 그래프, 차트, 퍼센트. 게다가 그냥도 이해하기 힘든 인플레이션이나 계절성을 설명할 때 이 수학 언어가 사용된다. 그러나 이런 수학 언어의 사용은 관습에 불과하다.

경제학에서 중요한 것은 수학만이 아니다. 경제학에서는 인간의 행동도 중요하다. 숫자는 인간의 행동을 설명하는 한 방법이고, 경제 신호를 관찰하는 가장 재미없고 따분한 방법일 뿐이다. 우리가 쉽게 관찰할 수 있고 설명할 수 있는 단순한 사건과 상황이 훨씬 설득력이 높다.

마이애미 공항과 사이렌

〈데일리 메일〉에 실린 데이먼 에머리와 그의 가족에 대한 기사가 내 눈길을 끌었다. 어느 날 오후 마이애미 공항에서 에머리와 그의 가족은 세계 경제가 보내는 등골이 오싹해지는 신호를 받았다. 그는 2008년 초가을에 이 신호를 받으면서도 경제 전반과 연관시킬 생각은 하지 않았을 것이다.[5] 물론 '글로벌 금융위기'가 신문을 도배했지만 에머리는 은행 직원도 아니었고, 금융위기가 자신과 직접 연관이 있다고도 생각하지 않았다. 그냥 영국에서 미국 플로리다의 디즈니월드로 가족여행을 왔을 뿐이다. 그는 여행 경비를 조금이라도 줄이려고 운항을 개시한 지 얼마 안 된 XL이라는 저가 항공사의 비행기표를 구입했다. 그리고 세계 경제가 그와 가족에게 충격적인 신호를 내보냈다. 사이렌 소리가 들리더니 경찰차 여러 대가 마이애미 공항에 있는 비행기를 에워싼 것이다. 항공사가 파산해 채권단이 항공기를 압류했기 때문이다.

데이먼 에머리는 부채가 너무 많아서 현금 흐름만으로는 이자도 제때 내지 못하는 항공사를 선택하는 것이 큰 위험을 감수하는 행동일 수 있다는 생각을 했을까? 아닐 것이다. 그는 XL항공사의 항공기가 은행 빚으로 겨우 하늘을 날고 있다는 것을 알고 있었을까? 아닐 것이다. 그에게는 꽤 당황스러운 일이었을 것이다. XL을 파산하게 만든 주범은 신용경색이었다. 요란한 사이렌 소리, 그것은 신용경색이 벌어지고 있음을 알리는 신호였다.

내 이웃도 똑같은 신호를 받았다. 이번 신호는 침묵이었다. 이웃집 개가 짖지 않은 것이다. 이웃집은 집 한쪽에 차고를 지으려고 건축 회사에 일을 맡겼다. 어느 날 아침, 개가 짖지 않았다. 건축 인부들이 오지 않은 것이다. 회사는 부도가 났고, 인부들은 그 뒤로도 계속 오지 않았다. 내 이웃이 2007년 금융위기의 한가운데 있었기 때문에 그런 일을 겪은 것은 아니었다. 그러나 어쨌든 금융위기는 부동산과 주택담보대출, 건물에 투자가 과잉으로 몰리면서 일어난 일이었다. 내 이웃은 상당수 건축회사가 우수수 무너질 것이라는 사실을 짐작조차 하지 못했다. 이웃집은 공사를 마무리하기 위해 다른 건축회사에 일을 맡겼고, 새 회사는 선수금을 요구했다. 전반적인 경기 악화로 그 회사도 현금이 쪼들리고 있었기 때문이다. 이웃집은 차고가 꼭 필요했기 때문에 건축회사가 원하는 대로 선수금을 줬다. 하지만 이번에도 인부들은 오지 않았고, 개는 짖지 않았다. 결국 이웃집은 돈을 두 번이나 날렸다.

대수롭지 않은 예를 가지고 너무 심하게 비약하는 것이라고 생각할 수 있다. 그러나 전쟁과 국가, 가족의 역사를 움직이는 것은 전부 경제적 사건이다. 기업을 살리고 망하게 하는 중요한 역사적 사건, 평범한 일가족의 삶을 밀어올리기도 하고 끌어내리기도 하는 역사적 사건의 밑바탕에는 으레 경제적 사건이 깔려 있기 마련이다.

국가의 재정이 바닥나는 것은 언제나 중요한 신호다. 1991년 소련의 붕괴는 돈이 바닥난 것도 한 가지 이유였다. 세수로는 정부 지출을 감당할 수 없었다. 이집트에 경제위기가 닥쳤고, 돈이 궁해진 이집트 정부는 결국 1936년에 수에즈운하를 영국에 넘겼다. 사담 후세인이 쿠웨이트를 침공한 이유 중 하나도 현금이 바닥나 이웃 나라 유전을 빼앗아 금고를 보충하려 했기 때문이다.

스코틀랜드가 독립 국가로서 지위를 포기하고 1707년에 연합법 Act of Union에 따라 잉글랜드와 합병하게 된 것도 재정위기 때문이었다. 1600년대 말 스코틀랜드 사람들은 잉글랜드의 동인도회사가 부러워 죽을 지경이었다. 동인도회사는 식민지에서 벌이는 사업으로 잉글랜드에 초유의 부를 벌어다 주었고, 스코틀랜드는 점점 뒤처졌다. 스코틀랜드 정부도 잉글랜드의 동인도회사를 모방한 이른바 스코틀랜드회사를 차리기로 했다. 기업가인 윌리엄 패터슨William Paterson은 지금의 뉴저지와 사우스캐롤라이나에 스코틀랜드 식민지를 세우려다 실패를 거듭한 후 스코틀랜드회사를 철수하고 다른 사업안인 다리엔 계획Darien Scheme을 구상했다.

패터슨은 다리엔 계획으로 오늘날의 파나마 지역에 '뉴 에든버러'라는 스코틀랜드 식민지를 건설해 그 지역의 부를 흡수하고, 극동 무역을 위한 거점을 만들고자 했다. 이 계획의 최종 목표는 스코틀랜드 국민을 부유하게 만드는 것이었다. 불행히도 파나마의 다리엔 지역은 늪지대였다. 1차, 2차, 3차 정착민이 말라리아와 콜레라 같은 수인성 풍토병에 걸려 죽었다. 풍토병을 이겨낸 사람들은 마찬가지 이유로 다리엔을 원하는 스페인 정착민에게 쫓겨났다. 다리엔으로 갔던 수천 명의 정착민 중 몇백 명만이 살아남아 쫓기듯 스코틀랜드로 돌아왔다.

스코틀랜드가 다리엔 계획으로 입은 손실은 국민 전체 저축액의 거의 3분의 1이나 되었다(오늘날로 환산하면 서브프라임 위기로 인한 손실보다 더 큰 액수다.). 여생을 빈곤하게 쪼들려 살게 된 국민을 구하기 위해서라도 구제금융이 절실했다. 구원자는 잉글랜드였다. 잉글랜드 은행은 구제금융을 제공하는 대가로 스코틀랜드에게 독립을 포기할 것을 요구했다. 구제금융을 받는 대신에 스코틀랜드 의회는 연합법을 비준했다. 잉글랜드는 스코틀랜드 재정위기 덕분에 오랫동안 이어진 전쟁과 불화를 종식하고 마침내 합병을 이뤄냈다. 이렇게 대영제국이 탄생했다.

합병이 비준되고 거의 300년이 흐른 2007년, 영국 정부는 스코틀랜드왕립은행을 비롯해 금융위기로 대규모 손실이 난 영국의 대형 은행 여러 곳에 납세자의 돈으로 구제금융을 제공했다. 그 결과 대중에게는 이중의 고통이 가해졌다. 개인이 입은 투자 손실로도 모자라, 세금은 오르고 정부 서비스의 질은 하락하게 된 것이다.

2010년 이런 이중의 손해에 크게 분노한 영국 유권자는 형 의회 Hung Parliament(의원내각제에서 의석의 과반을 차지한 단일 정당이 없는 상태-옮긴이)를 선택해 의회 정치를 뿌리부터 뒤흔들었다. 영국의 양당은 힘을 나눠 갖게 되었다. 보수당의 데이비드 캐머런David Cameron 총리는 자유민주당의 닉 클레그Nick Clegg를 부총리로 받아들여야 했다. 양당은 힘을 나눴고, 나라를 함께 운영했다. 소수당인 자유민주당 의원들은 스코틀랜드의 피가 짙게 흘렀고, 연정이 시작되자마자 새로운 내각 참여의 조건으로 감세와 스코틀랜드의 자치권 강화를 요구했다. 이런 요구는 대대로 영국에서 중요한 정치적 화두가 되고 있는 스코틀랜드 독립운동의 자극제가 되었다. 2007년의 금융위기가 스코틀랜드에는 독립운동이 거세지는 계기가 되었다는 것은 웃지 못할 아이러니다. 스코틀랜드 최대 은행이 재정 파탄의 가장 큰 원인이었을지라도 말이다.

국경에서 보내는 신호

스코틀랜드와 잉글랜드의 국경이 사라진 이유는 경제적 사건 때문이었다. 오늘날 세계 곳곳에서 국경이 바뀌고 있다. 중동에서는 이라크와 시리아의 국경이 정부 몰락과 난민 물결로 인해 다시 그려지고 있다. 남중국해에서는 중국이 이웃 나라들과 때로는 법정 공방을 벌이고, 때로는 군사적 갈등까지 불사하며, 국경선에서 갈수록 치열한 대치를 벌이고 있다. 우크라이나를 비롯한 동유럽 여러 국가는 무력 충돌까지 벌이면서 국경선을 다시 긋고 있다. 유럽에서는 냉전 때도 없었던 새 장벽이 속속 세워지고 있다.[6] 독일-오스트리아, 덴마크-스웨덴, 슬로베니아-크로아티아처럼 통행이 자유로웠던 나라 사이에도 새로운 장벽이 세워지거나 다시 국경이 통제되고 있다. 중동만 해도 사우디아라비아는 예멘과의 국경선에 장벽을 세웠고, 터키는 시리아 인근 국경선에 장벽을 세웠다(550여 킬로미터의 이 콘크리트 장벽은 2017년 4월에 완공되었다.-옮긴이).

미국에서는 미국이 제공하는 혜택의 일부만이라도 누리고 싶은 라틴아메리카 사람들의 대거 이주로 인해 미국과 멕시코의 국경이 유명무실해졌다. 지난 미국 대선에서 도널드 트럼프와 테드 크루즈 같은 공화당 대선 후보들은 멕시코에 대한 국경 강화를 공약으로 내걸었다. 당시 멕시코 사람들은 공화당 후보가 대선에서 승리하면 자신들이 먼저 장벽을 세우게 되지 않겠느냐는 농담을 하고 다녔다(트럼프 대통령 취임 이후 미국-멕시코 장벽이 가시화했으며, 실제로 최근 미국 국방부에서는 장벽 건설을 위한 10억 달러의 예산을 승인했다.-옮긴이).

세계 국경의 변화는 단순히 우연의 일치가 아니라, 경제 압박이 자산의 비용과 가치를 바꾸고 있다는 신호다. 미국은 이라크에서 값비싼 대가를 치렀다. '피와 보물'의 관점에서 보자면 이라크는 미국에게 피해만 입힌 땅이다. 그러나 이곳은 이란, 중국, 러시아 그리고 토호 정치권력인 다에시DAESH(수니파 이슬람 극단주의 무장단체 IS를 폄하해 이르는 말) 등에 아주 귀중한 곳이다. 우크라이나와 시리아는 (대개) 대규모 식량 생산국이고, 인접한 흑해에 러시아의 부동항들이 있다. 식량 가격이 다시 치솟으면 부동항의 가치는 훨씬 더 올라갈 것이다. 텍사스도 생각해봐야 한다. 많은 사람이 텍사스가 이제 석유 가격의 등락에 일희일비하지 않아도 되는 탄탄하고 다변화한 경제를 갖추게 되었다는 신호를 포착했다. 실리콘 밸리는 텍사스 오스틴으로 이전을 검토 중이다. 에너지, 혁신, 기업식 농업, 부동산이 모두 눈부신 속도로 성장하는 텍사스로 이전을 고민하는 사람들이 늘어나고 있다.

가족사

가족사도 굵직한 경제적 사건과 불가분의 관계일 때가 많다. 나의 할머니는 1927년에 스웨덴에서 미국으로 건너오셨다. 재봉사로 취업한 할머니는 대공황에도 근근이 생계를 이어갈 수 있었다. 할머니는 자식들이 충분한 교육을 받아 육체노동으로 먹고살지 않도록 하는 데 온 힘을 쏟았다. 할머니의 생각을 이해한 아버지는 선택을 내려야 했다. 장학금을 받아 학교를 무사히 마치거나, 평생 육체노동을 전전하거나 둘 중 하나였다. 아버지는 가격 신호에 민감하게 반응했고, 그래서 돈을 좇기로 했다. 어떻게든 학비를 마련해야 했던 아버지는 달리기와 골프(아버지가 골프를 배운 이유는 딱 하나! 열네 살 소년에게는 캐디 일만큼 급료가 좋은 아르바이트가 없었다.) 그리고 수학과 엔지니어링, 뛰어난 학업 성적으로 장학금을 받아냈다. 아버지는 전액 장학금을 받아 예일대학에 들어갔고, 1950년대에는 헨리 장학생으로 옥스퍼드대학에 입학했다. 아버지가 더 유명한 로즈 장학생이 아니라 헨리 장학생을 선택한 이유는 장학금이 더 많았기 때문이다. 아버지는 토머스 C. 셸링Thomas C. Schelling과 존 힉스 경Sir. John Hicks을 비롯해 노벨상 수상자 6명의 지도를 받았다. 돈을 좇는다는 선택을 내림으로써 아버지는 세계 각국 정부 수장의 경제 자문이 되었고, 성공한 기업가가 될 수 있었다. 이것은 모두 일찌감치 가격을 신호로 터득했기 때문이었다.

어머니의 꿈은 중세 영어와 프랑스 시를 공부하는 것이었다. 평생 직업으로 삼을 만한 일인지는 분명하지 않았지만, 세계 경제의 기적은 이런 꿈을 추구하는 것을 가능하게 해주었다. 사실, 어떤 꿈도 다 꿀 수 있게 해주었다. 경제는 많은 사람의 소원을 소원으로만 남지 않게 해준다. 경제 신호는 어머니에게 영문학자로서의 길을 걷는 것을 허락해주었다. 나의 외조부모는 로스앤젤레스에서 적은 소득으로 근근이 사셨다. 외할머니는 캘리포니아주 공립학교의 교사였고, 외할아버지는 로스앤젤레스에서 전기기사로 일했다. 그런데 어떻게 어머니는 옥스퍼드대학에 입학해《호빗》과《반지의 제왕》의 J. R. R. 톨킨,《나니아 연대기》의 C. S. 루이스와 동문수학할 수 있었을까? 어머니에게는 환율이 큰 도움이 되었다. 1950년대 미국 달러화 대비 영국 파운드화의 환율 차이로 인해 미국인은 영국에 도착한 즉시 주머니 사정이 아주 넉넉해졌다. 환율은 강력한 신호다.

어머니는 비싼 달러화가 당신이 꿈을 좇는 데 큰 도움이 되었다는 사실은 알지 못했다. 나도 몇 년 후, 뱅커스 트러스트Bankers Trust의 수석 환율전략가가 유럽의 물가가 너무 올랐다며 볼멘소리를 하는 것을 들은 후에야 그 사실을 깨달았다. 달러화 대 파운드화의 환율 차트를 보니(환거래 전문가는 달러화-파운드화 환율쌍을 '케이블Cable'이라고 부르는데, 초기에 영국과 미국의 환거래가 대형 해저 케이블을 통해 이뤄졌기 때문이다.) 1956년에 환율은 미국인에게 매우 유리했다. 어머니는 미국에서는 부자가 아니었지만, 제2차 세계대전의 여파로 통화 가치가 붕괴한 영국에서는 부자였다. 결국 우리가 유심히 봐야 할 것은 문제를 예고하는 신호만이 아니다. 어떤 신호는 긍정적 미래를 암시하면서 우리를 희망과 성장, 기회로 나아가도록 유혹한다.

벽돌을 던지는 승려들

어떤 사람은 물가 변동 같은 경제 신호에 아주 민감하게 반응한다. 어떤 사람은 물가가 오른다는 생각만으로도 눈을 희번덕인다. 또 어떤 사람은 '나는 경제학은 몰라.'나 '그런 건 생각하고 싶지 않아.'라고 생각한다. 하지만 세계 경제에서 '체크아웃'할 수 있는 사람은 누구도 없다는 데 문제가 있다. 세속에서 완전히 초탈했다는 이미지가 강한 티베트 승려도 예외가 아니다.

2008년 3월 티베트 승려들이 사원에서 거리로 나와 벽돌이나 돌멩이, 손에 잡히는 단단한 물건은 무엇이건 힘껏 던져댔다. 왜 그랬을까? 티베트는 중국과의 관계 악화로 오랫동안 고통받고 있다. 티베트 사람들은 지금보다는 훨씬 나은 정부가 들어서기를 바랐다. 그러나 승려들이 자리를 박차고 일어나 "내일부터 우리도 자치 정부가 들어서야 해."라고 외쳐대는 것은 상상도 하지 못할 일이었다. 하지만 쌀값 폭등으로 더는 쌀을 사기 힘들어 굶주림에 시달리게 된다면 그들도 한밤중에 거리로 달려나가 분노의 외침을 쏟아낼 수 있다. 2008년에 세계 쌀값은 50%가량 올랐다. 쌀값이 고공행진을 한다면 아무리 승려라 해도 벽돌을 집어 던질 수밖에 없다. 따라서 벽돌을 던지는 승려들은 식량 가격이 상승하고 많은 사람이 굶주림에 내몰릴 것이라는 신호였다.[7]

쌀값은 왜 올랐을까? 다시 경제학으로 돌아가 수요공급 차원에서 이 문제를 정의해보자. 무엇이 가격을 움직이는지는 앞으로도 계속 설명할 것이다. 그러나 무엇보다 가격 변동이 발생하고 있다는 사실과 바뀌는 물가가 우리에게 무슨 의미가 있는지 알아차리는 것이 가장 중요하다.

신호 인지에 전문 장비는 필요 없다

세계 경제와 금융시장은 우리의 삶의 방향에, 그리고 우리의 선택에 영향을 미친다. 물가는 쌀값은 물론이고, 중요한 모든 것의 가격을 좌우한다. 언제 빌리는 것이 유리하고, 언제 사는 것이 유리한가? 언제 능력 함양에 투자해야 하고, 그 대가는 언제 거두어야 하는가? 이에 대해 관점을 형성하고 행동 지침을 마련해야 한다. 그런데 어떤 기준에 따라 관점을 만들어야 하는가? 우리가 주목하는 신호는 무엇이고, 놓치는 신호는 무엇인가?

신호는 언제나 그 자리에 있다. 그렇다면 그 신호를 어떻게 인지하고, 어떻게 해석해야 하는가? 나는 오랫동안 금융시장에서 일했다. 미국 대통령에게 경제 정책에 대한 자문을 해주었고, 세계 각국의 트레이더와 투자자, 정부 관료에게 자문을 제공했다. 여러 거래소와 백악관에서 신호를 식별하고 해석하고 대응 방안을 마련하는 것이 나의 일이었다. 가끔은 내가 신호를 내보내기도 했다.

시장과 경제학의 세상은 하이테크 장비를 갖춘 내부자만의 전유물이라고 생각하기 쉽다. 블룸버그 단말기, 로이터 기계, 전문 간행물, 최신 기술을 갖춘 객장, 정책 입안자와 CEO가 교분을 나누며 주고받는 특별한 정보. 이런 것이 있어야 가능하다고 생각할 수 있다. 은행의 객장과 펀드 운용사에는 고액 연봉을 받는 똑똑한 인력이 즐비하고, 언제라도 최신 기술과 심층 뉴스, 리서치 결과를 사용할 수 있다. 경제와 금융 신호를 수신하고 분석하는 데 꼭 필요하다고 생각되는 조건들이다. 하지만 이것은 틀린 생각이다.

나는 거래소와 객장에서 일할 때 똑똑한 사람을 많이 만났고, 최신 장비도 많이 접했고, 많은 것을 배웠다. 그러나 이 특권적 자리에 있는 사람도 신호를 놓치거나 잘못 해석하기 일쑤였다. 솔직히 말해, 지난 역사를 돌이켜보면 위기와 경기 침체를 불러오고, 납세자의 미래를 암울하게 만든 주범은 신호를 잘못 해석한 금융시장의 특권적 전문가였다. 또한 나는 다른 사실도 배웠다. 특권과는 상관없는 사람, 예술가와 의류 소매회사, 〈보그〉 편집자 같은 사람이야말로 신호를 간파하고 해석하고 만들고 대처할 수 있는 능력을 완벽하게 가지고 있었다. 많은 사람이 신호를 포착하고 해석함으로써 진짜 사업을 일구고, 일자리를 창출하고, 혁신을 만들고, 돈을 번다. 당신이라고 못할 이유가 없지 않은가?

똑같은 질문

지난 수년 동안 나는 똑같은 질문을 여러 번 받았다. 대화 상대가 전문 펀드매니저이든, 돈에 대해서는 전혀 모르는 친구이든, 정부 부처 수장이든(정치 전문가라고 자부하는 정부 부처 수장도 대부분은 금융과 돈에 대해 전혀 모른다.) 마찬가지였다.

"금리가 오를까요, 내릴까요?" "언제?" "실업률이 호전될까요, 악화될까요?" "내 주택담보대출이 싸질까요, 비싸질까요?" "내 집(저축, 투자, 능력, 사업)의 가치가 오를까요, 내릴까요?" "앞으로는 경제성장이 빨라질까요, 둔화될까요?" "유가(금값, 주가, 채권 가격, 철광석 가격, 우윳값)가 오를까요, 내릴까요?" "사업을 확장해야 할까요, 축소해야 할까요?" "빚을 내서 투자를 해야 할까요, 아니면 다 팔고 차익을 챙기는 게 나을까요?" "직업을 바꿔야 할까요, 아니면 계속 유지해야 할까요?"

우리 모두는 어떻게 미래를 준비해야 하는지, 사건이 일어나 시장이 대가를 치르고 대서특필되는 사태가 일어나기 전에 어떻게 해야 사건을 미리 예견하고 대응 방안을 강구할 수 있는지 그 방법을 알고 싶어 한다. 예지력을 가진 사람은 없다. 그러나 발생 가능성이 높은 사건과 그 결과를 미리 기민하게 알아채 돈을 벌고 자신을 훌륭하게 보호하는 사람은 정말로 많다.

미래의 사건에 대해 대화가 펼쳐진다. 알아두면 도움이 되지 해가 되지는 않을 내용이다. 이것은 트레이더와 펀드매니저, 연기금 수탁 기관, 국부 펀드 그리고 기업가와 소기업 운영자가 참여하여 나누는 대화다. 정책 입안자, 경제학자, 언론도 틈만 나면 대화에 끼어든다. 여기에 일반 대중이 참여한다면 대화 내용은 더욱 풍부해질 것이다. 당연히 대중도 대화에 참여해야 한다. 미래는 어떤 행동을 선택하는 지에 따라 달라지고, 행동은 신호를 받아들이는 관점과 생각(또는 관점과 생각의 결여)에 따라 달라지기 때문이다.

한 예로, 오늘날 세계는 디플레이션이 우리의 미래를 암담하게 만들 가장 큰 위협이라고 생각하는 절대다수와 인플레이션이 가장 큰 위협이라고 생각하는 극소수로 나뉜다. 이쪽 시나리오의 신호도 있고, 저쪽 시나리오의 신호도 있다. 역사상 최저 금리 시대에 채무 부담은 날이 갈수록 가중되고 있다. 이것은 부채 문제가 디플레이션과 가격 하락 그리고 취업난 심화를 불러올 것이라는 신호다. 반대로 인플레이션이 다가온다는 신호도 있다. 부동산은 물론이고 최고 등급 다이아몬드에서 미술품에 이르기까지 최고가를 경신하는 실물 자산의 가격이 그 신호다. 어느 쪽으로 진행되건 우리 모두 그 파급 효과에서 벗어날 수 없다. 경기 악화의 원인이 인플레이션에 있건 디플레이션에 있건, 그로 인해 파생되는 정치적 결과의 고통을 모두가 느끼게 될 것이다.

이 책에서는 내가 현직에 몸담고 있을 때 개인적으로 나눴던 대화를 다양하게 각색해서 제시한다. 무엇보다도 경제 및 금융의 위기 전후에 나눴던 대화를 주로 담고 있다. 하지만 정확하게 이럴 것이라는 해석은 없으며, 여러 가능한 해석 중 하나임을 알아주기 바란다. 그러나 이는 세계 경제가 어떻게 작동하고, 그것이 우리에게 어떤 영향을 미칠 것인지를 생각할 때 좋은 출발점이 될 수 있다.

신호 해석은 힘들고 끝도 보이지 않는 작업이다. 서로 충돌하는 신호도 많다. 어떤 신호는 중요하지만, 어떤 신호는 잡음에 불과하다. 신호를 찾아 헤매는 사람에게는 감당하지 못할 정도로 신호가 몰려들 수 있다. 오스카 와일드의 말이 맞다.

"진정 슬프게도, 요즘은 쓸 만한 정보가 별로 없다."

2장

휴브리스와 네메시스

많은 사람은 '경제학'이라는 단어를 떠올리기만 해도 막연히 두려워하고 끝도 없는 어려운 연구를 떠올린다. '경제학'의 이미지에는 수, 알고리즘, 수리 모델, 고도의 기술적이고 계량적인 주제가 모두 합쳐져 있다. 이런 이미지가 익숙하더라도 다르게 한번 생각해보자. 경제는 그리스 신화 속 두 여신 휴브리스와 네메시스가 우리의 정신을 차지하기 위해 끝없이 벌이는 싸움을 통해 추동하는 인간의 영혼에서 출발한다.

고대 그리스 신화에서 오만의 여신인 휴브리스는 욕망과 탐욕의 불꽃을 지피고, 자아ego가 원하는 것을 이루기 위해 위험을 감수하라며 우리를 충동질한다. 자아는 더 많은 것을 원한다. 더 높은 지위, 더 많은 돈, 더 큰 성공, 더 많은 물질 소유, 더 많은 인정, 더 많은 지식, 더 큰 자신감을 원한다. 세계 경제를 지탱하는 강한 힘인 휴브리스는 개인과 사회가 혁신을 추구한 결과(혁신에는 언제나 위험이 따른다.)로 성장과 부, GDP를 창출하도록 이끈다.*

응징의 여신 네메시스는 지나치게 오만에 빠진 사람에게 처벌을 내린다. 네메시스는 오만의 불꽃을 키우는 자에게 상실이라는 벌을 내린다. 네메시스는 모든 기업과 모든 재무상태표, 모든 직업의 면면에 도사리고 있다. 네메시스는 모든 위험감수자의 어깨너머에서 뚫어지게 응시하면서 노력하는 자의 희망과 꿈을 좀먹을 기회만을 엿보고 있다.

휴브리스는 희망을 주고 네메시스는 두려움을 주지만, 세계 경제의 적절한 작동에는 둘 다 필요하다. 휴브리스와 네메시스, 다시 말해 오만과 처벌이 균형을 이룰 때 비로소 인간은 목표를 성공적으로 완수하고 경제 번영에 이바지할 수 있다. 어느 한쪽에 지나치게 지배되면 세계 경제는 재앙으로 치닫게 된다.

경제를 뒷받침하는 힘은 개개인의 균형 잡힌 행동이다. 우리(개인으로서든 사회집단 전체로서든)가 원하는 것을 이룰 때마다, 또는 쉽게 얻기 힘들고 위험을 감당해야 하는 무언가를 이룰 때마다 성장이 이루어진다. 즉 '부가가치'가 생겨난다. 원하는 것을 얻고 성공을 이룰

---

* 부와 성장, GDP를 측정하고 비교하는 방법에 대해서는 의견이 분분하다. 부와 GDP는 똑같은 것이 아닌데, 정부가 GDP를 창출하는 방식에는 경제가 거둔 부를 더 많이 빼앗아 재분배하는 방법도 있기 때문이다. 사실상 성공의 열쇠는 부의 창조다. GDP를 가지고 부를 측정하기에는 여러모로 흠이 많다. 심지어 오늘날 각국 정부는 GDP 창출에 도움이 된다고 믿으면서 민간의 부를 더 많이 빼앗는 추세이다. 부의 재분배가 아니라, 부의 창조가 경제를 앞으로 미는 힘이다. 그런 이유로 토마 피케티Thomas Piketty가 《21세기 자본Capital in the Twenty-First Century》을 통해 펼친 주장은 학계를 내분에 휩싸이게 하기에 충분하다.

때 자신감이 증가하고, GDP와 부도 증가한다. 할 수 있다는 확신과 자신감은 생산성도 높인다.

휴브리스와 네메시스, 희망과 두려움 사이에서 균형을 잡는 일 그리고 성공할 수도 있지만 나락으로 떨어질 수도 있는 위험을 감수하는 것은 작가나 시인, 심리학자를 비롯해 인간의 조건을 관찰하는 사람에게 언제나 인기 있는 주제였다. 균형과 위험감수는 인격을 드러내고 강화한다. 셰익스피어가 시대를 초월하는 호소력을 갖는 이유는 진정한 인간 본성을 이해하고 표현했기 때문이다. 맥베스는 야망과 실패에 대한 두려움 사이에서 균형을 잡지 못했다. "나에게는 내 계획의 옆구리를 걷어찰 박차가 없어. 너무 높이 뛰어올라 반대쪽으로 내려앉는 분에 넘치는 야망만 있을 뿐."[1]

무언가를 이루는 데 실패하면 상실이 뒤따른다. 어떤 때는 금전적 손실만이 아니라 자신감과 자부심, 존엄성 상실도 같이 온다. 그러나 실패에서도 교훈을 얻는다면 훗날 다시 위험을 감수해야 할 때 도움이 된다. 그렇기에 실패는 GDP와 부 창조의 중요한 구성 요소다. 〈하버드 비즈니스 리뷰〉가 2011년 4월 호에서 실패를 찬양하며 말했듯, 우리는 실패의 쓴맛을 본 후에야 위험감수 능력이 증가하고, 미래의 성공 가능성을 높일 수 있다.[2] 실패에서 얻는 교훈이 성공에서 얻는 교훈보다 중요할 수 있다. 19세기 미국의 에세이 작가이자 시인인 랠프 월도 에머슨은 "모든 인생은 실험이다. 실험은 많이 할수록 좋다."라고 말했다. 발명가 토머스 에디슨도 경험은 그 자체만으로도 귀중하다는 생각을 입증했다. "나는 1,000번을 실패한 것이 아니다. 나는 전구를 만드는 데 도움이 되지 않는 1,000가지 방법을 성공적으로 발견한 것이다."

경제학자 조지프 슘페터Joseph Schumpeter의 결론에 따르면, 근본적으로 경제 순환을 이끄는 것은 혁신과 '창조적 파괴creative destruction'다. 그가 혁신과 파괴라고 하지 않고 '창조적 파괴'라고 말했다는 점에 주목해야 한다. 이유인즉 인간은 실수에서 배우기 때문이다. 창조적 파괴는 사업은 실패할지언정 성공적으로 사업을 일구려는 욕망과 그 사업을 일구는 데 필요한 기술은 패배하지도 사라지지도 않는다는 뜻이다.

경제의 성공과 실패에서 우리는 상승할 때도 하강할 때도 교훈을 얻을 수 있다. 경제 하강은 균형 능력을 기르고 미래가 내던질 역경과 기회를 준비할 능력을 기르는 데 도움이 되는 교훈을 가르친다. 경제의 상승도 하강도, 선구안을 가지고 계산된 위험을 감수하는 사람에게 보상을 선사하고, 그렇지 않은 사람에게는 같은 길을 따르라고 유혹한다. 경제는 상황이 바뀔 때마다 새 신호를 방출하면서 우리가 앞길을 항해하도록 도와준다. 그러나 일단은 신호를 포착하고 해석하는 능력부터 길러야 한다.

관점

신호에 주의를 집중하는 목적은 정보와 지식에 기반한 세계관을 얻기 위해서다. 관점이 없으면 북극성도 구명정도 없이 망망대해를 표류해야 한다. 관점이 없으면 항해 자체가 불가능해진다. 현재의 경제 상황에 대해서도, 앞으로의 경제 방향에 대해서도 아무 관점이 없는 사람은 불확실성의 바다를 표류해야 한다. 관점이 없다는 것은 매우 위험할 수 있는데, 아무 행동도 하지 않는 것이야말로 때로는 가장 큰 위험이기 때문이다.

관점을 가지려면 군중에 반대할 줄 알아야 한다. 시장과 가격이 언제나 '옳다면' 베팅을 할 필요도 없다. 예를 들어, 내 능력에 비해 지금 일자리의 연봉이 너무 적다는 생각이 들면 벌이가 조금 더 나은 직장을 알아볼 마음이 생긴다. 반대로 내 능력보다 연봉이 훨씬 높고, 회사도 조만간 그 사실을 알아차릴 것이 분명하다면 해고당하기 전에 이직을 선택할지도 모른다. 같은 이유로, 만약 누군가 이미 똑같은 상품과 서비스를 괜찮은 가격에 제공하고 있다면, 그 사업에 뛰어들어야 할 유인이 있기나 한가?

시장에서 무언가를 공급하지 못하고 있거나 적절한 가격에 공급하지 않는다는 생각, 그것이 개인으로 하여금 새 사업을 시작하도록 만드는 동기다. 지금 주식시장이나 채권시장의 가격이 잘못돼 있다는 확신이 들 때 개인은 가격이 바뀐다는 데 베팅한다. 모든 투자의 바탕에는 오늘의 가격은 틀리고, 내일의 가격은 올바른 방향으로 나아갈 것이라는 가정이 깔려 있다.

그렇다면 한 개인이 세계 경제에 대한 관점을 기르려면 어떻게 해야 하는가? 다행히 여기에는 경제학 학위가 필요 없다. 기민한 태도를 유지하고, 관찰력을 발휘하고, 상식과 인격을 기르면 된다. 누구나 보편적으로 상식을 갖추고 있지는 않지만(금융시장의 순환이 금융위기로 치닫는 판세에서는 상식을 찾아보기가 놀랍도록 힘들다.) 얼마든지 기를 수 있다. 기르기 어려운 부분은 인격character이다.

인격

인격과 세계 경제가 무슨 상관이 있는 것일까? 위험이 없으면 보상도 없다는 말부터 짚고 넘어가자. 앨런 그린스펀Alan Greenspan의 말이 여기에 딱 들어맞는다. "위험감수는 부의 창조에 정말로 필요한 조건이다." 그는 이렇게도 말했다. "모든 자산의 최종 가치는 그 자산이 미래에 만들 수 있는 재화와 서비스에 좌우된다. 그리고 우리가 알다시피 미래는 불확실하므로 모든 투자는 위험하다."[3]

그는 금융 투자를 말하는 것이었지만, 우리가 하는 모든 투자에 적용되는 말이기도 하다. 아이디어, 열망, 교육, 꿈에 투자하는 것도 예외가 아니다. 위험감수는 경제 성장의 열쇠다. 그리고 위험을 철저히 계산하고 심사숙고하며 방향을 잘 잡아 적절히 관리하는 것이야말로 지속적인 경제 성장의 비결이다.

인격은 경제 스토리를 비롯해 모든 스토리를 추동한다. 인격은 모든 투자 결정의 밑바탕이다. 의견 합의는 이미 가격에 반영돼 있다. 다시 말해 대부분의 사람이 모두 공유하는 관점으로는 돈을 벌기 힘들다. 이런 자산은 이미 모두가 소유하고 있기 때문에 가치가 오르기 힘들다. 가격을 끌어올릴 새 구매자도 시장에 별로 남아 있지 않다. 가장 높은 보상을 거두는 투자 결정은 확률이 가장 낮은 자산을 보유하는 것인데, 그런 자산에는 위험 요소가 포진해 있다. 그 위험이 보상을 안겨준다. 결론은 인격이 경제를 정의한다.

'인격'이라는 말은 어떤 사람에게는 좋은 인격으로, 또 어떤 사람에게는 나쁜 인격으로 들릴 수 있다. 반대로 사람의 행동은 환경이나 어울리는 무리에 따라 달라지므로 인격이 무슨 소용이냐는 주장도 있다. 내가 말하는 인격은 군중의 사고가 아니라 자신만의 사고에 따라 세계관을 정립하는 능력이다. 그리고 그 세계관을 실행하고 유지할 수 있는 역량이며, 평상시와 같은 노력으로는 달성하기 힘든 목표를 이루기 위해 상황에 맞게 유연하게 세계관을 바꿀 수 있는 의지를 뜻한다.

많은 사람이 내게 "무엇을 사야 할까요?"라고 묻지만 "무엇을 언제 팔아야 할까요?"라고는 묻지 않는다. 그들은 판돈을 주머니에 챙겨 넣기 전까지는 진짜 이익이 생기지 않는다는 사실을 망각한다. 그전의 이익은 모양만 이익일 뿐 실제로는 희망에 불과하다. 경제와 관련해서 인격의 진짜 시험대는 보유한 주택이나 주식의 가격이 고공행진하는 순간에 찾아온다. 우리는 잠재 이득을 포기한다는 생각에 가격이 오르는 자산을 팔고 싶어 하지 않는다. 명확한 목표에 따라 움직이는 것이 아니라 우왕좌왕한다. 월스트리트에 전해 내려오는 격언은 이들의 행동을 잘 설명해준다. "황소는 돈을 벌고, 곰도 돈을 벌지만, 돼지는 도축당한다."

가치가 상승 중인 자산을 팔면 여기저기서 조롱이 쏟아진다. 그런 조롱을 무시하고 아직 게임이 끝나지 않은 테이블에서 판돈을 챙겨 일어나려면 인격이 필요하다. 적기(남들이 다 팔자 행렬에 나서기 전)에 팔지 못하면 '이랬다면, 저랬다면, 그랬다면' 하면서 '이익을 냈을지도 모르는' 방법을 이야기한다. 그러나 실상은 그러지 못한 것에 대한 이야기이다.

이런 점에서 세계 경제를 살피면서 하는 계산된 위험감수는 인격의 시험대이다. 세계 경제에서 성공하려면 우리는 스스로의 세계관에 자신감과 믿음을 가져야 한다. 만약 남들과 똑같은 관점이라면 비쌀 때 사고, 쌀 때 파는 지극히 인간다운 경향에 똑같이 빠지게 될 것이다. 군중과 똑같이 행동하면 마음은 편하다. 그러나 모두의 행동이 '확연'해졌다는 것은 모두가 똑같은 행동을 했으며, 이 투자에서 더는 건질 가치가 거의 없거나 전혀 없다는 뜻이다. 따라서 계산된 위험감수는 다수와 다른 관점을 가지는 것을 뜻한다.

모든 투자가 그렇다. 자신에게 하는 투자도 예외가 아니다. 나는 대학에서 정치철학과 전쟁사를 전공했다. 주변 사람들은 "그건 취업에 도움이 안 돼. 변호사가 돼야지."라고 충고했다(1970~1980년대에 〈페리 메이슨〉과 〈하버드대학의 공부벌레들〉처럼 법조계를 미화한 드라마와 영화가 연달아 나온 것도 이런 충고가 많아지는 데 한몫했다.). 나는 내 진로에 대해 내가 정한 방법으로 투자하기로 했기 때문에 사람들의 충고는 무시했다. 다행히도 내 결정은 옳았다. 최근의 추세가 이를 증명한다.

1990년대로 넘어오면서 선망의 대상이 되는 학위는 경영학 석사인 MBA로 바뀌었다. 이번에도 새로운 젊은 세대가 금융계 취업을 선망하게 된 데에는 인기 영화와 베스트셀러 소설들이 중요한 역할을 했다. 〈월스트리트〉(1987)의 감독 올리버 스톤도,《라이어스 포커 Liar's Poker》의 저자 마이클 루이스Michael Lewis도 자신들이 만든 경고의 이야기가 금융시장을 미화하는 역작용을 낳았다는 사실에 무척 놀랐다. 하지만 문제가 생겼다. MBA 학위 소지자가 넘쳐나면서 학위의 가치가 떨어졌고 연봉도 점점 낮아졌다. 이제 MBA 학위는 금융계 취업이나 탄탄대로를 보장하지 못한다. 차라리 수학 실력이 뛰어난 사람이 엔지니어링 분야에 진출해 더 높은 연봉을 받는다.

투자를 하건 구직을 하건 기본 원칙은 똑같아야 한다. 현재의 하인즈 주식(또는 구리나 국채나, 아침용 시리얼)의 가격에 가치가 완전히 반영돼 있다고 믿는다면 이것을 살 필요도, 팔 필요도 없다. 어차피 이익이 나지 않기 때문이다. 이익을 원한다면 지금의 가격이 틀리고, 조만간 예상되는 방향으로 가격이 움직일 것이라는 믿음이 전제되어야 한다. 진로 역시 법조계건 광업이건 사치재 분야이건 자신이 선택할 문제다. 처음부터 패배자가 될 것이라고 생각하고 자신의 열정과 노력을 쏟을 분야를 선택하는 사람은 없기 때문이다.

그러므로 위험감수에는 자신의 관점이 옳고, 현재의 시장 가격을 결정하는 다수의 관점이 틀렸다고 믿을 수 있는 군건한 인격과 자신감, 확신이 필요하다. 지금의 가격이 '옳다면' 위험감수는 헛짓이다.

해봤자 아무 보상도 얻지 못하기 때문이다.

미래를 판단할 때에 전통적 '자유시장' 경제학이 설파하는 교훈은 도움이 되지 않는 것도 이런 이유에서다. 많은 경제학자가 '완전 시장'을 가정한다. 경제학자들은 모든 중요한 정보가 '가격에 다 반영돼 있다'고 생각한다. 그러나 현실 세계에서 가격은 조금도 가만히 있지 못하는 신호다. 자신만의 관점을 원한다면, 자신만의 관점에 따라 계산된 위험감수를 하고 싶다면, 자신의 관점에 부합하는 신호나 어긋나는 신호도 허투루 넘기지 말아야 한다.

중국 우한의 스카이라인

휴 헨드리Hugh Hendry는 2009년 어느 날 중국 우한의 호텔 방 창문 너머로 보이는 스카이라인을 동영상에 담았다. 런던에서 내로라하는 헤지펀드 매니저인 헨드리는 투자 성공의 관건이 되는 중요한 인격적 특성을 설명했다.

"첫째이자 가장 중요한 것은 기존 신념 체계의 밖으로 나가 논란의 소지가 분분한 전제를 설정하고, 그 전제를 계속 발전시키면서 금융계의 다른 사람들도 그것을 받아들이도록 만드는 능력이다."[4]

2012년에 〈배런스〉는 헨드리에게 "당신은 기존 신념 체계 바깥의 어디쯤에 위치해 있습니까?"[5]라고 물었다. 이 질문에 헨드리는 그날 우한 호텔의 창밖으로 내다본 풍경을 설명했다. 별 뜻 없이 보는 사람에게는 고층 건물들 꼭대기에 매달린 거대한 철제 크레인이 여기저기 하늘 위로 삐죽이 솟아오른 모양새의 스카이라인일 뿐이다. 그러나 헨드리에게 그 스카이라인은 신호였다. 짓다 만 고층 건물들을 보면서 그는 무언가가 잘못되고 있음을 감지했다.

"나는 텅 빈 마천루들을 유튜브 동영상에 올렸다. 골드만삭스나 다른 투자회사들이 설명하는 중국 투자는 매우 합리적이고 설득적이었다. 그러나 나는 내 눈으로 직접 목격한 후 이렇게 결론을 내렸다. 중국은 GDP 성장 시스템은 탄탄하지만, 부의 창조는 저버리고 있다."

우한이나 다른 중국 대도시의 건설 붐을 이끈 요인 중 하나는 농부들이 새롭고 더 나은 삶을 찾아 도심으로 이주하기 원할 것이라는 믿음이었다. 부동산 개발업자는 열광했다. 그들은 도시 인구 증가를 기대하며 건물을 올렸다. 대부분은 이런 개발 활동을 성장의 신호라고 생각했다. 사람들은 서구 사회가 비틀거려도 중국은 끄떡없이 계속 성장할 것이라고, 중국은 앞으로도 오랫동안 세계 각지에 제조 상품을 수출할 것이라고 확신했다. 하지만 미국인의 중국산 제품의 구매가 시들해지면서 중국의 실업률은 증가했고, 경제도 시름시름 앓기 시작했다.

헨드리는 지붕을 올리지 못하고 공사가 중단된 건물들을 보면서 부동산 개발업자의 현금이 바닥났다는 사실을 깨달았다. 서구의 금융위기가 중국에도 연쇄반응을 일으키고 있다는 증거였다. 그래서 그는 모두가 하는 행동을 피하기로 결심했다. 중국 투자를 하지 않기로 결정한 것이다. 당장은 아니었지만 결과적으로 헨드리의 결정은 옳았다.

한동안 줄어들 기미를 보이지 않던 외국인 자본의 중국 투자 열풍은 낙관주의를 부추겼다. 중국 정부의 부동산시장 위기 대응이라고 해봤자 시장의 뇌출혈을 막기 위해 더 많은 돈을 쏟아부어 제2의 건설 붐을 일으키는 것이었다. 중국 정부는 니즈도 없고 시장도 없는 건물과 기간시설을 짓는 데에만 성공했다.

헨드리가 '셀 차이나 sell China' 주문을 외치는 데에는 인격이 필요했다. 그는 대다수가 중국의 성장 스토리에 매료되는 분위기 속에서 얼마든지 조롱당하고 미친 괴짜 취급을 받을 각오가 돼 있었다. 하지만 이것이야말로 세계 경제라는 바다를 성공적으로 항해하는 데 필요한 조건이다. 자신의 관점을 세울 줄 아는 인격 그리고 지금의 관점이 자신의 기술과 상황에서 이익을 내는 데 도움이 되는지 파악하는 능력, 이 두 가지가 조건이다.

신용과 인격

인격은 그 자체로 신호다. 투자자는 차입자의 인격을 보고 돈을 빌려주기도 한다. '신용 credit'의 어원은 '믿는다'라는 뜻의 라틴어 'credere(크레데레)'이다.

1912년 국가 재정에 관한 하원 분과위원회에 증인 자격으로 참석한 J. P. 모건J. P. Morgan은 대출 기준을 설명해달라는 요구를 받았다. 이에 대한 모건의 답변은 유명한 격언이 되었다.

"첫째는 돈이나 부동산, 다른 무엇이 아닌 인격입니다. 내 믿음을 사지 못하는 사람은 기독교 국가의 모든 채권을 다 건다고 해도 나에게서 돈을 빌릴 수 없습니다."[6]

모건의 이 말은 "사람을 평가할 때는 진정성, 지혜, 에너지, 이 세 가지 품성이 있는지 봐야 한다. 그리고 첫 번째 품성이 없다면 다른 두 가지 품성이 당신을 무너뜨릴 것이다."라는 워런 버핏의 생각과도 일치한다. 전통적 사고방식을 뛰어넘어 획기적 해결책을 발명하는 과학자들은 자만심과 적개심 사이에서 균형을 맞추는 창의적이고 생산적인 활동을 하고 있으므로 알베르트 아인슈타인이 인격의 근본적 추동력을 신봉한 것은 놀랄 일이 아니다. 아인슈타인은 "대다수 사람은 지성이 위대한 과학자를 탄생시킨다고 말하지만 아니다. 그것은 인격이다."라고 말했다.

세계 경제는 어마어마하게 많은 신호를 만든다. 무수한 신호 중에서 중요한 신호를 알아보고 골라내 의미를 해석하는 능력을 기르는 것만이 우리가 살길이다. 관점을 만들기만 해서는 충분하지 않다. 자신의 관점을 꺾지 않을 수 있는 확신이 있어야 하고, 오만과 처벌의 위험 사이에서 세심하게 균형을 맞출 수 있어야 한다. 그리고 그것을 행할 수 있는 핵심은 인격이다. 세계 경제는 우리의 관점을 꽤 자주 시험대에 올린다.

에지워크

에지워크edgework는 세계 경제를 추동하고 부와 성장, GDP를 창출하기 위해 기존 지식의 경계선을 밀쳐내는 작업을 말한다. 발명과 혁신, 수익성을 견인하는 동인이 에지워크다. 이에 대해 영국 시인 로버트 브라우닝은 "인간은 자신의 능력 너머로 나아가야 한다. 그렇지 않으면 천국이 왜 있겠는가?"[7]라고 말했다. 에지워크는 미지라는 경계선을 부수고 나아가는 것이고, 심리학자들은 삶에는 에지워크가 반드시 필요하다고 주장한다.

　미국 소설가 어니스트 헤밍웨이는 "진정한 스포츠는 단 세 가지다. 자동차 경주, 산악 등반 그리고 투우다. 나머지는 다 게임일 뿐이다."라고 말했다. 헤밍웨이의 기준에서 다른 스포츠는 인간을 '가장자리(에지)'까지 충분히 몰아붙이지 못하기 때문이었다. 이렇게 에지워크로 몰고 가는 스포츠에 참가한 사람은 기꺼이 목숨을 걸어야 한다. 영국 포뮬러 원F1 레이서 스털링 모스Stirling Moss는 "이 게임에서 무언가를 얻으려면 재앙의 경계선에 손을 얹을 각오를 해야 한다."라고 말했다.

　세계 경제도 마찬가지일 수 있다. 관점을 가지고, 그 관점에 맞게 행동하는 인격을 갖추려면 레이서나 우주비행사, 시험 항공기 조종사, 익스트림 항해사나 할 법한 에지워크 작업을 해야 할지도 모른다. 이런 일이 물리학의 경계로 자신을 내던지는 작업이라면, 세계 경제는 우리에게 현 상태와 미래에 일어날 만한 사건의 경계를 직시하게 한다.

이렇게 생각해보자. 섹스는 물리적 경계와 심리적 경계를 넘나드는 것이고, 범죄는 법의 경계에 도전하는 행위이며, 음악과 약물은 시간과 상상의 경계를 넘어서게 한다. 그리고 혁신은 세계 경제의 경계에 도전하는 행위이다.

경계를 넘어서는 것을 호기심 문제라고만 봐서는 안 된다. '경계 넘어서기'는 인간 정신이 가진 기본 욕구를 새롭게 찾아내 충족시킨다는 뜻이다. 미국 심리학자 에이브러햄 매슬로Abraham Maslow는 1943년에 발표한 논문 〈인간 동기부여의 이론〉에서 경계 넘어서기를 삶의 필수 요소로 정의했다.

"인간은 무언가가 될 수 있으며 되어야 한다. 이런 욕구를 자아실현self-actualization이라고 부를 수 있다. 이것은 자기충족self-fulfilment의 욕구이자, 잠재 능력을 실현하려는 인간의 기질을 뜻한다. 이 기질은 자신을 넘어서는 존재가 되려는 욕구이자, 자신이 될 수 있는 그 어느 것이라도 되려는 욕구라고 설명할 수 있다."*

마일스 데이비스, 찰리 파커, 디지 길레스피 같은 재즈 아티스트는 에지워크를 하지 않으면 단발성 히트나 세션 뮤지션 이상은 되

---

* 독일 사회심리학자 에리히 프롬Erich Fromm도 《자기를 위한 인간Man For Himself》에서 같은 의견을 피력했다. "인간이 살아가면서 중요한 작업은 자신을 탄생시키고 자신이 가진 잠재 능력을 발현하는 것이다." 한 세기 전 아일랜드 시인 토머스 무어Thomas Moore도 비슷한 말을 했다. "개인의 삶에서 그를 정의하는 한계를 확대해 영혼을 획득하는 것보다 더 중요한 일은 없다. 이것이 초월이고, 종교에 반드시 필요한 부분이다."

지 못하며, 아무 때나 교체 가능한 시급 뮤지션 신세에 머물러야 한다는 사실을 깨달았다.[8] 그래서 그들은 남의 곡을 연주한 것이 아니라 직접 곡을 썼다. 그들은 연주 기법을 바꾸고 당시 당연시되던 곡의 경계를 뛰어넘음으로써 직접 미래를 주도하였다. 이렇게 그들은 전설이 되었다. 특히 마일스 데이비스는 음악 스타일을 4~5년 주기로 완전히 바꿨다. 인기 있는 음악 스타일을 버리고 계속해서 새로운 음악을 소개하는 것은 어지간한 확신과 인격으로는 하지 못할 행동이다. 하지만 그렇게 행동했기 때문에 파커와 길레스피는 재즈 음악계의 아이콘이 되었다.

세계 경제에서 생존하고 성공하는 일도 경계를 넘어서는 에지워크에 좌우된다. 가장 중요한 경제적 사건이며 지속 가능한 GDP를 창출하는 사건인 혁신이 에지워크다. 어떤 사람에게 에지워크와 경제학의 결합은 혼을 쏙 빼는 위험을 불러오는 조합이다. 초조해진 그들은 "가장자리가 어디지? 진짜 성장이 탄생하는 저 너머 경계선은 어디지?"라고 묻는다.

시인 T. S. 엘리엇이 제시하는 답은 초조로 애가 타는 사람에게는 별로 위안이 되지 못한다. "너무 멀리 가는 위험을 감수하는 자만이 얼마나 멀리 갈 수 있는지 알 수 있다." 저널리스트이자 소설가로서, 가장자리를 넘나드는 것을 천직으로 삼았던 헌터 S. 톰슨Hunter S. Thompson도 엘리엇과 같은 말을 한다. "가장자리라…. 이것을 설명할 뾰족한 방법이 없다. 가장자리를 넘어본 사람만이 그것이 진정으로 어디에 있는지 알기 때문이다."[9]

가장자리에서 벗어날 방법은 없다. 응징의 여신 네메시스가 끼어 드는 순간 불쾌한 결과가 도출될 수 있다. 최첨단은 유혈이 낭자한 곳이며, 에지워크는 소름 돋게 무서운 작업이다. 우리의 미래를 건 에지워크라면 더더욱 그렇다. 비즈니스는 세계 경제의 첨단이라는 진부하고 식상한 표현도 새겨들을 필요가 있다. 에지워크를 할 때는 주의를 흩뜨려서는 안 된다. 첨단은 가끔 우리의 앞길을 닦아 성공을 향한 탄탄대로를 만들어주기도 하지만, 가끔 우리를 난도질하고 그 충격에서 헤어 나오지 못하게 만들기도 하기 때문이다. 컴퓨터 과학자 잘만 스턴Zalman Stern의 말대로 "첨단의 문제는 누군가는 피를 흘려야 한다는 것이다."

에지워크의 위험과 보상

대니얼 로즈Daniel Rose라는 셰프가 있다. 시카고 출신의 이 젊은 셰프는 프랑스 파리로 유학을 갔다가 요리에 매료되어 진로를 변경했다. 2006년 경제 거품이 정점일 때 로즈는 파리에서 스프링이라는 레스토랑을 개업했다. 지금 그는 프랑스 최고의 레스토랑을 운영하는 셰프 중 한 명으로 인정받고 있다. 하지만 그렇게 되기까지 세계 경제의 변덕에 두들겨 맞으면서 레스토랑을 폐업하고 옮기고, 다시 열고 또 닫고 또 열고 또 닫기를 반복해야 했다. 현재 그의 레스토랑은 1년 치 예약 명단이 차 있다.

다른 예로, 로스 브론Ross Brawn이 F1 레이싱 팀을 발족하기로 했을 때 어떤 위험을 감수했는지 생각해보자. F1은 미국에서는 크게 성공하기 힘든 종목이었지만, 세계적으로는 관람객을 가장 많이 끌어들이는 스포츠 경기 중 하나다. 2007년 8월에 금융위기가 강타하기 전까지는 F1 팀과 기술 개발에 주체하지 못할 정도로 돈이 넘쳐들어왔다. 이동통신사인 영국의 보다폰Vodafone과 프랑스의 오랑주Orange는 F1 팀 후원에 매년 거의 7,500만 달러를 썼다. 혼다와 도요타도 약 15억 달러를 썼다. 금융위기가 시작되고 3개월 후인 2007년 11월, 혼다는 베네통과 페라리 팀이 챔피언십에서 우승하는 데 가장 큰 공을 세운 로스 브론에게 F1 팀의 '팀장' 자리를 제안했다.

하지만 몇 달이 넘도록 맹위를 떨치는 금융위기에 판매량이 급감한 혼다는 F1 후원을 계속할 자금 여력이 없었다. 혼다가 금융위기를 구실 삼아 발을 빼기로 결정을 내렸다는 말이 돌았다. 이유가 무엇이건 브론은 하루아침에 팀도 후원자도 없는 신세가 되었다. 그래도 그는 굴하지 않고 팀을 인수한 후 새 후원자를 물색하기로 결심했다. 2009년 11월 브론 GP, 즉 '팀 브론'이 창단되었고 버진Virgin과 카타르텔레콤QTel을 비롯해 몇몇 기업을 후원자로 끌어들인 덕분에 자금이 넉넉해졌다. 단, 다음 레이스까지만이었다. 우승하지 못하면 팀은 해단해야 했다.

F1 레이스는 종합 점수를 가려 두 개의 우승 트로피를 수여한다. 최고의 선수에게 주는 월드 드라이버스 챔피언십과 최고의 경주용 차를 제작한 팀에게 주는 컨스트럭터스 챔피언십이다. 팀 브론은

2009년에 두 트로피를 독식했다. 적은 예산으로 간신히 꾸려가는 팀이라는 것은 둘째 치고, 창단 첫해에 팀이 트로피를 독식한 것은 F1 역사상 처음 있는 일이었다. F1은 천문학적인 돈이 들어가는 스포츠이며, 드라이버 못지않게 자동차도 훌륭하게 만드는 기술력이 필요하다. F1 레이스의 우승은 서킷이 아니라 차고에서 가려진다. 머신을 제작하는 테크니컬 엔지니어는 물리학의 경계를 밀어내야 한다. 그들은 차의 무게를 단 1그램이라도 줄여야 하지만, 차의 구조적 완전성에 흠을 내서는 안 된다. 초고속으로 달리는 자동차가 부득불 급제동을 해야 할 때 레이서가 조금이라도 미숙하다면 목이 꺾일 수도 있기 때문이다. F1은 돈도 돈이지만 각고의 노력이 필요한 에지워크다.

조이의 대성공

향수를 좋아하는 사람이라면 귀가 솔깃할 이야기가 있다. 1929년 증시가 무너졌고, 이어서 후속타로 대공황이 세계 경제를 산산조각 냈다. 장 파투Jean Patou가 소유한 파리의 의상실은 편물 타이와 스포츠 니트웨어를 만드는 곳이었다. 이 의상실은 1920년대에 향수 시리즈를 출시했지만 증시 붕괴로 파투의 고객 대부분이 파산했다. 이에 그는 의상 사업을 접는다는 과감한 결정을 내렸다. 그리고 파투와 그의 수석 조향사 앙리 알메라Henri Alméras는 역발상적으로 가장 비싼 향수인 조이를 출시하기로 결정했다. 세계 경제가 어떻든 간에 돈을 버는 재주가 있는 사람은 있는 법이다. 30밀리미터 향수 한 병에 1만 송이가 넘는 재스민 꽃과 300송이 이상의 장미 꽃잎이 들어갔다. 높은 가격에도 불구하고 조이는 샤넬 No. 5에 버금가는 대성공을 거두었다.

이는 에지워크의 결정과 믿음에 의한 도박이었다! 최악의 경제위기가 한창인 시기에 역사상 가장 비싼 향수를 출시한다는 결정을 내리려면 보통의 인격으로는 어림도 없다. 그들의 용기에 감사한다. 그들이 향수 산업에 만든 엄청난 일자리는 지금까지도 이어지고 있다. 그리고 그들이 보여준 한 줄기 희망은 80여 년이 흐른 후에도 여전히 영감을 주고 있다.

세계 경제에서 입는 경상과 중상

대담한 위험감수자가 되는 것이 체질적으로 맞지 않는 사람도 있다. 모두가 기업가는 아니다. 하지만 세계 경제의 움직임에 영향을 받지 않는 사람은 없다. 세계 경제가 휘두르는 강타에 중상을 입느니 차라리 경상으로 끝나는 게 훨씬 낫다. 운동선수는 경상과 중상의 차이를 잘 알고 있다.[10] 경상은 경기를 계속할 수 있지만, 중상은 경기 속개를 불가능하게 만든다.

세계 경제에서 경상을 입는다는 것은 경쟁자에게 일자리를 뺏겨도 게임 참여는 계속할 수 있고, 비슷한 다른 일자리로 옮기거나 아예 직업이나 전략을 바꿀 선택권이 남아 있음을 의미한다. 반대로 세계 경제에서 중상을 입는다는 것은 50세의 나이에 연기금에 극심한 손실이 발생해 의지와 상관없이 몇 년을 더 일해야 하고, 삶의 수준도 기대 이하로 떨어지는 것을 의미한다. 이는 지난 몇 년 동안 많은 사람이 겪은 일이기도 하다.

연금 수급자는 재무적으로 큰 위험을 감당할 수 없고, 그래서도 안 된다. 그들에게는 약간의 자본을 잃는 것도 심한 타격이 된다. 이 사람들은 부상에서 회복해 세계 경제에 재진입할 수 있는 능력이 거의 없다. 이것이 중상이다. 재주도 없고, 사회가 그런 재주를 습득할 수단을 주지도 않는다면 세대 전체가 영원히 후보군에서 벗어나지 못할 수 있다. 이것이 중상이다.

오늘날 이것은 노년층만의 문제가 아니다. 유로존, 상대적으로 낙후된 미국의 지방 도시, 신흥시장의 가난하고 교육에서 소외된 계층에 속한 청장년층도 같은 문제로 시름시름 앓고 있다. 중상에 머물기만 해도 다행이다. 이것은 시민과 국가의 기본 계약인 사회계약을 파기시키는 원인이 된다. 시민은 정부가 자신들을 위험한 상황에 오랫동안 방치하지 않을 것이라고 기대할 자격이 있다. 그러나 세계 경제에서 입는 경상이나 중상은 알려지지 않은 자연의 제5의 힘에 부딪혀 절망감을 만들어낸다. 이런 무력감은 피터 드러커 Peter Drucker 가 1939년에 발표한 첫 책《경제인의 종말 The End of Economic Man》에서 대공황을 분석하며 했던 말을 생각나게 한다.

"경제적 피해는 '비합리적이고 헤아릴 수 없는 힘이 평화 시기의 사회도 지배한다'는 것을 증명했다. 한창나이에 또는 일을 시작하기도 전에 갑자기 영구 실업과 산업 폐기물 신세로 내던져질 위협을 받게 되기 때문이다. 이런 힘에 직면한 개인은 기계 전쟁에 직면했을 때 못지않게 무기력해지고 고립되고 원자처럼 낱낱이 쪼개진다."

세계 경제는 개인에게만 인격 시험대를 들이밀지 않는다. 우리는 등락을 거듭하고, 걸핏하면 격렬하게 날뛰는 주식시장에는 대응할 수 있다. 하지만 시장 메커니즘에 대한 믿음과 신념이 깨진 세상에서, 가격이 정상적인 시장의 힘(수요와 공급을 의미)과 무관하게 흐르는 세상에서 버틸 수 있는 사람은 거의 없다. 우리가 세계 경제의 밀물과 썰물을 항해할 방법을 배우지 못한다면 사회에 끔찍한 결과가 펼쳐진다. 이때 에지워크는 우리의 항해 능력을 한 단계 올려준다.

독일 사회심리학자 에리히 프롬은 1942년에 쓴 글에서 '무감각한 톱니바퀴senseless cog' 같은 심리 상태가 어떻게 독일과 이탈리아, 그 외 나라에서 파시즘을 자라게 한 비옥한 토양이 되었는지 설명했다. 당시 유럽인은 전쟁, 초인플레이션, 급격한 저축 감소, 경제의 정상 가격 신호 파괴 등 복합적으로 작용한 여러 원인으로 인해 큰 상실감에 빠져 있었다.

지금 우리 앞에 닥친 경제적 압박은 그때보다는 훨씬 경미하다. 그렇지만 평소에는 정부의 확장에 반대하는 사람도 개인의 이해나 능력으로는 역부족인 경제적 문제에는 오직 정부만이 해결할 힘을 가지고 있다는 사실에 말없이 수긍한다. 사회 전체에 불어오는 금융위기와 그에 따른 파장으로 인내심이 바닥을 드러낸 우리는, 직접 해결하기보다 정부에 더 의존하게 되었다. 극우의 등장, 분리주의 운동, 긴축재정에 반대하는 항의 시위의 증가는 우리 사회가 경제적 경상과 중상에 얼마나 취약한지를 단적으로 드러낸다.

프롬의 말을 빌리면 경제 변화의 과정을 이해하거나 관리할 도구 없이 얻는 자유는 "버틸 수 없는 짐이다. 그런 자유는 의심과 동일하다. 의미와 방향성이 결여된 삶이 되는 것이다." 이는 계산된 위험감수가 줄 보상을 포기하고 이미 나온 결과의 확실성을 선택하는, 다시 말해 '자유로부터 도피하는 성향'이다. 그러나 그 확실성에는 파시스트, 독재자, 사람 좋은 얼굴을 한 중앙은행 총재에게 힘을 넘겨줘야 한다는 조건이 달려 있다. 질서를 수복해줄 사람이라면 누구든 상관없는 것이다. 최근 기존 체제를 뒤흔들 수 있는 정치적 아웃사이더에 대한 대중의 지지가 증가하는 것도 같은 이유일 수 있다.

최첨단은 유혈이 낭자하다

위험을 계산하지 못하고, 시험을 치르지 못하고, 결단력을 기르지 못하고, 인격 시험대를 통과하지 못하면 대가를 치러야 한다. 세계 경제의 첨단에서는 누구나 피를 흘리게 마련이다. 굳이 흘릴 피라면 사람들은 대량 출혈보다 피를 적게 흘리는 쪽을 선택할 것이다. 우리는 세계 경제에 맞서는 것이 아니라, 세계 경제와 같은 편이 되어 일하는 쪽을 선택할 수 있다. 그러기 위해서는 신호를 읽어야 하고, 오만과 처벌 사이에서 균형을 맞춰야 하며, 계산된 위험을 감수해야 한다.

그러나 세부 지침은 대단한 것이 아닐 수 있다. 부동산 가격이 상승해 같은 돈으로 살 수 있는 집의 크기가 줄어들었다는 사실에 주목하는 것도 출발점이 될 수 있다. 이로 인해 집값이 조금 싼 곳으로 옮겨가거나, 지방으로 옮겨가는 결정을 내릴 수 있다. 기업에서 제품 가격을 종전과 동일하게 둔 채 크기를 줄이고 있다면 중량당 가격에 더 신경을 쓰는 것이 생활비를 아끼는 데 도움이 될 것이다.

신호를 찾아내고 에지워크를 외면하지 말아야 하는 이유는 또 있다. 그러지 못할 때 우리가 무엇을 놓치게 될지 생각해야 한다. 캐나다 아이스하키 선수로 명성을 떨친 웨인 그레츠키Wayne Gretzky의 "시도조차 하지 않은 슛의 실패율은 100%다."라는 말은 옳다. 또한 에지워크가 필요한 이유는 우디 앨런의 말처럼 "이따금 실패하지 않는다는 것은 몸을 사리고 있다는 신호"이기 때문이다. 몸을 사리면 경제 구축도, GDP 성장도 불가능하다.

세계 경제가 나와 무슨 상관인가

세계 경제에서 '체크아웃'하려는 사람은 언제나 있다. 그런 사람은 관점을 가지거나 신호를 주시하려는 마음이 없다. 이런 본능은 세계

화와 세계 경제를 무턱대고 비난하는 사람의 마음을 지배한다. 그러나 체크아웃은 불가능하다. 이는 빈 밥그릇에 분노해 벽돌을 던진 티베트 승려들이 보여준 사실이다. 가만히 있는 것은 선택지에 없다. 경영 컨설팅의 거장 피터 드러커도 말했듯이 "어제를 방어하는 것, 즉 혁신하지 않는 것은 내일을 만드는 것보다 훨씬 위험하다."[11] 이러니저러니 해도 우리는 언제나 경쟁을 한다. 우리가 하지 않아도 다른 누군가가 혁신을 한다. 더욱더 빗장을 단단히 채우는 경쟁자를 만났을 때 우리가 할 수 있는 것은 집중해서 경쟁하거나 좌절하는 것, 둘 중 하나다.

인생에서 유일한 상수는 변화다. 변화는 우리의 균형감각을 무너뜨릴 수 있다. 그리고 변화를 예상할 수단이 전혀 없다면 우리는 더 크게 넘어질지도 모른다. 세계 경제에 이리저리 휘둘리며 운에 맡기는 삶을 선택할 수도 있지만, 그런 선택은 어떤 결과를 만들까? 미국 30대 대통령인 캘빈 쿨리지는 "운에 맡기는 사람은 운의 결과도 감내해야 한다."라고 말했다. 제너럴 일렉트릭 전 CEO 잭 웰치가 한 말도 명심하자. "당신의 운명을 지배하라. 아니면 다른 사람이 당신의 운명을 지배할 것이다."[12]

변화에 적응하기

안타깝게도 변화나 경제 순환, 사기, 잘못된 판단, 심지어 뻔하고 구태의연한 실수를 막는 것은 우리의 능력 밖이다. 그나마 다행인 것은 인간은 좋든 싫든 변화에 대한 적응력이 뛰어나다는 것이다. 우리는 변화에 적응한다. 신호에 대응해 적응한다는 사실도 의식하지 못한 채 변화에 적응하기도 한다. 우리는 찰스 다윈의 말을 계속 잘못 인용하고 있다. 다윈은 "강자만이 생존한다."라고 말하지 않았다. 《종의 기원On the Origin of Species》에서 다윈이 주장한 말의 핵심은 "적응하는 자만이 생존한다."이다. 우리는 세계 경제의 작은 변화에는 대체로 훌륭히 대응한다. 우리는 유가 등락, 성장률 등락, 금리 등락에 생활을 적응시킬 수 있다. 일부러 의식하지 않은 채 적응할 때도 많다.

하지만 우리는 누군가가 세계 경제로부터 우리를 보호해줄 것이라고 기대한다. 각국 중앙은행이 '양적완화quantitative easing(저금리와 값싼 돈으로 시장에 돈을 흘러넘치게 하는 정책)'를 취해 우리의 손실을 막아줄 것이라고 믿고 싶어 한다. 그러나 국가와 같은 제3자가 우리의 미래를 보호해줄 것이라는 생각은 부질없는 희망이다. 시장에서의 위험관리는 제3자에게 양도가 불가능하다. 위험도 기회도 모두우리의 책임이다. 생각만으로도 거북스러운 책임이다. 많은 사람이생각하는 것조차 꺼리는 책임이다.

통제 능력 밖이라고 치부하며 세계 경제 상황은 안중에 두지 않은채 중요한 결정을 내리는 사람이 정말로 많다. 내가 이 책을 쓰게 된중요한 목적은 다른 데 있지 않다. 독자들이 신호 인식 능력을 기르도록 도와주고, 그럼으로써 미래라는 중요한 변수를 넓은 시각에서 이해하고, 어떤 선택을 내리더라도 전진할 수 있도록 도와주기 위해 서이다.

쉬운 작업은 아니다. 신호는 되돌아 다시 볼 때만 선명하게 보인다. 19세기 소설가 마크 트웨인은 "나는 기회가 사라지기 전까지는 기회를 거의 알아보지 못했다."라고 한탄했다. 그러나 경제 신호를 포착하는 방법은 누구나 배울 수 있다. 지금부터 이 책은 그 방법을 설명할 것이다. 하지만 신호를 해석하고, 알맞게 대응하는 것은 또 다른 문제다. 거기에는 인격이 필요하다. 우리에게는 세상이 보내는 신호를 분석하는 능력은 물론이고, 그 신호를 이용할 수 있는 자신만의 능력도 필요하다. 물론 틀릴 수는 있다. 그러나 변화를 준비하고 에지워크 능력을 가진 상태에서 틀리는 것과 아무 준비도 능력도 없는 상태에서 틀리는 것이 똑같다고 생각하면 오산이다.

3장

여왕에게 보내는 편지

나는 이런 상상을 해본다. 2008년 11월 9일에 엘리자베스 2세 여왕이 잠에서 깨 세계 경제 상황에 대해 생각한다. 그녀는 그날 7,100만 파운드를 들인 런던정경대학 신축 강당 개관식에 참석할 예정이다. 내 머릿속에 그려진 여왕은 침대에 꼿꼿이 앉아 있다. 우리가 자주 본 사진과 초상화 속의 자세 그대로 대쪽처럼 똑바로 앉아 있다. 여왕은 모두의 머릿속에서 아른거리지만 아무도 제기하지 못한 질문을 떠올린다. '왜 아무도 위기를 예측하지 못했는가?'

　여왕은 그날 루이스 가리카노Luis Garicano 런던정경대 경제학 교수에게 물었다. 어쨌든 간에 경제학자들은 다가오는 위험을 경고해줬어야 했다. 그게 모두의 생각이었다. 그들은 그 모든 신호를 하나도 보지 못했다는 것인가? 런던정경대 학자들과 영국학사원 회원들은 여러 달이 지난 2009년 7월 22일 〈파이낸셜 타임스〉에 편지 형태의 글을 실어 여왕의 질문에 답했다.

폐하께서는 지난 11월 런던정경대학을 방문해 "왜 아무도 신용경색(위기)이 다가오는 것을 알아보지 못했습니까?"라고 질문하셨습니다. 정곡을 찌르는 질문이었습니다. 영국학사원은 2009년 6월 17일 포럼을 열어 폐하의 질문에 대해 논의했고, 기업계, 금융계, 감독기관, 학계, 정부 부처 등 각계 전문가가 의견을 제공했습니다. 이 편지는 포럼 참여자의 의견과 그들이 언급한 요인을 요약한 것입니다. 우리는 이 편지가 폐하의 질문에 답이 되기를 바랍니다.

학사원 회원들이 언급한 금융위기의 진짜 원인은 무엇인가?

영국과 전 세계 석학들이 시스템 전반의 위험을 이해하지 못한, 총체적으로 상상의 실패가 중요한 원인이었습니다.[1]

실제로도 이 문제의 핵심은 상상이다. 경제학과 상상은 서로 깊이 얽혀 있다. 조금 늦은 감은 있지만, 다음 편지는 내가 여왕의 시기적절하고 근본적인 질문에 보내고 싶은 답변이다.

존경하는 여왕 폐하께
런던 SW1A 1AA 버킹엄 궁전

마담[2]
마담께서 질문하신 "왜 아무도 위기를 예측하지 못했는가?"라는 질문에 미흡하지만 간단하게 대답을 드리자면 이렇습니다. 인간이 바다에 폭풍우가 이는 것을 통제하지 못하듯 경제위기를 예측하거나 막을 수 없습니다. 제 나름으로 강구한 해결책을 설명하면 다음과 같습니다.

존 케네스 갤브레이스John Kenneth Galbraith가 말했듯이, 금융시장 전문가는 아주 부유하거나(자본가) 영향력이 크기(경제학자) 때문에 경외의 대상입니다. 그리고 가장 유능한 참모진이 포진하고 있어 가장 좋은 정보에 접근할 수 있습니다. 따라서 이 '전문가'에게 '주어진 권위는 부하직원의 암묵적 동의와 보좌진의 찬사를 장려하고 반대 의견은 배제합니다.'

이런 권위는 '자신이 정신적으로 우월'하다는 확신을 이끌고, '철저한 자기 검토'를 줄여버립니다. 인간이 이렇다는 것은 변하지 않는 사실입니다. '전문가'는 언제라도 우리를 잘못된 길로 이끌 수 있습니다. 우리는 천재들로 눈부시게 빛나는 그 길이 부로 향하도록 이끌 것이라고 믿으며 기꺼이 따릅니다. 갤브레이스의 말처럼 규칙은 간단합니다. "금융의 천재는 벼랑 앞에 있다."[3]

지금까지 어떤 경제학자도 위기 예측에 도움이 되는 이론을 만들지 못했습니다. 하물며 마담께 편지를 보낸 경제학자들이 단언한 것처럼 경제 순환이 언제쯤 나쁜 쪽이나 좋은 쪽으로 선회할지 예측할 방법을 알아낸 사람도 없습니다. '세계 경제는 급변하는 경향이 있다.'라고 한 미국 경제학자 하이먼 민스키Hyman Minsky의 말 정도가 그나마 통찰력 있는 대답이라고 할 수 있습니다. 그러나 민스키도 그런 급변 시기를 예측할 수 있는 공식은 만들지 못했습니다.

냉소적인 농담을 하자면, 세상에서 가장 좋은 직업은 다음 세 가지입니다.

1. 메이저리그 야구팀 지명 타자
2. 기상학자
3. 경제학자

79%의 실패율을 기록하면서도 일을 잘한다는 말을 듣는 직업이 또 어디 있겠습니까? 오래된 우스갯소리가 있습니다. "경제 예측의 유일한 기능은 점성술을 대단한 것처럼 보이게 만드는 것이다."* 몇 가지 특별한 혁신은 예외로 두어야 하지만 예측은 생각하지 말아야 합니다. 그러나 예측을 하지 못해도 준비는 할 수 있습니다. 세계 경제 참여자들은 거센 폭풍우에 맞설 장비를 더 강화할 수 있습니다. 두세 가지만 준비해도 모두가 더 강인해져 운명에 휘둘리는 것이 아니라, 거친 풍랑에도 스스로 배를 몰고 나아갈 수 있을 것입니다. 우리는 풍랑이 닥치기 전에 미리 배의 방향을 바꿀 수 있게 될 겁니다.

첫째로, 금융 교육이 없으면 경제와 금융의 지속 가능한 혁신도 불가

---

* 나는 제임스 갤브레이스James Galbraith와 만난 자리에서 이 인용문에 대해 의견을 나누었고, 그는 자신의 부친 존 케네스 갤브레이스가 "그런 말을 한 적이 없다."라고 밝히며 이렇게 덧붙였다. "유명하지 않은 누군가가 한 말이지만 워낙 기지가 번뜩이기 때문에 인터넷상에서는 아버지가 했다고 알려지게 된 것 같다."

능합니다. 은행과 재무장관은 어린 학생들이 모기지 금리가 어떻게 계산되는지 이해하도록 더 많은 노력을 기울여야 합니다. 이것은 아주 중요한 일일 수 있습니다. 아이들은 국가 부채 악화는 고사하고 금리가 모기지 가격이나 신용카드 APRAnnual Percentage Rate(연이율)에 어떤 영향을 미치는지 전혀 알지 못한 채 졸업을 하고 성인으로서의 삶을 시작합니다. 학교에서는 주거에 소득의 몇 퍼센트를 써야 하고, 미래를 대비해 몇 퍼센트를 저축해야 하는지 같은 기본 재무 개념을 하나도 가르치지 않습니다.

한 예로 지난번 위기 때 영국의 상당수 연기금 펀드가 이자를 가장 많이 준다는 이유 하나만으로 아이슬란드의 한 은행에 연금 적립금을 예탁했습니다. 얼마 후 아이슬란드 은행들은 요란하게 무너져내렸습니다. 역사적으로 살펴봐도 은행이 터무니없이 높은 예금 이자를 지급하는 경우는 예탁금 부족에 시달릴 때뿐입니다. 즉 위험이 도사리고 있다는 뜻입니다. 금리는 많은 신호 중 하나입니다. 우리는 무엇이 신호인지, 그리고 신호에 어떻게 대응해야 하는지 알아야 합니다. 빨간불에서는 멈추고 초록불에서는 앞으로 나가는 것을 당연히 여기는 것과 같은 이치입니다.

자신에게 투자하는 것도 시장과 미래에 투자하는 것도 모두 위험감수가 필요합니다. 위험이 없으면 보상도 없습니다. 나쁜 결과를 막을 생각에 규제를 정하고 기관을 신설해봤자 소용없습니다. 미국 증권거래위원회SEC이나 영국 금융감독청FSA, 다른 금융감독기관도 우리가 사기당하는 것을 막아주지 못합니다. 어떤 감독기관을 설립해도 우리가 직접 해야 하는 숙제가 사라지는 것은 아닙니다. 손실은 세계 경제의 정상적 부분이고, 손실 없이는 발전도 없습니다. 반면에 관련 법과 규제 증가는 비용을 높이고 계산된 위험감수를 더 어렵게 할 뿐입니다. 그러므로 우리는 성공 관리만큼 손실과 실패 관리에 대해서도 진지하게 고민해야 합니다.

어디서나 온라인 교육이 가능해진 오늘날, 해결하기 아주 힘든 문제는 아닙니다.

둘째, 우리는 경제의 다양성을 늘려야 합니다. 투자 포트폴리오를 주식, 채권, 부동산, 현금 등으로 더 다양하게 분산해야 한다는 뜻이 아닙니다. 더 중요한 것은 다양성입니다. 세계 경제 속에서 우리는 더 다양한 의견과 활동을 권장해야 합니다. 저는 19세기 영국 철학자이자 경제학자였던 존 스튜어트 밀John Stuart Mill의 말에 전적으로 동의합니다. "오늘날 기이한 행동을 하는 사람이 그토록 적다는 것이 이 시대의 가장 큰 위험이다." 그리고 그는 이렇게도 말했습니다. "현존하는 모든 좋은 것은 독창성에서 생겨난 열매이다."[4]

아이러니한 말이지만, 금융시장의 유일한 공짜 점심은 분산투자라는 속설이 퍼져 있습니다. 그러나 우리는 사회 전체에서 의견의 다양성이나 경제 활동의 다변화는 꾀하지 않습니다. 반대되는 의견을 말한 사람은 그들의 말이 맞았다는 사실이 드러난 후에야 방송을 탑니다. 그래서는 안 됩니다. 다양한 의견이 개진되어야 합니다. 그래야 우리는 전문가도 틀릴 수 있다는 사실에 대비할 수 있습니다.

대중의 대다수가 동시에 똑같은 투자를 추구할 때 그 끝은 대개 눈물 바다입니다. 비즈니스 스쿨 졸업생의 85%가 금융시장에 취직하기를 원한다는 것은 분명히 문제의 징후입니다. 모두가 똑같은 투자 아이디어에 동시에 몰린다는 것도 확실히 문제의 징후입니다. 1637년의 튤립, 1800년대의 철도 주식, 1990년대의 인터넷주가 그 예입니다. 2000년대의 주택과 모기지도 그렇습니다.

물론 군중도 어느 정도는 지혜롭습니다. 그러나 로버트 프로스트Robert Frost의 말처럼 "인적이 덜한 길"을 가는 것이 안전할 수도 있습니다. 그러면 적어도 모두가 동시에 똑같이 잘못된 길을 갈 가능성은 줄어드니까요. 변동성과 경제 순환은 몰아낼 수도 막을 수도 없지만, 에지워크와 기이한 경험을 권장하는 분위기가 조성된다면 변동성과 경제 순환에서 오는 충격을 완화할 수 있습니다.

경제에서 다양한 의견이 개진되고 다채로운 활동이 펼쳐질수록 우리는 세계 경제의 불가피한 밀물과 썰물이 주는 충격을 더 많이 완화할 수 있습니다. 한 번에 한 방향으로 모두 쏠리는 대신에 다양한 의견과 비즈니스 모델, 아이디어, 활동, 미래 비전을 추구한다면, 일어나는 사건을 더 능란하게 다룰 수 있을 것입니다.

더욱이 개개인이 자신만의 특별하고 혁신적인 길을 걷는 분위기가 조성된다면 인격 강화의 터전이 만들어질 것입니다. 인격 강화는 언제라도 돌변할 수 있는 경제의 조류에 대처하기 위해서라도 꼭 필요합니다. 인격이 강화되면 우리는 경제 순환의 꼭대기가 만드는 기회도, 바닥이 만드는 기회도 올바르게 평가할 수 있습니다. 우리가 명심해야 할 사실이 있습니다. 경제 순환이 바닥으로 가라앉아 위기가 등장하는 바로 그 순간, 자산은 현재 소유자인 특권층의 손아귀에서 매몰차게 빠져나갑니다. 그리고 훨씬 낮은 가격에 그 자산을 갖기 원하는 사람의 손으로 옮겨갑니다. 그리고 대개는 경제 순환이 꼭대기에 다다른 순간에 자산도 흡족한 차익의 기회가 생깁니다. 하지만 파는 것이 가장 싫어지는 순간이기도 합니다.

꼭대기에서 팔고 바닥일 때 사기 위해서는 비전과 확신, 인격, 준비성이 필요합니다. "황소는 돈을 벌고 곰도 돈을 벌지만 돼지는 도축당한다."라는 옛 격언은 맞습니다. '돼지'가 죽는 것은 필요한 인격과 판단력을 갖추지 못해서입니다. '돼지'는 투자하지 않습니다. 돼지는 확신에 근거한 관점이 없습니다. 돼지는 그저 군중을, 쉬워 보이는 돈을 따릅니다. 그나마 다행히 우리는 황소도 곰도 돼지도 아닙니다. 우리는 상상력이라는 재능을 가진 인간입니다.

이 모든 사태와 상상력이 무슨 상관일까 하는 생각이 들 수도 있습니다. 하지만 상상력은 경제학의 핵심입니다. 상상하지 않으면 능력과 이해 범위 밖에 있는 무언가를 얻지 못합니다. 모든 혁신과 성장, GDP를 좌우하는 것은 상상의 유무입니다. 우리는 《이상한 나라의 앨리스》에 나오는 하트 여왕이 전하는 조언을 귀담아들어야 합니다.

앨리스가 웃었다.

"해봤자 소용없어요. 불가능한 일은 누구라도 믿을 수가 없는 거예요."

여왕이 말했다.

"아마도 충분히 많이 해보지 않은 거겠죠. 내가 그대의 나이일 때는 하루에 30분은 해봤어요. 어떤 때는 아침 먹기 전에 불가능한 일을 여섯 가지나 생각했답니다."

사람은 아침 먹기 전에 적어도 여섯 가지는 불가능한 일을 상상해봐야 합니다. 왜 그래야 하느냐는 의문이 들 수 있습니다. 그러나 '불가능' 것이 실제로 경제학에서는 자주 발생합니다. 그리고 우리는 상상력을 이용하는 방법도 익혀야 합니다. 그래야 준비성이 늘어납니다. 《블랙 스완The Black Swan》의 저자 나심 탈레브Nassim Taleb와 그의 많은 팬이 냉소하는 소리가 들립니다. 탈레브는 미래를 예측하려는 시도는 소용이 없다고 생각합니다. 차라리 변호사가 되어 탈레브의 '블랙 스완'이 몰아올 예측 불가능한 미래를 철저히 준비하는 것이 나을 수 있습니다.

블랙 스완이란, 상상할 수 없는 예측 불가능한 사건을 말합니다. 더 정확히는 통계적 예측이 가능한 범위에 있지 않은 사건들을 말합니다. 그럼에도 '블랙 스완'은 분명히 이따금 수평선에 등장합니다. 그렇지만 우리가 아는 상식으로 사건은 통계적 확률에 따라 등장하고, 결과와 원인이 되는 또 다른 사건이 있습니다. 예를 들어 금리가 상승했을 때 만들어지는 특정 결과가 있고, 금리가 내려갔을 때 만들어지는 특정 결과가 있습니다.

예측이 불가능하다는 것에는 저도 동의합니다. 마담의 수많은 금고와 벽장에도 수정구는 없을 것입니다.* 불행 중 다행으로 우리에게는 수정구가 필요 없습니다. 우리는 다양성과 상상력만 늘리면 됩니다.

해결책은 간단합니다. 능력과 이해 범위 밖에 있는 무언가를 얻으려는 노력이 적극 권장되어야 합니다. 그 노력이 내일의 경제와 GDP를 만들 것이기 때문입니다. 혁신을 잘하고, 불가피한 실수에서 회복하기 위해서라도 안주가 아닌 에지워크가 필요합니다. 그러한 노력과 에지워크는 세계 경제가 무차별적으로 쏟아붓는 격변의 충격이 가할 피해를 조금이나마 줄여줄 것입니다.

모든 위기와 경제 하강이 발생할 때마다 무한대로 자본을 수혈하는 것은 절대로 해결책이 아닙니다. 세계 경제에 속한 모든 것이 그렇듯이 자본도 수요와 공급의 원칙에 지배되고, 가격이 결정됩니다. 어떤 때는 돈이 싼값에 흘러넘치고, 어떤 때는 돈 가뭄에 가격이 오릅니다. 경기 침체 동안 경제를 후진시키는 것은 자본 부족이 아니라, 창의적 아이디어와 그 아이디어를 추구할 인격의 부재입니다. 공짜 자본만으로는 성장이 창출되지 않습니다. 혹여 창출된다고 하더라도 공짜 자본이 넘치면 확신을 가지고 추구할 원칙이 무너집니다. 인격과 자본의 힘겨루기가 벌어진다면 대개는 인격이 승리합니다.

우리가 목표로 삼아 노력해야 하는 것은 예측이 아니라 가능한 사건들에 대한 준비 태세를 기르는 것입니다. 상상력이 늘어나면 호황에

---

* 백악관에도, 거래소와 증권회사의 객장에도 수정구는 없다. 나는 백악관의 공적 업무 공간인 웨스트 윙에서 일할 때 수정구가 있는지 열심히 찾아다녔다. 그러므로 수정구가 존재하지 않는다고 단언한다.

도 불황에도, 그리고 성공과 역경에도 나름의 효익이 존재한다는 것이 보입니다. 필연적으로 오르내리기 마련인 세계 경제의 순환을 무사히 항해하는 데에는 계산된 위험감수가 필요합니다. 불가피한 폭풍에 대비하고, 경제 너울의 곳곳에서 흘러나오는 흥미로운 기회를 맞이해 보물을 챙길 준비를 철저히 해야 합니다. 그것이 우리의 과제입니다. 우리는 신호를 읽고, 최대한 치밀하게 신호를 토론하고, 확신이 들었을 때는 신호를 따르는 실력을 키워야 합니다.

존경을 담아,
피파 맘그렌

4장

알고리즘이 시켰습니다

"헛소리!"

모터사이클 정비사가 짜증을 내며 욕설을 내뱉었다. 수리할 엔진 부품의 폭을 재려고 디지털 멀티미터의 컬러 LED 스크린을 보다가 욕이 나왔다. 스크린에서는 깜빡거리는 숫자만 보여줄 뿐 정확한 치수는 보여주지 않았다. 엔진 설비에서는 정밀함이 생명이다. 측정이 정밀하지 않으면 치수가 맞지 않는 부품을 사용하게 되어 엔진 과부하로 화재나 폭발을 불러올 수 있어 아주 위험하다. 과거에 모터사이클 정비사는 기계식 캘리퍼를 가지고 수리해야 할 부품의 폭을 정확히 측정했다. 오늘날 모든 것이 컴퓨터화했고 정비사도 부품 치수를 재는 장비를 LED 장비로 '업그레이드'했다. 그런데 가끔은 구식 기계로 직접 재는 것이 더 정확할 때가 있다. 모터사이클 정비사이자 문화 논평가인 매슈 크로포드Matthew Crawford는 모터사이클 부품만이 아니라 세계 경제도 마찬가지라고 지적한다.[1]

우리는 지금 사람이나 정성적 데이터, 인간의 판단보다는 컴퓨터와 숫자, 알고리즘과 수리 모델을 더 신뢰한다. 우리는 아이의 학습 진척도를 판단할 때 아이의 담임선생님이 내놓는 사심이 담겼을지 모르는 의견보다는 표준화된 시험 결과를 더 신뢰한다. 대다수의 사람이 언제라도 치명적인 실수를 할 수 있는 인간 조종사가 아니라, 컴퓨터가 비행기를 조종한다는 것을 알고 난 후 더 안심한다. 하지만 조종사를 신뢰하고 필요하다 싶으면 조종사가 컴퓨터를 무시하고 자의적 판단으로 비행기를 조종할 것이라고 믿는 사람도 있다.

시스템을 무시해도 되는가? 무시할 수 있다면 그 기준은 무엇이고, 언제인가? 수리 모델과 상식, 어느 기준에 따라 움직여야 하는가? 이것은 현대 경제학이 반드시 토론해야 할 문제들이다.

크로포드는 '헛소리'라는 말이 저절로 나오는 순간, 금융위기가 생겨났다고 지적한다. 다시 말해, 우리가 철석같이 믿어온 수리 모델이 상식에 위배되는 바보 같은 행동을 이끌었다는 사실을 깨달은 순간, 갑자기 금융위기가 몰아닥쳤다는 것이다.

금융 저널리스트 펠릭스 새먼Felix Salmon은 '재앙의 조리법: 월스트리트를 죽인 공식'[2]이라는 글에서 똑똑한 사람들이 알고리즘을 잘못 맹신하다가 어떻게 바보 같은 행동을 하게 되었는지를 설명했다. 한마디로 요약해, 그들은 수학적 우아함만을 고집하다가 현실을 내팽개쳤다. 현실은 너저분하다. 정량화도 힘들고 깔끔하게 '딱 떨어지지도' 않기 때문이다.

현실과 알고리즘이 충돌하는 순간이야말로 주의해서 지켜봐야 한다. 현재 은행 모기지 판매 담당자가 처한 입장은 엔진 속으로 들어가 남은 오일을 재봤으면 소원이 없겠다고 말하는 BMW 운전자의 입장과 똑같다. 양쪽 모두 시스템을 무시할 수 없고, 컴퓨터가 세팅해놓은 결과물을 바꿀 수도 없다. 현대의 엔진은 케이스 안에 단단히 밀봉돼 있고, '안전장치'를 하나라도 무시하는 것은 제조사의 품질 보증 정책을 어기는 것이다. 세계 경제의 수학적 알고리즘 역시 피하기 어렵기는 마찬가지다. 예를 들어 2006년 경제 거품이 절정일 때 지역 담당 모기지 중개인이 있었다면 나의 어머니에게 모기지를 제공한다는 서류에 사인하기 전에 일단 어머니의 재무 상태부터 검토했을 것이다. 문제는 지역 담당 모기지 중개인이 없었다는 것이다. 대다수 은행은 알고리즘으로 하는 것이 더 빠르고 편리하다는 이유로 2000년대 들어 여신 담당 직원을 대거 해고했다.

알고리즘은 세세하게 살피지 않는다. 나는 어머니에게 "금리가 오르면 이자를 내시기가 벅찰 거예요. 그리고 집값이 조금이라도 떨어지면 어머니 지분은 마이너스가 되고, 집값이 대출액보다도 낮아질 수 있어요."라고 설명해드렸다. 이 말에 대출 담당자도 동의할 것이다. 바로 그게 그가 해고된 이유다. 은행 주가 상승을 이끄는 기준이 더 많은 모기지 거래량이라면, 대출 담당자는 '발전'에 방해가 되는 사람이었다. 대형은행의 여신 담당자가 중요한 투자결정 회의에 참석하지 못하게 되면서 객장 곳곳에서도 비슷한 신호가 메아리쳤다. 그들은 질문이 너무 많았다. 그들은 걸핏하면 반대했다. 이제 그들은 중요한 의사결정 과정의 일원이 되지 못한 것을 투덜대며 복도를 서성여야 했다.

대출 담당자가 해고당하고 여신 담당자가 회의에서 배제됐다는 것은 사람보다 알고리즘을 더 믿는다는 뜻이다(이것은 중요한 신호였다.). 게다가 이 신호는 질문이 많아지는 것이 걸림돌이 되는 거래량과 거래 속도야말로 은행 주가를 끌어올리는 주요 견인차가 되었다는 사실도 보여준다. 나는 경기 호황에 자주 등장하는 한 가지 신호만 보면 아주 예민해진다. 만약 거래의 질보다 거래량이 주가 상승을 견인하는 요인이 된다면 무언가가 크게 잘못된 것이다.

증권거래소의 폐장을 알리는 종을 비상벨로 해석해야 마땅했을 순간이 있었다. 그 순간, 거래량이 거래의 질을 밀어냈다. 여왕의 질문에 대한 대답으로 은행과 모기지 중개인, 모기지 대출 담당자는 에둘러 말할 필요가 없었을 것이다. "알고리즘이 그러라고 시켰습니다."라고 말하면 끝이었다.

주가 상승을 포기하고 알고리즘에 도전하는 사람은 누구라도 맹비난을 받거나 힘 있는 자리에서 밀려나거나 해고당한다. 이렇게 보면 알고리즘이 그러라고 시켰다는 것이 정말로 맞다. 은행가, 펀드매니저 그리고 월스트리트의 사람은 포트폴리오의 위험과 보상을 계산하는 일에 종일 매달린다. 그리고 그들이 위험과 보상을 계산하는 도구도 알고리즘이다. 이것이 그들에게 대가를 치르게 한다.

엘리자베스 2세 여왕은 "왜 아무도 위기를 예측하지 못했습니까?"라고 물었다. 그들도 예상하기는 했다. 2007년에 가장 뜨거운 토론 주제는 신용시장의 재앙 임박이었다. 내 고객들은 그 피할 수 없는 재앙이 어떻게 펼쳐질지 그리고 시장의 재앙에서 어떻게 해야 이익을 챙길 수 있을지 이런저런 가설을 세웠다.

그렇다면 그들은 왜 팔지 않았는가? 이번에도 답은 알고리즘이다. 남보다 일찍 판다는 것은 가격이 오르는 중에 판다는 것이다. 일찍 판다는 것은 남보다 실적이 저조해진다는 뜻이고, 고객과 직장을 잃게 된다는 뜻이다. 영국에서는 이것을 '토니 다이 효과Tony Dye Effect'라고 한다. 토니 다이는 위기를 정확히 예측했다가 모두의 조롱을 사고 '닥터 둠Dr. Doom'이라는 별명을 얻은 영국 펀드 매니저다. 그는 남들보다 1년 일찍 팔았다. 이것은 그가 시장과 동료들보다 실적이 저조했다는 뜻이다. 그리고 그는 해고당했다.[3]

이후 시장이 무너지면서 토니 다이가 옳았다는 사실이 증명되었지만, 그때 가서 그의 생각대로 움직여봤자 차익을 내기는 힘들었다. 토니 다이는 금융계의 지배적 생각과 다른 길을 걸었다. 하지만 금융계는 힘든 결정을 차일피일 미루는 행동에 보상을 준다는 것이 문제다. 주식시장과 자산 가치가 따로 논다는 것을 모르는 사람은 없지만, 동료보다 실적이 저조하지만 않으면 비난도 해고도 면할 수 있다는 사실을 모르는 사람도 없다. 결국 복지부동이 가장 안전한 선택이다. 이렇게 되면 가격이 30%나 하락하는 것을 두 눈 뜨고 지켜봐야 하지만, 다른 사람도 똑같이 손실을 입는 한 자리보전은 할 수 있다. 반대로 너무 일찍 파는 사람은 해고당한다.

헛소리의 근원, 알고리즘과 오만

경제학의 고뇌는 모든 인간 활동을 수리 모델에 욱여넣으려는 욕망에서 비롯된다. 어떤 진실이건 그 밑바탕은 수학이라고 믿는 경향은 역사가 아주 길다. 헝가리 출신 영국 작가 아서 케스틀러Arthur Koestler가 말한 '데카르트의 재앙Cartesian Catastrophe'도 그런 성향을 은유한다 (아서 케스틀러는 1964년에 발표한 《창조의 행동The Act of Creation》에서 이렇게 말했다. "뉴턴의 혁명이 현대 물리학의 시작이라면, 데카르트의 재앙은 현대 철학의 시작이다. 이 재앙은 세상을 물질과 정신의 영역으로 쪼개고 '정신'을 의식적 사고와 동일시하는 것이다. 이런 동일시는 데카르트적 합리 정신에 대한 피상적 합리화와 심리학의 궁핍이라는 결과를 낳았다. 그리고 이것의 일부를 치유하는 데에는 3세기가 걸렸다."-옮긴이). 그러나 문제의 근원은 분명하다. 18세기 물리학자 아이작 뉴턴의 "나는 천체의 움직임은 계산할 수 있지만 인간의 광기는 계산할 수 없다."라는 말이야말로 그 근원을 가장 잘 표현하고 있다. 잘 알려져 있다시피 뉴턴은 1720년 남해주식회사 거품 붕괴로 전 재산을 잃은 후 이 말을 했다.

'인간의 광기'를 수학적으로 계량하기 힘들다는 것에는 의심의 여지가 없다. 하지만 숫자로 전환하기 힘든 것이 무조건 중요하지 않다고 믿는 것은 대단히 위험한 일이다. 계량화할 수 없는 위험, 예를 들어 오만이나 자아, 유인incentive은 물론이고 정치나 정책, 지정학적 요소 등 계량화할 수 없는 모든 위험을 제거할 수만 있다면 인생이 한결 쉬워질 것이다. 그러나 이런 요소는 알고리즘에 깔끔하게 맞아떨어지지 않는다.

　이런 위험을 지평에서 제거할 수만 있다면 시장 관리도 쉬워질 것이다. 그러다 보니 계량화할 수 없는 위험을 열외로 하고, 제외하고 무시하는 것이 기준이 되었다. 이스라엘 출신의 미국 심리학자이며 2002년 노벨 경제학상을 수상하고, 〈포린 폴리시〉에 의해 세계 최고의 사상가 중 한 명으로 지목된 대니얼 카너먼Daniel Kahneman은 그의 2012년 저서 《생각에 관한 생각Thinking, Fast and Slow》에서 계량화에 기대는 인간의 성향을 거부하고, 인간의 행동을 경제적 결과의 동인으로 표면에 대두시켰다. 그러나 내가 볼 때 세계 경제 참여자 상당수는 노벨상 수상자의 경고에도 불구하고 계량화하지 못하는 위험보다는 데이터와 알고리즘, 수학에서 훨씬 큰 위안을 얻고 있다.

지식의 가장

오스트리아 태생 영국 경제학자이며 철학자인 프리드리히 하이에크Friedrich Hayek가 1974년 12월 노벨 경제학상 수상 연설을 위해 단상에 올랐다. 그의 '지식의 가장Pretence of Knowledge'이라는 제목의 수상 연설이 전하려는 메시지는 명쾌했다. 과학자는 측정 가능한 것만을 측정할 수 있다. 하지만 많은 것, 이를테면 사랑이나 고통을 참는 능력, 국가에 대한 자부심, 무언가를 원해서 사도록 만드는 동인과 무언가를 필요로 해서 갖도록 만드는 동인의 차이점 등은 측정할 수 없다. 하이에크는 경제학의 연구 방식이 매우 비과학적이라는 것이 여러모로 입증되고 있는 순간에 노벨 경제학상이 제정된 것을 웃지 못할 모순이라고 생각했다.

"한편으로 최근에 제정된 노벨 기념 경제학상(노벨 경제학상은 원래 알프레드 노벨의 유언으로 제정된 상이 아니며, 정식 명칭은 '알프레드 노벨 기념 스웨덴 중앙은행상'이다.-옮긴이)은 경제학이 물리학의 존엄성과 명망을 일부 넘겨받는 과정에서 중요한 한 획을 그었습니다. 대중은 그렇게 생각합니다. 또 한편으로, 경제학자는 이 순간 가속도가 붙은 인플레이션의 심각한 위협으로부터 자유세계를 해방시킬 방법을 모색해 달라는 요청을 받고 있습니다. 그러나 경제학자가 정부에 추천하고, 심지어 강권한 정책이 인플레이션을 불러왔다는 것을 인정해야 합니다."

하이에크는 1974년 세계 경제에 속한 모든 사람이 동시다발적으로 일어난 고인플레이션과 고실업률에 시달리는 끔찍한 상황이 벌어진 것을 두고 구체적으로 정책 입안자를 지목해 비난하고 있었다.* 하이에크의 연설은 계속 이어졌다.

---

* 훨씬 더 큰 아이러니는 현재가 과거를 답습하고 있다는 것이다. 오늘날 경제학자는 필요한 조치를 모두 취해 인플레이션을 유발해야 한다고 주장했다. 이들의 정책은 성공을 거뒀지만, 그 결과 성장률은 여전히 낮고 인플레이션은 꺾이지 않고 있다. '악몽의 시나리오'이다.[4]

"경제학자가 성공적으로 정책 방향을 잡지 못하는 것은 그들이 눈부시게 성공한 물리학의 절차를 최대한 흉내 내려는 성향이 짙다는 것과 관련이 있습니다. 이런 흉내는 경제학에서 치명적 오류로 이어질 수 있습니다. 이런 접근법은 '과학적' 태도라고 묘사되었습니다. 제가 30여 년 전에 규정했다시피 '과학적' 태도는 그 말의 진짜 의미로 보자면 결단코 비과학적인 태도입니다. 사고 습관을 그것들이 만들어진 분야와 전혀 다른 분야에 기계적이고 무비판적으로 적용하기 때문입니다. 오늘 저는 최근 경제 정책의 가장 중차대한 오류 몇 가지가 어떻게 이런 과학적 오류에서 비롯되었는지를 설명하는 것으로 연설을 시작하려 합니다. … 이것은 모든 사회 문제를 해결하는 데 몇 가지 조리법만 있으면 된다고 생각하는 것과 같습니다."

재앙의 조리법

어떤 조리법을 따랐건 결과물로 나온 음식은 입맛을 돋우는 데 번번이 실패했다. 여론 분석가이며 사회과학자이자 최초의 뉴욕타임스/CBS 여론 조사를 창설한 대니얼 얀켈로비치 Daniel Yankelovich는 이 조리법에서 필수 재료가 빠지게 된 경위를 명쾌히 설명한다.

"첫 번째 단계는 측정하기 쉬운 것을 측정하는 것이다. 여기까지는 괜찮다. 두 번째 단계는 측정할 수 없는 것을 무시하거나, 여기에 임의로 계량 값을 부여하는 것이다. 이것은 인위적이고 호도적인 행동이다. 세 번째 단계는 측정이 불가능한 것을 중요하지 않다고 가정하는 것이다. 이것은 맹목이다. 네 번째 단계는 측정할 수 없는 것을 존재하지 않는다고 말하는 것이다. 이것은 자살 행위다."[5]

피터 드러커의 설명은 더 신랄하다. "컴퓨터는 바보 천치다."[6] 하지만 도움이 되는 바보 천치다. 드러커는 어떤 기준에서 이런 결론을 내렸는지에 대해 "컴퓨터가 다룰 수 있는 것은 추상적 개념이고, 추상적 개념은 구체적 결과에 대조해 확인이 가능할 때 신뢰할 수 있다. 그렇지 않을 때의 추상은 오도를 불러온다."[7]라고 설명했다.
앨런 그린스펀의 말에도 같은 생각이 담겨 있다.

"모델은 지금까지 경기 순환과 금융 모델링의 하찮은 부록에 불과했던 것을 온전히 포착하지 못한다. 그 부록이란 학습 곡선으로는 거의 입증하지 못하지만 세대가 바뀌어도 계속해서 등장하는 희열과 두려움을 오가는 인간 본연의 반응이다."[8]

짧은 시

모델과 수학에 대한 그 모든 맹신 아래 깔려 있는 요소는 편의성이다. 모델과 수학은 진실을 드러내기도 하지만 그것 못지않게 진실을 흩트려 어렵고 복잡한 것으로 만들기도 한다. 경제학자는 대중이 대화에 끼어들지 못하도록 자신들만의 용어로 대화를 나눌 수 있다. 정책 입안자는 수학이라는 엄폐물 덕분에 번거로운 질문 없이 정책을 밀어붙일 수 있다.

그럴 때 우리는 어떤 대가를 치르게 되는가? 존 란체스터John Lanchester는 〈뉴요커〉에 이런 글을 실었다.

"돈의 언어는 강력한 도구이자 권력의 도구이다. 이해하지 못한다는 것은 동의의 한 형태다. 이 언어를 이해하지 못하는 자신을 용인하는 것은 오늘의 세상이 돌아가는 방식을 승인하고 있다는 뜻이다."[9]

경제학자이지만 마음에는 시상을 품고 있는 케네스 볼딩Kenneth Boulding은 이러한 진실 엄폐를 서정적으로 묘사했다.

곡예를 하면서

수학을 조금 이용하면

멀리 쭉 갈 것이다.

생각에 허점이 있다면

그것을 이해하기 쉽게 만들지 말지니

안 그러면 대중이 허점을 찾아낼 것이며,

너의 이론이 무엇을 의미하는지

제대로 설명하지 못한다면

너의 이론은 주목받을 것이다.

경제학과 시장에서 우리는 몇 년에 한 번씩 얀켈로비치가 정의한 '자살'을 하고, 그 결과 하이에크가 말하는 재앙이 대중에게 찾아온다. 금융위기도 경제위기도 잊을 만하면 찾아온다. 최근 몇 년간의 위기는 대부분 '기습적'이었다. 저축대부은행 위기, 롱텀 캐피털 매니지먼트Long Term Capital Management 위기, 아시아 금융위기, 멕시코 채무불이행, 2007~2008년의 금융위기 등이 그랬다. 흔히 '블랙 스완'이라고 여겨지는 이런 사건들을 나심 탈레브는 동명의 책에서 본질적으로 예측 불가능한 사건이라고 설명한다. 블랙 스완은 느닷없이 튀어나오는, 가능성이 매우 희박한 사건이다. 탈레브는 '알려지지 않은 미지unknown unknowns'를 고민해봤자 소용없다고 말한다.[10] 따라서 블랙 스완은 모두를 예상 책임에서 면책해준다. 모델, 수학, 컴퓨터. 이 모든 것은 특히 책임으로부터 자유롭다. 블랙 스완은 불가항력이기 때문이다.

그러나 이것은 전혀 사실이 아닐 수 있다. 어쩌면 블랙 스완은 재앙이 찾아왔을 때 위안 삼아 사용하는 무화과 잎(고대 신화를 담은 회화 등에서는 무화과 잎으로 치부를 가렸다.-옮긴이)일지도 모른다. 만약 우리가 사건 발생을 예고하는 신호를 알아볼 수 있다면? 그런 관점에서 다시 조망한다면, 재앙은 '꼬리 사건'일 뿐 블랙 스완은 아닐 것이다. 그리고 희귀하기는 해도 정규분포상에서 벌어지는 사건일 것이다. 발생 가능성이 낮다는 것이지 예측 불가능한 사건은 아니라는 뜻이다. 사건이 분명히 일어날지는 '알 수' 없지만 확률적으로는 가능한 사건이라는 것은 알고 있다.

우리는 하이먼 민스키의 "안정은 불안정한 것이다."라는 간단명료한 주장을 받아들이고, 좋은 변화건 나쁜 변화건 변화가 계속해서 발생하고 있음을 알려주는 신호를 찾아봐야 한다. 그 시작은 아침 식사 전에 여섯 가지 불가능한 일을 상상하고, 미래가 가져올 변화를 준비하는 것이다. 그러나 이것은 계량화할 수 없는 신호를 고민한다는 뜻이고, 지배적인 수학적 접근법에 도전장을 내미는 것이기도 하다.

두 문화

1959년 화학자이자 소설가 찰스 퍼시 스노Charles Percy Snow는 291회 리드 강연Rede Lecture을 하기 위해 케임브리지대학 강단에 섰다. 이때의 강연 '두 문화Two Cultures'는 오늘날까지도 학계에서 활활 타오르는 격론의 불씨를 제공했다.[11] 스노의 말을 빌리면, 인문학과 과학은 서로 양분돼 있으므로 양쪽 진영 모두 사회가 직면한 진짜 문제를 풀 수 있는 능력이 없다. 한쪽의 언어는 영어이고, 한쪽의 언어는 수학이다. 한 세계에는 과학/수학 종족이 거주하고, 반대 세계에는 인문학/문학 종족이 거주하는데, 서로가 서로의 가치에 무지한 것이 갈등을 불러일으킨다.

"저는 전통문화의 기준에서 학식 수준이 높은 사람들의 회합에 여러 번 참석했습니다. 그들은 과학자의 교양 부족이 믿을 수 없는 지경이라고 매우 열렬하게 성토하고 있었습니다. 한두 번은 저도 짜증이 나서 참석자들에게 '열역학 제2법칙을 설명할 수 있는 사람이 있습니까?'라고 물었습니다. 반응은 차가웠고 부정적이었습니다. 하지만 제 질문은 과학의 분야에서 '셰익스피어의 작품을 읽어본 사람이 있습니까?'라고 질문하는 것과 같았습니다.

지금 생각하니 '질량이나 가속이 무슨 뜻입니까?'와 같은 훨씬 간단한 질문을 했어도 마찬가지였을 것입니다. 이것은 과학에서는 '글을 읽을 줄 압니까?'와 같습니다. 학식이 높다는 그 사람들 중에서 제가 똑같은 언어로 말하고 있다고 생각한 사람은 아마 열 명 중 한 명도 없을 것입니다. 그러니 현대 물리학의 장엄한 구조물이 높이 쌓인들, 서구 세계의 가장 똑똑하다는 사람들 대다수가 그 구조물에서 얻는 통찰은 신석기 시대 조상의 통찰과 비슷한 수준일 것입니다."

고학력을 자랑하는 사람들이 이해하려고 머리를 싸매는 수학과 알고리즘 언어, 그리고 최고의 석학들에게도 패배감을 선사하는 계량 불가능한 위험이 세계 경제를 복잡다단하게 만들었다는 것만으로는 충분하지 않았나 보다. 정책 입안자는 자신이 원하는 결과를 얻기 위해 데이터 배포를 통제하려는 행동까지 보이고 있다.

1960년대 초에 나의 아버지 해럴드 맘그렌Harald Malmgren은 백악관에서 근무했다. 어느 날 아버지는 린든 베인스 존슨 대통령의 부름을 받았다. 존슨 대통령은 아버지를 맞이하면서 "긴장 푸세요. 저도 평범한 사람입니다."라고 말했다. 대다수 대통령이 자신 앞에 선 상대가 외경심을 극복하고 할 말을 다 할 수 있도록 사용하는 고상한 인사말이었다. 존슨 대통령은 아버지 쪽으로 몸을 기울여 국제 무역 수치에 대한 아버지의 분석 결과를 물었다. 이번 회의를 위해 몇 날 며칠을 준비했고 자신의 수학적 분석이 옳다고 자부한 아버지는 자랑스럽게 대답했다. "수치는 X입니다." 그러자 대통령이 말했다. "그 숫자는 틀렸습니다." 명치를 세게 후려치는 말이었다! 아버지는 분석 데이터를 옹호할 말을 꺼내려 했지만 대통령이 말을 가로챘다. "제 말을 제대로 안 들었군요. 그 숫자는 틀렸습니다." 대통령은 그 숫자가 달라지지 않으면 미국이 필요한 방향으로 국제 무역 협상을 진행하기 힘들다고 설명했다.

정치인은 왜 숫자를 특정 방향으로 왜곡하기를 요구하는가? 정치가도 정책 입안자도 힘을 원한다. 그들은 표를 원한다. 그들은 어떻게든 선거에 유리하게 작용할 수 있는 수학을 원한다. 그들은 다른 답을 원하면 고민 없이 알고리즘의 가정이나 매개변수를 바꾼다.

수학 천재는 방정식을 푸는 것이 아니라 어떤 방정식을 풀어야 할지 알 때 탄생하고, 정책의 천재는 데이터 조작이 아니라 어떤 데이터를 조작하는 것이 유리할지 알 때 탄생한다. 정책 입안 세상에서 입안자는 원하는 답이 나올 때까지 모델과 수학을 돌리고 또 돌리는 데 많은 시간을 할애한다. 언제나 그들이 게임에서 이기는 것은 아니지만, 이런 시도는 굳건해서 무너지지 않는다.

이 모두는 무엇을 의미하는가? 이것은 가지각색의 의제를 가진 사람들이 어리둥절한 대중에게 수식을 난사하며 세계 경제의 상태를 논한다는 뜻이다. 그들의 수학은 툭하면 왜곡되고 난해하여 접근하기도 힘든 데다, 계량화하기 어려운 문제는 무시한다. 대중은 상식은 갖췄지만, 이런 사람들의 수학이 맞는지 틀렸는지까지 알 수는 없다. 그래서 대중은 뭔가 말이 안 된다는 느낌에 고개만 가로 젓는다.

대중도 〈파이낸셜 타임스〉나 〈월스트리트 저널〉을 읽지만 이해하기 어려운 용어와 개념이 너무 많다. 그래서 속 편한 선택을 내린다. 나무 패널을 두른 집무실에서 일하는, 나보다 똑똑한 누군가가 어려운 일들을 다 알아서 정리할 것이라고 믿는 것이다. 우리는 그런 사람이 진짜로 있다고 믿지만, 그런 생각이 자신의 미래에 대한 책임을 정부에 위임하는 것이라는 사실은 깨닫지 못한다.

에리히 프롬의 유령은 누군가 대신 통제해줄 것이라는, 즉 다른 누군가가 문제를 해결해줄 것이라는 믿음에 매달리는 지극히 인간적 성향을 보고서는 미소를 지으며 고개를 끄덕인다. 1960년, 찰스 퍼시 스노도 이에 대해 우리에게 경고했다.

"우리 시대의 가장 기이한 특징 중 하나는 대단히 중요한 선택을 … 무엇이 그 선택을 좌우하고 무슨 결과가 생길지에 대해서는 직접적인 지식은 전혀 갖추지 못한 소수가 결정을 내린다는 것이다."[12]

확실한 것은 동기를 이해해야 한다는 것이다. 그리고 지금 우리는 옛날 종교관이 사람들을 갈라놓았듯 경제학계를 깊이 갈라놓고 있는 철학의 계곡에서 비틀거리고 있다.

우리가 숫자를 어떻게 생각하든, 숫자가 '진실'이라고 믿든 아니면 유리한 답을 끌어내기 위해 선택한 매개변수를 반영하고 있다고 믿든, 세계 경제의 신호를 분석할 때 중요하게 작용하는 것은 우리가 속한 진영이다. '민물freshwater'에 속하는지, '바닷물saltwater'에 속하는지가 분석에 중요한 영향을 미친다.

저널리스트이자 작가인 피터 킬본Peter Kilborn은 모든 경제학을 아우르는 이 간단한 질문을 〈뉴욕타임스〉 사설 '손을 댈 것인가, 말 것인가?'[13]에서 우아하게 설명하고 있다. 국가는 경제에 개입해야 하는가, 아니면 물러서 있어야 하는가?

정책 입안자들과 정부가 시장에 손을 대면 시장이 균형을 잃어 위기가 찾아오고, 위기가 연장된다고 믿는 사람들이 있다. 반면에 어떤 사람들은 정부의 미진하고 부정확한 개입이 경제위기를 유발하고 기간도 늘린다고 믿는다.

경제위기의 원인을 정부에게 돌리는 첫 번째 학파를 '민물' 경제학파라고 하는데, 이 학파의 주창자들이 미국 중서부 오대호 근처에 있는 대학 출신이 많은 데서 연유한 이름이다. 대표는 시카고대학이다. 폴 크루그먼Paul Krugman은 이렇게 설명한다.

"민물 경제학파는 기본적으로 신고전파 순수주의자다. 그들이 생각하기에 모든 가치 있는 경제 분석은 인간이 합리적이고 시장이 제대로 작용한다는 전제에서 시작한다."[14]

반대로 시장 과잉을 적절히 제한하지 못하는 데 대해 정부에게 책임을 묻는 학파는 이른바 '바닷물' 경제학파로, 이들은 하버드와 프린스턴대학을 위시해 대서양 연안 근처 대학 출신이 대다수를 이룬다. 크루그먼은 민물 경제학파가 순수주의자라면 바닷물 경제학파는 실용주의자라고 말한다.

"그들은 완전시장이나 완전한 합리성에 대한 가정에서 벗어나, 불완전성을 추가하고 경기 후퇴에 대한 케인스 견해를 수용한다. 바닷물 경제학파는 경기 후퇴를 물리치기 위해서는 적극적인 개입이 바람직하다고 생각한다."

어느 진영에 속해 있는지는 중요하다. 속한 학파에 따라 경제 신호에 대응하는 방법이 결정되기 때문이다. 오만과 처벌의 균형을 잘 맞춰 계산된 위험감수를 함으로써 GDP 성장과 고용 창출이라는 두 마리 토끼를 동시에 좇을 수 있는 사람만이 경제를 수습할 수 있다고 믿는다면, 민물 경제학파에 속한다. 반대로 똑똑한 사람을 도시에 모아 그들에게 국가의 힘을 이용할 권한을 주는 것이 경제를 수습하는 방법이라고 믿는다면, 바닷물 경제학파에 속한다.

민물 경제학파에게 똑똑한 사람을 도시로 대거 불러 모아 그들에게 대중의 신뢰와 돈을 이용할 권한을 주는 것은 최악의 방법이다. 바닷물 경제학파는 시장을 신뢰하지 않으며, 시장 종사자들에게는 최고의 이익을 알아서 식별하고 보호할 만한 능력이 없다고 믿는다. 그러므로 바닷물 경제학파의 입장에서 진짜 경제에 속해 일하는 사람들에게 권한을 넘겨주는 것은 최악의 방법이다.

다른 식으로 설명하면 빌 클린턴 대통령은 민물파 민주당이었다. 그는 기업과 개인의 위험감수를 지지했으며, 정부가 작아져야 한다고 생각했다. 버락 오바마 대통령은 바닷물파 민주당에 가까웠다. 그는 기업 증세와 개인의 위험감수 감소를 원했고, 정부에 더 큰 권한을 부여하는 정책을 지지했다. 조지 W. 부시 대통령은 민물파 공화당이었지만, 경제 약화의 소지가 다분한 사건들이 발생하면서 바닷물 경제학파를 정책 결정에 개입시켰다. 로널드 레이건 대통령은 "정부는 해결책이 아니라 문제다."라는 말에서도 드러나듯이 스스로 민물파라는 것을 단호하게 표명했다. 약해진 경제에 대한 그의 해결책은 정부 권한의 크기와 범위를 줄이는 것이었다. 그러나 미국의 핵무기에 대한 지출이 소련을 파산으로 이끌 것이라고 그는 믿으면서 바닷물 경제학파의 접근법을 취했다.

　지금 세상을 가르는 골은 좌우의 대립이나 경제학의 두 거목 존 메이너드 케인스John Maynard Keynes와 밀턴 프리드먼Milton Friedman 추종자들의 대립이 아니다. 지금의 골은 정부와 시민 사이의 골이고, 누구에게 권한을 이양하는 것이 좋은지에 대한 의견 차이의 골이다. 우리는 어느 쪽에 서야 하는지 직접 결정해야 한다. 어느 진영을 선택하느냐에 따라 미래의 경제가 정해질 것이기 때문이다.

이것은 해묵은 논쟁이다. 그러나 정치문화 평론가인 데이비드 브룩스David Brooks가 '벤담 vs 흄'[15]이라는 논평에서 설명했듯이 양쪽의 논리는 오랜 시간이 지났어도 변한 게 없다.

영국 철학자이며 개혁가인 제러미 벤담Jeremy Bentham은 모든 일에 계획을 세워야 한다고 믿었다. 그리고 최대 다수의 최대 행복으로 계획의 성공 여부를 측정할 수 있다고 생각했다. 스코틀랜드 철학자이자 경제학자인 데이비드 흄David Hume은 반대의 이론을 펼쳤다. 그는 개인이 알아서 문제를 해결하는 것을 최고로 생각했다. 브룩스는 논평에 이렇게 적었다.

"미스터 흄(브룩스는 이 논평에서 정부 요직에 앉은 미스터 벤담과 미스터 흄이라는 가상의 인물 두 명을 등장시킨다.-옮긴이) 진영 사람들은 정부가 사회 공익을 추진하고 분권적 개혁 네트워크를 시작하기 위해 운동장을 적극적으로 기울어지게 해야 한다고 믿는다. 그러면서 그들은 정부에 역동적 혁신을 빠르게 조직할 지식이 충분하지 않다고 생각한다."

제러미 벤담 진영은 가장 똑똑한 사람을 도시의 나무 패널을 두른 사무실에 모으고, 그 똑똑한 사람들에게 계획을 만들게 하면 확실히 성공할 것이라고 말한다. 반대로 데이비드 흄 진영은 경제 혼란을 수습할 방법을 알지 못하고, 아무 '계획'도 성공하지 못할 것임을 알기 때문에 시장의 문제 해결 능력을 믿어야 한다고 결론을 내린다.

미스터 흄 진영의 사람들은 자신의 이익을 추구하는 다수의 노력이 합쳐짐으로써 폐쇄적인 방에 모인 '똑똑한' 사람들보다 언제나 나은 결과를 도출할 것이라고 믿는다.

두 대척된 관점은 존 메이너드 케인스, 프리드리히 하이에크 그리고 훗날 밀턴 프리드먼의 논쟁으로 격화되었다. 그리고 마리오 드라기Mario Draghi 유럽중앙은행ECB 총재의 "우리는 대형 금융기관의 부도를 막기 위해 필요한 조치는 무엇이든 취할 것이다."라는 말에, 토머스 호니그Thomas Hoenig 미국 연방예금보험공사 부의장이 "우리는 도산 은행들을 보호해서는 안 된다."라는 말로 맞서면서 논쟁은 계속되고 있다. 더 큰 정부인가 더 작은 정부인가, 복지 증가인가 축소인가, 규제 강화인가 완화인가, 증세인가 감세인가에 대한 좌와 우의 대립에서도 이 논쟁은 여전히 계속되고 있다.

바닷물 진영도 민물 진영도, 알고리즘이 옳다고 믿는 사람도 틀렸다고 믿는 사람도, 자신들이 옳다는 증거로 알고리즘과 수학을 들먹인다. 두 진영이 잔뜩 어렵게 만들어 내놓는 정교한 모델에 대중이 시시비비를 가리기는 거의 불가능하다. 수학에 능숙한 사람들은 정책 입안자들이 숭배하는 모델을 비판하고 통찰하는 작고 점잖은 가내 수공업을 일궈냈다. 하지만 일이 제대로 되고 있는지 알기만 하면 만족하는 평범한 사람들의 머리로는 그들의 비판과 통찰을 이해하기 힘들다.

답은 조금 뒤 깊이 탐구할 '사회계약'에 있다. 사회계약은 시민과 국가 간에 이뤄지는 '거래'이다. 시민과 국가는 시장과 국가의 경계를 어디쯤에 그을지 정해야 한다. 이 선은 나라마다 다를 수밖에 없다. 프랑스의 선과 중국의 선이 다르고, 중국의 선과 미국의 선이 다르다. '정답'도 가장 효율적인 답도 없다. 시민과 지도자가 어떻게 생각하느냐에 따라 선의 위치는 결정된다. 그리고 바로 이 부분에서 인간의 품격이 결과에 영향을 미치기 시작한다.

골키퍼 과학

민물이건 바닷물이건 모든 정책 입안자는 경제의 고통과 변동성, 불확실성이 드러나기 시작하면 개입하지 않을 수 없다. 캐나다 과학기술 작가 클라이브 톰슨Clive Thompson은 2008년 〈뉴욕타임스〉에 그 이유를 통찰하는 글을 올리면서, 이스라엘 학계의 '정상 골키퍼들의 행동 편향: 페널티킥 사례'라는 2005년 연구를 이번 통찰의 출발점으로 지목했다.

"이스라엘 학계에서 286개 페널티킥을 분석했더니 골키퍼가 오른쪽이나 왼쪽으로 몸을 날리는 경우는 94%라는 결과가 나왔다. 그러나 골키퍼가 가운데를 지키고 있을 때 공을 막을 가능성이 가장 높았다. 골키퍼는 왜 거의 매번 한쪽으로 몸을 날리는가? 학계는 골키퍼가 아무것도 하지 않아서 공을 놓친 것으로 보이고 싶지 않기 때문이라고 가정했다. 한쪽으로 몸을 날리면 공을 막을 가능성은 줄지만, 과감히 움직였다는 인상은 남길 수 있다. '그들은 무언가 행동하고 있음을 보여주고 싶어 한다.' 대표 연구자 중 한 명인 마이클 바엘리Michael Bar-Eli는 이렇게 설명한다. '움직이지 않으면 그들은 우물쭈물하다가 무능하게 행동하는 것처럼 보일 수 있기 때문이다.'."[16]

대다수 정책 입안자도 마찬가지다. 그들은 갈팡질팡하고 있다는 인상을 풍기지 않기 위해 성급히 뛰어들어야 한다고 생각한다. 피로에 지쳐 있거나 무엇을 해야 할지 모를 때 흔히 하는 행동이다. 정책 입안자는 심신 피로에 자주 시달리고 내놓을 마땅한 답도 없다. 그러나 상황을 통제하고 있는 것처럼 보이고 싶어 한다. 나도 잘 안다. 나도 그런 사람 중 하나였다.

알고리즘의 지시를 따르게 되는 과정

6인 위원으로 구성된 국가경제위원회의 일원이었고, 미국 대통령의 특별 보좌관이었던 나도, 이른바 나무 패널을 두른 방에 틀어박혀 '불가능한' 경제 현안들을 해결하려고 머리를 싸맨 '가장 영리하고 똑똑한' 사람 중 하나였다. 내가 공직에 있는 동안 미국 역사상 최악의 부도 사태인 9개 사건 중 7개가 몰려서 일어났다. 그중에는 엔론과 타이코, 월드콤 부도도 포함되었다. 닷컴 거품이 무너지고 고작 2년 만에 일어난 이 부도 사태들로 미국 경제는 물론이고 세계 경제가 휘청거렸다.

9·11 사태 이후에는 훨씬 중대하고 구체적인 문제가 터졌다. 미국 재무부 채권(미국 국채)의 글로벌 거래 수행 능력이 3분의 2나 무너진 것이다. 첫 비행기가 세계무역센터에 날아든 직후부터 뉴욕증권거래소 거래가 전면 중단되었다. 맨해튼 남부 전역에 전력을 공급하는 발전소가 이 건물 아래에 위치해 있었기 때문이다. 처음에는 발전소에 불이 났고, 소방대가 물을 흠뻑 뿌렸다. 불이건 물이건 전력 공급에는 좋을 것이 없다. 가장 현실적인 해결책은 거래소에 전력 공급을 복구한 다음 시장을 재개할 수 있는 다른 곳으로 데이터를 이전하는 방법을 알아내는 것이었다.

이것은 '정책' 차원의 문제를 넘어 지극히 현실적인 사안이었다. 발전기를 어디에서 찾아야 하는가? 그 발전기를 I-95 주 고속도로로 옮겨서 강을 건너 맨해튼 남부로 이동시키려면 어떻게 해야 하는가? 뉴욕증권거래소의 핵심 인원 몇 명을 보내 데이터 전송 스위치를 눌러 증시를 재개장하게 하려면 어떻게 해야 하는가? 마지막 문제가 특히 힘들었다. 나는 14번가를 담당하는 경찰관들에게 전화를 걸어 바이오슈트를 입고 세계무역센터 지하로 들어가게 될 증권거래소 직원들의 명단을 알려주려 했다. 하지만 경찰은 장난 전화로 착각했다. "네, 백악관 전화이니 명심하죠." 뚝! 경찰은 전화를 끊었다. 그래서 나는 조지 퍼타키George Pataki 뉴욕 주지사에게 전화를 걸어야 했다. 퍼타키 주지사라면 경찰이 목소리를 알아듣고 권위를 인정할 것이니 전화를 끊지 않을 것이라고 생각한 것이다. 정책 입안자의 자리, 특히 정부 요직에 가까운 자리일수록 '소화전으로 물을 마시는 것'과 같다는 말이 있다. 내가 경험해보니 정말로 감당하지 못할 만큼 일이 쏟아졌다. 철학적 현안도 있지만 대개는 현실과 관련된 현안이다. 그러나 해결의 알고리즘은 확실하다. 백악관이든 다른 나라 중앙정부든, 중앙정부 차원으로 넘어간 문제들은 늦지 않게, 될 수 있으면 즉시 제대로 해결해야 한다.

분명한 사실은 중앙정부 차원으로 넘어간 문제가 너무 어렵고 복잡하고 중요해서 다른 정부 부처에서는 성공적으로 해결하기 힘들다는 것이다. 이런 현안과 필요한 후속 조치는 당연히 어느 한쪽의 이해와 다른 한쪽의 이해를 충돌하게 만든다.

보통은 충분한 시간도 정보도 없이 웬만큼 납득할 만한 결정을 내려야 한다. 그리고 최대한 빨리 결정을 내려야 한다. 과거를 돌아봐도 알 수 있듯이 언론도 대중도 즉각적인 문제 해결을 요구하기 때문이다.

이런 상황은 영구불변으로 이어진다. 내 아버지는 네 명의 대통령과 일했고, 나도 두 명의 대통령 밑에서 일했다. 대통령 경제보좌관에게 최고의 상비 매뉴얼은 리처드 E. 뉴스타트Richard E. Neustadt와 어네스트 R. 메이Ernest R. May가 1986년에 발표한《역사 활용의 기술 Thinking in Time: The Uses of History for Decision Makers》일 것이다. 두 사람 모두 1950년대부터 이 분야를 주제로 저술하고 컨설팅하면서 관록을 쌓아왔다. 그리고 하버드 공공 정책대학원인 케네디 스쿨 수료 과정 수립에도 기여했다.

가장 유능하고 똑똑한 인재들의 관리라는 현실적 문제와 관련해, 출간되지는 않았지만 거의 모든 대통령이 참조하는 최고의 참고서가 있다. 대통령 자문으로 장기 근속한 리처드 매코맥Richard McCormack의 〈신임 정부 고위직 임명자들을 위한 관료 관리 조언서〉다.[17] 매코맥은 이 조언서에서 사람으로서 어쩔 수 없는 요소를 감안해야 한다고 설명한다. 이를테면 백악관 참모는 언제나 잠이 모자라고 비상시국에는 그 정도가 더 심해진다는 점 등을 생각해줘야 한다는 것이다. 조종사는 수면 부족 상태에서는 비행이 금지된다. 하지만 백악관 참모진은 수면 부족 상태에서 국가의 미래를 운전해도 다들 그러려니 생각한다.

정치가의 알고리즘은 단순하다. 힘을 가지려면 이겨야 한다. 그리고 이기기 위해서는 대중의 지지를 얻고 효과가 강력한 정책이 필요하다. 이것은 의제를 직접 선택해 추진하는 것이 아니라 후행적 대응 위주의 정책을 펼쳐야 한다는 뜻이다. 그러므로 정치 알고리즘은 정책 입안자에게 좌로든 우로든 서둘러 움직이기를 요구한다. 정치 알고리즘은 분주히 움직이고 있음을 보여주라고 요구하며, 정부 발표를 손꼽아 기다리고 있는 언론에 뭔가 하나라도 발표하라고 요구한다.

워싱턴 D.C. 3구의 도덕성

인간적 요소를 계량화할 수는 없지만 그런 요소가 실재한다는 사실은 이해할 수 있다. 미국을(그리고 다른 나라 정부도) 유심히 관찰하면 정책을 세우고 조언하는 사람을 이끄는 동인이 무엇인지 쉽게 드러난다.

〈뉴욕타임스〉 기사에서[18] 데이비드 브룩스는 워싱턴 D.C. 3구區에 사는 사람들의 '도덕성'이 무엇이고, 그것이 미국의 공공 정책 수립에 왜 중요한 역할을 하는지 설명한다. 워싱턴 D.C. 북서 사분면과 체비체이스 중심에 위치한 3구는 공교롭게 내가 자란 곳이기도 하다. 그렇기 때문에 브룩스의 '3구의 도덕성' 기사가 진실을 반영한다고 자신 있게 말할 수 있다.

그곳 주민들은 낮에는 정부 부처에서 일하고 군을 지휘하고 정보 기관을 움직이는 일을 하면서 말 한마디와 펜 놀림 한 번으로 시장을 쥐락펴락할 수 있다. 하지만 주말에는 CIA 부국장, 상원의원, 하원 분과위원회 의장도 평범한 이웃들과 똑같아진다. 그들은 언제나 안색이 창백하고, 격무에 지쳐 있다. 하지만 사람을 고용할 정도로 벌이가 많지는 않기 때문에 주말에는 직접 잔디를 깎아야 한다.

승화한 유동성 분노

토요일 아침 근무 때문에 잔디 깎이 기계에 시동을 걸지 못할 때면 당황한 기색을 감추지 못했던 한 상원의원이 기억난다. 고학력과 뛰어난 머리 덕분에 워싱턴 D.C. 3구에 살게 되었지만, 높은 자리에 오르게 된 이런 사람들도 늘 돈 문제에 시달렸다. 게다가 3구의 사람들은 자녀 교육열이 상당히 높지만, 안타깝게도 근처 사립학교 등록금은 악명이 자자할 정도로 비싸다. 집값도 마찬가지이고, 잔디를 깎아줄 인부를 고용하는 비용도 비싸다. 그 결과 3구 주민들은 브룩스가 말하는 '지위-소득 불균형Status-Income Disequilibrium'과 '승화한 유동성 분노Sublimated Liquidity Rage'에 시달린다.

그들에게 적용되는 알고리즘이나 수학 계산은 간단히 말해 '지금 공짜로 일하고 나중에 많이 받는다.'이다. 이 공식은 전문가 출신 관료가 존재하는 나라라면 어디든 적용된다. 브뤼셀, 워싱턴, 런던, 도쿄, 뉴델리, 베이징에는 정책을 설명해주고 정책 입안자에게 영향력을 행사하는 일을 하면서 고액 연봉을 받는 전직 고위 공직자 출신들이 모이는 공동체가 한두 곳쯤은 있다.

이런 고소득 전관예우를 받는 사람은 누구인가? 제일 먼저 선택되는 사람은 입김이 센 사람이다. 두 번째로 고려되는 부분은 성향이다. 그 전직 고위 공직자는 좌우 어느 쪽인가, 민물과 바닷물 중 어느 쪽인가? 공직에 몸담고 있을 때 보였던 철학과 원칙이 자리를 떠난 후에 몸담게 될 회사도 결정한다. 은행 구제금융에 반대한 정책 입안자를 대형은행이 영입하게 될 가능성은 거의 없다. 반대로 은행 구제금융을 강력히 추진했던 정책 입안자는 후한 계약 조건으로, 그리고 대중은 모르겠지만 어쩌면 대형은행의 중역 자리를 보장받게 될 가능성이 아주 크다.

우리 참모진은 언제나 위험과 보상을 계산한다. 필요하다 싶을 때는 대통령이나 소속 정부 부처의 총알받이 신세가 되는 것도 정책 입안자가 할 일이다. 위해가 되는 중대 사건이 발생하면 실제로는 비밀경호국 요원이 대신 총을 맞지만, 참모진도 정치적인 총구 앞으로 몸을 내던져야 한다. 이 총알은 경력을 단축할 수 있고, 심지어 전문가로서의 목숨 줄을 끝장낼 수도 있다.

엔론 사건이 대대적으로 보도되었을 때 내 코앞으로 총알이 스치고 지나갔다. 이 에너지 대기업은 사기 행각이 들통나 파산했다. 당시 잠재적 대선 후보 1순위로 손꼽히던 조 리버먼Joe Lieberman 상원의원은 백악관에 소환장을 보내 백악관 참모진과 엔론 사이에 있었던 모든 접촉 기록을 제출하라고 요구했다. 내 기억에 직접 만난 적은 없었지만, 알고 보니 내가 금융시장에서 근무할 때 만났던 사람 중 한 명이 엔론 일본지사 대표였다. 그 사람과는 딱 한 번 만나 술을 마시면서(내 술값은 내가 냈다.) 바닥으로 떨어진 일본 경제 상황에 대해 대화를 나누었다. 나는 질의서에 그렇게 답변을 적어 보냈다.

또한 나는 백악관 법률 고문에게 리버먼 의원이 백악관 경제 참모들이 엔론을 너무 많이 도와줘서 문제라고 느끼는지, 아니면 도움을 충분히 주지 않아서 문제라고 느끼는지를 알아봐달라고 부탁했다. 돌아온 대답은 "그렇다."였다. 다시 말해 어느 쪽이건 리버먼 상원의원에게 유리한 쪽이 정답이었다. 이것이 정치판이 돌아가는 방식이다. 문제를 뒤쫓되 선택지는 최대한 열어둔다는 리버먼 상원의원의 방식은 옳았다. 개인적으로 어떤 결과를 맞이하건 있는 그대로 말한다는 내 방식도 옳았다. 비록 그것이 대통령 대신에 총알을 맞는 것일지라도 말이다. 다행히 나는 언론의 누구와도 그 회사 문제를 논의한 적이 없었기 때문에 무죄 판정을 받았다. 하지만 그런 사건들을 겪으면서 나는 공직에 머무는 시간이 길수록 시기가 문제일 뿐, 총알받이 신세가 될 가능성이 커진다는 사실을 깨닫게 되었다.

워싱턴도 그렇지만 다른 나라의 '회전문(전관예우)'도 의도는 좋다. 실제 전문 분야에서 경험을 쌓은 인재들이 정책 결정에 긍정적 영향을 미치게 해주기 때문이다. 그러나 제도를 시행하는 사람들이 너그럽게 그 제도를 집행한다고 생각하면 세상 물정 모르고 하는 착각이다. 특히 의회가 그 사람의 배경을 철저하게 조사하면서 총알이 날아들기 시작할 때 그런 생각을 하는 것은 더더욱 금물이다. 심지어 예수 그리스도일지라도 의회 인사검증 절차를 통과하지 못할 것이라는 우스갯소리마저 있다. 검증 과정에서 유능한 사람이 대거 제외되는 의도치 않은 결과가 일어나는 것쯤은 당연히 감안해야 한다. 퓰리처상을 수상한 찰스 크라우트해머 Charles Krauthammer 는 〈워싱턴 포스트〉 주간 논평에서 이와 관련해 기억에 남는 글을 남겼다.

"무결점 이력을 가진 사람만 공직에 앉을 수 있다고 주장한다면 업무 운영 능력에서 귀감이 될 만한 인사는 얻지 못할 것이다. 우리는 살면서 지저분한 일에는 손도 대지 않으려는 아주 부유한 인물이나, 숨길

것도 보여줄 것도 전혀 없는 재미없는 인물이나, 아니면 과거 기록을 덮는 데 능숙하고 발각될 위험도 기꺼이 감수하는 야심 찬 거짓말쟁이를 맞이해야 할 것이다."[19]

톨킨 vs 케인스

누군가 오벌 오피스(백악관 대통령 집무실)나 각국의 대통령 집무실에 들어갈 때도 또 다른 계산이 이뤄진다. 이것은 권력의 정점에 오른 사람과 가까운 거리에 있을 때면 걷잡을 수 없이 밀려드는 자아와 관련이 있다. 백악관 웨스트 윙에서 내가 케인스 경을 보좌하게 되었을 때나 미국의 위대한 경제학자 밀턴 프리드먼을 보좌하게 되었을 때의 이야기가 아니다. 이것은《반지의 제왕》저자인 J. R. R. 톨킨 옆에 있었던 사람의 이야기이다.

내 어머니는 옥스퍼드대학에서 중세 영어를 공부하던 시절에 톨킨과 그의 친구이며《나니아 연대기》저자인 C. S. 루이스와 시간을 함께 보냈다. 그들은 다른 세상을 상상하며 이야기를 나누었다. 그들이 말하는 세상은 얼핏 보기에는 인간 세상과 동떨어져 있지만, 자세히 보면 아니었다. 상상의 세계에 등장하는 캐릭터는 인간적 욕망에 따라 움직였고, 그중에서도 가장 큰 욕망은 힘에 대한 갈망이었다.《해리 포터》시리즈도 마찬가지다. 볼드모트는 이렇게 말한다. "선도 악도 없다. 오직 힘과 너무 나약해서 힘을 좇지 못하는 사람들이 있을 뿐이다."[20]

나는 《반지의 제왕》에 나오는 골룸이 오벌 오피스의 문 위에 상주하면서 대통령을 접견하러 오는 사람들의 어깨에 폴짝 뛰어내릴 기회만 호시탐탐 노리고 있는 것은 아닌가라는 생각이 들 때도 있다. 그렇지 않다면 내 안내를 받으며 그 문에 들어서는 순간, 사람들의 태도가 그토록 갑작스럽게 변하는 이유를 어디에서 찾을 수 있겠는가?

한 대기업 CEO가 있었다. 그가 대통령을 접견할 준비를 하기 위해 내 사무실로 들어왔다. 오벌 오피스로 가는 복도를 걷는 동안 그는 내게 대통령의 내각과 여러 정책이 크게 잘못돼 있다며 열변을 토하면서 "재무장관을 해임해야 합니다."라고 말했다. "좋은 생각이시네요. 한번 건의해보세요. 지금 생각을 꼭 말씀드리세요." 나도 그렇게 응수했다. 그러나 오벌 오피스 문턱을 넘어서는 순간 그의 태도가 돌변했다. "대통령님, 만나 뵙게 되어 영광입니다!" 그리고 그가 숨 쉴 틈도 없이 쏟아내는 찬사에 나는 아연실색했다. 이어지는 상황을 지켜보니 알 수 있었다. 이 남자는 대통령 전용기 에어포스 원에 동승을 요청받는 것을 그가 원하는 나라에 특사로 임명되는 것의 전주곡으로 상상하고 있었다.

오벌 오피스가 톨킨의 소설에 나오는 반지와 같다는 생각이 섬광처럼 스쳐 지나갔다. 오벌 오피스는 그 모양새부터 의미심장하다. 둥그스름하거나 원형인 방이 얼마나 있을까? 많지 않을 것이다. 의사당은 대개 둥근 홀이다. 교회와 성당도 가운데로 집중되는 원형

구조물이다. 사원, 무덤, 기념비도 둥근 구조가 많다. 워싱턴 D.C.의 제퍼슨 기념관이 대표적인 예다. 이 평범하지 않은 형태는 한 장소의 힘을 전달하는 수단이다. 톨킨의 《반지의 제왕》 속 이야기처럼 절대반지를 마주했을 때 힘을 휘두르고 싶은 욕망에 압도되는 것을 거부할 수 있는 사람은 거의 없다.

오벌 오피스를 방문한 이 CEO도 내 눈앞에서 골룸으로 변했다. 작고 상냥한 성격의 호빗이 힘에 대한 갈증에 취해 추하고 사악한 존재로 변해버린 그 골룸 말이다. 톨킨의 책에서 이미 보았듯 아첨과 거짓말을 일삼는 골룸은 힘과 가까운 자리를 유지하기 위해서는 어떤 행동도 서슴지 않는다. 이 호빗이 골룸이라고 불리게 된 이유는 '목구멍에서 골룸이라는 거슬리는 소리를 내기' 때문이다. 진실을 말하지 않고 입을 꾹 다물어 생긴 부작용이다. 초대장과 정부 요직을 부질없이 기대하며 대통령에게 입에 발린 말만 해댄 CEO와 비슷하다. 존 메이너드 케인스가 자신이 마주했던 사람들의 인성에 대해 쓴 글이 기억난다. 이제 나는 그가 왜 인성을 중요하게 생각했는지 확실히 알게 되었다. 경제 정책 수행에서도 인격이 중요하다.

작은 기념품과 마이 프레셔스

이런 반갑지 않은 경험을 하고 난 후 나는 내 동료들을 더 유심히 관찰하면서 아버지와 다른 사람들에게도 그런 경험이 있었는지 물었다. 그리고 다들 비슷한 경험을 했다고 말했다. 에어포스 원이나 마린 원(미국 대통령 전용 헬리콥터), 캠프데이비드(미국 대통령 전용 별장), 대통령 순방, 직함, 임무 또는 오벌 오피스에서의 시간과 같은 것에 눈을 빛내는 사람을 눈여겨봐야 한다. 어떤 전리품은 크기는 아주 작아도 높은 가치를 지니기도 한다. 이를테면 백악관 인장이 찍혀 있는, 조금만 힘을 가해도 뚝 부러지는 싸구려 커프링크스라든가, 대통령 인장이 박혀 있다는 이유로 유통기한이 지나도 몇 년이나 고이 보관하는 앙증맞은 M&M's 상자 등이 그것이다. 이런 작은 기념품이나 장식품을 얻기 위해 무슨 말이건 무슨 행동이건 하는 사람이 얼마나 될까? 아주 많다. 나도 예외가 아니다. 대통령 인장이 박힌 M&M's 상자를 몇 년째 고이 간직하고 있기 때문이다. 지금 글을 쓰면서 그 상자를 보고 있는데, 13년이나 된 것이라 무서워서 열어볼 엄두조차 나지 않는다.

다른 이야기도 해보자. 정책을 입안하고 정계에 일하는 사람들도 대통령에게 자신이 없어선 안 될 사람이라는 인상을 심어주기 위해 동료의 아이디어를 훔치는가? 물론이다! 정계에서는 같은 팀이 최고의 적이라는 말이 있다. 단순한 사실만으로도 그 이유를 알 수 있다. 인간은 힘에 접근하기를 원하고, 힘을 휘두르기를 원한다. 그리고 '마이 프레셔스'인 반지를 가지기 위해서라면 가장 친한 친구마저도 죽이는 골룸처럼 자신의 앞길을 가로막는 사람은 누구든 '제거'하려 한다. 이런 이유에서 정부 수장에게는 서슴없이 진실을 말하는 사람을 가까이에 두는 것이 가장 어려운 일이다.

일단 힘을 가지고 나면 어지간한 사람은 자신이 그 힘을 올바로 사용하지 못할 것이라는 생각을 거의 하지 않는다. 포드자동차 CEO 였고, 1961~1968년까지 미국 국방부 장관을 지낸 로버트 맥나마라 Robert McNamara를 보면 알 수 있다. 존 F. 케네디 대통령이 '가장 유능하고 명민한 인재들'과 맥나마라를 영입한 데에는 분명한 목적이 있었다. 맥나마라가 포드자동차를 회생시키는 데 큰 도움이 되었던 컴퓨터 기반의 수학적 분석을 정계에도 적용하기 위해서였다. 맥나마라는 포드자동차를 벼랑에서 건져내야 하는 특명을 띠고 CEO에 임명되었고, 그의 지휘 아래 포드자동차는 미국에서 가장 성공적인 기업으로 거듭났다. 케네디 대통령은 포드를 지배했던 알고리즘이 정부 효율성을 높이는 데 기여하기를 희망했다.

맥나마라는 말년에 숫자와 모델에 심취해 베트남전 실상에 대한 진실을 보지도 말하지도 못했던 뼈아픈 순간을 반성하는 글을 남겼다.[21] 알고리즘 모델은 전쟁을 효율적으로 수행하도록 이끌기는커녕 효율성과 진실에서 더 멀어지게 만들었다. 맥나마라의 자기 맹신은 그런 사실을 아주 오래도록 인정하지 못하게 방해했다. 그는 자기 맹신에 빠져 자신을 의심하지 못했다.

포토맥 열병

휴이 롱Huey Long 미국 상원의원이 즐겨 했다는 말에 의하면, 모든 상원의원은 경미한 역사적 사건이 일어나기만 했다면 자신이 대통령이 되었을 것이라고 상상한다. 그리고 모든 하원의원은 예상하지 못한 사건이 일어나지 않는 한 자신이 대통령이 되는 것은 시간문제라고 공상한다. 영국 의원도 마찬가지다. 그들은 상황이 엇나가지만 않는다면 수상 자리에 앉을 수 있다거나, 혹은 앉게 되었을 것이라고 믿는다. 여기에 내가 직접 보고 겪은 사실을 추가한다면, 모든 대통령은 한 가지 커다란 두려움에 시달린다. 임기가 끝나기 전이든 후이든 역사에 획을 긋는 사건의 주인공이 될 것이라는 두려움이다.

워싱턴 정가에서는 이런 증후군을 일컬어 포토맥 열병Potomac Fever이라고 한다. 워싱턴 D.C.를 관통해 흐르는 포토맥강은 역사적으로 뇌가 붓는 수인성 전염병을 퍼뜨리는 강으로 악명이 높았다. 워싱턴 정가의 포토맥 열병은 공공 정책을 결정하는 데 한 역할을 담당하는가? 정계에 몸담은 사람치고 아니라고 말할 사람이 있을지 의문이다. 그렇다면 수리 모델에 포토맥 열병을 더하는 방법은 무엇인가?

알고리즘이 내게 이렇게 적으라고 시켰다

계산이라면 사족을 못 쓰기는 언론도 마찬가지다. 언론의 알고리즘은 명확하다. 보도 내용, 특히 광고를 몰아오는 잘 팔리는 보도 내용이 돈의 움직임을 좌우한다. 언론에서 잘 팔리는 보도를 만들어내기 위해서는 정보원이 필요하다. 언론과 관련되는 정가 인물은 두 종류로 분류할 수 있는데, 정보원과 표적이다. 즉 정보를 제공하는 사람이 되거나 표적이 되거나 둘 중 하나다. 보통 정보원이 되면 호의 보도를 타고, 표적이 되면 비난 보도를 탄다.

정책 입안자와 정치가는 자신들에게 언론의 접근을 막을 힘이 있다는 것을 잘 알고 있다. 그렇기 때문에 정책 입안자 입맛에 맞지 않는 기사를 내보낸 기자들은 사적 모임에 참석하지 못한다. 그들의 이름은 교우 관계 목록에서 삭제된다. 그들은 기자회견에는 참석할 수 있지만 진짜 대화가 이뤄지는 뒤풀이 모임에는 초대받지 못한다. 뒤풀이 참석자 명단에 속한 사람은 누가 같은 무리이고, 누가 이른바 언론인인지 분명하게 알 수 있다. 그러나 대중은 객관적 보도와 사탕발림 기사를 구분하는 것이 거의 불가능하다.

이런 점에서 볼 때 뉴스의 목적은 대중에게 정보를 제공하는 것이 아니다. 뉴스의 목적은 매출과 이익을 창출하는 것이다. 그래서인지 모든 인쇄 매체가 알고리즘을 이용해 기사를 쓰는 경우가 늘고 있다. 이 점에서 〈와이어드〉의 내용을 눈여겨볼 필요가 있다.

"시카고 루프 변두리 지역에 있는 한 커다란 사무실의 겨우 30명의 직원으로 구성된 내러티브 사이언스Narrative Science의 알고리즘 불펜에서는 30초에 한 번꼴로 바이라인byline부터 철학적 의문을 불러일으키는 기사를 찍어내고 있다."[22]

2014년 3월 17일 캘리포니아에서 지진이 발생하고 3분쯤 후에 〈LA 타임스〉가 내보낸 첫 관련 기사는 로봇이 작성했다. 이 알고리즘을 프로그래밍한 사람은 〈LA 타임스〉의 켄 슈웬키Ken Schwencke 기자였다. 〈허핑턴 포스트〉는 슈웬키가 한 일이라고는 '게재' 버튼을 누르는 게 전부였다고 말하면서 '모두 끝났다: 기사 작성도 로봇이 하는 시대, 사람 못지않다'라는 내용의 기사를 발표했다.[23]

알고리즘은 돈이 덜 든다. 언론은 서로 상충하는 여러 목표를 조화시킬 수 있는가? 언론은 수익을 내는 것, 쓸 만한 양질의 콘텐츠를 제공하는 것, 대중에게 정보를 제공하는 것을 동시에 할 수 있는가? 이것은 언제나 언론 종사자들의 머리를 싸매게 하는 토론 주제다.

어쩌면 더 이상의 것이 언론을 몰아붙이고 있을지도 모른다.《라이어스 포커》를 비롯해 여러 권의 베스트셀러를 발표한 마이클 루이스는 신용 거품이 쌓이는 과정을 자세히 서술한《빅 숏The Big Short》으로 또 한 번 큰 성공을 거두었다. 로이터에서는 '지금까지 나온 금융 저널리즘 관련 저서 중 최고의 책'이라는 찬사를 보냈다. 책 홍보를 위해 열린 인터뷰에서 루이스는 한 가지 질문을 던졌다. 그리고 자문자답하면서 감독기관과 금융 전문 기자가 처한 딜레마를 오싹하게 대비시켰다.

"내가《빅 숏》과《플래시 보이스Flash Boys》를 쓸 수 있었던 이유는 무엇인가? 신문과 전문지 기자가 탐을 내고 덤벼들 만한 내용이기 때문이다. 정치가와 규제 담당자가 금전적 불안에 시달리듯, 언론인도 금전적 불안에 시달린다. 내가 말하는 것은 개인적인 금전적 불안이다. 언론인은 일을 하면서 생기는 금전적 이해관계는 어떤 식으로든 감내해야 한다고 생각한다. 그들의 생각은 틀렸다."[24]

연방준비제도를 이끈 알고리즘

이번 장의 목적은 정책 입안자들이 그렇게 행동하는 이유를 이해하는 데 조금이나마 도움을 주는 것이다. 기초 작업을 마쳤으니 이제는 구체적 사례로 들어가, 정책 입안자들이 기록적인 채무 부담과 금융위기에 대응해 내린 결정을 살펴봐야 할 때가 되었다.

2016년 1월, 시장은 다시 뒤숭숭해졌다. 언론은 위기라는 말을 아무 생각 없이 사용했다. 조지 소로스George Soros를 비롯한 시장 전문가들은 "2008년 위기가 다시 시작되었다!"라고 말했다.[25] 이와 반대로 누리엘 루비니Nouriel Roubini 뉴욕대 교수는 "이것은 또 다른 글로벌 금융위기가 아니다."라고 외쳤다.[26]

그렇다면 이런 질문을 던지는 것이 타당하다. 지난 위기에 일어난 일들과 똑같은 문제가 우리 앞에 다시 던져진 것인가? 만약 그렇다면 우리는 누구를 의지하고 있고, 그들의 행동을 어떤 알고리즘이 이끄는가?

정책 입안자들이 의지하는 모델은 이번 장 앞머리에서 언급한 고성능 멀티미터일 수도 있고 아닐 수도 있다. 그러나 한 가지는 확실하다. 결국 "모든 것은 자기 이익이라는 동기로 귀결된다."[27] 그것이 공공 정책을 만드는 모든 사람을 '그렇게 하도록' 만드는 알고리즘이다.

연방준비제도는 금융위기 해결 방안을 결정할 때 중요한 역할을 했다. 아닌 말로, 연방준비제도나 다른 중앙은행이 우리를 대신해 선택하는 정책의 이면에 숨은 논거와 동기에 우리의 경제적 미래가 달려 있다고 해도 과언이 아니다.

　지금의 상황을 생각해보자. 2007~2008년의 금융위기는 세계 금융 시스템을 파탄 직전까지 몰고 갔다. 대형은행 한 곳이 무너진 게 아니라, 사실상 거의 모든 대형은행이 동시다발로 무너져내렸다는 것이 문제였다. 전 세계 선진국의 중앙은행은 최후의 여신 제공자라는 역할을 다하기 위해서라도 개입해야 했다. 중앙은행의 본래 역할은 시장이 무질서해졌을 때 질서를 복구하는 것이다. 그러나 지난번 금융위기에서는 이 역할만으로 충분하지 않았다. 대다수 국가의 부채가 커질 대로 커진 상태여서 재정 정책은 선택지에 포함되지도 못했다. 따라서 통화 정책에 예전보다 한층 무게를 실을 수밖에 없었다.* 이렇게 해서 중앙은행에서 인플레이션을 조장하고 디플레이션을 막기 위해 금리를 강제로 끌어내리고, 자산 가격을 높이는 양적완화 같은 전례 없던 수단에 의지하는 역사적 실험이 행해졌다.

　이는 아주 특별한 시도였다. 중앙은행은 원칙적으로 인플레이션

---

* 재정 정책은 경제 활동과 성장 속도를 높이거나 늦추기 위해 정부 예산 지출을 늘리거나 축소하는 것을 의미한다. 통화 정책은 금리 및 통화량과 통화의 순환 속도를 중앙은행이 통제하는 것을 의미한다.

을 조장하지 않는다.** 그런데 중앙은행에서 인플레이션을 잡아야 할 대상으로 다루던 태도를 버리고 도구로 다루는 태도를 취하는 혁명적 단계를 밟기 시작했다. 단지 유동성을 공급하기만 한 것이 아니라, 증시나 부동산 등 특정 자산 가격을 성공을 판단하는 잣대로 다루기 시작한 것이다.

인플레이션 목표치에도 의문이 제기되고 있다. 대다수 중앙은행은 흔히 인플레이션율 목표치로 2%가 너무 낮다고 생각한다. 다른 것을 떠나 2%를 목표치로 삼는 이유는 무엇인가? 2%는 시민의 돈을 쥐도 새도 모르게 가져올 수 있는 수치라고 볼 수 있다. 사유재산의 강탈까지는 아니지만, 어떤 면에서 인플레이션은 세금이다.

연방준비제도나 중앙은행이 이제는 단순히 최후의 여신 제공자가 아니라 시장 조성자market maker로 부상했다는 점에서 그들의 중요성은 더 말해봤자 입이 아플 정도다. 중앙은행의 모든 조치와 발표는 시장과 물가에 크게 영향을 미친다. 일각에서는 지금의 시장이 현금을 더 많이 투입하여 가격을 계속 지탱할 방법을 찾아낼 것이라는 연방준비제도와 다른 중앙은행의 거듭된 약속에 전적으로 의지한다고 말한다.

** 인플레이션을 부추긴 과거의 여러 전적에도 불구하고 연방준비제도나 다른 중앙은행의 전문가들은 인플레이션이나 그에 따른 위험은 없을 것이라고 말한다. 여기서 질문 하나! 그 말이 사실이라면 양적완화와 저금리에 신경을 쓰는 이유는 무엇인가?

계량 경제학자는 실무진인가, 권위를 휘두르는 사람인가

연방준비제도에는 어떤 사람들이 있는가? 리처드 매코맥 미국 대사와 윌리엄 맥체스니 마틴William McChesney Martin 연방준비제도이사회 의장 사이에 벌어졌던 설전이 그 답을 알려준다. 매코맥은 새로 조성된 국제경제 정책위원회 후보들을 물색해서 추천해야 했고, 그 문제에 대해 조언을 구할 사람으로 1951년 4월부터 다섯 명의 대통령(트루먼, 아이젠하워, 케네디, 존슨, 닉슨)을 보좌해온 마틴이 적격이라고 생각했다. 두 사람은 1970년 1월 31일 마틴의 임기 마지막 날에 만났다. 새 위원회 의장에 적합한 인물로 누구를 채용하면 좋을 것 같으냐는 물음에 마틴은 이렇게 대답했다.

"그 위원회가 유의미한 조직이 되게 하고 싶으면 학계 경제학자는 임명하지 마십시오. 특히 계량 경제학자는 피할 것을 권합니다. 미국과 세계 경제에서 인맥이 넓고, 시장이 어떻게 운영되는지 이해하고 있으며, 다양한 인맥을 동원해 상황에 대한 공식 통계 보고서가 올라오기 전부터 현황을 내다볼 수 있는 능력이 있는 사람을 채용해야 합니다."

마틴의 조언은 계속되었다.

"연방준비제도에서 일하는 계량 경제학자는 50명입니다. 그들은 모두 이 건물 지하 사무실에 있습니다. 그들이 거기서 일하는 데는 이유가 있습니다. 그들이 지닌 주요 가치는 나에게 질문을 제기하는 것이고,

나는 그 질문을 미국 경제계에 골고루 존재하는 내 지인들에게 전달합니다. 이들 계량 경제학자가 위험한 점은 그들이 자신의 한계를 알지 못한다는 것입니다. 그들이 자신의 분석을 확신하는 수준은 내가 보증할 수 있는 수준보다도 훨씬 높습니다.

이들의 한계를 잘 아는 나에게는 그들이 큰 위험이 되지 않습니다. 그러나 당신이나 다른 정치인처럼 그들의 한계를 모르는 사람에게는 위험합니다. 당신 같은 분은 그들의 정교한 모델과 수식에 현혹되고 감탄할 테니까요. 그들이 행하는 기본 가정부터 분석적 결함이 포진돼 있습니다. 기본 가정을 전제할 때에는 전체를 보는 지혜가 필요한데, 이것은 수학자가 대체로 가지지 못하는 지혜이기도 합니다. 이렇게 실무 차원에서 기술적 전문가를 요긴하게 쓸 수는 있어도 최고의 자리에서는 아닙니다.

한 가지 예를 들어보겠습니다. 나는 통화 정책을 결정해야 할 때면 4~5일 정도는 전화 통화에 매달립니다. 전국 각지의 전문가에게 전화를 걸어 공급, 수요, 임금, 인플레이션 추이에 대해 의견을 묻습니다. 그리고 노동계 지도자, 곡물 딜러, 제조업체 또는 존경하는 지역 연방준비제도 중진 그리고 미국 경제의 최근 동향을 잘 알고 있을 만한 사람에게도 고견을 듣습니다. 그리고 뉴욕시로 가서 이틀 정도 머무르면서 은행가나 기업 리더 그리고 믿을 만한 조언을 들려줄 수 있는 사람과 대화를 나눕니다. 나는 이렇게 얻은 여러 의견을 취합해 통화 정책의 기준을 마련합니다."[28]

나에게도 이런 일이 일어났다. 나는 벤 버냉키Ben Bernanke가 의회로부터 연방준비제도이사회 의장직을 인준받은 2006년 1월 31일에 그를 만났다. 우리는 그가 그날 의회 앞에서 한 증언의 내용은 경제학이 아니었다고 말하며 웃었다. 어쨌거나 적어도 우리가 학교에서 배운 그 경제학은 아니었다. 나는 "아뇨, 의장님. 이건 정치극입니다. 그게 의장님의 새로운 일입니다."라고 말했다. 중앙은행에 산적한 중차대한 문제의 답을 구할 때 으레 알고리즘이나 모델에 의지하지만, 중앙은행 총재 자리는 그런 수학적 기교를 구사하는 것이 전부가 아니다. 계산식에 인간이라는 요소를 집어넣어야 한다.

무모한 금융시장으로부터 조종대를 잡아챈 중앙은행 총재들은 오만에 흠뻑 취해 있고, 당연히 통제권을 넘겨주고 싶어 하지 않는다. '시장'을 무시하고 업신여기는 분위기가 고조되면, 정책 입안자는 힘을 가졌다는 느낌에 도취될 수 있다. 시장에 통제권을 되돌려주지 않음으로써 정책 입안자에게 힘을 부여한다. 중앙은행 총재들에게도 힘을 부여한다. 참모들에게도 힘을 부여한다. 세계 경제가 자신의 말 한마디에, 수리 모델에 좌지우지된다는 것은 꽤 근사한 일이다. 누구라도 빠져들 만한 힘의 유혹이다.

우리 앞에는 한 가지 질문이 놓여 있다. 시장 가격은 누가 주도해야 하는가? 지하 사무실에 틀어박힌 계량 경제학자들의 조언을 받는 연방준비제도이사회 의장이 주도해야 하는가? 아니면 세계 경제의 크고 작은 참여자들이 저마다 엇갈리게 내놓는, 걸핏하면 번복하는 의견들을, 동시에 조합하고 수용하는 시장 메커니즘이 주도해야 하는가? 물론 시장은 실수를 한다. 하지만 정책 입안자 역시 실수를 한다. 어쨌거나 연방준비제도가 저지르는 실수가 금융시장이 잘못된 모델과 알고리즘에 의지해 저질렀던 것과 같다면, 충격적이고 비극적인 모순이 될 것이다.

연방준비제도의 모델은 훌륭한 고성능 멀티미터일지도 모른다. 그러나 아무리 훌륭해도 상식이 보내는 신호를 신중하게 살펴봐야 한다는 사실은 변하지 않는다. 어쩌면 알고리즘이 배제한 신호가 없는지 찾아보는 것이 옳을 수 있다. 왜일까? 그들의 모델이 틀렸다면, 그리고 정책 입안자들이 인플레이션을 불러오는 일에 실패하든 성공하든, 그것이 우리의 사회에 깊은 영향을 미칠 것이기 때문이다. 어느 쪽이든 그 영향에서 벗어날 수는 없을 것이다.

5장

사회계약

채무 부담은 모든 곳에서 모든 사람의 희망과 꿈, 믿음을 손상시킨다. 간단히 사실만 말하겠다. 과다 채무국은 모든 국민에게 소득의 100%를 세금으로 물린다고 해도 부채 문제를 해결하기에는 부족하다. 그 결과 시민과 국가 사이에 맺어진 사회계약이 무너지고 있다.

사회계약이란 무엇인가

사회계약은 두 아이를 유기한 나쁜 남자가 만든 나쁜 개념이다. 제네바의 철학자 장 자크 루소는 1762년에 발표한 《사회계약론》에서 이 개념을 처음 소개했다. 루소 특유의 시각으로 바라본 사회계약은 매력도 없고 거슬리는 부분도 많은데, 무엇보다도 다수의 필요를 소수의 권익보다 앞에 두고 있기 때문이다.[1] 사회계약론은 개혁의 촉매가 되어 프랑스 대혁명의 불씨를 지폈고, 결국 그 전까지 프랑스를 지배하던 기존 사회계약을 완전히 무너뜨렸다. 사회계약이 우리 마음에 들건 들지 않건, 사회 구성의 바탕을 이루는 것은 시민과 국가 사이에 이뤄지는 일종의 거래이다. 좋은 거래도 있고, 나쁜 거래도 있다. 더 나은 사회계약도 있고, 더 나쁜 사회계약도 있다. 강력한 사회계약도 있고, 유약한 사회계약도 있다. 대중이 좋아하는 사회계약도 있고, 거부하는 사회계약도 있다.

그렇지만 사회계약은 언제나 존재한다. 사회계약은 반드시 명문화되는 것은 아니며, 암묵적 이해로 성립되기도 한다. 사회계약은 역사의 실로 짰고, 민물 진영과 바닷물 진영 사이에 오랫동안 오간 다양한 논쟁으로 형태가 잡히고, 법정 싸움과 가두시위를 통해 가다듬어지고, 행정부와 입법부, 사법부와 군대를 비롯한 기관이 보존해 온 직물이다. 그런데 채무 부담은 국가와 시장의 경계, 납세자와 수혜자의 경계, 지출과 과세의 경계를 일부분만이라도 재고하라고 강요하면서 사회계약이라는 직물에 압박을 가한다. 암묵적이든 명문화되었든 사회계약은 국가와 시민의 권리, 책임을 제시한다. 시민은 법을 준수하고 세금을 내고 사회 보호에 참여하기로 동의한다. 그리고 국가는 믿을 수 있는 사법제도, 군대, 의료, 교육제도, 사유재산 소유권 같은 공동체 서비스를 제공하겠다고 약속한다.

하지만 정부가 파산해 시민에게 했던 약속을 지키지 못하게 되는 역사적 순간은 필연적으로 오게 된다. 그 순간 사회계약은 완전히 무너져 내리지는 않더라도 심각하게 흔들린다. 사회계약이 완전히 깨지는 순간, 어떤 모습으로 나타나는지 몇 가지 예를 들 수 있다.

역사상 가장 매혹적인 이야기 중 몇 개는 사회계약과 관련이 있다. 왜 우리는 레이디 고다이바가 벌거벗고 코번트리를 달린 사건을 기억하는가? 왜 우리는 멀찌감치 서서 아들의 머리 위에 올려진 사과를 쏴 맞혀야 하는 모험을 한 빌헬름 텔의 이야기를 보물처럼 소중히 여기는가? 소금회사들에 맞서서 사티아그라하Satyagraha(비폭력 시위) 운동을 세계에 알리고, 훗날 마틴 루서 킹과 넬슨 만델라의 저항운동에까지 영향을 주었던 인도 간디의 이야기가 우리를 사로잡는 이유는 무엇인가? 보스턴 시민들이 차를 항구에 내던진 것이 미국 독립운동의 시발점이 되었다는 사실은 왜 우리에게 중요한가? 이유는 다 똑같다. 과도한 세금과 대표성 부재에 대한 분노였다. 이모든 사건에서 시민들은 과도한 세금으로 인해 고통은 너무 커졌고, 거기에 반대하는 목소리는 너무 미약했다는 현실을 깨달았다. 그리고 시민들은 자신의 자유와 목숨까지 걸면서 권위에 도전하는 행동을 했다.

〈하버드 매거진〉에 실린 찰스 코Charles Coe의 글은 레이디 고다이바 전설을 자세하게 들려준다. 11세기 인물인 레이디 고다이바는 머시아 백작이며 코번트리와 우스터 영주인 남편 레오프릭이 과도하게 세금을 올리려 하자 영주민들을 걱정하는 마음이 들었다. 그녀는 계속해서 남편에게 세금을 낮춰달라고 요청했다. 화가 난 남편은 알몸으로 말을 타고 코번트리 거리를 달리면 그 요청을 들어주겠다고 했다. 단, 어느 누구도 그 모습을 보아서는 안 된다는 조건을 달았다.

집집마다 커튼이 쳐졌고, 창문이 닫혔지만 호기심을 억누르지 못한 톰은 아니었다. 이 전설이 후대에 전해지면서 톰에게는 '피핑 톰(훔쳐보는 톰)'이라는 별명이 붙었다.[2]

명사수 빌헬름 텔은 지금의 스위스 땅을 정복한 합스부르크 왕이 부과한 과도한 세금을 순순히 내는 것을 거부했다. 왕이 임명한 대표이자 세금 징수관인 게슬러는 텔의 항의에 분노했고, 텔에게 아들 발터의 머리에 올린 사과를 명중하지 못하면 텔을 감옥에 가두겠다고 협박했다. 빌헬름 텔이 쏜 화살은 사과를 둘로 쪼갰고 아들은 죽지 않았다. 그러나 게슬러는 텔이 두 번째 화살을 챙겨두었다는 것을 알고는 무엇에 쓰려고 했는지 물었다.

"첫 화살에 혹여 내 아들이 죽었다면 두 번째 화살을 당신에게 쏠 생각이었소. 그건 빗맞지 않았을 거요."

이 말에 화가 난 게슬러는 텔을 감옥에 가두었다. 하지만 텔은 탈옥했고 다시 돌아와 게슬러를 죽였다. 이 사건은 합스부르크 왕가가 전복되고 독립 스위스 연방이 탄생하는 혁명의 도화선이 되었다.[3]

간디는 인도에 매겨지는 과도한 세금에 분노했고, 무엇보다도 영국이 기본 생필품인 소금에 지나친 세금을 부과하는 것에 격노했다. 그가 소금세에 반발해 이끈 최초의 비폭력 시위는 결국 인도에서 영국을 몰아내는 결과를 가져왔다.

보스턴 차 사건은 미국 독립운동의 상징적 표상이자, 영국의 지나친 세금 징수에서 대표성이 부재함으로써 야기된 저항 행동이었다.

세금 징수는 꼭 필요하다. 세금은 집단 이익에 도움이 될 것들을 구매하는 비용으로 사용된다. 하지만 과도한 세금은 시위 사태를 불러올 수 있다. 적절한 세금과 지나친 세금을 가르는 경계선이 시민과 국가의 사회계약에 내포돼 있다. 이 경계선은 시간과 상황에 따라 유동적으로 바뀔 수 있다. 하지만 대개 경계선이 어디에 있는지 또는 적어도 어디에 있어야 하는지에 대해 시민과 국가 사이에 이해가 성립돼 있다. 물론 프랑스인이 긋는 경계선은 미국인이 긋는 경계선과 다르고, 두 나라의 경계선은 북한 사람이 긋는 경계선과 다르다. '최상이거나' '올바르거나' '진정한' 사회계약은 어느 누구도 독점하지 못한다. 그보다 사회계약은 사회 구성의 씨실과 날실을 만들어 내고, 또 거기에서 비롯되어 오랜 시간 다듬어진 일련의 '거래'를 나타낸다.

역사적으로 시민들은 국가가 하는 약속에 대한 대가로 법을 준수하고 세금을 냈다. 때때로 그 약속은 "세금을 내면 목숨을 부지할 수 있다." 같은 식으로 간단명료하다. 고대 그리스인, 로마인, 페르시아인, 봉건국가의 왕, 현대의 독재자, 조직범죄 집단은 모두 같은 접근법을 취하고 있다. "돈을 주면 살려주지!"

민주주의와 현대적 형태의 정부는 시민의 충성과 세금을 받는 대가로 귀중한 무언가를 주겠다고 약속한다. 그 귀중한 것이란 개인의 능력으로는 얻을 수 없는 것들이다. 이를테면 시민을 방어해줄 군대,

시민을 보호해줄 경찰, 공교육, 도로망, 의료보건제도, 투표함을 믿어도 되고 군사 쿠데타는 걱정할 필요 없다는 약속, 일정 나이가 되면 제공되는 은퇴연금제도, 최빈층을 위한 복지제도, 다수 이익과 소수 이익 사이의 적절한 균형 등이다.

그러나 정부가 시민이 힘들게 번 돈에서 너무 많은 것을 가져가려고 하고, 약속을 제대로 지키지 않으면 시위가 일어난다. 이런 현상이 일어나고 있다는 것을 알리는 신호는 언제나 존재한다.

이탈, 항의, 충성

지금 세계 경제 상황은 사회계약의 붕괴를 야기하고 있다. 전 세계의 모든 나라가 세수보다 세출이 많은 추세였다가, 지금은 국가 파탄을 막기 위해 증세로 돌아섰고 지출을 줄였으며 약속을 파기하고 있다. 다시 말해, 경기가 안 좋아진 상황에서 시민들은 세금은 더 많이 내는데 받는 혜택은 줄었다는 뜻이 된다. 당연히 시민들의 항의가 이어졌다. 항의는 신호다.

항의 방식은 사람마다 다르다. 20세기 위대한 경제학자 앨버트 O. 허시먼Albert O. Hirschman은 1970년 명저《떠날 것인가, 남을 것인가Exit, Voice, Loyalty: Responses to Decline in Firms, Organizations, and States》에서 항의 형태를 설명한다. 시민은 자신의 국가에 만족하지 못할 때 나라를 떠나거나 항의의 목소리를 높인다.

어떤 시민은 국가의 힘이 미치지 않는 곳으로 물러나 정부로부터 독립된 존재가 되기로 결정한다. 예를 들어, 완전히 자율적 삶을 살기로 선택한다. 그들은 사람의 손길이 닿지 않는 상수원 지대에 큰 농장을 사서 통조림을 쟁여놓고 탄약과 무기를 잔뜩 쌓아둔다. 얼마간은 혼자 잘 살지만, 매드 맥스가 깨달은 것처럼 국가가 없는 무법지대에 사는 사람도 결국에는 누군가에게 세금을 낼 수밖에 없다. 그 누군가가 반드시 정부라는 법은 없다. 그 누군가는 부자의 부를 빼앗아 가난한 사람에게 '재분배'한다는 명목으로 당신의 집을 침입해 원하는 것을 다 가져가고, 지켜준다는 명목하에 보호비까지 갈취하는 조직범죄 집단이나 폭도 무리일 수도 있다.

또 어떤 사람은 국가의 손아귀에서 벗어나기 위해 자살이라는 방법을 선택한다. 은퇴한 약사로 연금이 끊겨 생계가 막막해진 디미트리스 크리스토울라스Dimitris Christoulas는 2012년 해결 기미가 보이지 않는 그리스 재정 악화 상황에 항의하는 뜻으로 의사당 앞 신타그마 광장에서 스스로 총을 쏴 목숨을 끊었다. 최근 몇 년 사이 과다 채무국이나 채무 부담으로 인한 재정 부실에 시달리는 나라에서 수백 명의 시민이 점점 힘들어지는 경제 상황에 대한 항의의 표시로 자살을 선택했다. 그중에는 신흥시장의 근로자도 있었다. 뒤에서도 보겠지만 튀니지의 과일 노점상 타렉 알타예브 무함마드 부아지지Tarek el-Tayeb Mohamed Bouazizi가 항의와 이탈의 수단으로 선택한 분신자살은 '아랍의 봄'에 방아쇠를 당겼다.

사회계약의 가장 극단적 파기는 국가가 국가로서 존재하기를 멈추고 충돌이 걷잡을 수 없이 격해지면서 대탈출이 일어나는 순간에 발생한다. 시리아가 그랬다. 매년 수천 명의 국민이 다른 세상에서 새로운 삶을 꿈꾸며 정부의 손아귀에서 탈출하거나 빚더미에 올라 앉은 (또는 전쟁으로 얼룩진) 조국을 버리고 해외로 떠나는 것을 선택한다. 그러나 탈출은 가난한 사람만이 선택하는 것은 아니다.

부유한 시민들은 몸은 조국을 떠나지 않아도 자산을 해외로 옮길 기회를 적극 이용한다. 1970년대 영국에서는 세율이 90%로 오르자 다수의 인재와 생산성 높은 사람들이 어쩔 수 없이 해외 이주를 선택했고, 세금이 어느 정도 낮아진 후에야 영국으로 돌아왔다. 최근 미국에서도 시민들이 사회계약 붕괴에 항의하는 뜻으로 원래 살던 주를 등지고 다른 주로 옮겨갔다. 캘리포니아가 개인 소득세율을 13.5%로 올렸을 때 상당수 시민은 텍사스나 콜로라도처럼 포장도로와 공공시설을 제공할 능력은 충분하면서도 소득세를 높일 가능성은 훨씬 낮은 주로 사업장이나 주거지를 옮겼다.[4]

스페인의 카탈루냐와 안달루시아, 스코틀랜드, 우크라이나처럼 한 지역이나 민족이 국가로부터의 독립을 강하게 주장하는 사례도 있다. 그들은 이렇게 외친다. "나라가 더 좋은 미래를 제공하지 못하는데 내가 부를 나눠야 할 이유가 있는가?" 심지어 미국의 몇몇 주에서는 일부 대중이 분리독립 청원을 제소하기도 했다. 내 고향인 메릴랜드주는 지도에서도 거의 보이지도 않는 가느다란 육교(두 땅을 연결하는 지협 등을 가리키는 말-옮긴이)가 커다란 땅덩이 두 개를 연결하고 있다. 동메릴랜드와 서메릴랜드가 세비 지출을 상대편과 나누고 싶어 하지 않는 이유를 알기는 어렵지 않다. 돈의 공급 부족 현상이 벌어졌기 때문이다. 그리고 서메릴랜드에서는 동메릴랜드로부터 분리독립하기 위해 스콧 스트르젤지크Scott Strzelczyk가 이끄는 '서메릴랜드 분리 운동'이 벌어지고 있다.

이 모든 선택을 내리는 순간, 개인은 커다란 희생을 치러야 한다. 국가로부터 이탈한다는 것에는 언제나 대가가 따른다. 가장 가혹한 형태의 분리독립은 자살이다. 개인이 치를 수 있는 대가로 자살보다 더 비싼 대가는 없다. 그러나 망명과 이민의 대가도 만만치 않다. 어느 쪽이든 일가친척을 만날 수 없고 고향도 떠나야 하며, 공동체를 결속하는 제도와 전통, 문화, 역사와도 멀어져야 한다.

이런 이탈의 대가를 생각한다면 당사자들이 보기에는 충성 맹세를 받은 국가가 약속을 이행하는 것이 훨씬 쉬운 일일 수 있다. 연금, 의료복지 혜택, 사회보장 혜택, 쓰레기 수거 그리고 일주일에 6일의 우편배달제도가 약속대로 이행되기만 하면 되는 것이다.

사회계약이 굳건하다고 믿고 싶은 마음은 이해가 가지만, 그것이 깨졌다는 신호가 도처에서 나타나고 있다. 신호는 복잡하지 않다. 예를 들어 미국 우정청이 비용 절감을 위해 우편배달을 일주일에 5일로 줄이는 방안을 고려 중이라는 것도 한 신호다. 또는 영국 국가 보건의료 서비스가 일정 비용을 낸 사람의 치료 순번을 앞당기는 것을 고려 중이라고 발표한 것도 신호다.[5] 그렇게 되면 모두가 비용을 납부하고 공평하게 치료를 받기로 한 오랜 사회계약을 위반하는 셈이다. 하지만 대신에 국가는 원래 약속한 의료보건제도를 제공하기에는 자금이 부족한 상황에서 별도의 수입을 마련할 수 있다.

국가가 노후연금 수령 연령을 (다시) 올린다고 발표할 때마다 사회계약은 깨진다. 사실 이 약속은 처음부터 잘못된 거래였다. 노후연금제도가 시작되었을 때는 대다수 시민이 55세나 60세 정도에 은퇴하고, 65세 정도에 사망한다는 가정을 전제했다. 의학 발전 덕분에 현재 인간의 수명은 70세를 훌쩍 넘었고, 상당수는 90세를 넘기고 있다. 하지만 "사회계약은 65세가 넘은 사람이 노후연금을 수령하려는 경우는 없을 것이라고 가정해. 그 나이를 넘으면 다 죽으니까."라고 말하는 사람은 아무도 없다. 그 반대다. 우리는 연기금이 장기 비용을 충당하기에 턱없이 부족한 게 분명하다고 해도 국가가 원래 약속을 그대로 지켜주기를 기대한다.

부채 문제는 진짜로 존재하는가

물론이다. 선진국의 부채 문제는 사회계약이 뿌리째 뒤흔들릴 정도로 매우 심각하다. 부채 문제는 얼마나 심각할까? 대다수 사람은 숫자 개념에 익숙하지 않기 때문에 어마어마한 액수의 국가 부채 규모를 말해도 머리에 잘 와닿지 않는다. 영국의 브리지 세계 챔피언인 S. J. 사이먼S. J. Simon의 재기 넘치는 주장에 따르면, 브리지 선수는 대부분 금요일 밤마다 숫자 놀이를 하면서도 실제로는 수학에 무지할뿐더러 숫자 감각도 없다. 그는 "카드의 세상에서 얻은 부수적 정보 중 가장 매혹적인 것 하나를 꼽는다면 수학에 대한 무관심이다."[6]라고 말했다. 정부 예산과 부채 문제도 이런 카드 게임과 비슷하다. 비교도 안 될 정도로 규모가 크다는 점이 다를 뿐이다.

수학자 존 앨런 파울로스John Allen Paulos가 1998년 그의 책《숫자에 약한 사람들을 위한 우아한 생존 매뉴얼Innumeracy》에 설명했듯, 부채 규모가 천문학적으로 크면 인간의 뇌는 그것을 수학만 가지고는 처리하지 못한다. 내가 부채 문제를 숫자를 쓰지 않고 설명하려는 것도 이런 이유에서다. 숫자 단위가 10억이나 1조를 넘어서면 인간의 뇌는 그냥 '크다'로 모든 것을 수렴한다. 정책 입안자와 경제 전문가도 그런 점에서 일반인보다 별로 나을 것이 없다. 캐나다 통화 정책 전문가 윌리엄 화이트William White가 세계 시장에서 거래되는 파생상품의 가치를 합산했더니 1,200조 달러라는 숫자가 나왔다(2006년과 2007년에 금융위기가 임박했다는 그의 경고를 전 세계 정책 입안자들은 하나같이 무시했다). 정책 입안자들도 머리만으로는 제대로 가늠하지 못할 금액이다.

미국과 영국을 비롯해 여러 과다 채무국이 모든 국민에게 100%의 소득세를 부과한다고 해도 국가 부채를 모두 상환하는 데 10년이 넘게 걸린다는 사실을 알면 정신이 번쩍 든다. 반대로 생각해볼 수 있다. 모든 정부가 이자, 사회보장 같은 연금 수당, 국민의료보험 등 꼭 필요한 지출만 제외하고 모든 지출을 없앤다고 해도 채무를 다 갚는 데는 여전히 10년이 넘게 걸린다. 사실 이것도 낙관적으로 잡은 수치이다.

바닷물 학파 사람이라면 이렇게 말할 것이다. "상관없어. 부자에게 세금을 더 거둬서 비특권층에게 재분배하면 돼. 그러면 사회계약을 보존하고 생활수준도 그대로 유지돼." 스테니 호이어Steny Hoyer 하원의원의 말에서도 이런 입장이 분명하게 드러났다. "우리의 문제는 세출이 아니라, 과세 문제다."

당연한 말이지만 국가가 시민에게 국가를 대신해 더 오래 일하라고 강요한다는 사실만으로도 사회계약은 파기까지는 아니더라도 뒤틀린다.

바닷물 학파의 대표 주자이며 노벨 경제학상 수상자인 폴 크루그먼의 제안처럼 세율을 91%로 잡는다면 미국인은 소득의 거의 전부를 세금으로 내야 한다. 대다수가 납득하지 못할 세율이다.

오바마 행정부의 수석 경제자문이었으며 재무부 장관을 지낸 래리 서머스Larry Summers는 소득세와 자본 이득세(투자 수익에 매기는 세금)의 격차를 줄이기 위한 세제 개편을 주장했다. 그가 주장한 것은 부자들에게 매기는 실효세율의 인상이었다. 하지만 자신이 속한 사회가 개인과 기업의 자유를 보장한다고 믿는 사람들에게는 거래를 결렬시킬 만한 사안이다. 과거 프랑수아 올랑드 프랑스 대통령은 100만 유로가 넘는 소득에 75%의 세율을 부과했다. 프랑스가 아무리 사회주의를 지지하는 성향이 강한 나라라고는 하지만, 프랑스 대중은 증세만 있을 뿐 국가의 약속 이행은 줄어드는 상황에 거세게 반발했다.

민물 학파에 속한 사람은 이렇게 말할 것이다. "세율을 거의 제로 수준으로 낮추고, 정부의 크기를 줄이고, 시민들을 더 열심히 일하게 하고, 기업 창업을 장려하면 돼."

그러면 새로운 기업가의 창업 물결이 이어지기는 할 것이다. 하지만 그러기까지는 시간이 걸린다. 게다가 신생기업 상당수는 살아남지 못한다. 기술 발전과 자동화는 결국 신생기업이 필요로 하는 노동력이 많지 않다는 뜻이다. 그 결과 후행지표인 고용은 경제 전체보다 훨씬 뒤처지기 시작하고, 경제 발전의 성과를 체감하는 사람은 아무도 없을 것이다. 국민은 감세가 언제 가져다줄지도 모르는 수입과 일자리 창출을 가만히 앉아서 기다릴 수 있을까?

과세와 세출

세계 경제는 최종적으로 강력한 두 힘 사이에서 균형을 맞추고 있다. 하나는 부와 GDP에서 세금을 걷어 재분배하는 국가의 힘이고, 또 하나는 부와 GDP를 창출하는 개인 노동자 또는 기업가(아니면 기업가 집단)의 힘이다. 누군가는 금융위기라는 사건이 정부의 공수표 남발과 이후의 약속 불이행을 조명했다고 생각할 수 있다. 그런 관점에서 보자면 금융위기는 부를 창출하는 사람들과 그것을 빼앗아 재분배하기를 원하는 사람들 사이에서 벌어질 충돌을 암시하는 개전 포격이었다.

모두의 필요를 충족할 만큼 성장과 현금, 부의 창출 기회가 충분할 때에는 사회계약도 튼튼해 보인다. 번영은 약속과 그 약속을 이행하는 수단이 점점 어긋나도 그런 불균형을 용케 숨긴다. 흔히들 말하는 거버넌스에는 언제나 맞바꾸기 작업이 필요하다. 루이스 브랜다이스Louis Brandeis 전 미국 연방대법원 대법관이 지적한 것처럼 모든 법률 제정에는 "대중의 필요와 개인적 욕구의 경중을 따지고, 여러 사회 가치의 상대적 경중을 재는" 작업이 수반되어야 한다. 번영은 선택의 필요성을 줄였고, 개개인의 욕구 충족을 가능하게 했다.

하지만 오늘날의 기록적인 채무 부담 탓에 이런 맞바꾸기 작업은 생활방식에 커다란 고통과 생채기를 내면서 허약하고 나약한 사회계약의 면면을 드러내고 있다. 경제 성장기에는 모두가 성공을 자신한다. 사람들은 미래가 더 나은 결과를 안겨줄 것이라고 철석같이 믿고 희망한다. 하지만 경제 정체기에 이르면 더 나은 미래에 대한 사람들의 희망과 믿음도 사라진다. 그리고 사람들은 사회계약에 의문을 품기 시작한다. 국가의 요구는 늘어나는 반면, 복지 혜택이 줄어드는 것에 대해 시민들은 항의하기 시작한다. 사회계약이 깨질 때, 국가와 시민 사이에 존재하던 힘의 균형이 국가의 이익에는 유리하고 시민의 이익에는 불리한 방향으로 옮겨갈 때, 다음의 질문이 대두된다. 이것은 오늘날 세계 경제 지평을 지배하는 중요한 질문이다.

"왜 사회의 부와 힘은 다른 사람들에게는 분배되는데, 나에게는 분배되지 않는가?"

채무 부담은 우리가 부와 힘을 창출하고 분배하는 방식을 선택하면서 내린 여러 가정에 의문을 던지게 만들었다. 채무 부담은 우리가 답을 얻었다고 생각한 근본적 질문들을 다시 고민하게 만들고, 우리를 대립하게 하고 있다. 이 대립은 자본주의가 실패했다고 믿는 사람과 국가가 자본주의를 제대로 규제하지 못했다고 생각하는 사람 사이의 다툼이다. 이것은 저축자와 투기꾼의 대립이며, 노소老少의 대립이고, 국가 재정에 기여하는 사람과 국가로부터 보조금을 받는 사람 사이의 대립이다. 심지어 현금 흐름과 자산을 통제해 시민들의 압박을 덜어줄 방법을 모색하는 국가와 국가 사이의 대립이기도 하다.

책임과 고통의 할당

"이기고 지느냐가 아니라 책임을 어떻게 할당하느냐가 중요하다."라는 말이 있다. 오늘날 공공 정책의 장을 완전히 지배하고 있는 것은 책임과 고통을 할당해야 한다는 필요성이다. 누군가는 손해에 대한 대가를 치러야 하고, 사회계약이 파기될 수밖에 없다. 그렇다면 질문은 단 하나, "누가 손해와 고통을 감당할 것인가?"이다. 그 답은 채무를 어떤 식으로 불이행하고, 사회계약을 어떤 방법으로 파기할 것인지에 따라 달라진다.

여기에서 세출을 조금 줄이고, 저기에서 증세를 하는 것에 대한 공론은 전체 대중에게는 깊은 모욕감을 준다. 무언가 의미심장한 일이 벌어지고 있다는 인상을 주기 때문이다. 대다수 정부가 고려하는 방법이라는 것이 기껏해야 줄곧 상승을 유지하는 예산 지출을 조금 줄이는 것이다. 하지만 실제 국가가 지탱하지도 못할 세출 풍토를 유지하는 한 이것도 순간의 승리일 뿐이다.

경제학자 케네스 로고프Kenneth Rogoff와 카르멘 라인하트Carmen Reinhart의 공저《이번엔 다르다This Time Is Different》는 GDP 대비 채무 비율이 일정 수준을 넘어선 순간부터 성장이 전혀 이루어지지 못한다고 일축한다.[7] 그 수준이 80%인지 아니면 90%나 70%인지에 대해서는 의견이 분분하지만, 비율이 높을수록 물이 잔뜩 들어온 배처럼 국가도 채무불이행 상황으로 빠져들 가능성이 더 높아진다는 점에는 모두 동의한다. 로고프와 라인하트가 수식을 계산하면서 저지른 몇 가지 사소한 실수와 오류는 그들 의견에 반대하는 사람들에게는 이 수식을 무시할 좋은 변명거리가 되었다. 하지만 그럴지라도, 국가가 성장을 저해하지 않고 감당할 수 있는 채무 수준에 한계가 있다는 것에 반박을 할 사람은 아무도 없다.

현재 미국과 서구 여러 나라의 금리는 역사상 최저 수준이다. 이 역대 최저 금리가 다음 10년에도 계속될 가능성은 그리 높지 않다. 따라서 어느 순간부터 부채 비용은 올라갈 것이고, 그러면 채무 부담 문제도 빠르게 악화될 것이다.

잘 모르는 사람이라면 빚을 갚으면 되지 않느냐고 말할 수도 있다. 물론 갚을 수는 있다. 그러나 그 비용은 누가 감당해야 하는가? 이만한 규모의 채무를 상환하는 데는 많은 시간이 걸린다. 못해도 한 세대 또는 두 세대가 걸릴 수 있다. 스페인, 포르투갈, 그리스를 비롯해 여러 나라가 크게 절망하고 있는 것처럼 말이다. 부채를 상환하기로 동의한 순간 치러야 할 대가도 분명해진다. 높은 실업률과 저성장, 경제 침체에 몇 년을 시달려야 한다. 일본도 1991년 증시 붕괴의 여파를 수습하기 위해 부채를 상환한다는 결정을 내렸고, 그 후유증에서 아직도 회복하지 못했다. 일본의 디플레이션과 저성장은 20년이 넘도록 이어졌다.

지금까지 이런 어마어마한 고통을 자발적으로 감당한 민주주의 국가는 일본 빼고는 없다. 서구 민주주의 나라들이 그토록 오래 묵묵히 고통을 감당한다는 것은 상상조차 불가능하다. 감세, 지출 삭감, 채무 상환은 모두 10년 또는 그 이상의 시간을 잃게 만든다. 이렇듯 채무 상환이 불러올 고통은 민주주의 국가의 유권자들이 감당할 수 있는 것보다 훨씬 크기 때문에 오늘날 선진국들이 채무를 불이행할 가능성도 그만큼 높아지고 있다. 즉 선진국의 입장에서는 채무를 상환하는 것이 정치적으로 불가능할뿐더러 수학적으로도 어렵다. 따라서 과세와 세출에 대한 모든 논의는 대중을 호도하는 쪽으로 흐르고 있다.

게다가 감세는 채무 이자 지급에 필요한 현금 흐름을 줄이기 때문에 이 방법 역시 채무불이행 위험을 높인다. 이제 결론이 나왔다. 시민에게 100%의 소득세를 부과한다고 해도 채무 상환에는 오랜 시간이 걸리며, 국민은 가난해질 대로 가난해질 것이다. 노후연금과 이자, 의료보험을 제외하고 모든 세출을 다 없앨지라도 여전히 채무 상환에는 시간이 오래 걸린다. 이것은 미국과 영국, 일본, 유럽연합 가입국 그리고 어쩌면 중국까지 포함해 모든 과다 채무국이 처한 현실이다.

복리, 세계 8번째 불가사의

우리가 힘쓰지 않아도 빚은 저절로 불어난다. 이자 때문에 빚은 시간이 갈수록 덩치가 커진다. 모든 빚이 다 그렇지만 국가의 빚에도 이자가 붙는다. 그 이자는 복리로 불어난다. 우리는 복리의 위력을 실감한 순간에야 그것이 무엇인지 진짜로 배운다. 아인슈타인은 이렇게 말했다. "복리는 세계 8번째 불가사의이다. 복리를 이해하는 사람은 복리로 번다. 복리를 이해하지 못하는 사람은 복리로 대가를 치른다."

그의 말은 내가 이 책을 쓴 이유를 대부분 설명해준다. 복리로 대가를 치르는 사람은 (그리고 애석하게도 우리가 조심하지 않으면 우리 대부분이 복리로 대가를 치르는 신세가 된다.) 복리의 결과를 준비하기 위해서라도 그 사실을 반드시 주지해야 한다. 경제 정책 분석가 스티븐 무어Stephen Moore는 복리의 무서움을 알려주는 매혹적인 교훈 하나를 들려준다.

"장기에 흠뻑 빠진 중국 황제는 그것을 만든 발명가에게 소원 하나를 말하라고 했다. 발명가는 장기판의 첫 번째 칸에 쌀알 하나를 놓고, 두 번째 칸에는 쌀알 두 개를, 세 번째 칸에는 네 개를, 이렇게 해서 64번째 칸까지 쌀알을 놓아달라고 했다. 아무것도 모르는 황제는 소소한 부탁이라고 생각하며 흔쾌히 들어주었다."[8]

황제는 장기판의 30번째 칸에 이르면 쌀의 숫자가 10억 개로 늘어난다는 것은 알지 못했다. 무어는 "2의 64승은 쌀알 18조×100만이 넘는다. 지구 표면을 다 덮고도 남을 만큼 많다."라고 설명한다(사실 장기판을 보면 알 수 있지만 정사각형들이 모여 더 큰 정사각형을 이룬다. 따라서 장기판의 정사각형 숫자는 64개가 아니라 204개이다.). 황제는 발명가가 원하는 쌀을 다 줄 정도로 돈이 많지 않았다. 이 약속을 지키려고 했다가는 파산할 것이 뻔했다. 물론 황제는 다른 교활한 수를 갖고 있었다. 국가의 힘을 휘둘러 발명가를 처형하면 그만이었다.

경상수지 적자란 무엇인가

이것이 오늘날의 문제이다. 우리는 버는 돈보다 쓰는 돈이 많았고, 그 차이를 메우기 위해 돈을 빌렸다. 여신기관이 개인이나 국가의 부채가 도를 넘었다고 생각하고 채무 원금 상환은커녕 매일 매 순간 복리로 불어나는 이자를 감당할 능력이나 의지도 장담할 수 없다고 판단하면 당연히 차입은 힘들어진다. 정부는 증세나 고인플레이션, 여러 다른 방법을 '행사'한다고 위협해 부채를 억지로 떠안길 수 있다. 어떤 방법이든 우리가 힘들어지는 것은 매한가지다.

상당수 국민은 돈을 빌렸다는 사실조차 인식하지 못하기 때문에 채무 문제가 잘 와닿지 않는다. 백악관에서 일하던 2001~2002년에 나는 재정 지출을 늘리지 않는 것에 내심 불만이었던 두 명의 하원 의원과 설전을 벌였다. 이 논쟁은 나의 패배였다. 논쟁은 이렇게 진행되었다.

나 : 이런 식으로 재정 지출을 계속하다가는 경상수지가 더 악화될 겁니다.

의원 1 : (좌절감을 표하며) 경제학자들은 언제나 경상수지를 들먹이더군요. 경상수지 적자가 뭡니까?

나 : (사안의 중대성을 깨닫고 조금 주저한다. 어쨌거나 채무 문제를 전혀 인식하지 못하는 정치인들에게 해결책을 기대할 수는 없는 노릇 아닌가?) 의원님, 그건 우리가 버는 돈보다 쓰는 돈이 많다는 겁니다. 해외에서, 특히 주로 중국에서 돈을 빌려와 수지를 맞춘다는 뜻입니다.

의원 2 : (다소 공격적인 태도로 몸을 앞으로 내밀며) 내 지역구 사람들 중에서 중국에서 돈을 빌려오는 사람은 아무도 없습니다.

시장 전문가들은 믿지 못할 대화이지만, 두 번째 의원의 지적은 핵심을 찔렀다. 미국인도, 영국인도, 유럽인도, 중국 은행까지 가서 돈을 대출받는 사람은 없다. 다른 나라가 미국 재무부 채권을 사면 미국이 돈을 '차입'하는 것이라는 사실을 아무도 인식하지 못한다. 그러니 채무 문제의 심각성에 사람들이 새삼스럽게 놀라는 것도 당연하다.

이것이 모든 과다 채무국의 현실이다. 영국도, 스페인도, 포르투갈도, 미국도, 중국도, 일본도 똑같다. 채무 문제가 존재하는지조차 알지 못하는 대중에게 일본처럼 20년의 고통을 견뎌야 한다고 말할 수 있는 정치인이 과연 있을까? 당신이 정치인이라면 대중이 이해는커녕 상상조차 하지 못하는 문제를 거론해 표는 물론이고, 정치 생명까지 위험해질 일을 하고 싶겠는가? 아닐 것이다.

문제를 더 심각하게 만드는 부분이 있다. 연방준비제도에서 나오는 공짜 돈과 양적완화 그리고 초저금리는 정부의 부채 문제에 일익을 담당했다. 조지 W. 부시 대통령 경제 자문이었던 래리 린지Larry Lindsey와 전 예산관리국장 데이비드 스톡먼David Stockman은 이렇게 묻는다. "연방준비제도가 그토록 싼값에 부채 자금을 조달해주고 있는데 의회가 부채 문제에 조치를 취할 이유가 있겠는가?"

그럴 만한 동기도 이유도 전혀 없다.

지난 금융위기에 미국 정책 입안자들이 몰락한 은행을 파산하도록 놔두는 대신에 성급하게 구제금융을 결정한 이유도 여기에 있다. 그들은 은행 도산의 결과가 대중이 이해할 수 있는 수준보다도 훨씬 클 것이라고 생각했다. 그래서 그들은 대중이 몇 년 후에나 그 결과를 이해할 만한 방식으로 부채를 관리하기로 했다. 정책 입안자들은 재정 정책, 통화 정책, 규제 정책을 결합해 손실을 투기꾼으로부터 정부에게로, 그리고 결과적으로는 납세자에게로 효과적으로 전가했다.

이런 손실 전가가 대중에게 이익인지 아닌지가 논의의 대상이 될 수도 있다. 구제금융이 유권자와 납세자를 보호하려는 좋은 의도에서 이뤄졌다는 것은 분명하다. 어쨌거나 금융기관과 금융 시스템 전체가 무너지는 것을 수수방관한다면 경제적으로 끔찍한 결과를 초래할 수도 있기 때문이다.

하지만 정말로 그럴 것인지도 생각해봐야 한다. 나의 고객들 상당수는 정부가 금융권을 구제해주지 않았을 때 은행이나 금융기관에서 울며 겨자 먹기로 싼값에 내놓을 사업체나 건물, 호텔, 주식, 채권을 살 준비를 하고 있었다. 그들은 새로운 자본을 투자했을지도 모른다. 하지만 위기가 한창일 때 시장을 믿는 사람은 거의 없었다. 대중은 국가를 믿었다.

이것은 이미 벌어진 일이다. 다만 지금까지도 많은 사람이 무슨 일이 벌어졌는지 이해하지 못하고 있을 뿐이다. 이것은 손실의 '사회주의화'였다. 금융 시스템이 가지고 있던 손실을 가뜩이나 부채 비율이 높은 정부로, 그리고 마지막에는 일반 대중에게로 떠넘긴 것이었다. 한마디로 글로벌 금융 시스템은 '구제'되었지만, 진짜 비용으로 치른 대가는 알려지지 않았다. 그리고 그 대가는 우리의 선택에 따라 달라진다. 선택지는 다음과 같다.

사회계약의 파기

과다 채무국과 그 국가의 시민들은 다음 두 가지 선택지 중 하나를 반드시 선택해야 한다.

1. 채무를 상환한다.
2. 채무를 상환하지 않는다.

선진국의 채무 문제는 심각하지 않고, 정책을 마련하면 해결할 수 있다고 믿는 사람들이 있다. 과다 채무국(미국, 프랑스, 영국, 벨기에, 포르투갈, 그리스 등)은 파산한 것이 아니라, '유동성이 부족'할 뿐이라는 것이 그들의 주된 주장이다. 현금 흐름에 문제가 생겼을 뿐이라는 것이다. 이 나라들이 현금을 좀 더 융통할 수만 있다면, 또는 부자세를 늘리거나 지출을 확 줄인다면 결국 경제가 회복하여 충분한 현금을 확보해 모든 채무를 상환할 수 있고 약속도 지킬 수 있게 된다는 것이다. 여기에 가장 곤란한 문제가 있다. 너무 큰 채무액은 GDP를 억누르고 계산된 위험감수를 처음부터 막아버린다.

우리가 빠져나가지 못하는 진실이 몇 가지 있다.

1. 차입을 늘려 채무 문제를 해결할 수는 없다. 차입 증가는 채무를 연장하거나 악화시킬 뿐이지 근본 해결은 되지 못한다.
2. 모든 주권국의 채무불이행은 똑같은 순서로 발생한다. 정부가

부인하고 부인하고 부인하고 또 부인하다가 "제세동기가 필요해. 채무불이행이 일어나기 직전이야."라고 외치거나 계속 부인하거나 둘 중 하나다.

3. 정부가 감당하지 못할 정도로 과도한 약속을 하면 정부의 세금 징수 능력과 시민의 이익 창출 능력이 충돌하게 된다. 정부의 무리한 세금 징수는 황금알을 낳는 거위를 죽이고 회복의 희망도 죽이는 것이다.

불가피하게 벌어지는 채무불이행

존경받는 영국 사학자이며 국제관계 이론가인 E. H. 카E.H.Carr의 말을 빌리면, "모두가 채무불이행을 하면서 그것을 다른 이름으로 부르고, 똑같은 일을 하는 다른 사람들을 비난한다." 정부가 채권자들에게 채무를 불이행하는 방법은 주로 다음 다섯 가지다.

채무불이행 선고

아침에 일어나 보니 정부 발표가 나온다.

"우리는 채무를 상환하지 않을 것입니다. 앞으로도 쭉."

이것이 아르헨티나식 채무불이행이다. 2001년에 아르헨티나는 이렇게 일방적으로 채무불이행을 선언했다. 대단히 무례하고 돌발적인 방법으로, 이 나라에 돈을 빌려준 외국인 채권단과 국가의 연쇄 부도를 불러오는 행위였다.

러시아도 1998년에 같은 행동을 했다. 이런 채무불이행이 일어나면 일반적으로 통화 가치가 급락하고 수출품 가격이 내려간다. 따라서 해외에서의 판매량이 늘어나며, 돈을 빌려올 필요가 줄어든다. 물론 단점도 있다. 통화 가치가 하락한다는 것은 수입품 가격이 올라간다는 뜻이다. 그리고 앞으로는 이 나라에 아무도 돈을 투자하지 않으려 할 것이다. 여신 제공자라면 일방적으로 채무불이행을 선언한 차입자의 신용을 연장해주는 것이 굉장히 조심스러울 것이기 때문이다.

헤어컷

"채무는 당연히 상환할 것이다. 그러나 시기를 조금 늦추거나 액수를 조금 줄여서 상환하게 될 것이다."

이런 정부 발표는 나름대로 점잖은 편이다. 〈파이낸셜 타임스〉와 〈월스트리트 저널〉의 설명을 들으면 이런 채무불이행에는 문제 상황이 전혀 발생하지 않을 것만 같다. 이 나라는 단지 채무 '상환을 연장'하거나 '구조를 조정'했을 뿐이다. 이런 '헤어컷 Haircut(특정 목적을 위해 자산시장 가격의 일부를 낮추는 행위-옮긴이)은 어감도 나쁘지 않지만, 채무를 1달러라도 늦게 상환하거나 적게 상환하는 것도 채무불이행이다.

가장 최근의 헤어컷 사례는 그리스와 두바이, 아일랜드였다. 이 나라들의 헤어컷 발표가 있을 때마다 〈파이낸셜 타임스〉를 비롯한 여러 매체는 두바이 지도부가 '상환 연장'을 결정했다고 발표했다. 그리스는 지난번 채무위기가 시작된 이후 여러 번이나 채무를 '구조조정'했다. 아일랜드는 유럽중앙은행 보증에 힘입어 '성공적으로 상환을 연장'했다. 문외한이 듣기에는 아무 문제없이 완벽하다. 그러나 채무 상환 연장은 이 나라들에게 돈을 빌려준 채권자, 다시 말해 채권 보유자들에게는 청천벽력 같은 소리다.

엄밀히 말해, 지금 우리가 논하는 것은 정부의 채무불이행 방식이다. 정부가 채권이라는 종잇조각을 내주고 현금을 수취함으로써 채무가 생겨난다. 채권은 정부가 "내가 당신한테 빚을 졌고, 미래 어느 날 빌린 돈 전액을 이자를 포함해 상환할 것을 약속한다."라고 말하는 차용증서다. 따라서 개인 또는 연기금이나 뮤추얼펀드가 국채를 산다면, 위험을 무릅쓰고 돈을 빌려준 대가로 당연히 이자까지 붙여서 원금을 상환받을 것이라고 기대한다. 채권이 약속하는 이자율은 이 종잇조각을 인기 있는 투자 상품이 되게 한다. 수익률yield(이자율)과 가격은 역의 관계에 있다. 이자율이 오르면 채권 가격은 내려가고, 이자율이 내리면 채권 가격은 올라간다. 그러나 중요한 점은 정해진 시한까지 돈을 돌려받지 못한다면 그 채권은 부도라는 사실이다. 회계적 관점에서 본다면 채무 상환이 1분만 늦어지거나 상환액이 1달러만 모자라도 부도이다.

긴축재정

국가에 빚이 너무 많아 더는 시민들에게 했던 많은 약속을 지킬 만한 돈이 없어서 약속을 이행하지 못하게 될 때 긴축재정을 한다. 예를 들어, 연금을 55세 또는 65세부터 지급하기로 약속했지만 재원을 마련하지 못하면 국가는 시민들에게 은퇴연령을 늦추고 더 오래 일하라고 요구한다. 아니면 국가가 대중교통과 의료보험을 예전과 똑같은 가격으로 또는 똑같은 수준으로 제공하지 못하게 되었다며 시민들에게 부담을 늘리라고 요구한다. 대중교통 요금(런던의 튜브, 뉴욕의 지하철, 파리와 마드리드, 밀라노, 브뤼셀의 메트로 등)이 오른다. 공항 이용료가 오른다. 교각 통행세가 올라가고, 규정 속도에서 시속 10km 이상 넘으면 발급되던 속도위반 딱지가 시속 3km만 넘어도 발급된다. 이게 모두 세수를 늘리기 위해서이다. 정부는 세금을 올리고 대중에게 약속한 공공 서비스는 줄인다.

정부가 지출을 줄이는 것만이 긴축재정은 아니다. 정부가 이렇게 발표하는 것도 긴축재정이다.

"우리는 일주일에 두 번 쓰레기를 수거하고, 일주일에 6일 우편물을 배달하기로 약속했지만 지금은 그 비용을 감당할 수 없습니다. 따라서 쓰레기 수거는 일주일에 한 번으로 줄이고, 더 자주 수거하기를 원한다면 자비로 부담해야 합니다. 그리고 우편물도 일주일에 5일만 배달될 것입니다."

평가절하

정부는 국내 재화와 서비스의 값을 떨어뜨리기 위해 타국 통화 대비 자국 통화의 가치가 하락하는 것을 용인하거나 일부러 그렇게 만들기도 한다. 이렇게 되면 해외 수출품의 판매량이 늘어나지만, 수입품의 국내 가격은 오른다. 아르헨티나가 2014년 1월에 통화 가치를 23% 하락시켰을 때 세탁기와 건조기 제조회사인 월풀을 비롯한 해외 수입품 제조회사들은 곧바로 아르헨티나 내의 가격을 30% 인상한다고 발표했다. 수입품의 가격 인상은 거의 언제나 인플레이션을 불러온다. 그러므로 통화의 평가절하는 인플레이션 정책의 하위 범주로 여겨지기도 한다.

정부가 통화의 평가절하를 통제할 수도 있고, 통제하지 못할 수도 있다. 미국, 영국, 오스트레일리아, 캐나다는 통화 가치가 낮아지는 것을 선호하지만 가치를 낮추기는 쉽지 않다. 이 나라들의 통화는 유로존과 저성장으로 몸살을 앓는 나라들 그리고 시위가 늘어나는 신흥시장에서는 피난처로 인식되기 때문이다. 투자자는 다른 나라에서 통화 가치를 절하할지 모른다는 두려움 때문에 미국이나 영국 등의 통화를 구입한다.

가장 눈에 띄지 않으면서 당장은 고통도 없는 채무불이행 방식은 인플레이션이다(고통은 나중에 찾아온다.). 정부는 더 많은 통화와 채권을 '찍어내고' 금리를 낮추기만 하면 그만이다. 그러면 실질금리가 거의 제로가 되면서 돈의 비용(금리)은 공짜가 된다. 적어도 은행에는 돈의 비용이 '공짜'가 된다. 이런 행위에서 중요한 부분은 자산 가격이 오른다는 점이다. 벤 버냉키 전 연방준비제도이사회 의장과 그의 후임자인 재닛 옐런 Janet Yellen 의장은 양적완화를 시작해 미국 증시를 올렸다는 공로를 인정받았다. 돈을 찍어내는 목적은 자산 가격을 올려 투자자들에게 시장으로 돌아올 마음을 갖게 만드는 것이다. 정부가 돈의 비용을 최저 수준으로 끌어내려 실질적으로 무이자로 은행에 돈을 제공하면 이는 경제 참여자들의 투기 의욕을 자극하게 된다. 돈의 비용이 아주 싸서 초저금리로 돈을 빌릴 수 있기 때문에, 시민들이 빚에 대한 두려움을 극복하고 다시 투자와 투기를 시작할 수 있는 유인이 된다.

그러나 스웨덴의 저명한 경제학자 크누트 빅셀 Knut Wicksell이 거듭 주장했듯이, 금리는 차입자와 여신기관의 이해관계에 균형을 맞추는 일종의 민주적 도구이다. 이 균형은 '공정'해야 한다. 금리를 인위적으로 억누르는 것은 여신기관, 즉 저축자를 희생시켜 차입자들을 지원하는 것이기 때문에 불공정하다. 통화팽창은 몰수나 수용은 아니지만 과세의 한 형태이기 때문에 사회 안에서 힘의 균형을 강제로 이전하는 것이다. 통화팽창은 국가가 나라의 이익과 기득권자의 이익을 보전하기 위해 저축자와 상대적 약자의 돈을 빼앗는 수단이다. 정부가 저축자나 차입자 어느 한쪽만을 도와주고 다른 한쪽의 이익을 외면한다면, 시민의 의사와 상관없이 사회계약의 본질을 바꾸는 것이 된다. 1919년, 존 메이너드 케인스도 같은 결론을 내렸다. 그는 《평화의 경제적 결과 The Economic Consequences of the Peace》에서 이렇게 말했다.

"레닌은 자본주의 체제를 무너뜨리는 가장 좋은 방법은 통화 가치를 저하시키는 것이라고 선언했다. 통화팽창 과정을 반복함으로써 정부는 시민의 재산에서 상당 부분을 은밀하게 몰수할 수 있다. 이 방법은 단순 몰수만이 아니라 '임의' 몰수도 가능한데, 통화팽창은 다수를 빈곤하게 하고 소수를 부유하게 하기 때문이다. 이런 부의 임의적 재조정이 등장하면 흔들리는 것은 안보만이 아니다. 부를 분배하는 기존 방식의 공평성에 대한 신뢰가 뿌리부터 흔들린다. 통화팽창 정책에서 자격보다 넘치게, 그리고 기대나 욕구보다도 넘치게 횡재를 하는 사람들은 '부당 이득자'가 되어 부르주아가 증오하는 대상이 된다. 반면에 통화팽창 정책이 지속되면 부르주아는 프롤레타리아까지는 아닐지라도 전보다 가난해진다.

통화팽창이 진행되고 통화의 실질가치가 한 달도 못 가 크게 변동하는 사태가 이어지면, 자본주의의 궁극적 토대를 이루는 채권자와 채무자의 관계가 심하게 무질서해져 거의 무의미해진다. 그리고 부의 획득 과정은 도박이나 복권 당첨과 다름없는 것으로 퇴보한다."

복권 게임, 이것이 오늘날의 세계 경제에 담긴 시대정신이다. 지금 우리가 처한 현실은 도박판이고, 유일하게 드러난 요소는 정부라는 '하우스'가 결과를 좌우한다는 것이다. 존경받는 헤지펀드 매니저 스탠리 드러켄밀러 Stanley Druckenmiller는 이렇게 말한다.

"내 강점은 경제예측이다. 그것이 내 우위의 일부이지만, 그것은 시장이 사람보다 현명한 자유시장일 때에나 효과가 있다. 나는 이런 방식으로 예측했다. 나는 증시를 관찰했고 경제 활동의 변화에 따라 주식이 어떻게 반응하는지를 관찰했다. 그렇게 함으로써 가격 신호가 움직이는 방식과 그런 신호들을 예측하는 방법을 이해할 수 있었다. 오늘날 모든 가격 신호는 뒤범벅돼 있고, 나에게 경쟁우위가 남아 있기는 한 것인지 진지하게 의문이 든다."[9]

정리하면, 지금 시장을 좌우하는 것이 더는 시장 가격이 아니라 정책 입안자들의 결정이라는 뜻이다. 드러켄밀러의 말은 정부가 단순히 사회계약을 깨기만 한 것이 아니라, 시장의 가장 중요한 가격 결정자이자 참여자로 등장했다는 사실을 일깨운다. 국가와 시장의 경계선이 국가의 이익에는 유리하지만, 개인의 이익에는 불리한 쪽으로 이동했다. 그 결과로 탄생한 세상에서 시민은 정치 지도부에 거듭 도전하면서 이런 의문을 던지고 있다. "왜 사회계약이 깨지거나 변하고 있는가?"

지역적 변화

세계 여러 나라 유권자들의 표심이 새로운 정치인과 새로운 정당으로 향하는 이유도 여기에 있다. 유권자들은 약속을 밥 먹듯이 어기는 구태의연한 정치인을 원하지 않는다. 기존 정치인들은 사회계약을 파기했다. 그들이 먼저 사회 구성을 갈가리 찢고 망가뜨렸으니 우리도 앞으로는 한통속인 그들을 응원하지도 믿지도 않겠다는 것이다. 극단주의 정치인과 정당이 부상하고, 새로운 정치 후보가 깜짝 돌풍을 일으키는 이유를 짐작하는 것도 어렵지 않다. 미국의 도널드 트럼프와 버니 샌더스Bernie Sanders 그리고 유럽 극단주의 정당과 정치인의 급부상은 중진 정치인에 대한 대중의 혐오를 반영한다.

유로존

유로존을 파헤치면 핵심에는 심오한 사회계약 문제가 존재한다. 1871년, 1914~1918년, 1939~1945년 세 번에 걸쳐 전쟁을 치르며 모든 것이 황폐해진 프랑스와 독일 두 나라는 석탄과 철강에 대해 경쟁만 일삼던 태도를 버리고 공동으로 관리하고 협력하는 태도를 취하기로 결정했다. 1950년 로베르 쉬망Robert Schuman 당시 프랑스 외무부 장관은 또 다른 전쟁이 일어나는 것을 막기 위한 한 가지 방안으로 유럽연합을 제안했다.

"프랑스-독일의 석탄과 철강 생산 일체를 유럽 다른 나라들도 참여할 수 있는 공동 관리조직인 최고권위기구High Authority의 감독하에 둘 수 있다. 석탄과 철강의 공동 생산 체제는 곧바로 경제 발전을 위한 공동의 기반을 닦아 유럽연방체 탄생으로 향하는 첫발을 내딛게 해줄 것이다. 그리고 오랫동안 전쟁물자 생산에 매진했고, 전쟁으로 가장 크게 피해를 입었던 나라들의 운명도 바꿀 것이다."

쉬망 선언은 유럽연합으로 진화하는 토대가 되었다. 1999년 1월 1일 몇몇 회원국들이 모여 유럽의 결속 강화에 도움이 될 것이라고 한마음으로 믿으며 공동 통화인 유로화를 발족했다. 이 새로운 통화는 그리스와 포르투갈처럼 상대적으로 가난하고 약한 유럽 국가들이 프랑스나 독일처럼 부자 강대국과 똑같은 금리로 자본에 접근하는 것을 가능하게 해주었다. 자본 접근을 쉽게 하는 신규 통화 덕분에 유럽 각국 정치인들은 세수와 세금에 신경을 쓰면서 지출을 결정해야 할 동기가 줄어들었다. 경제가 호황인 동안 사회계약은 충실히 이행되었다. 정부는 시민에게 증세를 요구하지 않고도 지출을 행하거나 늘릴 수 있었다.

2007~2008년의 금융위기로 지출이 수입을 크게 초과하며 유럽

여러 나라와 금융기관의 유동성이 부족하다는 사실이 드러났다. 국가도 금융기관도 필요한 현금 흐름을 충당하지 못했다. 실제로 이것은 유동성 부족 이상의 문제였다. 그들은 빚에 허덕였고 구제금융이 필요했다.

금융 문제가 불거진 유로존 국가들은 어쩔 수 없이 약속을 깨야 했다. 그리스와 키프로스는 구제금융과 채무불이행을 감행해야 했다. 유럽연합은 국제통화기금의 보증 아래 키프로스 정부에 돈을 대주었고, 정부는 국민의 저축 중 47.5%를 계좌에서 곧바로 몰수해 손실액을 보전하는 데 썼다(몰수 대상은 1인당 잔액이 10만 유로 이상인 계좌였다.). 정부가 개인의 은행 계좌에서 직접 돈을 빼가는 것보다 사회계약을 크게 위반하는 행동은 아마도 찾기 힘들 것이다.

포르투갈 정부는 2011년에, 폴란드 정부는 2013년에 민간연금을 국유화함으로써 개인의 자산을 강제 수용했다. 말로는 포르투갈 텔레콤 직원의 연금이 보장된다고 약속했지만, 연금을 지급하는 기관은 회사가 아니라 정부로 바뀌었다. 여기에는 정부의 연금 지급 능력이 계속 유지되어야 한다는 전제가 따라붙었다. 하지만 정부의 재무상태표를 보완하고 손실을 줄여 유럽연합으로부터 추가 구제금융을 받기 위한 자격을 갖추는 것이 연금자산을 수용해 국유화하는 진짜 이유였다.

유로존 국가에서 현금 흐름이 플러스인 회원국은 얼마 되지 않는다. 독일, 핀란드, 네덜란드가 고작이다. 당연한 말이지만 이 나라의 시민들은 경제적 약소국인 이른바 '주변 국가'에 돈을 대주고 싶은 마음이 없다. 여기서 주변 국가는 그리스, 포르투갈, 키프로스, 아일랜드, 스페인, 이탈리아를 말하며, 넓게 보면 프랑스와 벨기에도 포함된다. 재정 건전성이 높은 나라가 왜 그렇지 못한 나라의 손실을 떠안아야 한단 말인가?

이 부분에서 사회계약 문제로 더 깊이 파고들게 된다. 독일의 사회계약에 따르면 정치 지도자는 절대로 통화팽창을 통해 채무 문제를 해결해서는 안 된다. 독일인에게는 1920~1930년대의 살인적인 초인플레이션에 의한 트라우마가 여전히 남아 있다. 상당수 독일인은 당시 살인적인 물가 상승으로 인해 황폐해진 경제로부터 국민을 보호하겠다고 약속하는 정치인을 지지하게 되었고, 그 결과 아돌프 히틀러에게 문이 열렸다고 믿는다.

중점이 되는 문제를 요약하면 이렇다. 돈을 찍어내 채무를 갚는 행위, 다시 말해 통화팽창으로 빚을 줄이는 행위는 그 어떤 것이든(이를테면 유럽 전반에서 사용 가능한 유로본드Eurobond 발행, 화폐 인쇄 또는 독일이 재정이 부실한 국가의 손실을 떠안아주는 행동 등) 대다수 독일인이 보기에 인플레이션을 유도하는 정책이나 다름없다. 이것은 독일의 사회계약에 위배되는 행위이다. 이와 반대로 유로존의 다른 과다 채무국들에게는 채무를 이행할 돈을 찍어내지 못하는 것이 사회계약을 어기는 행동이다.

마리오 드라기 유럽중앙은행 총재가 문제를 수습하기 위해 "우리는 모든 수단을 다 강구할 것이다."라고 말한 것은 이 때문이다. 이런 말이 나오면 증시는 상승한다. 그러나 당시 독일인들은 '안 된다.'라는 태도를 보였다. 독일인들은 문제 수습을 위해서라면 돈을 얼마든 찍어낼 수 있다는 유럽중앙은행 총재의 생각에 동의하지 않았다. 그들은 구제금융에도 통화팽창에도 동의하지 않았다. 독일은 드라기의 말처럼 "유럽중앙은행은 유로화를 보전하기 위해 우리가 가진 권한 내에서 필요한 조치는 무엇이든 다 할 각오가 돼 있다."[10]라고 말했다. 하지만 독일인들은 이 권한에 통화팽창 허용은 포함되지 않는다고 말한다.

그러는 사이 유럽에서는 여신기관인 은행에 직접 구제금융이 행해졌다. 채무불이행으로 그리스와 키프로스 국민들의 생활은 더 팍팍해졌다. 두 나라는 냉혹한 선택을 내려야 했다. 유로존에 계속 머물려면 수입과 지출을 반강제로 재조정해야 한다. 한두 세대 동안 고실업에 시달려야 하고, 세금은 오르며, 국가의 복지 혜택은 줄어들 것이다. 조금씩 천천히 빚을 갚아나가는 동안, 디플레이션과 성장의 정체를 감당해야 한다.

유로존 탈퇴를 선택할 수도 있다. 그러면 통화를 평가절하할 수 있다. 아니면 영국으로부터 분리독립을 추구하는 스코틀랜드와 같은 노선을 선택할 수도 있다. 그렇게 하면 평가절하까지는 힘들지만 재정 자치권은 높일 수 있다(스코틀랜드는 자체 통화 제도를 시행할 때에만 평가절하가 가능하다. 유로존은 스코틀랜드의 독자적 유로화 회원 가입이 불가능하다고 못 박았다.).

대중이 냉혹한 결과를 이해하기 시작하면서 좌우 포퓰리스트(대중주의자)에 대한 지지율이 크게 올랐다. 극우 정당의 추종자가 빠른 속도로 늘어났다. 독일의 AfD당(독일을 위한 대안당)은 2016년 1월 처음으로 10%대의 득표율을 거두었다. 그리스에서 극우 정당인 황금새벽당이 부상한 것을 비롯해 유로존 여러 나라에서 극단주의 정당이 힘을 키우고 있다. 이 정당들은 유로존 옵트아웃opt-out(선택적 이탈)을 통한 사회계약 복구를 약속한다. 스페인 안달루시아와 카탈루냐의 분리독립 운동도, 영국으로부터의 자치권 확보에 더 박차를 가하려는 스코틀랜드도 마찬가지로 사회계약 복구를 약속한다.

지금까지 보면 유로존 대다수 국가의 국민은 독일의 뜻을 따르겠다고 말하는 정치 지도자에게는 절대로 표를 던지지 않았다. 독일은 유로존의 모든 시민이 국가 재정을 더 신중하게 처리하기를 원한다(이것은 그리스와 이탈리아 국민에게 독일 국민처럼 행동하기를 원한다는 뜻이다. 현실적으로 불가능하고 바람직하지도 않은 요구다.).

2010년을 기준으로 독일은 다음의 조건이 충족된다면 유럽 나라들에 대한 구제금융을 보증할 수 있다는 태도를 보였다.

1. 모든 유로존 회원국은 자기 나라 재정주권의 일부를 브뤼셀의 중앙권위기구에 넘긴다.
2. 모든 유로존 회원국에는 단 하나의 외무부가 존재하고, 재무부도 당연히 단 하나인 공동 합중국 창설에 동의한다.

지금까지 기류를 보면 유럽에서 이런 근본적 사회계약 변화를 지지하는 정치 지도자는 선출직 공무원(국민 또는 시민의 직접 투표로 선출되는 공무원) 자리에 절대로 오르지 못했다. 주권을 다른 나라 출신일 가능성이 높은 비선출직 관료에게 넘기는 정부 체제에 찬성표를 던질 국민이 있을 리 없다. 그러나 유럽연합 관료들은 새로운 유럽합중국European Federation과 맺을 사회계약이 자신의 국가와 맺은 사회계약보다 더 유리하다는 것을 대중이 인정하게 되는 것은 시간문제이자, 설득의 문제일 뿐이라고 믿는다.

브뤼셀을 비롯해 유럽 각 나라 수도의 시민들 중에는 민주주의로 진화한 기존 사회계약과 다른, 새로운 유럽의 사회계약을 맺어야 한다고 믿는 사람들이 있다. 이들의 말에 따르면 대중은 새로운 사회계약이 그들에게 가장 이익이 된다는 사실을 이해하지 못한다. 정리하면 이렇다. 유럽 대다수 국가에 행해지는 구제금융은 독일의 사회계약을 위배하는 것이고, 구제금융을 이행하지 못하는 것은 주변 국가들의 사회계약을 위배하는 것이다. 두 입장을 절충하는 것이 가능할지는 미지수다.

내 보잘것없는 견해로, 독일은 최선을 다한다는 시늉을 하기 위해 유럽연합 주변 국가들에게 건성이나마 원조의 손길을 내밀며 모든 공적인 노력을 다하고 있다. 또한 독일의 지도자들은 그리스와 키프로스 같은 나라들이 현실적으로 유로존에 잔류할 가능성이 낮다는 사실도 잘 알고 있다. 이제 그리스 대중은 완전히 채무불이행을 선언하면(이 글을 쓸 당시 그리스는 채무의 90%에 대해 불이행을 선언했다.) 나라 전체가 오랫동안 늪에서 헤어나지 못할 것이라는 사실을 늦게나마 깨닫기 시작했다. 채무불이행으로 채무 부담에서는 벗어날지 몰라도 그리스 경제의 성장 동력은 멈추게 되기 때문이다.

그리스 정부가 재정적 제약으로 인해 법 집행과 질서 보장 능력을 잃으면서 이 나라 시민들은 자신과 지역사회를 보호해줄 대안을 고민해야 했다. 그리고 그 틈을 타고 조직범죄 집단은 이런 상황을 이용할 기회를 호시탐탐 노리고 있다.

이민

유럽 이민 문제는 재정 취약성에 일부 원인이 있다. 2015년 4월 그리스는 불법 이민자 억류 센터를 개방했다. 경비를 고용할 돈이 없다는 한 가지 이유 때문이었다. 그들은 낡은 호텔과 국영 건물에 이민자들을 다시 수용하려 했지만 소용이 없었다. 이렇게 해서 채무 부담이 유럽연합의 국경에 구멍을 뚫었다. 유럽연합은 그리스-마케도니아 국경 치안을 담당할 유럽연합 국경 경비대를 파견해 문제를 수습해야 했다.[11] 결국 그리스의 재정 부도는 이민자들에게 기회의 창을 열어주었지만, 유럽연합에도 그리스 국경에 대한 통제권을 얻을 수 있는 기회가 되었다.

이것보다 훨씬 뚜렷해지고 있는 신호가 있는데, 영국으로 터전을 옮기는 유로존 시민들이 늘어나고 있다는 점이다. 런던 배터시 파크를 산책하다 보면 절반은 프랑스어로 말하는 사람들이다. 높아진 세금과 고실업률, 저성장의 위협에 진취적인 프랑스인들 상당수가 런던으로 이주하고 있다. 런던 사우스켄싱턴에 있는 프랑스인 학교 리세프랑세즈는 이미 정원이 다 찼다. 그래서 일부 프랑스인 기업가들은 런던 원즈워스구 자치위원회에서 대규모 지방정부 건물 몇 채를 임대했다. 자신들이 직접 교육기관을 만들어 자식들을 교육시키기 위해서였다. 영국 국립학교들도 발 빠르게 프랑스어 수업을 도입했고, 초·중등 국공립 교과 과정을 영어와 프랑스어로 진행하기 시작했다.[12] 이것은 지방정부의 일자리 창출에 도움이 되고, 나아가 세수 증대 효과도 있다. 또한 지방의 부동산 가격 상승에도 도움이 된다. 여기에 더해, 지금은 가뭄에 콩 나듯이 있는 프랑스식 제과점과 레스토랑도 조만간 빠르게 늘어날 것이라고 장담할 수 있다.

스페인과 그리스, 다른 나라에서도 이민자들이 영국으로 오고 있다. 흥미로운 신호는 오늘날 런던의 레스토랑에서는 식사를 주문할 때 다국어 사용자가 되어야 한다는 것이다. 유럽 대륙 각지에서 온 종업원들이 일하고 있기 때문이다. "캘리포니아 롤이요."라고 주문하면 영어가 아니라 스페인어를 사용하는 종업원은 무슨 말인지 알아듣지 못해 "Qué?(뭐라고요?)"라고 대답하기도 한다. 런던은 예전부터 세계 각지의 사람들이 몰려드는 도시였지만, 최근 몇 년 사이 런던 노동 인구에 유로존 시민들의 모습이 부쩍 늘었다. 유로존에 속하지 않는다는 것이 영국을 더 매력적인 장소로 만들었다. 유로존 회원국들과 다르게 영국은 자국 통화 정책과 금리를 직접 통제할 수 있으며, 영국만의 통화와 세제, 재정 정책을 유지할 수 있다.

세금은 중요한 문제다. 영국, 프랑스, 독일 그리고 미국은 시민들의 (합법적으로든 불법적으로든) 세금 회피 목적 역외 조세피난처를 이용하는 것을 제재하고, 세금을 징수하기 위해 무수히 노력하고 있다. 이런 압력의 영향을 받은 곳 중 하나가 스위스다. 스위스는 합법적 거주민이 아닌 사람에 대해서 더는 예금자 정보 보호를 제공하지 않기로 했다. 스위스는 금융 서비스 부문이 경제 전반을 위축시키는 위험 수위에 이르렀다고 결론을 내리고, 외국인들이 스위스 내에서 현금을 예치하거나 금융거래를 하는 것을 더욱 어렵게 만드는 조치들을 단행했다. 머리를 잘 굴리는 투자자들은 세계 전체로 눈을 돌렸고, 그들이 보기에는 전체적으로 증세 추세인 다른 나라들에 비해 영국의 세율이 가장 낮았다. 게다가 영국은 사회계약이 파기되고 있는 세상에서 나름의 법치를 제공하고 있다. 다른 곳에서는 분리주의 운동이나 쿠데타, 오랜 디플레이션 등이 횡행하고 있지만 영국은 비교적 안전한 피난처이다.

신흥시장의 부유한 사람들에게 영국이라는 피난처는 믿을 수 있는 법치를 제공한다. 그들에게 영국은 자국의 사회계약이 유명무실해졌을 때 도망갈 수 있는 안전한 장소이다. 이런 사실들로 인해 런던을 비롯한 영국 여러 곳에서 부동산 수요가 전례 없이 급등했다. 런던의 부동산 중개인들은 밀려드는 수요를 감당하기 위해 만다린어(표준 중국어), 아랍어 등 외국어 가능자들을 채용하고 있다. 부동산 중개인들의 임금 지급 명세서에 이런 직원의 이름이 등장한다는 것 역시 하나의 신호이다.

토박이 영국인들은 자신들이 생각했던 사회계약이 파기될지도 모른다는 사실에 분노하고 있다. 하지만 대다수 외국인의 눈에 비친 영국의 사회계약은 자국의 사회계약보다 훨씬 탄탄해 보인다.

브렉시트

어쩌면 영국 정계나 정책 입안자들의 예상보다도 영국 대중이 유럽연합을 탈퇴하는 쪽으로 더 크게 마음이 기울고 있는 것은 당연한 일일 수도 있다. 영국이 원하는 사회계약과 유럽연합이 원하는 사회계약이 같지 않다는 인식이 존재하기 때문이다. 내 생각으로는 영국이 유럽연합에 가입하면서 체결한 '거래'는 오늘날 제공되고 있는 거래와 같지 않다. 오늘날 독일 같은 현금 보유국들은 이탈리아, 스페인, 포르투갈 등을 비롯한 과다 채무국들에게 재정 원조(더 많은 구제금융 자금)를 받는 대가로 브뤼셀로 재정주권을 더 많이 이양하라고 은연중에 요구하고 있다. 주권과 재정 정책의 자치권을 조금이라도 잃는 것에 거부감이 있는 영국 대중에게는 이런 권력의 중앙집중화가 마음에 들 리 없다.

미국의 사회계약

미국의 사회계약 역시 여러 부분에서 변하고 있다. 예를 들어 디트로이트 지방자치 정부는 독자적 판단으로 채무불이행을 선언했다. 다른 대도시들도 연금 지급액이나 경찰 규모를 줄이려 하고 있다. 미국 전역에서 세금은 늘고 복지 혜택은 줄고 있지만, 미국은 영국과 다르게 긴축재정을 발표하지 않았다. 그 이유는 미국은 다른 나라 정부에서 하지 못하는 위험한 통화 정책과 재정 정책을 감행할 수 있기 때문이다.

미국 달러화가 기축통화라는 사실은 이 나라가 실험적인 통화 정책과 재정 정책을 시행할 수 있게 해준다. 기축통화는 당장의 경제 여건이 어떻든 대중의 믿음을 얻는다. 세계 전체나 시장에 문제가 생겨 휘청거릴 때마다 사람들의 마음속에는 미국이 매번 회복하고, 매번 빚을 갚을 것이고, 매번 자국의 이익을 보호하고 추구하는 데 성공할 것이라는 믿음이 깔려 있다. 미국이 자국 경제 정책에서 주권을 가지고 통제하지 못하는 부분은 없다. 미국은 금리와 통화 정책, 재정 정책을 통제하며, 다른 나라의 도움 없이도 성장을 창출할 능력이 있다. 추정에 따르면 미국 GDP에서 수출이 차지하는 비중은 10% 정도밖에 되지 않는다.

그렇긴 해도 미국인 상당수는 미국 정부의 시장 개입이 점점 강화되고 있는 것을 불편하게 느낀다. 국가와 시장 사이 힘의 균형추가 국가 쪽으로 기울었기 때문이다. 반면에, 국가에서 빈곤층에 대한 복지 혜택을 줄이는 대신에 부자세를 높이고 사회안전망을 키우는 것을 환영하는 사람들도 있다. 도로의 구멍이나 깨진 보도블록이 늘어난다는 것은 국가가 시민이 당연하게 여기는 약속을 이행할 능력도 의지도 없다는 신호이다. 둘 중 어느 쪽이든, 사회계약이 파기되거나 변경되는 세계적인 추세에서 대중은 단순한 질문을 던지기 시작했다.

"국가가 내가 속한 사회의 부와 힘을 재분배하기 위해 내린 결정이 왜 나에게 혜택으로 돌아오지 않는가?"

이 질문은 결국 정부와 시민의 대립이고, 시민과 시민의 대립을 의미한다. 이 질문에서 예외가 될 사람은 아무도 없다.

더러 예상하지 못한 방식으로 이 질문이 등장하기도 한다. 2014년에 아일랜드 정부는 시민들의 물 소비량을 기준으로 세금을 부과한다는 듣도 보도 못한 결정을 내렸다. 강우량이 적지 않고 오랜 가난에 시달린 나라에서 이런 조세 정책은 국고를 채우려는 속셈이 빤히 보이는 아주 부당한 결정이었다. 아일랜드 출신 배우 리암 니슨은 "더는 아일랜드 국민을 비열하게 상처 입히지 마라."라고 말했다.[13] 이것은 사회계약이 시민이 지지하지 못하는 방향으로 변질되고 있음을 나타내는 하나의 신호이다.

과다 채무국이 세계에 미치는 영향

이번 장을 끝내면서 여신 제공자의 시각에서 이러한 내용들을 정리하려 한다. 지금도 빚더미에 올라앉아 있으며, 자국 시민은 물론이고 채권단에게 한 약속마저 파기할 지경에 이른 과다 채무국에 중국 정부를 비롯한 여신 제공자들이 계속 돈을 빌려주는 이유는 무엇인가?*

　대출 제공자에게 인플레이션율이 오르기를 원한다고 말하는 것은 "나는 빌린 돈보다 적게 갚기를 원한다."라는 말과 비슷하다. 이런 사태를 방지하고 인플레이션 위험을 줄이기 위해 미국은 금리를 올렸다. 목적은 달성했는가? 무이자에 가까웠던 금리를 인상해봤자 세계 경제의 기록적인 유동성 과잉은 여전하다. 연방준비제도는 금리 인상 목표치가 2%대가 아닐 수도 있다고 거듭 암시한다. 지금까지는 평균 2% 이하를 목표로 잡았지만, 2%대의 안정적인 금리 수준에 도착하려면 목표치를 2%대 이상으로 잡아야 할지도 모른다. 다시 말해 목표치는 3%나 4%가 될 수도 있다.

　일각에서는 미국이나 다른 주요 과다 채무국들의 금리가 2%대 이상으로 오르기는커녕 2%로만 돌아가도 다행일 것이라고 말한다. 하지만 신흥시장 경제 관료들 역시 인플레이션에 익숙해진 상태다. 그들은 폴 볼커 Paul Volcker 전 연방준비제도이사회 의장의 말이 옳다고 수긍한다. 인플레이션이라는 것은 정밀 관리가 불가능하다. 연방준비제도도 잉글랜드은행도 '최적 제어'가 가능하다고 말하지만, 신흥시장의 여신기관이나 다른 주요 관찰자들은 인플레이션이 온도 다이얼처럼 정밀 제어가 불가능하다는 사실을 잘 알고 있다.

　또 어떤 사람은 조세피난처나 그림자금융 shadow banking (투자은행, 헤

---

* 미국 의회예산처에서 2016년 1월 19일 발표한 내용에 따르면, 현재 추세대로라면 2025년에 미국의 채무는 30조 달러에 달한다.

지펀드, 사모펀드 등 비은행 금융기관이나 비은행 금융 상품의 통칭으로, 은행권에 대한 일반적인 규제와 감독 대상이 아니다.-옮긴이)과 관련해 사회계약을 다시 적용하는 것이 답이라고 말한다.[14]* 하지만 그 방법 역시 중대한 영향과 부작용을 불러올 수 있다. 미국과 영국 또는 과다채무국에 속하지 않는 다른 선진국은 전 세계에 미칠 영향과 부작용을 고려하지 않는다는 점이 이 방법의 가장 중차대한 위험이다. 신흥시장들은 어떤 부작용이 생길 수 있고, 그것을 어떻게 관리할 수 있는지 고민하지 않을 수 없다. 그런 기준에서 생각하면 오늘날 세계 경제에서 실제로 무슨 일이 벌어지고 있는지 격론까지는 아니더라도 진지한 논의가 필요한 것이 사실이다.

---

* 그런 주장은 파나마 페이퍼스Panama Papers(20만 개 이상의 역외 법인과 부유층의 재산 은닉 정보를 누출한 문건. 국제탐사보도언론인협회ICIJ에서 파나마 최대 로펌인 모색 폰세카가 보유한 1,150만 건의 비밀문건을 폭로하면서 알려졌다.-옮긴이) 사태가 불거진 후 더욱 커졌다.

6장

덫의 고리

인플레이션이 어디 있느냐고 말하는 사람이 있다. 그들은 미국이나 다른 나라들이 인플레이션을 조성하려 노력했을지 몰라도 아직은 별다른 징조가 없지 않느냐고 말한다. 우리는 우리를 양쪽으로 가르는 교착 상태에 빠져 있다. 세부 사항을 파고들기 전에 과거의 유명한 논쟁 하나를 살펴보자. 좋은 말로 논쟁이지 그것은 싸움이었다. 당대를 아우르는 두 위대한 사상가가 자칫 육탄전까지 벌일 뻔했다. 그리고 그들의 싸움은 오늘날까지 교훈을 전해준다.

현대사에 가장 큰 영향을 미친 두 철학자 루트비히 비트겐슈타인 Ludwig Wittgenstein과 칼 포퍼 Karl Popper가 직접 얼굴을 마주한 일은 딱 한 번, 1946년 가을 오후 옥스퍼드에서였다.[1] 포퍼는 한 가지 질문을 주제로 강연을 했다. "철학적 문제는 존재하는가, 아니면 철학적 수수께끼만 존재할 뿐인가?"라는 질문이었다. 비트겐슈타인은 수수께끼만 존재한다고 믿었고, 포퍼는 문제만 존재한다고 믿었다. 목격자들의 말에 따르면 포퍼가 강연을 시작하고 10분도 지나지 않아 비트겐슈타인이 부지깽이를 집어 들고 마구 흔들어대며 소리쳤다.

"포퍼, 그 말은 틀렸소! 틀린 말이오!"

또 다른 20세기 위대한 철학자인 버트런드 러셀Bertrand Russell이 중간에 끼어들어 비트겐슈타인에게 무서운 부지깽이를 내려놓으라고 설득했다. 비트겐슈타인은 화가 안 풀렸다는 기색을 역력히 드러낸 채 자리를 떴다. 이 일화는 아무리 현명하기로 유명한 사람도 한 가지 견해에 빠지면 어떤 사실이나 논거를 들이대도 설득되지 않는다는 교훈을 전한다. 그들 역시 상충되는 생각을 말하는 사람에게 위협적으로 부지깽이를 흔들어대기도 한다.

이 일화는 내가 연방준비제도이사회 연례 경제 정책 심포지엄이 열리는 잭슨홀에서 최근 몇 년 동안 듣고 목격한 신호를 떠올리게 한다. 매년 8월이면 캔자스시티 연방준비은행 총재는 세계 각국 중앙은행 총재들과 주요 중앙은행 수석 경제학자들 그리고 독립적인 분석가들을 와이오밍의 잭슨홀 골짜기로 초대한다.

지난 몇 년 동안 연방준비제도이사회 의장(처음에는 벤 버냉키, 이후에는 재닛 옐런)은 양적완화 정책이 부작용도 전혀 없고, 미국은 물론이고 세계 어느 곳에서도 바람직하지 않은 인플레이션이나 위험한 불균형(인위적인 자산 가격 인상이나 부적당한 자원 배분 등)을 발생시키지 않는다고 주장했다. 이런 말이 나올 때마다 내 귀에는 어떤 소리가 뚜렷이 들렸다. 손바닥으로 이마를 치는 소리였고, 그 소리의 발생지는 주로 신흥시장 중앙은행 총재들이었다. 반면 그들과 달리 양적완화 정책을 찬성하는 사람들이 눈동자를 굴리는 모습은 의견 불일치가 얼마나 심각한 수준인지를 확인시켜준다. 반대의 뜻이 너무 뚜렷해서 나도 모르게 가장 가까이에 있는 부지깽이의 위치를 확인했다. 다행히도 부지깽이는 잭슨 레이크 로지의 중앙로비에, 평소에는 점잖은 은행장들의 손이 닿지 않는 곳에 고이 보관돼 있었다. 그들은 부지깽이가 아니라 학술 논문이나 권위 있는 학술지 또는 〈월스트리트 저널〉과 〈파이낸셜 타임스〉 칼럼 등을 통해 난타전을 벌인다.

서로 대립하는 의견들을 이해하고, 의견 불일치가 왜 그렇게 심한지 알아봐야 한다. 결국 우리 눈에 띄고 신빙성을 얻게 되는 신호가 무엇인지는 우리가 연방준비제도의 의견에 찬성하느냐, 아니면 주요 신흥시장 중앙은행의 견해에 찬성하느냐에 따라 달라질 수 있다. 두 진영의 대화가 결렬하는 이유는 철학적 교착 상태에 빠지기 때문이다. 비트겐슈타인과 포퍼의 싸움처럼 연방준비제도와 주요 신흥시장 중앙은행들은 세상을 보는 시각이 판이하게 달라서 대화가 진행되기 힘들다. 연방준비제도에는 수수께끼에 불과한 것이 다른 대다수 중앙은행 총재에게는 심각한 문제이기 때문이다.

연방준비제도의 시각

2007~2008년의 금융위기는 특단의 조치가 없으면 또 한 번의 대공황이 불가피할 정도로 매우 심각했다. 미국과 세계 경제를 이런

비참한 운명으로부터 구하기 위해 미국 중앙은행(그리고 잉글랜드은행과 일본은행을 위시한 각국 중앙은행)은 경기 부양과 촉진을 위해 전통적 방법과 비전통적 방법을 가리지 않았다. 그 결과로 여러 자산의 가격이 올랐는데, 특히 부동산과 주식 가격이 많이 올랐다. 양적완화로 통칭되는 이런 노력들은 부작용이나 원하지 않는 결과를 하나도 발생시키지 않았다. 주식 가격이 오르고 부동산 가격이 오른 것은 긍정적 결과이므로 환영해야 마땅하다. 가격 상승은 중앙은행들의 노력이 성공을 거둔 것이지, 인플레이션에 따른 물가 상승 압박과는 전혀 상관이 없음을 확인시켜준다.

신흥시장의 시각

신흥시장 중앙은행 총재들의 생각이 모두 일치하는 것은 아니지만, 대체적으로는 역대 최저 금리 기조와 양적완화의 중점은 인플레이션 조장이라는 데 의견을 모은다. 연방준비제도이사회의 이른바 '매파hawks'들도 같은 견해이다. 매파는 미국과 영국, 캐나다, 일본, 오스트레일리아 그리고 다른 나라들의 인플레이션 창출 노력이 확실한 효과를 거두고 있다고 말한다. 인플레이션이 세계 경제로 회귀하고 있다. 서구 중앙은행들이 풀어놓은 돈의 홍수에 반응해 자산 가격이 크게 상승한 것이 그 영향을 여실히 입증한다. 양적완화 기간 동안 주식시장은 고점을 기록했고, 부동산 가격이 올랐으며, 상품과 미술품 등의 실물자산 가격도 올랐다. 선진국의 중앙은행들은 이런 자산 가격을 계산에서 제외할지 몰라도, 신흥시장 관료들은 자산 가격 상승이 곧 인플레이션이라고 인식한다.

신흥시장의 시각에서 볼 때, 서구가 조장하는 인플레이션은 신흥시장에 타격을 주고 있다. 신흥시장에서는 식품, 에너지, 원자재 같은 기본 필수품 비용이 큰 폭으로 치솟았다. 그리고 이런 필수품의 가격 상승이 신흥시장 곳곳에서 사회 동요를 일으키는 불씨가 되고 있다.

유가나 기타 상품 가격이 전체적으로는 내려갔을지 몰라도[2] 신흥시장 국가들이 이런 상품에 치르는 실제 가격은 올랐다. 밀 가격이 한 예이다. 밀 가격은 2008년과 2012년에 급등한 후 확실한 내림세를 보였다. 그럼에도 불구하고 2016년 초 루블화 가치가 사상 최저 수준으로 폭락하면서 러시아 국민들은 국내산 밀을 살 때마저도 역사상 가장 높은 금액을 치러야 했다.[3]

이제 유가를 보자. 사우디아라비아는 명실공히 세계 최부국 중 하나였고, 시민들에게 석유와 식품 보조금을 넉넉히 지급하고도 재정에 아무 문제가 없었다. 그러나 2015년 유가가 폭락한 후 사우디아라비아의 현금 흐름에 구멍이 뻥 뚫렸고, 이 나라의 예산 적자는 GDP의 거의 15%나 되었다. 사우디아라비아는 역사상 처음으로 채권을 발행할 것이라고 발표했다. 2016년 초에는 사우디아라비아 왕실이 크라운 주얼crown jewel(사업 가치나 수익성, 성장성이 높은 부분-옮긴이)인 석유회사 사우디 아람코Saudi Aramco 매각을 고려 중이라는 사실이 가시화되면서 이 나라의 현금 문제가 심각한 상태라는 의심이 더욱 깊어졌다. 현금 부족에 시달린 사우디아라비아 왕실은 2015년 말에 연료 보조금을 50% 줄인다고 발표한 바 있다. 물론 그래도 다른 나라들의 석유 가격보다는 훨씬 낮은 편이지만, 사우디아라비아 시민들에게 유가 급등은 생활비가 크게 늘어난다는 뜻이었다. 재료비 상승으로 사우디아라비아 대다수 제과회사들은 빵값의 대폭 인상 승인을 신청했다.[4] 당연한 말이지만 이런 물가 상승 압박을 가장 크게 체감하는 당사자는 시민들이다. 빵값 상승으로 인해 중동 곳곳에서 반정부 시위의 물결이 거세지면서 '아랍의 봄'이 시작되었다는 사실을 잊지 말자.

인도에서는 양적완화 후유증으로 기본 식자재 가격이 급등하는 사태가 벌어졌다. 인도의 요리에서 거의 빠지지 않는 핵심 식재료는 양파와 콩이다. 2013년에 양파 가격은 300%가 넘게 올랐는데, 이것은 전년도의 세 자릿수 상승에 이어 또다시 오른 것이었다. 2013년 8월 인도 내각은 이 한 가지 품목의 가격 급등 문제를 논의하기 위해 긴급대책회의를 열었다. 양파 가격 자체로는 큰 문제가 아니라고 생각될 수 있지만, 월드뱅크 선임경제학자인 무함마드 아민Moham-mad Amin은 자신의 블로그에 '인도에서 양파가 그토록 특별한 이유는 무엇인가?'[5]라는 제목의 포스트를 게재하고 양파 가격 상승이 어떤 식으로 사회 불안과 선거 역풍을 일으킬 수 있는지 유려한 문체로 설명했다. 2014년에 인도 정부는 양파 가격 상승 압박을 억제하기 위해 양파 수출을 대대적으로 제한했다.[6] 심지어 인도는 심각한 가격 압박 위험을 해소하기 위해 자존심까지 접고 앙숙인 파키스탄에서 양파를 수입한다는 결정까지 내렸다.

2015년 말 〈파이낸셜 타임스〉는 콩값이 70%나 껑충 뛰어 사상 최고가 행진을 이어가면서 인도가 '달 쇼크Dal Shock(달Dal은 렌틸콩을 은은한 불에 뭉근하게 오래 끓여내는 인도 전통 요리)'에 강타를 당했다고 보도했다.[7] 2016년에도 상황이 해결되지 않자 인도 정부는 가격 압박을 해소할 특단의 조치를 취해야 했다. 여기서 한 가지 중요한 신호가 나왔는데, 인도 정부에서 신경 손상과 어쩌면 마비까지도 일으킬 수 있다고 알려져 50년이나 판매 금지했던 렌틸콩 한 종류의 판매 금지 조치를 해제했다. 그리고 추후 또 콩 부족 사태가 일어나는 것을 방지하기 위한 목적으로 게놈 서열에도 관심을 기울이고 있다.

임금이 오르고 있다

임금이 오르지 않으면 인플레이션도 생기지 않는다는 말이 있지만, 문제는 임금이 오르고 있다는 것이다. 모든 신흥시장 노동자는 나날이 오르는 물가 상승에 맞춰 임금도 올려달라고 요구한다. 하지만 노동자들의 임금이 오르면 시중에 도는 돈도 늘어나기 마련이다. 이것이 다시 물가 상승을 부추긴다. 다시 말해 임금이 오르면 임대료 같은 다른 비용도 덩달아 오르기 시작한다. 이것을 '임금-물가 상승의 악순환wage price spiral'이라고 한다.

세계적으로 GDP에서 임금이 차지하는 비중은 최저를 기록하고 기업 이익은 최고를 기록하고 있기 때문에, 앞으로도 임금 인상 요구는 계속될 것으로 전망한다. 특히 생활비가 계속 오르는 상황에서는 더더욱 그럴 수밖에 없다. '생활임금 living wage (노동자의 최저 생계비를 보장해주는 개념의 임금)'에 대한 논란 가열은 선진국에서도 예외가 아니다. 2013년 잭슨홀 총회가 끝나고(이때 임금 인상은 불가능하며 그래서도 안 된다는 논의가 오갔다.) 일주일 후 미국 전역의 패스트푸드점 노동자들이 임금 100% 인상을 요구하며 파업에 들어갔다. 그로 인해 60개 도시의 패스트푸드점이 잠정 휴업을 해야 했다. 물론 노동자들의 임금은 100% 오르지는 못했지만, 공식 물가 상승률보다는 훨씬 높은 수준으로 올랐다.

핫 칠리페퍼 가격 상승

선진국 사람들에게 인도네시아와 인도 등 아시아 여러 지역에서 칠리 가격이 2012년에 300%나 올랐다는 사실은 크게 중요하지 않을 수 있다. 그러나 신흥시장 사람들에게 칠리는 서구인의 우유만큼이나 중요한 기본 식재료다. 그러므로 2013년 단 한 달 만에 아시아 전역에서 칠리 가격이 두 배로 뛰기 시작한 것은 눈여겨볼 만한 신호였다. 2016년 4월에도 칠리 가격은 두 배로 뛰었다.

여기서 요점은 신흥시장 노동자들 상당수는 매주 두세 번 정도만

고기를 먹던 식단에서 네다섯 번 정도 고기를 먹는 수준으로 생활이 향상되었다는 것이다. 아직 그런 형편이 안 되는 노동자들도 그렇게 되기를 바란다. 그런데 식료품 가격 인상은 이런 바람을 이루지 못하게 하는 방해를 넘어, 원하는 수준보다도 육류 단백질 섭취를 줄여야 한다는 위협이었다. 식료품 가격이 오르는 것은 고통스러운 물가 상승 압박이 시작되었음을 알리는 신호다. 이와 동시에 더 많은 것을 누리는 삶을 성취하게 해주는 원동력이었던 꿈이 박살나거나 지연될 것이라는 신호이기도 하다.

식료품 가격과 에너지 가격 상승은 분노한 신흥시장 대중을 거리로 달려나가게 만들었다. 지도자들도 이 사실을 잘 알고 있다. 특히 외국에서는 별로 중요하지 않거나 보기 힘든 물품이지만, 그 나라 국민의 삶에는 매우 중요한 물건의 가격이 지대한 영향을 받을 때면 분노는 더 빠르게 타오른다. 서구에서 이런 상품의 가격 급등을 어떤 식으로 말하는지, 즉 진짜로 중요한 문제라고 인정하는지 부풀려졌다고 말하는지는 중요하지 않다. 중국을 비롯해 다른 아시아 신흥시장들은 이것이 사회 안정을 위협할 정도로 매우 중요한 문제라고 생각한다.

광산 파업

남아프리카공화국에서 아파르트헤이트(극단적인 인종차별 정책과

제도)가 종식된 후 매우 의미심장한 시민 소요 사태가 발발하면서 이 나라 임금-물가 상승의 악순환은 최악으로 치닫기 시작했다. 2012년 8월 남아프리카공화국 경찰은 북서부 광산촌인 마리카나에 모인 광부들을 향해 발포했다. 어지간한 사람은 민주적으로 선출된 정부가 총기에 의존하고, 심지어 시민에게 발포까지 해 34명을 죽일 것이라고는 상상도 하지 못했다. 이것은 남아프리카공화국의 사회 계약을 밑동부터 금이 가게 만드는 사건이 되었다.

광부들은 세계 굴지의 광업회사들에게 100% 임금 인상을 요구하며 파업을 단행했다. 광부들이 목숨을 걸고 지하에서 채굴하는 자산은 연일 사상 최고가를 경신하고 있었지만(종이 돈의 평가절하와 가치 추락의 위험이 난무하는 금융 환경에서 금, 백금, 팔라듐, 연료탄, 다이아몬드의 투자 매력도는 더 올라갔다.), 정작 광부들의 지갑 사정은 연료비와 식료품비 상승으로 인해 많이 나빠졌다.

발포 사건 이후 광업 국유화 카드를 꺼내들지도 모른다는 남아프리카공화국 정부의 은근한 협박에 앵글로Anglo, 리오 틴토Rio Tinto 등의 광업회사들은 마지못해 25% 임금 인상에 합의했다. 그리고 광업회사들은 더는 채산성을 맞추지 못하게 되었다는 이유로 일부 광산들을 폐쇄하고, 나아가 남아프리카공화국 사업도 축소할 수밖에 없다고 주장했다. 광업회사는 본전도 못 챙길 때가 많다. 리오 틴토는 '신흥시장 사업비 초과'로 인해 2013년에는 회사 사상 최대의 손실이 났다고 발표했다.[8] 이어서 노동자가 다시 60% 임금 인상을 요구했고, 또다시 100% 인상을 요구했을 때에는 광산 여러 곳이 폐쇄되고 채굴도 무기한 보류되었다.

　세계적으로 광업회사 운영비가 늘어나고 광물자산 가격의 변동성이 심해지는 추세에서는 이런 자산의 공급을 제한하거나 적어도 줄이는 것이 논리적으로 맞는 행동이다. 나는 당시 광업회사와 자원투자자들과 대화를 나눌 기회가 있었다. 많은 광산이 입증된 매장량보다 훨씬 낮은 가치에 매물로 나왔지만 아무도 매수 의사조차 보이지 않았다는 사실을 뚜렷이 알 수 있었다. 그 이유는 잠재적 매수자들이 정부 수용을 우려했기 때문이었다. 그들은 변동성을 두려워했다. 그들은 자산을 채굴하는 데 필요한 운전자본을 증가시킬 수 없었다. 지하 더 깊은 곳으로 파고 들어가 자원을 채굴하고 괜찮은 이익을 내기 위해 생산성을 끌어올리려면 값비싼 첨단 장비와 엔지니어가 필요했지만, 그럴 만한 돈이 없었다. 이렇게 해서 농업에서 그랬듯이 광업에서도 공급 문제가 심화되기 시작했다.

　적어도 최근까지 인플레이션은 대체로 지역 차원의 문제였다. 하지만 이제는 아니다. 인플레이션이 세계 경제로 파고들면서 대중의 꿈을 실현해주기 위해 안간힘을 쓰는 신흥시장의 노력도 무색해졌다. 선진국의 국내 경제 정책이 세계 곳곳에 인플레이션 같은 경제적 부작용을 불러오는 데 일조했다는 것은 분명한 사실이다. 선진국이 자국에 미칠 파장을 최소화하면서 채무 문제를 해결하기 위해 선택한 정책이 신흥시장에서는 염증을 발생시키고 덧나게까지 했다. 자산 가격이 사회질서를 위협하는 수준까지 오른 것이다. 물가가 오르면 오를수록 국가로서는 사회 안정을 유지하는 데 매우 중요한 자산 가격을 통제하기가 더 힘들어진다.

선진국이 인플레이션율을 올리려 노력하는 중에도 부작용을 막기 위해 가능한 한 모든 조치를 취하고 있다는 것을 부인하지는 못한다. 여기서 중요한 문제는 하나다. 이런 노력이 효과가 있는가? 혹여 이런 노력이 자국에든 다른 나라에든 바람직하지 않거나, 감당하지 못할 결과를 초래하지는 않는가?

중국

중국도 생활비 상승 압박을 받았다. 중국의 임금은 지난 몇 년 사이다섯 배가 인상됐다. 2016년 겉보기에는 중국의 임금 상승세가 한풀 꺾인 듯했지만, 그래도 아시아에서 가장 빠른 상승세를 보였다. 극심한 생활비 상승으로 중국 노동자들은 유일한 해결책으로 임금 인상을 요구하고 나섰다. 그렇다면 어떤 비용이 제일 올랐을까? 2015년 경제 성장이 둔화되기 전까지 가장 심하게 오른 것은 부동산 가격이었다. 부동산 가격이 크게 꺾인 후에도 베이징과 상하이등 중국 대도시의 임대료는 계속 올랐다.

식료품비 역시 중국 노동자의 생활비 압박에 크게 일조하고 있다. 중국에서 가장 중요한 식재료 하나를 꼽는다면 돼지고기이다. 2016년 1월 발표에 따르면, 한 달 사이에 돼지고기 가격이 9.5%나 상승했다. 그래도 2015년 하반기에 비하면 양호한 편인데, 당시에는 한 분기에만 50%나 치솟았기 때문이다. 2015년 6월 중국 주식 시장이 폭락했을 때에도 중국 정책 입안자들은 증시 급락보다 돼지고기 가격이 오르는 것을 더 걱정했다. 중국에서는 주식에 투자하는 사람이 거의 없다(중국 인구의 상당수는 은행 계좌도 개설하지 않았다). 때문에 중국 증시 추락은 놀랄 만한 일이기는 해도 그 자체만 놓고 보면 크게 경계할 일은 아니었다. 하지만 증시 추락과 돼지고기 가격 상승(2016년에 45%가 올랐다.)이 맞물려 발생한다면? 이제는 심각한 문제가 된다. 추가적인 임금 인상 요구가 나올 것이 뻔하기 때문이다.

넓은 시야에서 보면 최근 중국의 임금 인상은 이 나라 경쟁력을 심각하게 침해할 정도로 파급 효과가 매우 컸다. 2015년 멕시코 평균 임금은 중국 평균 임금보다 20~40% 낮았다.[9] 신흥시장 임금과 선진국 임금의 격차도 좁혀지고 있다. 그러다 보니 제조기업들이 중국 생산시설을 접고 영국이나 미국 등 비아시아 지역으로 공장을 이전하는 결과까지 나오고 있다.

최근 프라이스 워터하우스 쿠퍼스Price Waterhouse Coopers 보고서에 따르면 중국보다 미국에서 철강을 생산하는 것이 비용이 더 적게 든다.[10] GE, 오티스 엘리베이터 컴퍼니Otis Elevator Company, 캐터필러Caterpillar, 브룩스 브라더스Brooks Brothers, 티파니Tiffany 같은 여러 기업이 다시 미국 본토로 제조 시설을 옮기고 있다. 프리스비와 훌라후프로 유명한 플라스틱 장난감 회사인 웸오Wham-0는 현재 해외보다 미국 내 생산이 더 많다. 멕시코, 동유럽 그리고 중국을 제외한 아시아 일부 국가들이 생산 지평 변화에서 수혜를 입고 있다.

　중국 기업들이 미국에 생산시설을 마련하는 추세도 뚜렷하게 보인다. 중국 여러 곳에 방직 공장을 운영하는 키어 그룹Keer Group의 주산칭朱善慶 회장은 노스캐롤라이나주 샬롯시에 2억 1,800만 달러를 투자해 새 방직 공장을 지을 계획이라고 발표했다. 〈월스트리트 저널〉은 "이 신축 공장이 낼 전기요금은 중국에서 내던 요금의 절반밖에 되지 않을 것이며, 덤으로 지방정부 지원까지 받게 된다."라고 보도했다. 게다가 해외 선적비도 크게 줄어든다.[11]

　국내 생산으로 회귀하는 리쇼어링reshoring 현상이 정말로 대대적으로 펼쳐지고 있는지에 대해서는 의견이 분분하다(리쇼어링이나 온쇼어링은 해외로 생산시설을 옮겼던 제조기업이 미국과 유럽 등 선진국으로 공장을 재이전하는 것을 의미한다.). 내가 경험하고 관찰한 결과를 말하자면, 중국의 재계와 정계 지도자들은 중국 경쟁력 하락의 원인을 경기 순환 때문이라고 생각하지 않는다. 세계 경제가 다시 회복세로 돌아선다고 중국도 동반 회복할 것이라는 보장은 없다. 이제 중국은 더는 세계에서 가장 값싼 생산기지 역할을 하지 못하고 있기 때문이다. 게다가 중국 역시 저비용 생산기지가 되고 싶은 마음이 없다. 중국이 국민소득을 두 배로 올리려면 '부가가치' 사다리의 위로 올라가야 한다. 다시 말해 중국은 저가품 생산을 멈추고 자동차와 엔지니어링 등 고가의 고정밀 제품을 만드는 방법을 배워야 한다. 국내와 세계 모두에서 먹힐 브랜드를 구축하고 관리하는 방법을 배워야 한다. 그런 전환이 가능하다는 것을 일본이 보여주었다. 1950년대

조화를 만들던 나라였던 일본이 지금은 휴머노이드 로봇(인간형 로봇)을 생산하고 있다.

하지만 여기서 크게 우려가 되는 부분이 있다. 세계 거시경제 상황은 중국의 변신 노력에 도움이 되는가, 방해가 되는가? 중국 기업들이나 심지어 정부마저도 제조 관련 부문에, 그리고 미국 중서부와 영국 미들랜드주 같은 생산시설 밀집 지역에 투자를 늘리고 있다는 것은 이런 우려가 괜한 기우가 아니라는 사실을 확인시켜준다.

영국은 국내 생산이 중국이나 다른 신흥시장과의 경쟁에서 승산이 있다는 사실에 새삼 충격을 받았다. 2015년 중국 시진핑 주석은 맨체스터로 이전 준비를 시작한 중국 기업들이 자리를 잡을 수 있도록 그 지역에 1억 3,000만 파운드 규모의 '차이나 클러스터China Cluster' 제조업 허브를 만들 것이라고 발표했다.[12] 중국 투자자들도 맨체스터와 중국의 직항 노선을 기대하며 2013년 맨체스터 공항에 약 8억 파운드를 투자했다. 실제로 그들은 버밍엄 전체 재건 계획에서 특정 생산시설에 이르기까지 다양한 분야에 상당한 돈을 투자했다.[13] 중국 최대 자동차회사로 꼽히는 창안자동차Changan Automotive는 중국과 직항 노선 개통이 예정된 버밍엄 공항 인근에 공장을 세웠다. 이는 2013년 BBC의 보도가 틀리지 않았음을 입증한다.

"웨스트 미들랜드주는 세간의 이목을 끄는 경영권 인수를 여러 건 진행한 뒤 중국 투자자들을 불러 모으는 제1항으로 빠르게 변신하고 있다."[14]

나이트 프랭크Knight Frank 등 영국 부동산 중개회사들이 계속해서 발표하는 내용에 따르면 중국인들은 미들랜드에서 중요한 매수자가 되었고, 그들의 예상 수요도 기대를 훨씬 넘어서고 있다. 중국인의 주거용 부동산 매수는 싼 것 비싼 것을 가리지 않으며, 실물을 보지 않고 현금 결제를 할 때도 많다. 뉴욕, 샌프란시스코, 밴쿠버, 시드니 그리고 세계 여러 대도시에서도 같은 일이 벌어지고 있다.

그로 인해 빚어진 결과는 중국과 다른 신흥시장들의 정신을 번쩍 들게 한다. 신흥시장의 입장에서 보면 인플레이션을 조장하려는 미국의 노력은 성공적이다. 인플레이션의 1차 희생자는 언제나 최빈곤층이며, 오늘날의 최빈곤층은 신흥시장이다.

교착상태

연방준비제도의 주장(적어도 연방준비제도에 의한 대다수 논쟁)을 지지하는 독자라면 지금쯤 한 대 세게 얻어맞은 느낌이 들지도 모른다. 모든 지역과 모든 부문에서 인플레이션이 진행되고 있다는 주장에는 분노할지도 모른다. 게다가 물가 상승 압박이 미국의 통화 정책과 관련되어 있다는 주장에는 더 화가 날 것이다. 마지막으로, 한 나라의 중앙은행이 세계 전체의 통화 정책을 관리하는 일을 맡고 있다는 말에는 끓어오르는 화를 진정하기 힘들 것이다.

하지만 연방준비제도는 그렇지 않다고 생각한다. 각국의 통화 정책은 그 나라가 알아서 해야 할 일이라고 말한다. 자신들은 아무 잘

못도 없다고, 서구 정부들이 협조해서 행한 조치들은 지금 신흥시장이 겪고 있는 문제와 아무 연관도 없다고 말한다.

연방준비제도의 입장은 이렇다. 저금리와 양적완화로 '핫머니'가 미국 경제에 투입되었고, 그것이 신흥시장까지 '넘쳐흘렀다는' 주장이 사실이라고 하자. 하지만 신흥시장은 이런 원치 않는 '핫머니'가 외부에서 들어오는 것을 막기 위해서라도 금리를 인상하고 자국 통화 가치를 튼튼히 했어야 하지 않는가? 신흥시장은 자국 경제를 보호할 수 있었고, 또 그렇게 해야 할 책임이 있었지만 하지 않았다. 다시 말해 신흥시장은 통화 가치를 절상하지도 않았고, 금리도 인상하지 않았다.

신흥시장 입장에서는 공분할 만한 주장이다. 통화 가치 상승과 금리 인상은 자국산 제품과 서비스 가격이 오르고, 가뜩이나 어려운 세계 경제 속에서 저성장까지 감내해야 한다는 뜻이다. 신흥시장 지도자들은 미국이 금융위기의 주범이라고 비난하며, 이렇게 주장한다. "'당신들의' 실수와 잘못된 관리가 위기를 불러왔다. 거기에 따른 경제 침체는 우리에게 엄청난 고통을 안겼다. 우리는 실업률이 상승하고 있고, 미래에 대한 믿음마저 사라진 상태다. 모두 당신들 때문이다. 그런데 지금 당신들은 우리가 금리를 인상해야 했고, 지금도 돈 없고 빈곤한 국민들에게 더 큰 부담을 안겨줬어야 한다고 말한다. 진심인가?"

이에 연방준비제도는 코웃음 치면서 이렇게 말할 것이다. "그건 당신들 책임이다."

그렇지만 신흥시장의 성토는 가시지 않고 있다. 그들은 연방준비제도가 어떤 행동을 하건 비난을 해댄다. 연방준비제도가 금융권에 현금 수혈을 할 때면 그들은 핫머니를 성토했다. 연방준비제도가 명목상으로나마 공짜 돈을 제공한다는 입장을 번복하기 시작하는 것도 그들에게는 불만이었다('명목상'이라는 표현을 사용하는 이유는 연방준비제도가 금융시장에 제공하는 유동성이 여전히 기록적인 수준이기 때문이다). '핫머니'가 세계 경제를 떠나기 시작하면서(연방준비제도가 금융권에 매달 돈을 추가하던 속도를 '테이퍼링tapering(전보다 현금을 투입하는 속도가 빠르지 않음)해' 유동성을 축소하기 시작한 결과로) 신흥시장에서는 주식시장이 빠른 속도로 하락하고, 통화 가치도 폭락하는 현상이 빚어졌다. 과거에도 그랬듯이 통화 가치 하락은 급격한 인플레이션을 불러온다.

캐리 트레이드

'핫머니'에 대해 추가로 설명할 부분이 한 가지 있다. 연방준비제도는 금융위기가 발발한 이후 재무상태표 규모가 네 배로 늘어났고, 금융권에 수혈한 준비금이 약 2조 달러에 달했을지도 모르지만 은행이 돈을 빌려 가지 않은 후부터는 미국이나 다른 곳의 인플레이션율에 영향을 미치지 않았다. 이것이 연방준비제도의 입장이다.

은행권(여기서 말하는 은행권이란 자금을 빌려와 수익률이 더 높은 곳에 투자하는 트레이더들을 말한다.)의 시각은 다르다. 공짜 돈의 최대 수혜자(은행)에 속해 객장에서 일하는 트레이더들의 생각은 단순하다. 위험을 감수하고 이익을 내는 것, 이것이 그들의 주 업무이다. 연방준비제도나 잉글랜드은행 같은 중앙은행이 역사상 최저 금리로 공짜 돈을 빌려주면, 트레이더들은 그 돈을 당연히 이용해야 한다고 생각한다. 어쨌거나 '공짜' 돈이기 때문이다.

대형은행의 객장에서 일한 나의 경험에 의하면 트레이더들은 하기 싫더라도 무조건 공짜 돈을 가지고 도박을 해야 한다. 논리는 간단하다. 비용이 없는 돈이므로 트레이더는 찾을 수 있는 한 가장 위험한 도박을 찾아내 거기에 돈을 걸어야 한다. 이런 도박 대상이 다른 통화권이나 다른 나라의 투자 상품일 때 그것을 '캐리 트레이드carry trade'라고 한다.

공짜 돈이 돌기 시작했을 때 투자자들은 곧바로 '캐리 트레이드' 태세에 들어가 신흥시장 통화나 주식, 부동산, 기업, 채권 등을 매수했다. 왜일까? 당시에는 신흥시장이 채무 문제와 저성장에 발목이 잡혀 허우적대는 서구의 선진국보다는 어느 모로 보나 나은 실적을 거두면서 수익을 최대화해줄 것 같았기 때문이다. 연방준비제도가 만든 '돈의 장벽wall of money(언제든 투자할 준비가 돼 있는 대규모의 돈을 의미-옮긴이)'이 신흥시장을 향해 나아갔다. 트레이더와 은행권은 연방준비제도나 잉글랜드은행 등의 중앙은행이 이런 사실을 이해하지 못한 것에 대단히 놀라워했다.

주먹 싸움

그것은 논쟁 정도가 아니다. 거의 주먹질이라고 봐야 한다. 이 무대에 올라선 선수들은 가끔 공개적으로 주먹을 날린다. 2014년 4월 라구람 라잔Raghuram Rajan 인도준비은행(인도의 중앙은행) 총재는 이와 관련된 모든 사안에서 벤 버냉키 미국 연방준비제도이사회 의장과 충돌했다. 라잔은 '경쟁적으로 시행한 통화완화 정책'이 세계 경제 전체에 역효과를 불러왔다며 버냉키 의장을 비난했다. 양적완화는 위기 직후의 대응책으로는 괜찮지만, 장기간 이어지면서 처음 이 정책의 필요성이 대두되었을 때보다 훨씬 심각하게 경제를 왜곡했다는 것이 라잔의 주장이었다. 게다가 장기간의 양적완화로 인해 변동성처럼 예상에 없던 부작용이 발생해 세계 경제 전체가 불안정해졌다고 그는 말했다.

또한 라잔은 버냉키가 다른 정책을 생각한다면 '그 다른 정책들이 효과가 있는지' 여부를 판단할 '독립된 평가자'를 임명해야 한다고 지적했다. 라잔의 말은 결국 이런 뜻이었다.

"당신들의 공짜 돈이 최종적으로 오는 곳은 내 나라와 다른 신흥시장이오! 당신들이 저지르는 끔찍한 실수의 대가를 세계 전체가 치르게 될 것이오. 우리에게는 심판이 필요하오."

이에 대해 버냉키는 "내가 보기에 총재님이 오늘 하신 말씀은 비전통적인 통화 정책을 대단히 회의적으로 생각하고 있다는 뜻으로 보입니다."[15] 라고 대답했다. 하지만 속뜻은 분명했다.

"당신은 시대를 따라잡지 못하는 러다이트(신기술 반대자)이고, 아주 어리석은 사람이오."

연방준비제도는 라잔이나 다른 신흥시장 중앙은행 총재들의 주장을 들을 가치도 없는 쓰레기로 취급하는 기색을 보이기도 했다. 어쨌든 간에 연방준비제도의 말을 빌리면 금리 인상을 발표했으므로 이런 논쟁은 더는 무의미했다. 2015년 12월에 연방준비제도가 기준금리를 25베이시스포인트bp 인상한다고 발표하면서 인플레이션 논쟁은 논외의 대상으로 밀려났다.

중국을 비롯해 다른 신흥시장과 중앙은행에서도 강경 노선을 지지하는 사람들은 "전격적 인상은 아니다!"라고 말한다. 역대 최저 금리에서 출발하는 소폭의 금리 인상은 엄밀히 따져서 통화를 긴축하는 '타이트닝tightening(조이는)' 정책은 아니다. 그래 봤자 금리는 여전히 역대 최저 수준이고, 유동성은 앞으로도 오랫동안 매우 높은 수준일 것이기 때문이다. 그러므로 그 정도의 소폭 인상은 경제의 고삐를 '조인다'고 말하기는 힘들다. 이런 소폭 금리 인상 조치의 최대 효과는 결국 상황을 '정상화'하는 것이다. 이른바 '손익이 맞는' 수준으로 되돌아간 다음에야 금리 인상도 통화긴축의 효과를 맛보게 될 것이다. 지금은 손익분기와 멀어져도 너무 멀어졌기 때문에 이제는 손익분기가 어느 수준인지 아는 사람마저도 없다.

지금 연방준비제도이사회 의장은 평균 2%의 인플레이션율을 목표치로 잡고 있다는 뜻을 내비치고 있다. 평균을 훨씬 밑도는 인플레이션율이 너무 오래 지속되었기 때문에 당분간은 인플레이션율이 평균을 웃돌게 하는 것이 좋다. 따라서 초저금리에서 시작하는 금리 인상은 연방준비제도에는 인플레이션율을 계속 높이기 위한 무대를 마련하는 동시에, 인플레이션으로 인한 위험을 줄일 수 있다고 주장할 만한 근거가 된다.

마이너스 금리

우리가 봐야 할 또 하나의 요소가 있는데, 바로 마이너스 금리이다. 대다수 중앙은행은 미국의 주도를 따르는 것을 넘어 인플레이션에 불을 지피려 안간힘을 썼다. 예를 들어, 스위스와 덴마크, 스웨덴은 '마이너스 금리'로 전향했다. 예금 계좌에 돈을 예치하거나 정부에 돈을 빌려주기(국부 채권을 사서)를 원하는 투자자는 이런 권리에 대해 돈을 내야 한다. 마이너스 금리의 일부 목적은 저축에서 능동적으로 벌금을 떼어가는 것이다. 마이너스 금리는 투자를 자극하고 위험감수와 물가 상승 그리고 결과적으로는 인플레이션을 장려하는 가장 좋은 수단이다. 신호가 되는 한 가지 조짐이 있다. 일본에서는 금고 판매량이 급증했는데, 은행에 현금을 둬봤자 비용만 든다는 것을 사람들이 알게 되었기 때문이다.[16]

직접 선택할 수만 있다면 일본인들은 차라리 집에 금고를 설치해 돈을 넣어두는 쪽을 택할 것이다. 물론 정부로서는 대중이 돈을 소비하거나 투자하기를 원한다. 통화 정책 관료들이 전자현금을 강력히 추진하는 이유도 여기에 있다. 그들은 정부가 저축자의 예금에서 쉽게 벌금을 징수할 수 있는 세상을 원한다. 이런 세상에서는 당신이 은행에 100달러를 예금했는데 금리가 마이너스 2%라면, 어느 순간 정부가 2달러를 떼어가 통장에는 98달러만 남게 된다. 무현금 사회에서 마이너스 금리 기조가 이어진다면 이런 원천징수는 계속될 것이다. 솔직히 말해 무현금 사회에서 정부는 예금자 벌금을 원천징수할 방법을 얼마든 찾아낼 수 있다. 정부를 대신해 은행에 벌금을 징수하게 하는 방법도 있다.

영국 통화 정책 분야에서 존경받는 전문가인 찰스 굿하트Charles Goodhart와 앤디 홀데인Andy Haldane은 영국이 무현금 사회가 되어야 한다고 주장한다. 이것은 대중의 편의를 위해서가 아니다. 그보다는 통장에 돈을 넣어두는 바보의 은행 계좌에서 정부가 훨씬 쉽게 벌금을 직접 빼내가기 위해서다(최근 모노폴리 제조사인 해즈브로Hasbro는 새로 출시되는 모노폴리에 현금이 쓰이지 않는다고 발표했다. 이것도 하나의 좋은 신호다).[17]

마이너스 금리의 개념은 잘 이해가 가지 않는다. 그러나 저금리의 개념이 단순하다는 것을 기억하면 이해하기 어렵지 않다. 저축자에게 벌금을 물리고 투기를 권장하는 것이 마이너스 금리의 목표이다. 저축으로 위험을 감수하는 것을 거부한다면, 정부는 국민의 은행 계좌에서 직접 돈을 빼감으로써 경제에 투자하지 않는 저축자를 효과적으로 처벌할 수 있다. 이로써 부동산이나 실물자산, 증시에 돈을 투자하는 사람들이 늘어나 부동산과 주가가 올라가게 된다.

우리가 마이너스 금리를 어떻게 생각하든, 인플레이션율을 높이는 것은 과다 채무를 가진 선진국에서 절치부심하며 지금도 추진하는 공공 정책 목표이다. 그러나 상당수 중앙은행 총재들은 인플레이션율을 높이려는 다른 시도에서 모두 실패를 맛보고 있기 때문에 마이너스 금리가 절대적으로 필요하다고 주장한다. 실제로도 2016년 1월 29일 일본이 마이너스 금리로 옮겨갈 계획이라고 발표했을 때 시장은 처음에는 쌍수를 들어 환영했고, 세계 증시가 크게 동반 상승했다.

그러나 기쁨은 순식간에 두려움으로 변했다. 사람들이 일본 같은 강대국이 마이너스 금리로 옮겨갈 각오를 할 정도라면 경제 상황이 그만큼 좋지 않다는 뜻이라는 것을 깨달았기 때문이다. 그러고는 세계 금융시장이 꼬리에 꼬리를 물며 하강하는 2차 반응이 나타났다. 부정적인 보도와 기사가 연달아 나오면서 사람들은 다시금 디플레이션에 대한 두려움에 사로잡혔다. 그리고 마이너스 금리마저도 소용이 없을 것이라는 우려가 대두되었다.

인플레이션과 채무불이행

미국의 최대 채권국인 중국의 시각에서 본다면 마이너스 금리는 미국에 도움이 될 것이다. 그리고 이미 효과를 거두고 있으며, 그 효과도 꽤 좋은 편이다. 중국은 미국이 인플레이션을 이용해 채무불이행을 행한 역사가 아주 깊다고 보고 있다. 중국의 말에 따르면, 미국이 독립혁명 때 빌린 막대한 채무를 '갚은' 수단은 인플레이션이었다. 신생 미국대륙회의American Continental Congress는 전쟁 자금 조달을 위해 '콘티넨털Continentals'이라는 채권을 발행했고, 이어서 독립에 참가한 주들도 여기에 동참했다. 돈을 찍어내면서 야기된 인플레이션과 가치 하락은 콘티넨털 채권의 가치가 하락한다는 뜻이었다. 따라서 '1콘티넨털만큼의 가치도 없다.'라는 말은 '전혀 가치가 없다.'라는 뜻이기도 했다.

미국은 남북전쟁의 빚도 인플레이션으로 '갚았다.' 남부연합이 남발한 채권의 인플레이션, 즉 가치 하락은 9,000%나 되었는데, 이는 해외 투자자에게는 실질적인 채무불이행이었다. '그린백Greenbacks' 이라고 알려진 통화는 휴지 조각이나 다름없어졌다.

더 최근인 1960년대에 들어서는 베트남 전쟁과 아프리카계 미국인들을 주류 경제로 통합시키려는 정책인 '위대한 사회Great Society' 가 기록적인 수준의 채권 발행을 이끌었다. 이때에도 미국이 빚을 '갚은' 수단은 1965년에 시작되고, 1979년이 되어서야 진정 국면으로 가라앉은 인플레이션이었다.

중국과 다른 신흥시장은 미국이 채무를 갚아야 할 때가 오면 인플레이션을 통해 채무를 불이행했던 과거의 전철을 그대로 답습할 것이라고 확신한다.

골드핑거와 은제 탄환

연방준비제도나 다른 중앙은행은 인플레이션율의 완급을 통제할
수 있다고 생각할지 모르지만, 그것은 오만이다. 그리고 인플레이션
의 소용돌이가 시작되면 고통에 처하는 것은 채무국만이 아니다. 시
민들도 높아진 생활비를 절감하게 된다. 인플레이션은 절대로 피해
자 없는 범죄가 아니다. 007 영화의 유명한 악당 골드핑거가 제임스
본드를 보며 이런 말을 했던 장면이 있다.

"미스터 본드, 시카고에서는 이런 말이 있소. '한 번은 해프닝이고,
두 번은 우연의 일치이다. 세 번이 겹치면 적대적 행동이다.'"

미국 독립혁명, 남북전쟁, 베트남 전쟁 그리고 지금의 천문학적
채무까지, 너무 엄청난 금액이라 상환이 불가능하다. 이번이 네 번
째다. 그러니 '적대적 행동'일 수밖에 없다.

중국이나 다른 대다수 신흥시장 정부 입장에서 미국과 다른 선진
경제의 채무불이행은 단순한 경제적 사건을 넘어 국가 안보 차원의
문제가 될 정도로 막대한 규모이다. 문제는 이 채권국, 즉 투자자들
이 가치가 현저히 떨어진 종잇조각으로 빚을 돌려받게 된다는 것만
은 아니다. 중국과 다른 채권국들이 대규모로 보유한 미국 재무부
채권에서 잠재적 손실이 나고 있는가? 십중팔구는 그렇다. 원자바
오 전 중국 총리는 미국이 "중국의 호주머니에서 매일 돈을 훔쳐가
고 있다."라는 말을 입버릇처럼 했다. 그러나 이것은 걱정 축에도 끼
지 못한다. 더 큰 문제는 경제 대국들이 거대한 채무 부담에 직면하

고 인플레이션의 고삐가 풀릴 때 세계적으로 나타날 결과이다.

이제 누군가 말도 안 되는 논리의 비약이라며 부지깽이로 손을 뻗어 공격을 시작하기 전에, 이러한 관점으로 세상을 바라보면 어떤 모습일지 이해하려고 노력해보자. 중국의 말처럼 "은제 탄환(인플레이션을 빗댄 표현-옮긴이)으로 전쟁이 벌어지고 있다." 미국과 다른 선진국 경제는 인플레이션을 신흥시장에 수출했고, 그것은 중국이 볼 때 새로운 개전을 알리는 함포 사격이었다.

인플레이션이란 무엇인가

연방준비제도는 인플레이션을 간명하게 설명한다.

"인플레이션은 시간이 지나면서 재화와 서비스의 가격이 차츰 오르는 현상이다. 한 상품이나 서비스 또는 복수 제품이나 서비스의 가격 인상만으로는 인플레이션을 측정할 수 없다. 인플레이션은 경제 전반에서 재화와 서비스의 가격이 전체적으로 오르는 것을 의미한다."

이런 기준으로 본다면 물가는 여전히 전반적으로 떨어지고 있으므로 더 많은 부양책과 더 많은 양적완화 그리고 양적완화의 철회 속도를 늦추는 것에 대한 논의가 이뤄져야 한다는 뜻이다. 그러나 모두 알다시피 우리 인간은 어떤 것의 가격 상승에는 민감하지만, 어떤 것의 가격 상승에는 둔감하다. 예를 들어 보험이나 휴대전화 가격이 떨어지는 것보다는 식료품 가격이 오르는 것에 우리는 고통을 더 크게 느낀다. 따라서 실제 물가 상승률과 일부 품목, 특히 그 나라 사람들에게 중요한 품목의 가격 상승은 괴리가 상당히 크게 느껴진다. 신흥시장 사람들에게는 전체 식료품과 에너지 가격도 중요하지만 특정 식품과 특정 연료 가격도 대단히 중요하다.

결정적 증거

여기서 잠깐! 어떻게 그럴 수 있다는 거지? 지금의 현실이 물가가 하락하는 디플레이션 상황이라는 것은 맞는 말이긴 하다. 하지만 이 부분에서 열띤 찬반론이 펼쳐진다. 세계 경제에 가장 골치 아픈 문제는 물가 하락인가, 물가 상승인가?

결정적 증거는 채권시장이다. 대체로 경제학자들은 인플레이션, 즉 미래의 물가 상승에 대한 기대가 반사돼 나타나는 곳이 채권시장이라고 한다. 인플레이션에 대한 두려움이 증가하면 채권수익률이 오르고 채권 매수자는 줄어든다. 반대로 채권수익률이 내려가거나 채권 금리가 오르면 정부는 자본 조달을 위해 더 높은 비용을 치러야 한다. 실제로 양적완화가 시작된 후부터 미국 재무부 채권의 수익률은 계속 떨어져 역사상 최저가 되었다(이것은 확정이자부 채권으로 생계를 꾸리는 연금 수령자라면 아주 잘 아는 사실이다). 결론을 말하자면, 인플레이션 위험은 없다.

신흥시장 국가의 정부에 돈을 빌려주는 것은 위험이 매우 높기 때문에 이런 나라에 돈을 빌려줄 때는 채무불이행 위험이 거의 없는 미국보다 높은 금리를 책정하는 것이 당연하다고 생각할 수 있다. 또 반대로, 다수의 신흥시장 국가는 현금 흐름이 더 좋으므로 채무 부담이 높은 선진국보다 더 좋은 투자 대상이 된다고 생각할 수도 있다.

회의주의자들의 말에 따르면 여기서 반전이 있다. 소버린 본드 sovereign bond(국가 주도로 국제 자본시장에서 외화로 표시해서 발행되는 채권. 대개는 미국 달러화로 표시되며, 외화표시 채권이라고도 한다.-옮긴이)의 최대 매수자이자 보유자는 그 나라 정부이다. 즉 미국 연방준비제도와 잉글랜드은행은 자국이 발행한 채권의 최대 매수자이다. 펀드 매니저 개인이나 투자자 한 사람이 정부를 상대로 싸우기는 불가능하지는 않지만, 매우 힘들다. 채권을 팔려고 해도 최대 매수자 겸 보유자가 정부라면 게임을 치러봤자 손해볼 것이 뻔하다.

미국 정부는 2013년과 2014년에 자국이 발행한 모든 소버린 본드의 대략 4분의 3을 매수했다. 영국은 그것보다는 적지만 대략 3분의 1은 된다. 정부가 자국 채권을 매입하면 나머지는 정부 주도를 따르면서 매수를 진행해야 한다. 정부가 나서서 가격을 끌어올리기 때문이다.

이렇다는 것은 채권시장이 전통적으로 해왔던, 모두에게 인플레이션 위험을 발령하는 조기 경보장치로서의 역할을 이행하지 못한다는 뜻이다. 정부의 양적완화 정책으로 인해 채권시장의 인플레이션 안테나가 부러지고 말았다.

중앙은행은 채권시장에서 나오는 인플레이션 신호가 없다고 주장한다. 그러나 중앙은행이 앞장서서 자산(채권) 매수 활동을 벌이고 있기 때문에 채권시장이 신호를 보내지 '못하는' 말도 안 되는 일이 벌어지는 것이다. 중앙은행들은 인플레이션 인지와 채권시장을 연결하는 선을 잘랐다. 이것은 마치 브레이크와 바퀴를 연결하는 선을 잘라버리는 것과 똑같다.

인플레이션율이 오르는 것을 무시하고 채권시장을 지원하는 또 다른 방법은 연기금 펀드의 채권 매수량을 늘리게 만드는 것이다. 이것은 이미 진행 중인 일이기도 하다. 정부는 연기금 펀드와 은행에 '안전자산' 보유를 늘리라고 요구하고 있다. 이런 식의 요구를 '금융억압financial repression'이라고 한다. 금융억압은 금융권에 다른 경우라면 하지 않았을 투자를 하라고 강요하는 것을 의미한다. 이때 정부가 정의하는 '안전자산'은 '자국의 소버린 본드'이다.

이런 요구가 보내는 신호는 명확하다. 금융억압은 금리를 강제로 내리고, 동시에 연기금 수령자와 저축자에게 잠재적 손실을 강제로 떠안기는 수단이다. 뒤에서도 보겠지만 신흥시장도 과거에는 서구의 소버린 본드를 보유하고 있었다. 그러나 금융위기가 발발한 후 신흥시장은 서구의 소버린 본드를 대거 팔아치우고 있다. 특히 서구 국가들이 인플레이션율이 오르기를 바란다고 세계에 발표한 이후부터 매도 속도는 더욱 빨라졌다.

소버린 본드를 사줄 매수자가 나타나지 않으면 정부는 채권 금리를 높여야 하고, 그러면 경제 회복과 성장의 가능성도 사라진다. 당연히 정부로서는 은행과 연기금 펀드에 소버린 본드를 더 많이 떠안기기 위해 여러 수단을 강구한다. 그 결과 채권 매수가 늘고 채권 시장은 디플레이션 신호를 보낸다. 하지만 이런 상황에서 그 신호가 정확한 것인지에 대해서는 의문을 품지 않을 수 없다.

그럼 아이패드를 드시든가

2011년 3월 11일, 뉴욕주 퀸즈에서 윌리엄 더들리William Dudley 뉴욕 연방준비은행 총재와 한 시민이 벌인 유명한 설전이 있다. 더들리 총재는 평균 물가가 떨어지는 중이라고 열심히 강조했다. 그때 청중 가운데 누군가가 "총재님은 마지막으로 식료품을 직접 사보신 게 언제입니까?"라고 물었다. 더들리는 일부 품목에서 물가가 오르는 것이 사실이지만 좋은 점도 봐달라고 말했다. 그러면서 애플 아이패드의 가격이 떨어진 것을 언급했다. 그러자 청중들 속에서 화난 목소리가 들렸다.

"그건 맞지만, 아이패드는 먹는 게 아니지 않습니까!"[18]

이 말싸움의 패배자는 더들리였다. 또한 더들리는 미국인이나 다른 선진국의 사람들도 휴대전화와 컴퓨터, 심지어 에너지 가격이 하락할지라도 다른 부문의 가격 급등을 완전히 상쇄하지 못한다는 것을 알게 되었다고 지적하는 신흥시장과의 논쟁에서도 졌다.

많은 부문에서 가격이 오르고 있다. 전 예산관리국장 데이비드 스톡먼의 말대로 미국에서 영화표 가격은 2000년부터 2014년까지 95.20% 올랐다.[19] 달걀값은 106.20% 올랐고, 대학 등록금은 68% 인상되었다. 우표 가격은 48.5% 넘게 올랐다. 기본 생필품은 최고가를 경신했다. 미국 의회예산처 추정에 따르면, 2015년에 제네릭 의약품(이미 출시된 약을 그대로 따라 만든 의약품, 복제 의약품)은 전년 대비 11% 더 비싸게 판매되었다. 스페셜티 의약품(난치병이나 희귀병 치료제로 개발된 고가의 의약품)의 가격은 18% 올랐다. 2014년에 연료 가격은 2.7% 떨어졌지만 상하수도와 광열비는 5.8% 올랐다는 사실은 어떻게 이해해야 하는가? 그리고 로스트 요리는 19%, 스테이크는 15.6% 이상, 포크찹은 13.7%가 넘게 올랐다. 최저 임금 노동자가 뉴욕시 메트로 카드 한 장을 사려면 13.7시간을 일해야 한다.

내가 사는 런던의 집값은 금융위기 때보다 49.9% 올랐는데, 2014년 한 해에만 19%나 뛰었다. 평균 임대료는 한 달에 761파운드로 최고 기록을 갈아치웠다. 에너지 요금, 전기, 의료보험, 교육, 보험료, 배송비도 공식 발표된 물가 상승률보다 훨씬 가파르게 치솟고 있다. 영국의 원거리 철도 요금도 2014년에만 적게는 43%에서 많게는 162%가 인상되었다.[20]

호텔과 차량 렌트 회사들은 실소가 나올 정도로 고객에게 온갖 종류의 요금을 청구한다. 이를테면 호텔 방의 미니바를 다시 채워 넣는 수수료로 18%를 청구하고, 체육시설과 풀장을 사용하지 않은 고객에게도 '일일 수수료'라는 명목으로 비용을 청구한다. 차량 렌트 회사들은 5달러인 고속도로 통행료에 '관리 수수료'라는 이름으로 최대 30달러를 청구한다.

데이터만 보면 인플레이션율이 낮거나 그대로이거나 아주 약간만 높아진다고 생각할 수 있지만, 데이터는 일반 대중이 체감하는 물가를 반영하지 않는다. 대다수 대중은 인플레이션이 이미 상당히 진행되고 있다고 느낀다. 어쩌면 더 정확하게는 바이플레이션 bi-flation(인플레이션과 디플레이션이 겹쳐서 오는 현상-옮긴이)이 맞는 표현일 수도 있다. 살면서 꼭 필요한 물건들은 가격이 오르고 있고, 필수품이 아닌 것들의 가격은 떨어지고 있기 때문이다.[21]

보이콧

2013년 잭슨홀 총회는 이러한 주제와 관련된 뜨거운 토론의 도가니였다. 캔자스시티 연방준비은행이 선정한 총회 주제는 '통화 정책의 세계적 결과'였다. 버냉키 의장은 참석하지 않았다. 38년의 역사를 가진 이 총회에 의장이 마지막으로 참석한 적이 언제였는지 기억도 나지 않는다. 버냉키의 불참은 일종의 보이콧으로 비쳤다. 연방준비제도가 보기에 미국 통화 정책은 세계에 누수 효과나 그 어떤 영향도 미치지 않는데, 그것을 토론해야 할 이유가 없었다. 혹여 누수 효과가 있다고 해도 그 책임은 미국이 아니라 신흥시장에 있다는 것이다. 이런 생각을 모두가 확실히 읽었다.

2013년 잭슨홀 총회가 열리던 시점에 여러 신흥시장이 금융 긴급 사태에 처해 있었다는 것은 아이러니한 일이었다. 알렉산드레 톰비니_{Alexandre Tombini} 브라질 중앙은행 총재는 잭슨홀 총회 참석 일정을 취소하고 브라질 레알화 추락을 진화하기 위해 긴급하게 시장 개입에 나섰다. 미국 연방준비제도가 자산(정부 채권과 담보 등) 매수를 '테이퍼링'해 양적완화를 점차 줄일 것이라고 발표한 이후 레알화 가치가 폭락했기 때문이었다.

2014년 초에 시작된 '테이퍼링'으로 자본이 신흥시장에서 썰물 빠지듯 걷잡을 수 없이 빠져나갔고, 그 유출은 지금도 계속되고 있다. 신흥시장 국가들의 통화가 추락의 급물살을 탔다. 인도의 라구람 라잔 신임 중앙은행 총재는 1991년 인도 국제수지 위기 이후 루피화가 최악으로 떨어지자 국내에 머물며 긴급 자본 통제 조치를 실행했다. 터키의 중앙은행은 미국의 테이퍼링이 시작되고 자본이 대거 이탈하며 며칠 사이에 리라화 가치가 14%나 급락하자, 사태를 진화하기 위해 금리를 종전 7.75%에서 425베이시스포인트 올려 12%로 인상한다는 특별 조치를 발표했다. 연방준비제도가 2015년 12월 금리를 올리면서 상황은 더욱 악화되었고, 신흥시장에서 빠져나오는 자본 유출은 눈덩이처럼 불어났다.

실물자산

다수의 신흥시장 중앙은행 총재들의 지적에 따르면, 정부가 돈을 찍어내기 시작하면 그 종잇조각이 전보다 많아지기 때문에 어느 순간부터는 한 장당 가치가 떨어진다는 사실을 이해하기는 어렵지 않다. 그 종잇조각이 채권인지, '우리는 신을 믿는다In God We Trust(달러화에 적힌 문구-옮긴이).'라는 문구나 여왕 사진 혹은 다른 권위의 상징이 담긴 중앙은행권인지는 중요하지 않다. 통화 가치가 하락하거나 그 종잇조각의 가치를 떨어뜨리는 어떤 정책이 취해지는 순간, 똑똑한 투자자와 경제사학자는 무언가 행동에 나서야 한다는 것을 안다.

지폐의 가치 저하와 하락에 대비하는 일차적 대피 수단은 부동산이나 경작용 농지 그리고 귀금속(금, 은, 백금)이나 다이아몬드를 비롯한 보석 등 국가가 발행하는 불환지폐fiat money(중앙은행의 신용으로 유통되는 돈으로 금태환이나 은태환과는 반대의 의미-옮긴이)의 잠재적 대체재인 '실물자산'이다. 소프트 상품soft commodity도 '실물자산'으로 볼 수 있는데, 식품이나 에너지, 원자재 등은 가격이 아무리 올라도 수요가 꾸준하기 때문이다.

어떤 투자자는 대체 불가능한 희귀품(미술품, 골동품, 우표, 동전 등)의 가치가 인플레이션 기간에 오를 것이라고 기대하며 돈을 투자한다. 양적완화가 시작된 후부터 바스키아, 폴락, 모딜리아니, 로스코, 리히텐슈타인, 베이컨을 위시한 21세기 화가들의 작품이 연달아 최고가를 갈아치웠다.

특정 품목을 정해놓고 그 시장을 장악하는 전략을 사용하는 투자자도 있다. 골동품 바이올린이 여기에 속한다. 17세기에 안토니오 스트라디바리우스가 제작한 바이올린 중 현존하는 것은 600개 정도에 불과하다. 스트라디바리우스 바이올린은 클래식 음악 레슨의 인기가 높은 아시아에서 수요가 많은데, 비싼 대여료에도 빌리려는 사람들이 많다. 200만 달러이던 스트라디바리우스 가격은 양적완화 이후 600만 달러까지 올랐다. 최고급 앤티크 피아노도 투자자들의 관심을 끌어모았다. "160년 동안 세계에서 가장 정교한 피아노를 만든다."를 회사 기치로 내건 스타인웨이Steinway의 주가는 2013년 공개 매각 입찰이 행해지는 동안 최고가로 뛰어올랐다.

고등급 다이아몬드 가격도 성층권까지 치솟았다. 크기가 거의 60캐럿이나 되는 '핑크 스타'는 2013년에 8,300만 달러에 낙찰되면서 과거 비슷한 크기의 다이아몬드 가격인 4,600만 달러를 가뿐히 갈아치웠다.* 2015년에는 12.03캐럿 다이아몬드인 '블루문'이 4,840만 달러에 낙찰되면서 캐럿당 최고가 기록을 세웠다.[22] 이는 흔한 이야기이다. 어떤 사람들에게 다이아몬드는 금속탐지기에 걸리지 않으면서 비교적 작은 크기에 막대한 부를 저장할 수 있는 매력적인 가치 창고였다. 원석 가격도 금융위기 이후로 75% 올랐고, 고등급 희귀 다이아몬드도 연달아 최고가를 갱신하고 있다.

다이아몬드, 금, 소고기, 돼지고기, 생선, 밀, 대두, 백금, 부동산, 경

---

* 이 낙찰자는 낙찰 대금을 내지 못했다. 낙찰자인 다이아몬드 커팅 전문가 아이작 울프Issac Wolf는 유튜브에서 외부 투자자들의 지원을 받아 이 다이아몬드 대금을 지급할 것이라고 발표했다. 그가 낙찰 대금을 입금하지 못하자 소더비는 계약 조항에 따라 구매자 대신 6,000만 달러를 대납해야 했다. 이렇게 해서 최고가 낙찰액이 납부되었지만, 이런 대금 지급 불이행도 중요한 신호라고 볼 수 있다.

작용 농지를 비롯한 '실물자산'의 가격이 금융위기 이래로 세계 곳곳에서 연일 최고가를 기록하고 있다. 물론 실물자산의 가격은 변동성이 매우 크지만, 세계 수요가 둔화되고 있다는 뉴스에도 불구하고 이런 자산들의 가격은 계속 오르고 있다.

소

캐나다부터 미국, 오스트레일리아에 이르기까지 선진국 전체에서 기록적인 속도로 유제품 생산이 중단되고 있다. 소 사육 비용이 오르면서 우유와 치즈를 생산하는 비용도 원재료 가격에 발맞춰 오르고 있기 때문이다. 이것은 이익이 거의 남지 않는다는 뜻이다. 게다가 전 세계적으로 사육되는 소의 수가 줄고 있는데, 미국만 해도 1953년 이래로 최저로 떨어졌다. 미국에서는 유제품 가격이 최근 몇 년 동안 높이 치솟았지만 생산비도 그만큼 올랐다. 채산성이 무너진 것이다. 그렇다 보니 이 부문에 대한 투자나 대출도 거의 이뤄지지 않고 있다.

이에 따라 우유와 치즈 가격이 오르기 시작했다. 2014년 7월 블룸버그의 보도에 따르면, 버터 가격은 미국에서 1년 만에 83% 올랐다. 우윳값은 2014년에 최고점을 기록했다. 그해 미국에서는 경매에서 체다치즈 한 덩어리가 최고가에 낙찰되었다.

내가 이 글을 쓰는 동안 카우보이 영화의 오랜 단골 소재였던 일이 다시금 벌어지고 있다. 소 도둑질이 일어나고 있는 것이다. 한밤 중에 캘리포니아와 텍사스 한복판에서 소들이 사라지고 있다. 도둑 질을 무릅쓸 만큼 소값이 비싸졌기 때문이다. 도둑이 무엇을 훔쳐가 는지는 종종 중요한 신호가 된다.

연쇄방식 CPI

대놓고 말하지는 않지만 신흥시장 경제 관료들은 대통령이 이 모든 상황을 다 알고 있으며, 그가 '연쇄방식 CPI Chained CPI (연쇄방식 소비 자물가지수)'[23]를 이용해 공무원 월급을 계산하고 싶다는 바람을 내 비친 이유도 여기에 있을 것이라고 투덜댈지도 모른다. 연쇄방식 CPI는 핵심 CPI Core CPI보다 계산 값이 낮게 나오는 편이다. 〈워싱턴 포스트〉의 블로그인 '웡크북 WonkBook'은 이렇게 언급했다.

"'연쇄방식 CPI'를 사용하면 정부는 인플레이션 속도를 더 느리게 측 정하는 방향으로 전환해 돈을 아끼게 된다. 인플레이션 속도를 느리 게 측정한다는 것은 사회보장 혜택에 반영되는 생활비 상승을 둔화시 킨다는 뜻이다. 또한 세비 지출을 줄이는 것만큼은 아니지만, 사람들 을 더 높은 과표 구간으로 더 빨리 이동시켜 세수를 늘리는 효과도 있 다."[24]

미국 최대 노조 중 하나인 AFL-CIO(미국노동총연맹-산별노조협의회)는 이렇게 말했다.

"연로자, 장애인, 퇴역군인에게 마지막 한 푼까지 토해내라고 요구하는 것은 매우 비양심적인 짓이다."[25]

하지만 정부로서는 물가 상승률이 높게 나오는 것이 더 유리하다는 것을 잊지 말자. 자산 가격이 더 높게 매겨지면 세금도 더 많이 부과할 수 있기 때문이다. 밀턴 프리드먼의 책에도 이 부분에 관심을 모으려고 한 시도가 엿보인다.

"인플레이션은 개인 소득세와 법인세 산출액을 늘린다. 이는 개인과 법인을 고소득 집단으로 더 밀어 올리고, 세금을 납부해야 하는 인위적(서류상) 자본 이득세를 만들어내고, 자본을 대체하기에 충분하지 않은 상각충당금을 설정하게 함으로써 주주의 자본회수return of capital를 자본이익률return on capital로 취급해 과세하기 때문이다."[26]

이 모두가 확실히 과다 채무에 시달리는 정부에게는 유리한 결과이다.

서구의 인플레이션 조기 신호

눈을 똑바로 뜨기만 해도 인플레이션 압박이 늘어나고 있음을 보여주는 다른 신호들이 있다. 예를 들어, 가격과 포장은 그대로이지만 제품 크기는 줄어드는 것이 여기에 속한다. 이런 '슈링크플레이션 shrinkflation'도 신호이다.

캐드버리Cadbury는 2010년 데어리 밀크바의 종전 가격을 유지하면서 초콜릿 두 칸을 없앨 것이라고 발표했다. 중량당 가격을 인상한다는 뜻이었다. 2013년 이 회사가 크림 에그 초콜릿을 앞으로 한 상자에 6개가 아닌 5개들이로 판매할 것이라고 발표했을 때 대중은 무슨 뜻인지 알아챘다. 더 자세히 살펴보면 캐드버리가 초콜릿 함량도 낮췄다는 것을 알 수 있었는데, 초콜릿 사용량이 줄어든 만큼 크림 에그의 껍질이 얇아졌기 때문이다. 이에 대중은 분노했고, 캐드버리는 다시 6개들이 상품을 제조하기 시작했다. 하지만 크림 에그 하나당 크기는 물론이고, 상자 크기도 줄였다. 대신에 가격은 그대로였다. 이번에도 중량당 가격이 올라간 셈이었다.

카를로스라는 블로거가 올린 글은 '슈링크플레이션'이 미국 전체에 얼마나 만연돼 있는지를 설명한다.

"내가 자주 가는 월마트에서 39온스(1온스=28.35그램)짜리 '그레이트 밸류' 브랜드 커피가 진열된 선반이 2주째 비어 있었다. 오늘 신상품 캔이 진열되었는데 이전의 상품과 몇 가지가 달라졌다. 1) 캔 용량은 39온스에서 33.9온스로 줄었다. 또한 2파운드 변환 표기도 사라져서(2파운드는 32온스다-옮긴이) 새 캔의 용량을 파운드로 계산하는 것도 쉽지 않아졌다. 2) 캔 크기는 작아진 반면에 가격은 9.88달러에서

10.48달러로 올랐다. 내가 대충 계산했더니 가격이 약 20%가량 오른 셈이었다! 3) 내용물에 대한 설명도 '프리미엄 콜롬비안' 디카페인 커피가 아니었다. '100% 2클래식 디카페인'으로 라벨이 바뀌었다."

지금 시리얼 상자를 보면 시리얼은 줄고 대신 공기가 더 듬뿍 들어 있을 것이다. 압축된 공기에도 무게가 있기 때문에 전체 중량은 이전과 똑같을지 모르지만, 그중 시리얼이 차지하는 무게는 줄었다. 아니면 포장 상자에 깨알처럼 적힌 설명을 보면 시리얼 무게는 줄었지만 상자의 크기는 예전과 똑같거나 오히려 더 커졌을지 모른다. 영국에서는 슈레디드 위트 시리얼의 중량이 2014년에 525그램에서 470그램으로 줄었지만 가격은 그대로였다.

용기의 크기도 줄어드는 추세다. 예전에 참치 캔은 6온스짜리가 보통이었지만 지금은 4온스짜리도 많다. 정어리 캔의 크기도 줄었다. 현재 판매되는 코카콜라 캔은 330밀리미터가 아니라 지름도 높이도 작아진 250밀리미터이며, 중량당 가격으로 따지면 더 비싸졌다.

누군가는 상점들이 10개 품목을 '새로운 12개'로 묘사하고 있다고 말한다. 2013년 3월 영국 일간지 〈데일리 메일〉은 '식품 포장의 잔머리, 크기는 줄어들고 가격은 그대로'라는 제목의 기사를 내보냈했다. 이를테면 워커스 크리스프 한 봉지에 들어 있는 포테이토칩(영국에서는 크리스프라고 부른다.)의 개수가 11개로 줄었다. 포테이토칩을 좋아한다는 소비자는 자기가 어렸을 때는 워커스 한 봉지에 포테이토칩이 가득 담겨 있었는데, 지금은 압축 공기가 더 많이 들어

있다고 불평했다.[27]

한마디로 말해, 크기가 줄었다는 것은 투입 비용이 올랐다는 신호이다. 이것은 이익률 하락의 압박을 받은 기업이 수익성을 보호하기 위해 소비자에게 달라진 제품을 '먹으라고' 강요하고 있다는 뜻이다. 이런 강요가 정당한 것인 양 교묘히 포장하기 위해 소비자의 건강을 염려해 1회 섭취량을 조절했다고 말하는 것까지는 괜찮다고 치자. 그런데 중량당 가격이 오른 이유는 어떻게 설명할 것인가? 제품 크기를 줄인 것이 소비자의 건강을 염려해서라면 중량당 가격은 그대로 유지해야 한다.

가격의 지그재그 변동

생산자가 가격 인상을 소비자에게 전가하는 또 다른 방법은 가격의 '지그재그' 변동이다. 제품 가격을 인상했다가 낮추고 또 올렸다가 다시 '반값'에 판매하는 것이 가격의 지그재그 변동이다. 예를 들어 자외선 차단제의 정가와 '반값'을 비교했더니 '반값'의 자외선 차단제가 실제로는 정가와 똑같거나 더 비싼 것으로 드러날 수 있다. 가격은 원래 수요와 공급에 반응해서 움직인다. 그러나 가격이 빠르게 오르내린다면 기업은 '야바위 손'을 움직여 가격을 올리고 소비자는 쉽게 속아 넘어간다. 모든 '할인가'가 진정한 할인가는 아니다. 그렇게 보일 뿐이다.[28]

용기의 커진 구멍

기업의 이익률 압박이 늘어나고 인플레이션이 야금야금 다가오고 있음을 알리는 또 다른 신호는 파우더통의 구멍과 치약 입구가 점점 커지는 현상이다. 내 친구 한 명은 이제 오트밀에 시나몬 가루를 살짝 뿌리는 것이 힘들게 되었고, 아기에게 베이비파우더를 뿌릴 때도 번번이 가루가 왈칵 쏟아져 나온다고 말한다. 용기의 구멍이 커져서 내용물을 알맞게 조절하기 힘들어졌기 때문이다. 이는 우연히 그렇게 된 것이 아니다. 용기 구멍이 커지면 제품을 더 많이 쓰게 된다. 이는 더 적은 양을 더 비싸게 사게 하는 또 다른 방법이다.

파우더나 젤 타입 제품을 만드는 회사들은 제품을 더 많이 사용하도록 만드는 장치가 기업 이익 확대로 이어진다는 것을 누구보다도 잘 알고 있다. 나도 세계 최대 PP 상품 기업으로 꼽히는 곳에서 일하는 누군가로부터 들은 이야기이다.

치약 입구를 키우는 것은 기업에 득이 되면 되지 해가 되지 않는다. 또한 병이나 튜브에 파우더나 치약 내용물을 덜 넣고, 용기의 무게를 늘리면 적은 양의 내용물도 많다는 느낌을 준다. 더 적은 양에 소비자 가격을 더 비싸게 매기는 비열한 수법이다. 물론 우리는 시간이 흐르면서 새 포장을 적절히 다루는 방법을 배우게 될 것이다. 하지만 그 전에 이런 크기 변화 뒤에 숨은 사고 과정을 이해하는 것도 우리의 권리이다.

슈링크플레이션은 부동산에도 영향을 미친다. 미국에서는 임대료가 가파르게 상승해 소득의 50%가 넘는 돈을 임대료로 내는 미국인들이 적지 않으며,[29] 젊은 저임금 근로자들은 '초소형 아파트'로 집을 옮기고 있다. 미국 인구조사국 보고에 따르면, 2013년 신축 아파트 면적의 중앙값은 1,043제곱피트(96.9제곱미터)였다. 2002년 이래로 가장 작은 면적이다. 과거 초소형 스튜디오로 불렸던 곳이 지금은 '마이크로 유닛'으로 불린다. 420제곱피트(39제곱미터)의 마이크로 유닛에 미닫이 가벽을 설치해 낮에는 다른 용도로 사용할 수 있게 한 '트랜스포머 아파트'를 건축하는 산업도 있다.

뉴욕시는 2013년부터 250~370제곱피트(23~34제곱미터) 크기의 아파트 건축을 허가하는 '마이 마이크로 뉴욕' 사업을 시작했다.[30] 액터스 펀드 HDActors Fund HD는 전반적으로 소득이 높지 않은 배우들을 위해 이 개발 사업을 지원했는데, 생활비가 많이 드는 뉴욕에서는 집은 좁아도 배우들의 거주지가 더 많이 마련되는 것이 경제적으로도 이치에 맞기 때문이다. 그러다 보니 가난한 배우들을 빗댄 말로 정어리 통조림에 산다는 등의 농담도 생겨났다. 하지만 같은 크기의 캔 안에 들어가는 정어리 양이 줄었으니 정어리가 더 넓은 집에서 산다고 볼 수도 있다.

일부 도시에서는 가중되는 주택난으로 기발한 해결책이 등장하기도 했다. 집값과 임대료가 하늘로 치솟는 실리콘 밸리에 근접한

샌프란시스코에서는 한 남자가 가로세로 9×7제곱피트(5.85제곱미터)의 정원 텐트에 월세 965달러로 입주할 세입자를 구하는 광고를 내기도 했다.[31]

진실은 어디에 있는가

보리스 존슨Boris Johnson은 런던 시장으로 재임할 당시, 당이 시키는 일만을 하는 고분고분한 사람이 아니었다. 2015년 그는 런던의 생활비가 10년 전보다 40%는 더 증가했다고 발표했다. 같은 기간 임금 상승률은 기껏해야 2~3% 수준이었다. 이런 현실이 얼마나 고통스러운지는 짐작이 간다. 이곳에 사는 사람들은 자녀들이 아무리 교육을 많이 받는다고 해도 열심히 일만 해서는 먹고살기 힘들게 되었다고 고충을 토로한다. 자녀들이 운 좋게 일자리를 얻는다 해도 집세조차 내기 힘든 형편이 된 것이다.

2016년 1월 말에 런던 〈이브닝 스탠더드〉는 '도시 전체에서 임대료가 로켓처럼 치솟고 있다는 것을 보여주기 위해' 모노폴리 임대료와 실제 임대료의 격차를 보여주는 모노폴리 보드 사진을 게재했다.[32] 영국 소비자들은 에너지 비용과 수도 요금, 교통 요금이 10% 이상 올랐다는 사실에 충격을 받았다. '점퍼를 껴입어' 추운 날씨를 이겨내라는 수상 대변인의 말은 국민의 공분을 샀다.[33] 이는 표심을 얻기에 좋은 말은 아니었다. 영국 정부는 2015년 유가 급락 후 그

동안 아꼈던 에너지 비용 절감액을 가격에 반영하라며 항공사와 에너지회사를 강경한 어조로 설득해야 했다. 안타깝지만 기업은 이익과 주가를 높이기 위해 기존 이익률을 유지하고 있다. 미국도 마찬가지이다. 2014년 미국의 1킬로와트시당 전기 요금은 인플레이션을 고려해도 사상 최고로 올랐다. 미국 노동통계청 발표에 따르면 2014년은 미국에서 전기 요금이 가장 비싼 해였다.

유가 급락은 대다수 분야의 물가 상승 압박을 가리고 더 바탕이 되는 현실을 제대로 파악하지 못하게 만드는 가면이라는 것이 점차 확실해졌다. 연방준비제도의 위원으로 오랫동안 일한 사람이 내게 이렇게 말했다.

"우리의 모델은 무언가 잘못되었다. 나는 워싱턴 D.C.에 살고 있고 생활비가 오르는 것을 체감하고 있지만, 우리의 숫자는 그 사실을 보여주지 못한다."

그 위원도 그렇고 연방준비제도의 다른 위원과 잉글랜드은행 관료도 내게 이 문제에 대해 의견을 물어왔다. 하지만 그들도 알지 못하는데 무슨 수로 알겠는가? 관료들이 물가 상승 압박을 고의로 감췄다고 주장할 수도 없고, 그럴 생각도 없다(그러나 인플레이션은 정부가 은근슬쩍 채무 상환을 유예할 수 있는 편리한 수단이기도 하다). 다만 나는 우리가 치르는 물건값이 총물가지수와 같지 않다고 자신 있게 말할 수 있다. 또한 대중은 실제 치르는 물건값과 체감되는 고통에 예민하게 반응한다는 사실도 자신있게 말할 수 있다.

양적완화와 질적 압박

물가 신호는 세계 곳곳에서 사회 동요를 촉발하고, 이런 사회 동요
는 세계 경제라는 천을 짜는 공통된 씨실과 날실이 존재한다는 것을
알려주는 신호이다. 공짜 돈과 저금리가 선진국의 자산 가격과 기관
을 지탱해주었을지도 모른다. 하지만 이런 초저금리 정책의 성공은
사회에서 의미가 큰 자산의 가격을 상승시키는 원인이기도 하다. 이
런 현실에 가난한 사람들이 받는 압박이 세지고 있다. 처음에는 신
흥시장의 빈곤층에만 해당했지만, 지금은 선진국의 빈곤층도 그 압
박을 받고 있다.

유의미한 자산의 가격이 오를수록 신흥시장의 노동자들은 고통
스러운 덫의 고리에 걸린다. 한쪽에서는 채무와 디플레이션 부담
이라는 덫에, 다른 쪽에서는 생활비 상승이라는 덫에 걸리게 된다.
두 개의 압력이 모든 개인, 가족, 기업, 국가를 짓누른다.

신흥시장이 받는 압박은 미국 연방준비제도가 금리 인상 계획을
발표하면서 훨씬 거세졌다. 왜일까? 간단히 말해 신흥시장들은 세
계가 돈을 펌프질하며 퍼붓는 동안 막대한 돈을 차입했다. 신흥시장
은 공짜 돈과 값싼 돈에 취했다. 이제 미국 경제가 살아나 경쟁력이
높아지면서 연방준비제도는 금리를 인상할 것이기 때문에 신흥시
장의 통화 가치가 하락할 것은 불을 보듯 빤하다. 그리고 그들의 채
무도 늘어날 것이다. 결국 그들은 채무는 훨씬 늘어났고 통화 가치
는 훨씬 떨어졌다.

그러나 중국과 다른 신흥시장이 가장 분통을 터뜨리는 부분을 선진국들은 알아채지 못할 수도 있다. 신흥시장 노동자들이 높아지는 생활비에 먹고살기 위해 임금 인상을 요구하면 할수록 경제 활동은 다른 곳으로 옮겨가게 된다. 중국 2대 고용 사업체이며 애플, 킨들, 플레이스테이션, 델 등의 제품을 생산하는 주문자 상표 부착 생산 회사인 폭스콘Foxconn은 2013년 11월 22일 펜실베이니아주 해리스버그에 3,000만 달러 규모의 생산시설을 지을 계획이라고 발표했다. 애플도 비슷한 계획을 세우고 있다. 2013년 5월 애플 CEO 팀 쿡Tim Cook은 텍사스 공장 신설 계획을 발표했다.[34] 2013년 11월에는 애리조나주 메사에 새로운 제조 공장을 세울 것이라고 발표했다.[35] 서구가 가난한 신흥시장에서 일자리와 경쟁력을 되찾아올 때까지 경쟁력이 가장 높은 곳으로 시장이 생산시설을 옮기는 과정은 계속될 것이다.

서구 인플레이션 정책의 최종 결과에 따라 더들리 뉴욕 연방준비은행 총재의 "아이패드나 드시든가"라는 PR 참패가 새로운 전개를 맞이할 수도 있다. 언젠가는 애플 아이패드의 가격이 하락하지 않는 날이 올지도 모른다.

우리의 통화이지만 당신들의 문제다

연방준비제도 지지자들이나 수리 모델에는 아무 문제가 없다고 믿는 사람들은 이렇게 말할 것이다.

"미국이나 서구가 인플레이션을 수출하기는 해도(그들은 인정하지 않겠지만) 신흥시장의 중앙은행 총재들도 같이 맞대응해 금리를 올리면 되는 일이었다."

그러면 신흥시장 지도자들은 이렇게 말할 것이다.

"당신네 실수로 우리의 실업률이 상승했는데, 거기에다 가난해진 국민에게 고통을 더해야 한다는 것인가?"

미국은 통화 문제에서 언제나 회귀하는 입장이 있다. 통화팽창의 시작을 관장한 전 재무부 장관 고故 존 코널리John Connally가 한 말에 미국의 입장이 무엇인지 가장 잘 드러나 있다. 이 장신의 텍사스주 상원의원은 닉슨 대통령 행정부에서 재무부 장관을 지냈다. 1971년 코널리는 회의실을 가득 채운 유럽 재무부 관료들을 마주했다. 그들은 오늘날 신흥시장 지도자들이 그랬듯 미국이 자신들의 나라에 인플레이션을 수출했다며 강도 높게 비난했다. 이에 코널리가 대답했다.

"달러는 미국의 통화이지만 당신들의 문제이다."

그리고 신흥시장은 정확히 그것이 문제라고 말했다.

7장

완벽한원

불교에서는 현실을 인정하지 않을 때 고통이 따른다고 말한다. 그렇다. '현실'을 어떻게 인식하느냐가 중요하다. 경제위기가 발생하고 나면 으레 과거에 대한 향수가 들끓는다. 먹고사는 데 지장이 없었던 그 시절로 돌아가고 싶다는 생각이 든다. 그러나 산사태가 모든 것을 뒤집어엎듯, 경제위기는 우리의 저축을 휩쓸어가고 자신감에 타격을 입히며 전체 풍광을 영원히 뒤바꾼다.

우리는 되돌아가지 못할 좋았던 옛 시절을 그리워하며 현실을 인정하지 않으려는 태도를 버리고, 새로운 지형을 잘 살펴보면서 세계경제가 처한 현실을 냉정하게 평가해야 한다. 그리고 달라진 현실이 그 안에서 살아가는 사람에게 어떤 의미를 지니는지도 파악해야 한다. 윈스턴 처칠이 "인간은 가끔 진실에 걸려 비틀거리지만 대부분 아무 일도 아니라는 듯 떨치고 일어나 가던 길을 재촉한다."라고 했듯이 인간의 기본 성향에서 벗어나야 한다.

돈은 어떻게 돌고 도는가

세계 경제는 한때 나름대로 '완벽한 원'으로 움직였다. 이 완벽한 원은 선진국에서 나와 신흥시장으로 흘러 들어간 투자 자본이 새로운 생산 능력과 공장, 공급을 만들어내면서 탄생했다. 신흥시장은 공장에서 만든 물건을 선진국에 팔아 현금을 벌었고, 그 현금에서 큰 몫을 떼어 선진국의 채권시장에 투자했다.

왜일까? 수출로 번 현금이 국내 경제에만 재투입된다면 인플레이션이 높아질 수 있다는 것에 일부 이유가 있었다. 정부가 외환 준비금을 국내에서만 사용한다면 더 많아진 현금이 똑같은 양의 물건을 뒤쫓는 셈이 되기 때문에 거의 모든 것의 물가가 오르게 된다. 예를 들어 이렇게 설명할 수 있다. 대다수 신흥시장 국가가 그랬듯이 A라는 나라가 저축의 일부를 미국 재무부 채권에 투자한다면, 미국의 금리는 낮아지지만 자국 경제에는 영향을 주지 않는다. 반대로 A 나라가 저축을 몽땅 자국에서만 사용하기로 하고, 새 항만이나 도로를 건설하는 데 사용한다면 돈이 대거 풀리게 된다. 자국 내 지출이 늘어난다는 것은 똑같은 양의 재화와 서비스로 몰리는 돈도 늘어나는 것이므로 물가가 오른다.

이것이 중국이 미국 재무부 채권의 최대 매수자로 부상하게 된 경위이자 이유이다. 또한 중국이 미국을 비롯해 영국 등 다른 여러 선진국의 최대 여신 제공자가 된 경위이기도 하다. 중국이나 다른 신흥시장 국가들은 미국 재무부 채권만이 아니라 미국의 다른 채권에도 투자했다. 특히 미국 주택담보회사인 패니 매이Fannie Mae와 프레디 맥Freddie Mac에 많은 투자를 했다. 외국 투자자들이 패니 매이와 프레디 맥을 유달리 선호하는 이유는 재무부 채권 못지않은 우량채권이고, 미국 정부가 보증을 서지만 채권 이자는 재무부 채권보다 약간 더 높다는 판단에서다. 패니 매이와 프레디 맥이 발행한 채권 판매의 증가로 담보 이자가 내려가면서 수백만 미국 시민들은 더 큰 집을 더 많이 살 수 있게 되었다. 그리고 이런 집을 채우기 위해서는 신흥시장 노동자들이 싸게 만든 상품이 더 많이 필요해졌다. 이런 일련의 상황이 훗날 터지게 될 주택 붐에 불을 지폈다. 같은 시기에 영국처럼 패니 매이나 프레디 맥에 상응하는 기관이 없는 나라들에는 자본이 덜 몰렸다.

물론 완벽한 원에는 부작용이 있었다. 일자리가 선진국에서 신흥시장으로, 미국과 영국, 유럽, 일본에서 중국으로 옮겨갔다. 일자리 이동은 마찰과 정치 압력을 야기했다. 미국은 중국산 상품 가격을 높이고 경쟁력을 낮추기 위해 중국에 통화 재평가를 요구하기 시작했다. 위안화가 강세로 돌아서면 중국의 인플레이션 압박이 감소하고, 과열 양상으로 치닫는 미국 국채시장으로 흘러가는 돈도 줄어든다. 중국도 어느 정도 통화 가치 정리에 나섰지만, 이 완벽한 원의 추동력은 2007년 금융위기가 불거질 때까지 사그라지지 않았다.

대다수 사람은 세상이 완벽한 원으로 돌아갈 때 탄생한 견해를 여전히 버리지 않는다. '일자리가 모두 중국으로 옮겨갔고, 중국이 미래이고, 미국은 끝났다.'라고 생각하게 된 것도 이런 견해 때문이다.

최근 몇 년 동안 그런 견해가 대세로 자리 잡았다. 이 견해는 대중 매체에서 기정사실로 보도됐고, 모임 자리의 단골 대화 주제가 됐으며, 여러 투자의 기본 이유가 되었다. 부자가 중국어를 할 줄 아는 보모를 고용하고, 중국어 강좌 수강자가 늘어나는 것이 신호이다. 그러나 주위를 살펴보자. 최근 몇 년 사이에 미국과 서구로 유턴해 돌아오는 제조 공장들이 급속도로 늘었다. 중국으로 이전하는 공장은 거의 없다. 실제로 중국인들마저 중국을 떠나 영어나 다른 언어를 배우고 있다. 중국에서 빠져나오는 자본이 크게 늘면서 2016년 초 블룸버그는 중국의 준비금이 2개월 사이에 2억 달러 이상 떨어졌다고 보도했다.[1]

찰스 콜린스Charles Collyns 국제금융협회IIF 회장은 유려한 말솜씨로 이 사태를 설명했다. "걱정스러운 점은 자본 유출이 확장될 수 있다는 것이다. '오차 및 누락 보험errors and omissions(전문 업무를 수행하면서 발생하는 사고나 업무 부주의 또는 실수로 인해 고객인 제3자에게 손해를 끼쳤을 때 보상하는 법률상 손해배상책임 보험. 전문인배상책임보험이라고도 한다.-옮긴이)' 발행이 폭증했다. 조짐이 이상하다. 이 보험의 대부분은 부풀려진 무역송장 가액과 다른 형태의 속임수를 통해 비공개적으로 행해지는 자본 유출이고, 그 종착지의 일부는 런던 부동산시장이다."[2]

자본 이탈은 중국에 큰 문제이다. 경제학자 케네스 로고프는 이렇게 지적한다. "중국 시민 20명 중 1명만 이 옵션을 행사해도 중국의 외환 보유고는 모두 사라질 것이다."[3]

상황을 짐작하건대 이런 시도를 하는 중국 시민이 20명 중 1명은 넘어 보인다. 그렇다면 그들의 돈은 어디로 향하는가? 바로 서구이다. 런던, 영국 중서부, 미들랜드, 뉴욕, 샌프란시스코, 파리. 목록은 계속 이어진다.

마찬가지로 완벽한 원은 사람들에게, 적어도 선진국 사람들 마음에 경제 지평에 가장 큰 위협이 되는 것이 디플레이션이라는 생각을 심었다. 놀랍지 않게도, 서구인들은 언제나 신흥시장의 값싼 노동력으로 국내 인플레이션을 억제할 수 있다고 생각한다. 다른 나라에서 시급 1달러면 만들 수 있는 장난감을 굳이 시급 15달러를 주면서 국내에서 만들 이유가 없다. 시장이 기왕이면 더 싼 상품을 선택한다는 사실은 노동비용과 관련해서는 가혹한 시련이다.

이렇게 완벽한 원의 관점에서 세상을 바라본다면 우리의 마지막은 일본과 비슷해질 것이다. 오랜 저성장에, 식품에서 주택에 이르기까지 모든 것의 가격이 떨어지고, 빚을 줄이기 위해 은행과 금융기관이 자산을 내다 팔려고 하지만 매수자는 찾기 힘든 디레버리지 deleverage가 만연하게 되는 것이다. 사람들은 이런 위기를 피하려면 모든 조치를 강구해야 한다고 주장한다. 주택과 채권시장 등에서 떨어지는 자산 가격을 지탱하기 위해, 그리고 돈을 쓰고 찍어내기(양적완화) 위해 정부에 의지하는 것도 이런 조치에 포함된다.

완벽한 원은 여전히 존재하는가, 아니면 깨어졌는가? 지금은 인플레이션인가, 디플레이션인가? 현실은 무엇인가? 벤 버냉키와 그의 후임자인 재닛 옐런은 디플레이션을 두려워한다. 미국 중앙은행이 인플레이션이라는 만고의 괴물을 꺼내 드는, 역사에 없던 비정통적인 방법을 서둘러 택한 이유도 여기에 있다. 그들은 인플레이션이야말로 우리를 디플레이션이라는 도랑에서 꺼내줄 강력한 '야성적 충동animal spirit(인간의 합리적이고 이성적인 판단만이 아니라 비이성적 판단도 경제를 움직이는 요인이며, 이런 비이성적 판단을 야성적 충동이라고 한다. 케인스에 의해 처음 언급되었다.-옮긴이)'이라고 본다. 이 위험한 괴물을 되살려내는 데 성공한 후에 그것이 다시금 우리를 위협하기 시작하면 죽이면 그만이다. 중앙은행 총재들은 그 일이 어렵지 않다고 믿는다.

반대로 디플레이션은 설명부터 어렵다. 디플레이션을 성공적으로 물리칠 수 있는 학계 이론도 실제 경험도 사실상 존재하지 않는다. 인플레이션은 역사상 여러 번 발생했기 때문에 정리가 잘되어 있다. 인플레이션의 해결책은 간단하다. 금리를 인상하거나 돈을 찍어내는 것을 중단하면 된다.

그런데 적당한 인플레이션이란 존재하지 않는다고 말하는 사람의 소리도 들어야 한다. 이것은 우유를 엎지르는 것과 다르다. 이런 대대적인 규모의 경기 부양책은 일종의 촉매제다. 현금을 들이붓는 이유(다른 말로는 유동성 투입이라고 한다.)는 그 현금이 휘발유 역할을 하기 때문이다. 현금 투입의 목적은 경제를 재점화하는 데 있다. 가연성 물질은 활활 타오르기 시작하면 진화하기 쉽지 않다. 적은 양으로도 불길이 거세진다. 그리고 우리가 단행한 대대적인 통화 정책 실험은 단순히 미국 역사만이 아니라 인류 역사에도 유례가 없는 것이었다. 미국을 비롯해 전 세계 경제 대국들이 비정통적인 방식으로 대규모의 경기 부양책을 일제히 실시한 사례는 역사상 전무했다.

역사에서 마지막으로 인플레이션 진화에 나섰던 사람은 지미 카터와 로널드 레이건 대통령 시절에 연방준비제도이사회 의장을 지낸 폴 볼커였다. 1980년대 볼커는 인플레이션과 씨름을 벌였고, 금리를 21%로 올리는 특별 조치를 단행해 인플레이션을 의식불명 상태로 만들었다. 그는 정책을 시행한 후 고통스럽지만 꼭 필요한 극약 처방을 내린 인물이자, 미국인이 가장 증오하는 대상이 되어 〈타임〉의 표지를 장식했다. 이후 볼커는 불굴의 정신으로 무장하고 인플레이션이라는 거대한 화마로부터 우리를 구한 영웅으로서 '경제계의 브루스 윌리스'로 추앙받았다.

2013년 5월에 볼커는 심각하면서도 미묘한 경고를 던졌다. 그는 뉴욕경제클럽에서 이렇게 말했다. "신뢰성은 커다란 자산이다. 신뢰성을 얻은 후에, 지금 인플레이션을 약간 높이는 것이 야성적 충동을 야기해 투자에 활기를 불어넣을 수 있는 좋은 일이라는 생각에 굴복해 그 신뢰성을 허비해서는 안 된다."[4]

그런 생각 자체가 순전히 오만이다. 볼커는 이렇게 조언한다. "사이렌 경보에 가려진 암묵적 가정을 조심해야 한다. 이 가정은 인플레이션율을 조절해 경제적 목표에 도달할 수 있고, 오늘 그리고 내일 추가로 인플레이션율을 높이다가도 언제든 철회할 수 있음을 전제한다."

그는 자신의 요점을 재차 강조하기 위해 직접적으로 말했다. "모든 경험에서도 충분히 드러나듯, 인플레이션은 아무리 적절하고 신중하게 시작했다고 해도 통제하고 되돌리기 힘들다."

여기서 중요한 질문을 던져야 한다. 이 모든 것은 미래의 문제인가, 아니면 지금 당면한 문제인가? 볼커의 메시지는 중앙은행이 인플레이션 조짐과 신호가 가시화되기 훨씬 전에 조치를 취해야 하며, 실제로도 그렇게 하고 있다는 뜻을 전한다. 중앙은행에는 실효가 나기까지 18개월 정도의 시간을 염두에 두고 경제적 조치에 나서야 한다는 암묵적 규칙이 있었다. 그러나 버냉키 의장과 그의 연방준비제도를 지지하는 사람들은 미국 경제가 초저실업 상태에 도달하고 경로 변경 모멘텀이 확실해지는 순간이 오기를 기다렸다가 경제적 조치를 행해야 한다고 믿는다.

재닛 옐런이 신임 연방준비제도이사회 의장으로 인준을 받은 것과 같은 시기에 연방준비제도 고위 관료들은 골대가 이동 중이라고 발표했다. 연방준비제도는 국제통화기금에 제출한 논문에서[5] 적절한 인플레이션율이 2.0%가 아니라 2.5%로 바뀌었다고 은연중에 암시했다. 옐런도 암시했고 시장도 추론했다시피, 그녀는 평균을 밑도는 인플레이션율이 너무 오래 지속되었으므로 한동안은 평균 이상의 인플레이션율을 허용해야 한다고 믿었다. 1995년 연방준비제도 회의 석상에서 그녀는 "상충하는 목표들 사이에서 힘들게 균형점을 찾아야 한다면, 심지어는 인플레이션율이 목표치를 웃돌고 있더라도 그 속도가 빨라지도록 하는 것이 현명하고 인간적인 정책이다."[6]라고 말했다. 다시 말해 옐런 의장은 디플레이션 위험이 완전히 과거의 일이 되기 전까지는 타당한 인플레이션율 목표치란 없다는 것을 암시했다.

이제 우리의 인플레이션율 목표치는 2%가 아니다. 우리는 목표치를 그것보다 훨씬 높게 잡고 있다. 물론 이 말이 공개적으로 표명되는 순간, 투자자와 채권시장은 경기를 일으킬 것이다. 게다가 성장 조짐이 어떤 식으로든 나타나면 연방준비제도와 다른 중앙은행은 금리 인상을 발표해야 한다. 2015년 말이 되면서 미국이 금융위기 이후 첫 금리 인상을 감당할 수 있을 만큼 충분히 강한 성장세로 돌아섰다는 것은 연방준비제도의 눈에도 또렷이 보였다.

타이트닝 vs 정상화

교묘한 속임수는 이해하기 어려울 수 있다. 인플레이션율의 목표치를 높이면서 금리도 인상하려면 어떻게 해야 하는가? 일단 초저금리 시대가 아주 오랫동안 이어졌기 때문에 기준금리를 몇 번 인상한다고 해도 금리는 여전히 최저 수준에 가깝다는 사실을 잊지 말자. 금리는 아주 천천히 인상될 것이고, 시장은 미리 경고를 받을 것이다. 이렇게 점진적이고 배려심 깊은 접근법을 '포워드 가이던스forward guidance'라고 한다. 그러나 이 접근법을 비난하는 사람도 있다. 2015년 9월에 연방준비제도의 공식 역사가인 앨런 멜처Allan Meltzer는 나와의 인터뷰에서 연방준비제도가 금리 인상 신호를 내보내면

서도 시장의 반응을 염려해 그것을 뒤로 미루는 것은 '부끄러운' 짓이라고 비난했다.[7]

정말로 물어야 할 질문은 "어느 정도 수준이 '긴급' 금리 인상이고, 어느 정도가 정상 수준인가?"이다. 우리는 현재 '정상'에서 굉장히 멀어져 있기 때문에 어느 정도가 정상인지 아무도 알지 못한다. 중앙은행이 금리 인상을 단행하면서 그것을 통화 '타이트닝'이 아니라 '정상화normalizing'를 위한 노력이라고 주장해도 누구도 뭐라고할 수 없다. 물론 금리가 정상 수준 이하인 한 인플레이션의 위험은여전히 높다. 인플레이션을 불러오기 위해 공짜 돈을 계속 풀면서도, 중앙은행은 제 역할을 다하고 있는 것처럼 보인다. 하지만 브레이크와 액셀을 동시에 밟는다면 대개 이도 저도 아닌 결과만 나오기마련이다.

공짜 약

미래의 어느 날 유동성이 줄어들지 모른다는 말이 조금이라도 나오는 순간, 시장은 격렬한 반응을 보일 것이다. 때문에 중앙은행이 과감한 조치를 차일피일 미루는 것도 충분히 이해가 가는 행동이다. 어떤 사람은 양적완화를 공짜 약에 비유한다. 이것은 회복 중인 헤로인 중독자에게 모르핀을 주는데, 중독자가 자신이 한 번에 받을수 있는 모르핀의 양이 줄어들지 모른다며 불안에 떠는 것과 비슷하다. 예컨대 2013년에 제프리 래커_{Jeffrey Lacker} 리치몬드 연방준비은행 총재는 양적완화에 거듭 반대하면서 중앙은행이 양적완화 축소에 대한 논의조차 시작하지 않았다고 지적했다. "위원회는 (유동성을) 줄이기는 하겠지만 속도를 고려할 때 돈의 유통은 더 늘어날 것이다. 다시 말해, 연방준비제도는 펀치볼을 그대로 두고 있으며, 다음 해부터 덜 붓는다고는 해도 아직 계속해서 볼에 술을 추가하고 있다."[8]

애초에 펀치볼 비유를 처음 언급한 사람은 최장수 연방준비제도 이사회 의장인 윌리엄 맥체스니 마틴이었다. 그는 "연방준비제도가 할 일은 파티가 끝나기 전에 펀치볼을 치우는 것이다."라는 유명한 말을 남겼다. 세계 각국의 중앙은행은 대부분 여전히 펀치볼을 치우기는커녕 공짜 약물을 더 들이붓고 있다.

연방준비제도는 시장으로 흘러가는 공짜 약을 줄이려 시도하기는 했다. 그래 봤자 2015년 12월 16일 금리를 25베이시스포인트 소폭 인상한 것이 전부였다. 그 미미한 금리 인상에 지옥의 빗장이 풀렸다. 빗장이 풀리고 일어난 모든 사태를 열거하자면 끝이 없다. 하지만 뉴욕의 내 저작권 대리인인 WME 사무실이 있는 건물의 보안요원이 경제가 정말로 나빠지는 것이 아니냐며 내게 의견을 물어왔다는 사실은 명백한 신호였다. 나는 처음에는 내가 경제학자로 언론에 소개된 것을 보고 그가 그런 질문을 던졌다고 생각했다. 하지만 아니었다. 그는 그 건물의 출입자 모두에게 그런 물음을 던지고 있었다. 그 보안요원이 일련의 사태들을 인지하고 그런 질문을 던진 것은 아니었겠지만, 이상한 분위기를 느낀 것은 분명했다.

중국에서 빠져나오는 자본 유출이 심각해지면서 중국의 외환 보유고는 국제통화기금에서 정한 '안전 범위safe band'의 제일 밑바닥으로 떨어졌다. 시장은 충격을 받았다. 다음 '기축통화' 국가로 부상할 것이라고 모두의 기대를 받았던 나라에서 대대적 평가절하만이 유일한 수습책이 될 정도로 큰 어려움에 직면한 것이다. 시장에 가해진 충격은 이것만이 아니었다. 사우디아라비아가 소버린 본드 발행과 가장 가치가 높은 석유 자산 중 일부의 매각 계획을 발표한 것이다. 저유가로 사우디아라비아의 재정이 파탄 지경에 이르렀고, 현금 마련이 시급해졌다는 것이 사실로 드러났다. 다시 말해, 선진국의 과소비에 돈을 대주었던 '부자' 신흥국가에서 더는 돈줄 역할을 하지 못하게 되었다. 투자자들은 정부가 민간 부문의 손실을 매번 메꿔준다는 암묵적 가정을 재고하기 시작했다.

유럽 은행의 주가가 폭락하기 시작했다. 크레디트 스위스Credit Suisse의 주가는 2016년 첫 두 달 동안 40% 하락했다. 도이체방크Deutsche Bank의 CEO와 독일 재무장관은 낙석처럼 떨어지는 은행 주가를 무마하기 위해 은행들의 재무 상태가 "바위처럼 단단하다."라는 성명을 발표해야 했다. 유럽중앙은행이 '채무를 통화화monetize the debt' 할 것이라는 소문이 돌았다. 간단히 말해 돈을 마구 찍어낼 것(그리고 앞서 설명한 독일의 사회계약을 파기할 것)이라는 뜻이었다.

주식시장의 변동성이 패닉 수준으로 급등했다. 저유가가 대량 손실을 야기할 것이라는 두려움이 고조되었다. BP의 CEO가 다보스

포럼에서 밝힌 내용이 사태를 더욱 악화시켰다. 그는 유가가 10달러로 떨어지는 것도 "불가능하지는 않다."라고 말했다. 에너지회사에 빌려준 돈이 한순간에 상각될지 모른다는 사실을 모두가 깨달았다. 미국의 천연가스 시추회사들이 장비를 팔지 못했다는 소식이 여기저기서 들려왔다. 실제로 시추회사들은 밀린 대금을 장비로 지급하는 실정이었다. 이렇게 해서 에너지 산업이 보유한 담보 자산이 동시에 아무 가치도 없는 것으로 추락했다.

일본 중앙은행은 2016년 1월 29일 마이너스 금리 기조로 전향할 것이라는 돌발 발표를 했다. 이로써 일본은 G7 국가 중 처음으로 마이너스 금리 시대의 포문을 열었다. 블룸버그의 추정에 따르면, 모든 소버린 본드의 최대 30%는 실질금리가 마이너스이기는 하지만, 한 나라의 중앙은행에서 기준금리를 마이너스대로 인하한 것은 처음이었다.[9] 이미 공식 기준금리를 마이너스 금리로 인하한 스웨덴은 기준금리를 마이너스 0.50%로 낮춘다는 추가 인하 조치를 발표했다.

0%대 마이너스 금리로만 끝나지 않을 것이라는 불안감이 팽배해졌다. 모두가 알다시피 연방준비제도는 미국 모든 은행에 마이너스 금리 가능성을 준비하라는 경고를 보냈다. 그러면서도 연방준비제도는 시장수익률이 마이너스 영역으로 떨어질 경우를 대비해 일종의 시험대를 던졌을 뿐이라고 주장했다. 옐런 의장은 연방준비제도가 기준금리를 마이너스 수준으로 낮출 것을 상정하고 보낸 경고는 아니라고 분명히 밝혔다. 이 말을 하고 난 후 옐런은 연방준비제도에는 그러고 싶어도 마이너스 금리를 실행할 법적 권한이 없을지도

모른다는 생각을 은연중에 내비쳤다. 시장은 기겁했다.[10]

　뉴욕시의 한 보안요원이 감지한 변동성과 불확실성은 어디서 비롯되었는가? 그것은 "정책 입안자들은 전능한가, 무력한가?"라는 한 가지 질문에서였다. 그들이 전능하다면 구제금융은 심판의 날을 늦출 것이다. 그들이 무력하다면 심판의 날은 다소 빨리 찾아올 것이다. 정책 입안자들과 정치인들은 계속 힘을 휘두르고 싶어 하므로, 결국 두 진영 사이에서 줄다리기가 벌어질 것이다. 한쪽은 시장에 돈을 수혈할 수 있는 새로운 방법을 찾아낼 수 있다고 믿는 사람들이고, 다른 한쪽은 마지막 총알이 발사되었다고 믿는 사람들이다. 전자의 승리는 인플레이션을, 후자의 승리는 디플레이션을 부른다.

　디플레이션 진영에 이 모든 사태는 인플레이션 위험이 하나도 없는 확증이었다. 반대로 인플레이션 진영에는 세계의 인플레이션에 더욱 가속이 붙을 것이라는 확증이었다.

베를린 장벽 붕괴

통화 정책은 우리 사회에서 기술적 기능만이 아니라 정치적 기능도 겸한다. 통화 정책의 역할은 시민을 대신해 통화의 안전성을 보존하는 것에 있다. 그렇지 않으면 위정자들이 표심을 얻는 데 유리한 선심성 사업을 벌일 자금을 마련하여 마냥 돈을 찍어낼 것이기 때문이다. 또한 통화 정책은 저축자와 투자자의 이익이 서로 균형을 맞추도록 돕는 역할도 한다. 하지만 일반적으로 통화 정책은 국내의 현안일 뿐 국제적 사안은 아니라고 여겨진다. 시민들은 누구를 뽑고 어떤 정책을 따를지 직접 선택하며, 거기에 따른 결과도 직접 감당해야 한다. 짐바브웨에서 화폐를 마구 찍어내 초인플레이션이 왔고, 돈이 휴지 조각이나 다름없어졌다고 해서 영국이나 미국이 책임질 필요는 없다. 연방준비제도나 잉글랜드은행 또는 유럽중앙은행이 "짐바브웨의 통화팽창률이 심각한 수준이므로 우리는 금리를 올려야 합니다."라는 발표를 한다면? 대중은 말도 안 되는 소리라며 분노할 것이다.

그러나 상식적으로 생각해보자. 우리는 하나의 글로벌 시장으로 움직이는 글로벌 경제 세상에 살고 있다. 한 나라의 통화 정책은 세계 각국에 영향을 미친다. 통화 정책이 지난 세기 마지막 분기 동안 만들어낸 결과 중 하나가 소위 '인플레이션의 대안정화Great Moderation'였다. 대안정화 시기는 연방준비제도이사회 의장이었던 폴 볼커가 1979년 인플레이션을 낮추기 위한 무대를 마련하면서 등장했다. 그의 금리 인상 조치로 미국은 날뛰던 인플레이션에 족쇄를 채웠다. 하지만 세계 전체의 인플레이션을 진정으로 종식시킨 것은 1989년 베를린 장벽 붕괴였다. 볼커가 야수 사냥에 나선 지 10년 후에 벌어진 이 사건의 엄청난 무게에 인플레이션은 말 그대로 으스러지고 짓눌렸다.

오늘날 세계 경제를 책임지는 사람들은 대다수가 50대 이하이고, 그들의 뇌리에는 소련과 냉전에 대한 기억이 거의 없다. 그들은 공산주의 블록이 세운 거대한 장벽이 베를린을 양쪽으로 갈라 독일을 동과 서로 나누었던 1961년 이후에 태어났다. 베를린 장벽은 단순한 물리적 장벽이 아니라, 자본주의와 공산주의를 심리적·이데올로기적으로 나누는 장벽이기도 했다. 또한 동독과 서독을 가르는 '철의 장막Iron Curtain'이기도 했다. 당시 사회주의 국가 건설에 애쓰는 공산주의 정권에 베를린 장벽의 목적은 '민의'를 약화시키려 도모하는 파시스트나 자본주의자 등 반사회주의자로부터 인민을 보호하는 것이었다. 실제로 베를린 장벽은 공산주의가 새롭게 부여한 사회계약에서 벗어나려는 동독인들의 이주와 망명을 막는 역할도 했다. 1989년에는 공산주의가 사회계약의 약속을 이행하지 못한다는 것이 분명하게 드러났다. 제한된 물품과 식량을 줄 서서 배급받으며 오랫동안 경제적으로 고된 생활을 하던 공산주의 세계 사람들은 마침내 봉기했다. 1989년 11월 9일 밤, 사람들은 커다란 망치를 들고 베를린 장벽으로 갔다. 그것이 그들의 '민의'였다.

이 사건은 동독의 공산주의만이 아니라 세계 다른 공산주의 체제를 무너뜨리는 신호탄이 되었다. 소련은 러시아가 되었다. 더 정확히 말하면 러시아를 비롯해 10개 나라들로 이뤄진 독립국가연합Commonwealth of Independent States, CIS이 되었다. 그리고 이 연합에서 러시아는 표면상으로는 동등한 회원국이지만, 실제로는 다른 나라들보다 훨씬 더 막강한 힘을 발휘한다. 소비에트연방에 속해 있던 폴란드, 에스토니아, 조지아, 우크라이나 등은 독립 국가가 되었다.

인도의 사정

소비에트연방의 붕괴는 인도에 국가 통제경제 체제를 뒤로 물리는 계기가 되었다. 인도는 면에서 식품에 이르기까지 소련에 여러 상품을 판매하고 있었다. 그러나 소련 체제가 붕괴되면서 인도가 이 체제로부터 받아야 할 빚도 공중에 붕 떠버렸다. 당연히 인도에는 막대한 재정위기가 찾아왔다.

나는 1992년 인도로 가서, 당시 재무장관이었고 훗날 총리가 된 만모한 싱Manmohan Singh을 인터뷰했다. 그때 그의 얼굴 표정이 아직도 기억이 난다. 그의 표정에서는 체념과 언제 꺼질지 모르는 희미한 희망의 불꽃이 동시에 엿보였다. 모든 위기가 다 그렇듯 인도의 위기에도 네메시스와 휴브리스(오만과 처벌)가 공존했다. 그의 안에서, 그리고 그의 나라에서 벌어지는 난투극이 내게도 느껴졌다. 싱은 내게 "우리는 돈이 없소이다."라고 단도직입적으로 말했다. 싱은 인도에는 돈이 없고 다른 선택지도 없기 때문에 시장의 힘에 따라 경제를 개방하지 않을 수 없다고 설명했다.[11] 마거릿 대처의 말처럼 "사회주의의 문제는 결국에는 다른 사람의 돈까지 다 써버린다는 것이다."

소련의 몰락을 불러온 핵심 원인은 경제적 요인이었다. 세수만으로는 국가 지출을 감당할 수 없었다. 베를린 장벽이 무너진 후에는 라틴아메리카에서도 친시장적 우파 정권이 전보다 더욱 힘을 얻었다. 소련의 몰락으로 사회주의와 공산주의를 옹호하는 사람들은 입을 다물었다. 프랜시스 후쿠야마Francis Fukuyama는 냉전 체제의 종식을 "역사의 종말The End of Hisotry"이라고 표현했다. 이념 논쟁에서 승리한 자본주의는 매우 강력한 경제적 결과를 일궈냈다.

앨런 그린스펀은 백악관 모임에서 처음으로 베를린 장벽의 중요성을 설명했다. 그가 2007년 자신의 저서《격동의 시대The Age of Turbulence》에서 언급한 것보다 한참 전이었다. 그는 동독과 서독의 분단이 끝난 후 중국과 방글라데시, 인도, 아프리카, 라틴아메리카의 수십억 노동자들이 예고 없이 세계 경제로 편입해 들어왔다고 말했다. 이로 인해 세계의 임금과 물가가 내려갔다. 더 싼 임금에 필요한 것은 무엇이든 다 만들어주는 신흥시장 노동자가 지척에 대기하고 있었기 때문에 가격을 함부로 올릴 수 없었다. 이것이 오늘날 경제학자들이 말하는 '인플레이션의 대안정화' 시대를 열었다. 성장률은 대체적으로 오르고 인플레이션율은 대체적으로 낮아지는 세상이 탄생하였다.

오늘날 기업과 자산을 운용하는 사람들은 대개 베를린 장벽이 무너진 후의 세상에서 자랐다. 우리는 일반적으로 성장률은 오르는 것이고, 인플레이션율은 낮아지는 것이라고 생각한다. 그리고 이것이 정상이라고 생각한다. 그러나 이것은 아주 예외적이고 또 어쩌면 일시적인 환경이 만들어낸 흐름일 뿐, 앞으로 지속되기는 힘들다.

대다수 신흥시장 노동자는 그들 자신과 나라의 경쟁력을 약화시킬 임금 인상을 소리 높여 요구한다. 다 글렀다.[12] 그들은 이제 값싼 노동력을 제공할 생각이 전혀 없다. 반면에 금융위기가 불러온 절박

한 압박감은 선진국에 혁신의 물결을 탄생시켰다. 선진국 사람들이 재정비한 개인적·직업적 비즈니스 모델과 활동은 그들 나라에 다시금 신흥시장에 맞서 싸울 경쟁력을 제공하였다.

완벽한 원은 잠시였다

지난 25년은 '정상'이 아니었다고 인정하려니 씁쓸하다. 이 시기는 우리가 매우 우호적인 환경의 축복을 받으며 많은 것을 누릴 수 있었던 아주 특별한 역사의 한 장이었다. 하지만 이 예외적인 상황이 반복될 가능성은 거의 없다.

누군가는 이 시기에도 장애물이 한둘이 아니었다고 주장하면서 다른 말을 할지도 모른다. 그 말이 맞기는 하다. 지난 25년의 역사에서만도 경제적 재앙은 수두룩하다. 1980년대와 1990년대에는 폴 볼커 의장의 금리 인상 단행으로 700개가 넘는 저축대부은행들이 파산한 S&L 위기가 있었다. 1990년대 초에는 스칸디나비아 3국(노르웨이, 스웨덴, 핀란드)의 은행 위기가, 1994년에는 멕시코 페소화 위기가 있었다. 스칸디나비아 사태를 기억하는 사람은 얼마 없지만, 멕시코의 경우 구제금융까지 필요할 정도로 엄청난 후폭풍을 불러왔다. 1997년에 불거진 아시아 금융위기는 결국에는 1998년 러시아의 채무불이행으로 이어졌다. 1999년에는 아르헨티나가 부도를 선언했다.

이런 일련의 사태가 불러온 가격 변동에 코네티컷주 소재 헤지펀드인 롱텀 캐피털 매니지먼트를 비롯해 여러 금융기관이 발목을 잡히면서 세계 경제의 안정성이 위협을 받았다. 최근 금융위기의 진짜 시작은 2007년이었지만, 2008년 리먼 브라더스가 무너지면서 대중의 눈에 본격적으로 띄게 되었다.

과거의 위기 목록을 보다 보면 세계 경제는 변동이 심하고 위험하므로 사람들도 언제나 최악을 준비하고 있을 것이라고 생각하기 쉽다. 하지만 아니다. 사람들은 전혀 최악을 준비하고 있지 않다. 그 이유는 아마 각각의 경제 불안과 위기가 닥칠 때마다 항상 정부가 대응책(구제금융)을 내놓았고, 상처를 수습한 뒤에는 다시 성장할 수 있는 행복한 상황으로 돌아갔기 때문이다. 사람들의 뇌리에 지난 25년은 잠깐의 성공이 간간이 섞인 나쁜 시절이 아니라, 잠깐의 장애물이 간혹 등장했던 좋은 시절로 기억되고 있다.

지금 50세가 된 사람 중 누군가는 세계 경제가 변동성과 예측 불가능성이 높았다고 기억할 것이다. 하지만 대다수 사람은 어지간하면 성장이 이어질 것이고, 물가는 대체적으로 떨어질 것이라고 믿는다. 그들은 과거의 경험으로 미래를 설계할 수 있다고 믿는다.

공산주의의 종말

사람들은 여전히 주식시장과 채권시장이 안전한 노후를 보장해줄 것이라고 믿고 싶어 한다. 사람들은 질세라 내일의 소득을 가불받아 오늘 소비한다. 현재 개인 채무도 국가 채무도 모두 신기록을 경신했다는 것이 그 증거이다.

아이러니하게도 금융시장이 "과거의 수익이 미래의 실적을 보장하지 않는다."라고 (법에 따라) 거듭 설명하는데도 불구하고, 많은 사람이 과거의 경험이 언제까지나 미래를 보장해줄 것이라고 가정한다. 그렇기 때문에 오늘날 상당수가 '정상'이라고 믿는 경제 작용이 무엇인지 한 번쯤은 설명하고 넘어갈 필요가 있다. 알 만큼 아는 경제학자와 역사학자에게는 자명한 현실이겠지만, 나는 지난 20여 년간 많은 청중을 만나면서 이 '서슬 퍼렇게 분명한' 현실을 설명해야 한다는 것을 알게 되었다. 과거에 일어난 일들과 그 일들이 자신에게 지니는 의미를 제대로 이해하지 못하는 사람들이 많기 때문이다. 현실을 직시하자. 도서관에는 동일한 역사적 사건을 서로 대립되는 관점으로 풀어 쓴 책들이 많다. 잠깐만 시간을 할애하여 역사에서 무슨 일이 왜 일어났는지 검토해야 한다. 그러면 약간의 식견을 통해 어떤 주장의 옳고 그름이나 유의미함을 따지는 열띤 논쟁에 참여할 준비 태세만이라도 갖출 수 있게 된다.

베를린 장벽 붕괴는 세계 경제가 완벽한 원으로 더 쌩쌩하게 돌아가게 만든 신호탄이었다. 중앙집권식 국가 통제의 종말과 냉전 종식이라는 두 작용은 인플레이션을 누그러뜨렸고, 성장에 힘을 불어넣었다. 오늘날 젊은 세대는 공산주의 지도부가 철강 생산 방식을 결정하고, 모스크바와 상트페테르부르크의 우유 소비량을 결정하는

'통제경제'를 상상하기 힘들다. 나이 든 세대의 기억에서도 희미해 진 지 오래다. 공산주의식 자산 할당 체제는 일부 공산당 관료의 손 아귀에 막강한 권력을 쥐여주었다. 어디에서 무엇을 만들지, 누가 무엇을 살 수 있는지, 연필에서 강철 빔 그리고 감자에 이르기까지 모든 재화와 서비스에 얼마의 가격을 매길지는 모두 공산당 관료들 의 결정에 달려 있었다. 상상도 안 되고, 기억도 잘 나지 않는 체제 이다. 공산주의 체제에서는 누가 무엇을 가질 수 있는지를 국가가 정했다. 당신이 어떤 과목을 전공할 수 있는지, 어떤 직업을 배정받 을지 그리고 빵을 얼마나 살 수 있는지도 모두 국가의 뜻에 따라야 했다.

평화 배당

소련 붕괴와 공산주의의 종말은 경제 디플레이션을 유발하는 또 다른 중요한 작용도 불러왔다. 그것은 바로 평화 배당이다. 오늘날 냉전기의 시대상을 기억하는 사람은 많지 않다. 나는 1960년대에 워싱턴 D.C.에서 자랐고, 내가 다닌 체비체이스 초등학교에서는 한 달에 한 번 정도 핵 경보 훈련을 했다. 핵 경보 훈련은 경보가 울 린 즉시 건물을 빠져나가야 하는 화재 경보와 달랐다. 핵 경보가 울 리면 재빨리 책상 밑으로 들어가 몸을 바짝 웅크려야 했다. 핵폭탄 이 터지는 순간에 책상 밑으로 숨으면 조금이나마 안전해질 수 있다는 발상이 어디서 어떻게 생겼는지는 모르겠다. 하지만 그런 대피 훈련이 우리 세대에게 핵 교환nuclear exchange(초강대국이 핵무기 공격을 주고받는 행위-옮긴이)에 대한 두려움을 깊이 심는 데 성공한 것은 분명했다.

어렸을 적 내 꿈은 핵무기 협상가가 되는 것이었다. 이 꿈은 열일곱 살이 되어 핵무기 협상가가 되려면 일단 핵물리학자부터 되어야 한다는 사실을 알고 포기했다. 어쨌거나 지미 카터 대통령의 SALT Strategic Arms Limitation Talks(전략무기제한협상, 1969년에 협정이 시작되었고 1979년에 SALT II 조약이 체결되었다. SALT는 최근까지도 많은 관심사가 쏠린 STARTStrategic Arms Reduction Talks(전략무기감축협정)의 발판이 되었다.) 성공으로 핵무기 협상가가 필요 없어졌고, 그 후 나는 세계 경제로 관심을 돌렸다. 그래서 나는 우리 세대가 왜 핵 억지력(당시에는 상호확증파괴Mutual Assured Destruction(한쪽이 핵 공격을 하면 상대도 보복 핵 공격을 해 상호파괴가 확증되는 상황일 때 이 두 나라 사이에는 핵전쟁이 발생하지 않는다는 이론적 개념-옮긴이)라고도 했다.)을 키우는 데 기꺼이 예산을 쏟았는지, 그리고 더는 지출을 하지 않아도 되었을 때 왜 그토록 기뻐했는지 정확히 이해한다.

제2차 세계대전이 끝난 후부터 미국과 소련은 힘을 기르기 위한 각축전을 벌이면서 군비 확장에 골몰했다. 양쪽 모두 GDP의 상당 부분을 전쟁 방지와 전쟁 준비에 할당했다. 핵무기, 체크포인트 찰리Checkpoint Charlie(베를린 장벽에서 가장 유명했던 검문소-옮긴이)의 경비대, 베트남을 비롯해 세계 각지에서 벌어지는 공산주의와의 전쟁 등 비생산적인 자원을 마련하는 데 사용되던 지출을 이제는 실질경제에서 생산적인 용도로 사용하게 되었다.

미국의 존슨 대통령과 케네디 대통령은 '총과 버터(총은 외교 정책과 전쟁 등 군사력을 의미하고, 버터는 경제와 생활을 의미한다.-옮긴이)'에서 모두 우위를 점하려고 노력했다. 케네디 대통령은 군비 경쟁에서 러시아를 이기는 데 필요한 조치를 모두 감행했지만 수백만 미국인을 빈곤에서 탈출시키기 위해 예산을 마련하는 것도 소홀히 하지 않았다. 시민시대의 과실을 맛보지 못하고 있었던 아프리카계 미국인들을 가난에서 벗어나게 하는 것도 그에게는 중요한 일이었다. 케네디 대통령이 갑자기 암살당한 후 대통령이 된 린든 베인스 존슨이 추진한 '위대한 사회' 프로그램은 아프리카계 미국인들의 인권을 보장하고, 그들을 미국 사회로 통합하는 길을 공고히 닦는 데 기여했다.

국방비 지출을 유지하면서 메디케어(65세 이상 노년층에게 제공하는 의료지원제도)와 메디케이드(65세 이하 저소득층과 장애인을 위한 의료복지제도) 그리고 빈곤층을 위한 복지 혜택 등 사회안전망 확대에 사용할 기금까지 마련하는 것은 꼭 필요한 정책이었지만, 엄청난 재원이 필요한 일이었다. 실제 천문학적인 비용을 마련하기 위한 해결책은 돈을 찍어내 지출하는 것이었다. 이때부터 미국의 부채 문제가 가중되기 시작했다. 연방준비제도 추정에 따르면, 폴 볼커 의장이 1979년이 되어서야 겨우 진화한 고인플레이션의 진짜 시작은 1965년이었다. 로널드 레이건 대통령이 집권할 즈음 인플레이션을 잡은 정책 입안자들은 그 후부터 인플레이션 전문가로서 존경받게 되었다.

마침내 베를린 장벽이 무너졌을 때는 인플레이션에 대한 기억도 이미 가물거리기 시작한 시점이었다. 인플레이션의 대안정화와 평화 배당이 사이좋게 함께 길을 걸으면서, 성장률은 오르고 인플레이션율은 내려가며, 국방 예산은 줄이고 복지 예산은 늘리는 것이 정상이라는 믿음이 생겨났다. 이런 체제야말로 모두의 필요에 진정으로 부응할 뿐만 아니라, 그 체제를 떠받치는 모든 개인과 국가의 이익에도 부응하는 것이라는 믿음이 곳곳에서 생겨났다.

베이비 붐 세대의 등장

완벽한 원의 토대가 마련되는 데에는 인구통계학적 요소도 큰 역할을 했다. 제2차 세계대전이 끝나고 미국과 유럽에서 폭발적으로 증가한 아동 인구 세대를 가리키는 '베이비 붐 세대'의 등장은 젊은 세대의 수가 은퇴 세대의 수보다 월등히 많아졌다는 것을 뜻했다. 또한 세금과 정부와 사회보장제도, 기타 국책 사업 등에서 정부로 들어오는 돈이 나가야 할 돈보다 훨씬 많아졌다는 뜻이기도 했다. 1940년대 후반 인구통계는 정부의 금고로 들어오는 현금이 계속 늘어날 것이므로, 정부가 시민에게 제공하는 복지 혜택을 계속 늘려도 된다는 착각을 불러일으켰다. 여기에 더해, 성장이 쭉 이어질 것이므로 내일의 세수를 오늘 끌어다 써도 아무 문제가 없다는 생각까지 심어놓았다.

완벽한 원의 세상에서 한 가지 중요한 신호가 분명하게 울려 퍼졌다. 사람들이 내일을 대비하기 위한 저축을 멈춰도 괜찮다고 오판하면서 빚이 늘어났다. 실제로도 미래의 기대소득에 맞춰 소비하는 것이 가능했다. 보통은 내일의 불확실성에 대비해 저축을 하는 것이 상식적인 행동이다. 그러나 완벽한 원에서 다져진 믿음은 탄탄대로의 풍경이 그려진 선명한 미래를 상상하게 했다. 이 '선명한 미래'에 빠진 정부와 개인은 레버리지(차입)를 마음껏 쓰면서 미래에서 빌린 돈으로 현재의 지출을 감당해도 아무 문제가 없다고 생각했다.

우리는 이 사상누각의 덧없는 '완벽한 원'을 주춧돌 삼아 국가와 개인의 예산을 세웠고, 기업과 가족의 수입과 지출을 계획했고, 개인 생활을 설계했다.

2007~2008년의 금융위기

처음에는 은행권에만 국한된 손실이고, 사망 선고가 나기 전에 정부가 여러 긴급조치(저금리, 현금 수혈, 주택저당증권mortgage-backed securities과 유럽 소버린 본드 같은 특정 자산에 대한 정부 지원, 반￦국영화 등)를 취해 목숨은 살려줄 수 있을 줄 알았다. 그러나 이런 조치로도 역부족이었다. 2007~2008년 금융위기 초기에 취해진 일련의 정부 조치는 금융권의 손실을 납세자에게로 이전하는 데만 성공했다.

결국 정부 재정이 파탄 지경이라는 사실이 드러났다. 경기 침체로 세수가 급락했고(베이비 붐 세대가 끝나가고 있다는 사실도 상황을 악화시켰다.), 정부 역시 흠투성이 비즈니스 모델을 사용하고 있었다는 것이 분명해졌다. 정부도 내일의 기대소득을 근거로 오늘 시민에게 돈을 지급하고 있었을 뿐이었다. 국고로 들어오는 돈이 부족해지면서 정부는 시민들에게 약속했던 모든 복지 혜택을 더는 유지할 수 없게 되었다.

행운인가, 능력인가

언제나 그렇지만 호경기에는 오만이 무대 중앙으로 등장한다. 행운을 능력으로 착각하는 순간이 오는 것도 하나의 신호이다. 어떤 특별한 상태가 영원히 지속될 것이라고 생각할 때 신호음은 더욱 증폭된다. 완벽한 원의 세상에서는 모두가 그런 착각에 빠져 지냈다. 서양과 동양, 미국과 중국, 선진국과 신흥시장 모두 방식만 다를 뿐 오만을 드러냈고, 오만을 거름 삼아 완벽한 원은 상호파괴적인 궤도로 올라섰다. 완벽한 원은 경제를 하나로 결속시키는 것이 아니라 뿔뿔이 흩트려 놓았다.

미국은 여러 형태로 오만을 드러냈다. 서구 사람들, 특히 미국인들은 난방비나 유지비, 실직했을 때 집을 잃지 않으려면 필요한 예산은 얼마인지는 전혀 생각하지 않고 집을 샀다. 은행은 국가 성장과 국민소득이 계속 오르는 기류 속에서 모두가 혜택을 받을 것이라고 가정하면서 자격이 한참 떨어지는 차입자들에게 점점 많은 돈을 빌려줬다.

중국도 방식이 다를 뿐 마찬가지였다. 시골 노동자들은 어디서 살고, 벌이는 얼마나 될지 알지 못한 채 무작정 집을 버리고 일자리를 찾아 대도시로 떠났다. 고용주가 집이나 식료품 등 생활에 필요한 기본적인 것을 제공한다고 해도 전체적인 근로 여건과 생활 여건은 나빠질 수밖에 없었다. 그리고 심하면 몇 년이나 임금이 체불되기도 했다. 안정된 주거지를 마련하지 못한 이농 노동자들은 내일의 소득을 오늘 소비할 수는 없었지만, 그들은 오늘의 소득이 내일 지급될 것이라는 희망으로 버티며 일했다. 그들도 큰 위험을 감수한 것은 마찬가지였다.

신흥시장 노동자들의 상사인 공장주들은 미국과 똑같이 행동했다. 그들이 차입을 하거나 담보대출을 받거나 신용대출에 의지하지는 않는다. 하지만 자신들이 운영하는 사업체의 가치가 오늘의 현금 흐름이 아니라 시장점유율과 미래의 성장에 존재한다고 가정하면서 사업을 운용했다. 실제로 중국의 사업체들 대부분은 현금 흐름이 마이너스였다. 중국이 무한한 이익의 땅일 것이라는 일반적인 생각과 다르게, 호황이라고 여겨졌던 2000~2007년에도 중국의 사모자본 수익률은 전반적으로 마이너스였다. 인터넷 거품이나 다른 모든 투기성 거품과 마찬가지로, 사람들은 오늘은 이익이 나지 않아도 내일은 실적을 낼 것이라고 믿기 시작했다. 그럼으로써 중국 경제는 공급이 수요를 초과하는 소프트 마켓이 되었고, 자신감도 쪼그라들었다.

높아진 위험, 낮아진 수익률

운 좋게도 서구의 투자자들은 홍콩이나 상하이 증권거래소에서 중국 기업의 주식을 사거나 중국 기업의 지분을 직접 매입하는 등 줄지어 직접 투자를 계속했다. 새로 들어오는 투자는 적자인지 이익이 낮을지 드러나지 않게 했다. 중국 사업주들의 관심사는 오늘의 현금 흐름이 아니라 내일의 출구 전략이었다. 다시 말해 그들의 최우선 관심사는 IPO를 하거나, 대기업에 사업체를 매각하거나, 주가를 올리는 것이었다. 그리고 이렇게 미래에만 몰두하면서 비용을 삭감하고 품질은 등한시하는 태도는 더욱 강해졌다. 중국 기업들은 질은 무시하고 양에만 관심을 쏟는 것처럼 보였다. 그리고 그것과 똑같은 현상이 서구 금융시장에서도 벌어졌다. 사람도 기업도 IPO나 사업체 매각, 주가 상승 등 사업체를 처분하고 현금을 회수하는 데에만 혈안이 된 나머지 거래의 질은 등한시하고 거래량을 늘리는 데에만 관심을 쏟았다.

과도한 자신감에 부푼 금융집단은 미래가 당연히 장밋빛일 것이라고 낙관하면서 위험한 도박을 계속했다. 그러다 보니 투자자들이 감수하려는 위험이 전보다 훨씬 커졌다. 그러나 고위험 고수익을 좇는 돈이 늘어나면서 위험 대비 수익률은 떨어졌다. 중국의 자산 가격이 너무 올라 모두가 방글라데시 주식을 사려고 몰려들면 방글라데시 채권이 오르면서 가치가 올라간다. 그리고 위험은 줄어드는 것처럼 보인다. 아프리카 채권처럼 위험이 높은 신흥시장 채권의 수익률이 미국이나 유럽 기업들의 채권수익률에 필적하게 되면 시장은 위험 자산과 그렇지 않은 자산을 더는 구분하지 않는다.

양적완화와 캐리 트레이드가 남발되면서 이런 일이 벌어졌다. 모든 것의 가격이 올랐다. 그러나 이것은 아프리카와 방글라데시의 채권을 포함해 모든 채권의 수익률이 내려간다는 뜻이기도 했다(채권 가격이 오르면 채권수익률은 떨어진다.-옮긴이).

돈을 빌려와 금융시장에서 도박을 하는 레버리지 투자를 늘리는 것만이 채권수익률을 개선하는 유일한 방법이었다. 미국인이 더 적은 계약금으로 꿈에 그리던 것보다 더 크고 더 비싼 집을 살 수 있었던 것처럼, 금융시장의 투기꾼도 빌린 돈으로 펑펑 투자했다. 그들은 자기 돈은 더 적게 들이면서 주식, 채권, 외환, 상품에 투자했다. 그들은 아닌 말로 수중에 현금이 적어도 '포지션'을 설정하고 트레이드를 할 수 있다면 무엇에든 다 크게 돈을 걸었다. 그들의 행동은 시장에서 리스크를 겁내지 않는다는 신호였다.

질과 양

우리가 눈여겨봐야 할 신호가 또 있다. 서구의 자산운용사와 금융기관은 자산을 관리하는 수탁자 역할에 충실하던 태도를 버리고 운용 자산 규모를 키우는 쪽으로 관심의 초점을 돌렸다. 이들 자산운용사와 금융기관은 수익성을 중시하지 않고 규모에 열을 올렸다. 운용자산과 거래량이 늘어나면 수수료가 증가하고, 주가가 오르고, 사업의 미래 가치도 올라간다. 중국 기업들이 수익성을 등한시하고 시장점유율에 목을 맨 것과 마찬가지로, 자산운용사들도 운용의 질보다는 규모를 늘리는 쪽에 중점을 두었다.

기업 경영진이 영원한 현금 흐름과 GDP 성장이 지속 가능하다고 믿게 되면서 비즈니스 모델이 변하기 시작했다는 것도 또 다른 신호이다. 무한정 자본 조달이 가능하다고 믿는 세상에서는 멀건 가깝건 무조건 생산비가 가장 적게 드는 지역으로 외주를 맡기는 것이 똑똑한 처사라고 여겨진다. 업체들은 가장 값싼 비용으로 노동력을 제공하는 지역으로 생산을 이전했다. 아무리 먼 곳에서 생산한 물품도 필요하면 언제든 본국으로 선적할 수 있고, 그럴 자본도 넉넉하다는 생각에 재고를 쌓아두지 않았다. 또한 문제가 생겨도 수습할 자본을 언제라도 조달할 수 있다는 생각에 지리적으로 가깝지 않고, 사회적으로도 안정되지 않은 곳으로 많은 생산시설을 옮겼다.

또 다른 신호는 대다수 국가의 중앙정부와 지방정부가 오늘보다 내일의 현금 흐름이 더 탄탄해지고 더 늘어날 것이라고 가정하고 예산을 편성하기 시작했다는 사실이다. 정부는 시민에게 복지 혜택 증대를 약속했고, 복지 수당(푸드 스탬프나 연금수급 등)이 기대소득보다 적게 올라가는 것을 예산의 승리라고 찬양했다. 그러나 안타깝게도 금융위기가 발생하면서 기대소득도 말라붙었다. 기업 거래량이 급감하면서 기업 이익이 줄었고, 여기서 나오는 세수도 줄었다. 실직자가 늘어나면서 그들의 개인 소득세 납부 능력이 줄었다. 이로 인해 세수가 줄어들었고, 국가가 시민에게 약속한 복지 혜택과 서비스를 제공하는 데 필요한 현금이 바닥났다. 국가는 모자란 돈은 빌려와 메꿔야 했다.

스티브 말랑가Steve Malanga는 '나라가 예산 적자를 감춘 방법'이라는 기사에서 어떻게 이런 일이 일어났는지를 설명한다.[13] 2001년 뉴저지주는 "28억 달러를 빌려와, 세수 기여분으로 메우지 못하는 연기금 부족분을 메운다는 결정을 내렸다. 합리적인 조치인 것처럼 보이기 위해 뉴저지주 트렌턴시는 이 차입금의 연간 투자수익률을 비현실적으로 계획했다(연간 8~12%)." 말랑가의 설명에 따르면, 2004년까지 뉴저지주의 예산 부족분은 20억 달러나 됐기 때문에 돈을 더 빌려와야 했다. 이 상황에 대해 말랑가는 "이것은 담보 이자를 갚으려고 신용카드 대출을 받는 것과 비슷하다."라고 명쾌하게 설명했다.

말랑가의 말처럼 빌린 돈으로 연기금 재정을 메꾼다면 기술적으로는 "우리의 연기금 재정은 X달러이므로 아무 문제없으며, 기여분을 늘릴 필요도 없습니다."라고 보고할 수 있다. 그러나 현실은 엄중하다. 빌린 돈은 이자를 붙여 상환해야 하고, 뉴저지주는 시민에게 제공한 복지 비용을 충당하는 데 들어간 돈을 모두 갚아야 한다. 이 모든 사건은 완벽한 원이 심각한 압박을 받고 있다는 것을 보여주는 신호였다.

뒤집어진 완벽한 원

상황을 반추해보면 분명하게 보이는 것이 있다. 완벽한 원 속에서 우리는 미래를 직선적으로 투사하는 것에 집단 투자를 감행했다. 완벽한 원을 잃으면서 전체 시스템이 부도가 났다. 은행도 정부도 기업도 그리고 개인도 예외가 아니었고, 다들 정부에 대응책을 마련하라고 요구했다.

완벽한 원이 손쓸 수 없을 정도로 뒤집히면서 투자자들은 더는 투자수익률을 신경 쓰지 않게 되었다. 그들이 원한 것은 자산의 '회수'였다. 더 큰 집을 소유하는 것은 더 이상 사람들의 관심사가 되지 못했다. 그들은 지금 가진 집의 쥐꼬리만 한 지분이나마 유지하기를 원했다(많은 사람은 그 지분도 유지하지 못했고, 심지어 지분이 마이너스가 된 사람도 있었다.). 은행가들은 후배주deferred stock(보통주보나 이익 배당이나 잔여 재산분배가 후순위인 주식-옮긴이)와 스톡옵션을 더는 안중에 두지 않았다. 그들은 일자리만 지킬 수 있기를 원했다.

정부는 거창한 미래의 복지를 약속하지 못했다. 대신에 정부는 파산이라도 모면하기 위해 시민에게 더 공격적으로 세금을 부과하고, 시민에게 하는 약속을 줄이기 시작했다. 어쨌거나 상당수 정부가 부도라는 결과를 피하지 못했다. 이런 정부가 저축과 재정 지출의 차액을 보전하려면 국채를 매입해줄 외국인 투자자들의 친절에 전적으로 의존해야 한다. 그리고 대다수 정부는 '부도'가 아니라, '의존'이라는 말로 상황을 에둘러 표현했다.

지금은 어떠한가

과체중인 채무 부담에 짓눌려 금이 가고, 금융위기로 만천하에 노출된 완벽한 원은 우리 세대의 가장 중요한 문제들을 적나라하게 드러냈다. 생산 세대와 비생산 세대의 충돌, 부유층과 빈곤층의 충돌, 국가와 시장의 충돌, 선진국과 신흥시장의 충돌, 디플레이션과 인플레이션의 충돌이 그것이다. 누가 옳은가의 질문은 여전히 진행형이다. 버냉키인가, 아니면 볼커인가?

　이 질문은 다음 세대에게도 전가되었다. 에스더 조지Esther George 캔자스시티 연방준비은행 총재는 2011년에 임명된 후부터 FOMC Federal Open Market Committee(연방공개시장위원회, 12명으로 구성된 연방준비제도이사회 산하위원회. 공개시장 활동을 감독하고 국가 통화 정책을 수행, 기준금리를 결정하는 역할을 한다.)가 열릴 때마다 반대 의견을 표명했으며, 자신은 볼커가 물려준 유산의 정신적 옹호자임을 강하게 피력했다. 재닛 옐런 의장은 버냉키의 사상을 그대로 이어받았지만, 인플레이션보다는 성장에 역점을 둔다는 점에서 훨씬 과감하게 위험을 감수하는 입장을 취하고 있다.

누가 옳은가? 에스더 조지인가, 재닛 옐런인가? 우리가 주의 깊게 봐야 할 신호가 있는가? 이 신호를 알아채는 것이 이 토론에 도움이 되는가? 내 대답은 '그렇다'이다. 연방준비제도의 핵심 인물이 다수 의견에서 등을 돌리기 시작했다는 것은 매우 중요한 신호이다. 폴 볼커 전 의장이 양적완화 후에 찾아올 인플레이션에 대해 경고했을 때, 연방준비제도이사회 위원들은 그를 '게임'에서 물러난, 들을 가치가 없는 말이나 해대는 '늙은이' 취급을 하며 무시했다. 이 한 편의 활극에서 브루스 윌리스 역할을 맡은 늙은 영웅의 말에 귀를 기울이지 않았을 때 과연 어떤 일이 벌어졌는가?

2014년 5월 미국 경제학계의 존경받는 석학인 마틴 펠드스타인 Martin Feldstein은 사설을[14] 통해 우리에게 경고장을 던졌다. "미국의 인플레이션율이 상승하고 있으며, 이는 연방준비제도나 대다수의 예상보다 훨씬 빠르게 심각한 문제가 될 수 있다."

2015년 10월 나는 경제학계의 존경을 한 몸에 받는 또 다른 인물인 존 테일러John Taylor를 인터뷰했다. 그가 만든 이른바 '테일러 준칙 Taylor Rule'은 중앙은행이 금리 인상이나 인하를 단행해야 할 시기가 언제쯤인지를 파악하는 데 도움이 된다. 그의 의견을 반영한다면, 금리가 2%로 진입할 날도 멀지 않았다. 그리고 은밀히 흐르는 인플레이션 압박의 암류가 경제 모델의 표면으로 떠오르는 순간, 아주 어려운 상황이 펼쳐질 것이다.[15]

2016년 3월 초가 되면서 상황이 가시화되기 시작했다. 스탠리 피셔Stanley Fischer 연방준비제도이사회 부의장은 이렇게 말했다. "인플레이션율이 증가하는 첫 번째 움직임이 등장할 것이다. 이것은 우리가 바라고 있는 일이기도 하다."[16]

하지만 굳이 전문가의 말에만 기댈 필요가 없다. 당신은 눈을 크게 뜨고 앞에 보이는 것에 직접 질문을 던져야 한다. 당신은 세계 경제가 보내는 신호를 직접 관찰할 수 있으며, 또한 그래야 한다. 그러고 나면 이렇게 파악한 신호를 근거로 무엇을 결정하고, 무엇을 할지 직접 선택할 수 있을 것이다. 물론 자신의 위험감수 능력과 실력을 감안하는 것도 잊지 말아야 한다.

8장

이해관계의 충돌

중국 외교부는 며칠이 지나도록 사실 확인을 거부했다. 하지만 2007년 1월 11일, 중국 인민해방군 제2포병대는 외기권 요격 미사일을 발사했다. 지상에서 발사된 물체는 목표물을 향해 힘차게 우주로 돌진했다. 목표물은 지구 상공 535마일(약 860킬로미터) 궤도를 도는 중국의 노후한 기상위성이었다. 미사일을 맞은 위성은 산산조각이 났다. 그 후 러시아와 미국은 중국이 방치한 위험한 잔해들이 우주를 떠돌며 다른 궤도 비행 위성들을 위협하고 있다며 불만을 표했다. 해외 언론은 중국은 미국과 러시아에 이어 우주 상공의 물체를 요격하는 데 성공한 세 번째 나라가 되었다는 기술적 위업에 주로 초점을 맞췄다.

미국 국방과 외교위원회 사람들에게 이 사건은 현대판 '스푸트니크Sputnik(우주시대를 연 일련의 소련 인공위성)'였다. 1957년 카자흐스탄에서 발사된 최초의 지구 저궤도 인공위성인 스푸트니크는 미국의 최대 적대국인 소련이 우주 경쟁에서 앞서고 있음을 알리는 신호였다. 중국의 이번 위성요격실험Anti-Satellite Test, ASAT도 미국의 방위 체제를 무용지물로 만들 수 있는 신기술이 등장했음을 알리는 신호탄이었다(미국 해군의 일부 장비는 위성 안내 없이도 운항과 작동이 가능하지만, 현대의 군사장비는 전자장비 의존도가 대체로 꽤 높은 편이다). 어떤 나라가 미국의 위성을 파괴할 때 미국 해군은 아무 힘도 쓰지 못할 수도 있다. 나침판과 육분의만 가지고는 항공모함을 조종할 수 없다. 위성이 길잡이를 해주지 않으면 어느 것도 할 수 없다. 항해도 불가능하고 무기 시스템 작동도 불가능하다. 동중국해와 남중국해, 태평양에 주둔하는 미국 해군이 점점 늘어나는 것이 중국의 불안감을 높이고 있다는 점에서 이 사건은 특별한 의미를 지닌다.

흥미롭게도 중국 군대는 전력이나 와이파이, 위성, 기타 첨단 전자 보조장비를 이용하지 않는 훈련을 꾸준히 전개하고 있다. 다른 나라도 비슷한 훈련을 하지만 꾸준히 하지는 못할 것이다. 2015년 말에 미국 해군의 천문항법(태양이나 달, 행성, 별 등을 이용해 현재 위치를 계산하는 항법-옮긴이) 훈련 재도입 계획은 또 하나의 명백한 신호이다.*

사태를 어느 정도 파악하고 있는 관찰자들에게 이번 사건은 무언가 새로운 전개를 알리는 신호였다. 즉 중국 내에서 자국의 경제적 취약성에 대한 두려움이 상승하고 있다는 신호였다. 자국민에게 적

---

* 미국 해군은 GPS 장비를 도입하고 3년 후인 1998년 천문항법 훈련을 중단했다. 그러다가 2011년에 함선 항해사들을 대상으로 천문항법 수업을 재개했다. 2017년 미국 해군사관학교 수업에서는 생도들의 육분의 사용 능력 시험을 치르기로 했다.

절한 가격에 식량과 에너지, 원자재를 전달하기 위한 물류 운송 계획이 미국과 그 우방국들에 의해 언제라도 가로막힐 수 있다는 것을 중국이 깨닫고 있다는 신호인 것이다.

중국의 관점에서 보면 돌아가는 상황은 분명하다. 중국은 식량 자급이 불가능하다. 중국의 말라붙은 지하수와 오염된 식수원은 자국민들에게 심각한 위협이 되고 있다. 중국은 경작 가능한 농지도 많지 않다. 국민 전체가 거주하고 일하는 건물을 짓기 위해서는 자국에서 생산되는 구리나 철광석, 가스, 석유 또는 다른 원자재가 턱없이 부족하다. 중국은 이런 원자재에 대한 해외 수입 의존도가 매우 높다.

그 결과, 중국으로 오는 기본 필수품의 자유로운 운송을 언제라도 막을 수 있을 정도로 강력한 미국 해군이 주둔하는 것에 대해 중국은 점점 불편한 심기를 드러내고 있다. 남중국해와 태평양에 배치되는 미국과 그 우방국들의 해군이 날이 갈수록 늘어나고 있다. 미국이 제2차 세계대전 이후로 태평양에 전진배치하는 해군을 꾸준히 늘린 것은 맞지만, 최근 10년 사이에는 그 속도가 확연히 빨라졌다.

중국도 그렇지만, 미국도 연설과 공식 석상 발언을 통해 정책 방향을 조금씩 드러냈다. 힐러리 클린턴은 국무장관으로 재직할 당시 미국이 중동과 태평양 그리고 중국 주변으로 군사적 자산을 재배치할 생각임을 언급했다. 2011년 10월 〈포린 폴리시〉 기고문에 클린턴 장관은 이렇게 적었다. "아시아태평양 지역 투자(외교적, 경제적, 전략적 투자와 그 외 모든 투자)를 안정적으로 크게 증대시키는 것이 차후 10년간 미국 국정 운영의 가장 중요한 과제 중 하나가 될 것이다."[1]

그 직후인 2011년 11월에 오바마 대통령은 오스트레일리아에서 이렇게 연설했다. "대통령으로서 나는 신중하고 전략적인 결정을 내렸다. … 미국은 지금도 그래왔고 앞으로도 언제까지나 태평양 국가일 것이다."[2]

마찰

여기서 문제는 중국이 미국과 그 우방국들을 딱히 친구로 보지 않는다는 점이다. 이 나라들은 중국 입장에서는 '프레너미frenemy(친구인 동시에 적인 사람)'일 수 있다. 실제로 중국은 자국 연해 가까이 배치되는 미군 항공모함과 무기 체계가 늘어나는 것은 중국을 위협하거나 실제 사용할 의도가 있기 때문이라고 생각한다. 2012년 1월에 발표된 미국국방전략지침은 오히려 중국에 위협을 가하지 않고 있음을 입증하기 위해 그런 부담을 가했다고 밝히고 있다.

"이 지역의 마찰 유발을 피하기 위해서라도 중국은 군사력 증대의 전략적 의도에 대해 더욱 확실하게 표명해야 한다."

그러나 마찰은 '있다.' 마찰의 원인은 미국과 중국이 여러 이해관계에서 상충한다는 데서 비롯한다. 중국은 공급 안보security of supply를 원하고, 미국은 중국 가까이에 머물면서 필요할 경우 언제라도 그 안보를 교란할 수 있기를 원한다. 중국은 자국에 필요한 식량과 에너지 수송로에 대한 통제권을 확보하기를 원하고, 미국과 그 우방국들은 그 수송로가 중국 해역이 아니라고 주장한다.

냉정하게 말해 미국과 중국이 사이가 좋다고는 할 수 없다. 제2차 세계대전 이후 시장 메커니즘이 글로벌 경제의 부와 힘의 분배를 좌우하는 세상에서 패권을 거머쥔 나라는 미국이었다. 미국 달러화를 기축통화로 한 세계 무역과 이를 떠받치는 여러 기관(국제통화기금과 세계은행 등)이야말로 모두의 이익을 보장한다는 것이 미국의 약속이었다.

중국 지도부는 경제와 성장, 힘을 관리하는 최상위 수단으로써 시장을 지지한다는 미국의 주장에는 모순이 있으며, 걱정되는 점이 많다고 생각한다. 중국이나 다른 나라에 막대한 빚을 지고 있는 미국은 인플레이션을 통해 채무불이행을 행하고, 양적완화와 자산 매입을 통해 시장 가격을 통제하려는 준비를 취하고 있다는 것이다. 여기서 몇 가지 질문이 나온다.

국가 통제경제에 가까운 나라는 미국인가, 중국인가? 어느 쪽이 더 '전제적' 경제인가? 상거래와 세계 경제를 감독하는 글로벌 규칙을 더 지지하는 나라는 미국인가, 중국인가?[3] 현재는 중국과 러시아보다 미국 정부의 시장 개입이 훨씬 크다고 주장해도 할 말이 없다. 덕분에 미국은 중국과 다른 나라들에 더 '시장 지향적' 정책을 펼쳐야 한다고 주장할 명분을 잃었다. 그리고 신흥시장 지도자들은 자국의 시장 개입 방식에 대해 미국이 지적하는 것에 대꾸하고 싶어 하지 않는다.

금융계에 긴급 구제금융을 제공한다는 미국의 결정은 중국에도 영향을 미쳤다. 미국 유관당국이 수긍을 하든 안 하든 이것이 중국의 입장이다. 따라서 중국이 보기에 미국은 중국에 진 빚에 채무불이행을 시도하면서 최종적으로는 중국 국민에게 막대한 손실을 입히려 하고 있다. 더불어 통화팽창 정책으로 (중국의) 식량과 에너지 가격을 오르게 해 중국의 정치 안정에도 위협을 가하고 있다.

이런 점에서 중국의 일부 정책 입안자들이 왜 미국의 경제와 방위 정책을 '적대 행동'으로 간주하는지 이해가 간다. 미국이 해외에 미칠 파급 효과를 생각하지 않고 경제 정책을 결정한다고 생각하는 중국 정책 입안자들이 굉장히 많다. 끝없는 논쟁거리가 될 만한 주제이고, 실제로도 그렇다. 그러나 사정권 안에 무기를 배치하는 목적에 대해서는 논란이 있을 수가 없다. 미군이 무기를 배치한다는 것은 무언가 대응 행동을 야기한다는 것이다. 특히 첨단 기술을 장착한 무기의 정확성과 신속성은 더욱 높아졌기 때문에 대응 행동은 당연히 필요하다. 중국은 이런 군사적 압박에 대응하기 위해 군사적 행동을 하고, 정책을 마련하고, 새 관련 기관을 세우는 등 여러 방법을 혼용하고 있다.

중국의 군사적 대응

중국이 미국의 군사적 압박에 맞선 대응 방식은 우주(위성과 GPS, 통신 영역) 장악, 물 위의 장비(함선에서 위성까지)를 중국이 주력하는 물

아래 장비(잠수함에서 해저 케이블까지)로 방해할 수 있는 외해 장악 그리고 모든 군사력이 의존하는 사이버 공간의 역량 강화에 초점을 맞추는 것이었다.

반면에 미국과 서구의 정책 입안자들 대다수는 미국과 중국의 이해관계가 상충하는 부분보다 공통된 부분이 훨씬 많다고 강조한다. 그러나 미국 국방 전문가들 중에는 근본적으로 중국을 적대 국가로 생각하는 사람도 많다. 그들은 중국의 위태로운 경제 상황이나 급속한 인구 노령화, 과도한 남초 현상, 수출 주도형 비즈니스 모델의 심각한 훼손으로 인해 국민이 과거처럼 얌전히 있지만은 않을 것이기 때문에 앞으로는 중국의 도발적 태도가 더욱 심해질 것이라고 염려한다.

해상 운송 항로

중국이 원자재를 들여오는 현실적인 유일한 방법은 배를 통한 운송이다. 물자를 실은 선박은 외해를 가로지른 후 중국의 제한된 해안선으로 연결된 항로를 통과한다. 교역량의 90%가 선박 운송을 이용한다는 점이 중국에는 치명적인 약점 중 하나이다. 중국으로서는 철도나 공항에 의지할 기반시설이 부족하기 때문에 주로 선박 운송에 의지한다. 앞으로 10년 동안 450개의 신공항을 건설하고, 같은 기간 동안 매년 스위스의 6배에 달하는 철도를 신설할 계획을 세우고 있기는 하다. 그렇지만 항공 화물과 철도는 비싸고 물류 이동에도 어려움이 많다. 이러니저러니 해도 중국의 생존과 안정에는 선박과 해상 운송 항로가 꼭 필요하다.

중국의 해안선을 잠깐만 조사해봐도 미국 해군과 미국의 아시아 우방국들의 군함이 도처에 주둔하고 있다는 것을 금방 알 수 있다. 제2차 세계대전 후 미국 해군은 괌과 디에고가르시아섬에서 호놀룰루, 오키나와, 오스트레일리아 다윈시에 이르기까지 엄청난 규모의 해군 주둔을 유지했다. 그리고 주둔군 규모는 최근 몇 년 사이에 더 늘었다. 오바마 대통령은 2012년 군사 자산을 중동과 아프가니스탄에서 빼내 태평양에 재배치하는 '아시아로의 중심축 이동 전략pivot to Asia strategy'을 발표했다. 이 전략은 "쌍방 안보동맹을 강화하고, 중국을 포함한 신흥 강국들과 작전 관계를 심화하고, 아시아 지역 다자기구들과 관계를 맺고, 교역과 투자를 확대하고, 군대 주둔을 광범위하게 구축하고, 민주주의와 인권을 발전시킨다."라는 내용을 담고 있었다.[4]

이 모든 행동이 중국에는 잠재적·실질적으로 적대행위로 비쳤다. 아시아로의 중심축 이동 전략은 아시아 지역에서 미국의 저돌적 태세가 이어질 것이라는 신호였다. 일본이 진주만을 공습한 후부터 미국은 대통령 직속으로 태평양에 해군을 배치했다. 제2차 세계대전이 끝나고 미국은 중국 칭다오에, 다음에는 필리핀 수빅만에, 그다음에는 일본 아소카에 서태평양 영구 전진배치 해군 전투부대인 제7함대의 본대를 주둔시켰다. 나머지 항공모함 타격단의 본대는 미국이다. 미국은 해군의 아시아 전진배치는 해상 운송 항로를 이용하는 물류의 자유로운 통행을 방해하는 모든 것으로부터 아시아를 보호하는 데 목적이 있다고 입버릇처럼 말한다. 2012년 3월 의회 진술에서 해군작전사령관인 조너선 그리너트 Jonathan Greenert 제독은 미국의 입장을 명확히 설명했다.

"우리 함대는 조국의 전쟁과 평화 활동을 위한 글로벌 작전을 최전선에서 수행하면서, 우리 경제와 우방국, 동맹국 경제의 근간을 이루는 상호연결된 무역, 정보, 안보 시스템을 보호한다."[5]

누가 누구를 보호하는가

미국과 중국, 두 나라가 공동의 이익을 공유한다는 사실은 잘 알고 있다. 그러나 미국은 해상 운송 항로 보호가 중국을 포함한 모두의 이익을 위해서라고 말할지 몰라도, 미국이 '중국을 위해서'가 아니라 '중국으로부터' 항로를 보호하려 한다는 의심은 가시지 않는다. 중국도 공동의 이익을 공유한다고 말하지만, 미국과 아시아의 동맹국들은 중국이 아시아 국가 전체를 위해서가 아니라 중국만의 이익을 위해 미군이 주둔한 원해나 우주, 사이버 공간에서 미국에 도전하려 한다고 염려한다.

완벽한 원이 잘 돌아가던 시절에는 미국과 중국의 상호수혜 관계가 서로의 공동 이익을 언제나 탄탄하게 지켜주었다. 중국은 자국산 제품을 판매해서 나오는 현금 흐름으로 미국 재무부 채권시장의 큰 손이 되었다. 그리고 미국은 금리를 낮출 수 있었으며, 미국인들은 중국산 제품을 마음껏 살 수 있었다. 완벽한 원의 세상에서 현금 사정이 넉넉한 중국은 시장 수요가 있는 원자재는 무엇이든 쉽게 살 수 있었다. 미국은 중국에 물건이 제때 도착하는 것이 자국의 이익에도 도움이 되기 때문에 중국의 물류 항로를 방해할 이유가 없었다. 두 나라의 상호 이익이 워낙에 컸기 때문에 미국 내 실업률에 대해 원성과 반발이 빗발쳐도 완벽한 원에는 크게 위협이 되지 않았다.

그러나 완벽한 원이 깨진 지금, 이해관계의 충돌은 훨씬 극명해졌다. 중국은 해상 운송 항로의 와해 가능성에 더욱 취약해졌고, 아랍의 봄 이후로 식량과 에너지 가격 상승이 사회 불안의 촉매제로 작용을 하는 것이 분명해진 세상에서 그 취약성은 더욱 높아졌다. 미국과 동맹국들이 우주와 사이버 공간, 대양을 지배한다는 사실은 미국이 중국 선박의 통행을 와해하거나 금지할 수 있다는 염려를 키웠다. 식량 재고 부족으로 중국이 공급 교란에 극도로 민감해진 상황에서 이것은 현실적으로 대단히 중요한 염려이다.

게다가 남중국해에서 발견된 천연가스전도 이 지역에 새로운 분란의 불씨를 지폈다. 현대 기술의 발달로, 하찮아 보였던 바위 섬 아래 해저에 묻힌 에너지나 식량, 광물 자원을 채산성을 유지하며 채굴하는 것이 가능해졌다. 하지만 문제는 이 바위 섬들이 복잡한 영유권 다툼이 펼쳐지는 지역에 위치한다는 것이다. 에너지 기근에 시달리는 중국과 마찬가지로 에너지 부족에 시달리는 이웃 국가 또한 석유와 가스가 그 어느 때보다 귀중하다. 유가가 내려갔다고는 해도 자국 영해에 존재하는 유전은 여전히 가치가 높다.

그리고 아시아 지역에서 민족주의와 포퓰리즘이 부상하는 것도 분란의 불씨를 더욱 지피고 있다. 늙어서나 부자가 될까 말까 하다는 사실을 깨달은 아시아 노동자들은 사회의 부가 왜 다른 사람들에게만 분배되고 자신에게는 분배되지 않는지 의문을 품기 시작했다.

"왜 부자는 그토록 부자이고, 왜 가난한 사람은 그토록 가난한가? 왜 부패가 만연하는가? 내 이익에 도움이 되지도 않는데, 왜 지금 이 지도자들이 집권해야 하는가?"

이런 정치적 압박에 처한 아시아 국가 지도자들은 국민의 이익을 전략적 안보관으로 보호할 수 있다는 것을 국민에게 입증해야 한다. 그들은 국민에게 위해가 될 만한 식량과 에너지 공급 문제를 피할 능력이 있음을 보여줘야 한다. 중국 지도부는 대중과 사회계약을 맺었다. 그리고 2020년까지 1인당 국민소득을 2010년의 두 배로 올리겠다고 약속했다.

수산 자원

세계 어획량의 약 10%가 이 지역 바다에서 나온다는 사실을 잊지 말자. 생선값은 2013년에 사상 최고가로 올랐고, 2015년과 2016년에 또 기록을 경신했다. 중국도 이웃 국가들도 이 중요한 단백질원을 누가 통제하느냐에 관심을 쏟을 수밖에 없는 실정이다.[6] 소고기나 돼지고기, 가금류, 그리고 심지어 대두 값이 계속 오르면서 어업 분쟁은 더욱 치열해졌다. 중국 어선과 군함 그리고 이웃 나라 어선과 군함의 대치 횟수도 점점 늘어나고 있다.

모든 중국 '어선'은 중국 인민해방군의 보호를 받는다.[7] 중국이 어선을 군사 목적으로 사용한 것은 역사가 깊다. 오늘날 많은 중국 어선은 인민해방군 해군과 똑같은 회색으로 선체를 칠했으며, 그냥 보기에는 조업 장비를 갖춘 어선이지만 첩보 수집 장비도 갖추고 있다. 미국 일각에서는 중국의 타입 792급 어선을 '첩보 저인망'이라고 부르는데, 또 다른 별명으로 '팬텀phantoms'이나 '리틀 블루 맨little blue men'으로 불린다. 미국 해군참모대학의 한 교수는 이렇게 말했다.

"크림반도에서 러시아의 리틀 그린 맨little green men(2014년 우크라이나 위기 동안 초록색 군복을 입고 현대식 러시아 무기로 무장하고 친러 활동을 펼친 무장 세력-옮긴이)은 잘 알려져 있지만, 남중국해에서 활약하는 중국의 리틀 블루 맨에 대한 관심은 별로 높지 않았다."[8]

반면에 중국 측에서는 미국이 해양학 '연구 선박'을 이용해 비슷한 활동을 펼친다고 의심한다.

양배추 전략

충돌의 원인은 어업과 수산 자원만이 아니다. 물리적 주둔도 충돌의 원인이 되고 있다. 〈뉴욕타임스〉는 중국 고위 장성의 말을 인용해 중국의 남중국해 '양배추 전략cabbage strategy'을 설명했다.

"'(교착 상태) 이후 우리는 황옌다오 주위를 봉쇄하고 통제하기 위한 조치를 취해왔다.' 인민해방군 장자오중張召忠 소장은 5월에 가진 TV 인터뷰에서 스카버러 암초를 중국어로 언급하면서 이렇게 말했다(사람이 살지 못하는 이 바위 섬의 이름은 3개인데, 이 섬이 지정학적으로 중요한 장소라는 것을 의미한다). 장자오중 소장은 여러 척의 선박(어선, 조업관리선, 해양감시선, 해군 함정 등)으로 이 영유권 분쟁 지역을 둘러싸는 '양배추 전략'에 대해 설명했다. 다시 말해 '양배추처럼 섬을 겹겹이 에워싸는' 전략이었다."[9]

최근 중국은 남중국해와 인근 바다의 일부에 대해 더욱 적극적으로 영유권을 주장하고 있지만, 이 지역은 이미 여러 정부가 통치권을 주장하는 지역이라는 데 문제가 있다. 최근의 예로 인민해방군 해군 함정 100여 척이 한 곳의 가스 시추 시설을 에워쌌고, 베트남은 중국이 이 지역 영유권을 주장하는 것은 명백한 불법 행위라고 규탄했다. 베트남과 중국 함정들은 서로 물대포를 쏴대며 격렬히 맞섰다. 결국 중국 함정들은 양배추 전략이 얼마나 강력한지 충분히 무력시위를 벌인 다음에야 철수했다.

더 염려되는 사건도 있었다. 베트남 호치민시에 있는 중국인 노동자들과 중국인 소유의 공장들이 이 분쟁에 분노한 현지 주민들에게

습격을 받은 것이다. 2014년 5월에 발생한 이 유혈 충돌로 중국계 시민 여러 명이 죽었고, 약 3,000명의 중국인들이 도망치듯 베트남에서 빠져나왔다.

지금 남중국해와 동중국해는 영해 싸움의 최전선이다. 해상 운송 항로와 식량, 에너지 공급에 대한 통제권이라는 귀중한 자산을 두고 여러 나라가 쟁탈전을 벌이고 있다. 싸울 만한 가치가 있는 자산이기는 하다. 진짜 돈이 걸린 문제이기 때문이다. 미국과 동맹국들은 표면적으로는 여러 이익을 중국과 공유하고 있다. 그러나 물밑과 하늘에서 전략적 자산을 차지하기 위한 미국과 중국의 분쟁은 점점 격렬해지고 있다.

가운뎃손가락 날리기

이 신호는 아주 재미있다. 2015년 10월 29일, 미국과 중국은 양국의 전투비행사들이 상대방 전투비행사에게 가운뎃손가락을 날리는 행위를 삼간다는 내용의 양해각서를 체결했다고 발표했다.[10] 양쪽 전투비행사가 상대의 '가운뎃손가락 날리기'를 볼 수 있으려면 정찰기나 전투기가 얼마나 바짝 붙어야 한다는 것일까?

최근 몇 년 사이 중국 전투기와 미국 초계기가 상대에게 초근접 비행하는 사례가 늘고 있다. 2014년 8월 18일 미군 최첨단 정찰비행기인 P-8 초계기가 중국 하이난섬 근처를 비행했다. 당시 그곳에서는 중국 군사훈련이 진행 중이었지만, 하이난섬에는 대규모 잠수함 기지이자 중국의 신형 '항모 킬러' 잠수함(YJ-12 미사일 탑재)의 본대가 있다는 추측이 돌았다. YJ-12는 이론적으로는 미국 이지스 전투 체계의 방어도 뚫을 수 있다고 알려진 대함 미사일이다. 이 잠수함에 탑재된 무기는 미국의 요격용 미사일보다 빠르다. 보도에 따르면 중국은 SU-27 전투기를 띄워 미국 초계기를 쫓아냈다. '중국, 미군 초계기에 그 유명한 〈탑건〉의 '버디' 장면을 재연했을 뿐인가?'라는 제목의 기사가 보도되었다.[11] 두 비행기는 20피트(약 6미터) 안짝으로 바짝 붙었으며, 심지어 중국 전투비행사는 덩치가 훨씬 크고 상대적으로 움직임도 둔한 미군 초계기 위를 빙빙 돌면서 연속 회전을 했다. 그러면서 전투기 하부에 무기를 잔뜩 탑재하고 있다는 것을 자연스럽게 드러냈다.

그 이후로도 '가운뎃손가락 날리기' 장면은 여러 번 연출되었다. 물리적 영유권을 둘러싼 양국의 경쟁이 치열해지면서 두 나라의 해상 함정과 비행기도 서로에게 아슬아슬하게 달라붙었다. 가장 최근에 일어난 사건은 상황이 얼마나 심각했는지를 잘 보여준다.

USS 라센함과 USS 커티스 윌버함

2016년 1월 30일 미국은 중국과 베트남 사이에 영유권 분쟁이 있는 파라셀군도(중국명은 시사군도, 베트남명은 호앙사군도로 현재는 중국이 영유권을 점유하고 있다.-옮긴이)의 트리 섬 초계를 위해 USS 커티스 월버 구축함을 파견했다.[12] 중국이 영유권을 주장하는 한계선을 미국 구축함이 넘어온 것은 이번이 처음이 아니었다. 2015년 10월에는 USS 라센 구축함을 스프래틀리군도(중국명은 난사군도, 필리핀명은 칼라얀군도이며, 중국과 필리핀, 브루나이, 말레이시아, 베트남, 타이완이 서로 영유권을 주장하고 있다.-옮긴이)로 보내 피어리 크로스 암초 인근에서 수비 산호초의 12마일 한계선을 고의적으로 넘어왔다. 이때 중국은 태평양에 삐죽이 솟아오른 이 작은 산호초 섬에 대규모 군사용 활주로를 건설 중이었다. 그리고 2016년 1월 초부터 중국 민항기들이 이 섬에 착륙을 시작하면서 미국은 물론이고, 스프래틀리군도 영유권을 주장하는 베트남과 필리핀에서도 항의가 쏟아졌다.

중국은 미국이 12마일 한계선을 넘어오면 가차 없이 발포하겠다며 단호히 대응했다. 그래도 오바마 대통령은 USS 커티스 월버함에 전진명령을 내렸다. 발포는 없었지만, 대치에 대한 불안감이 커지면서 오스트레일리아에서 자국 해군 함정을 급파하겠다고 자청했지만 미국과 중국의 대답은 같았다. "가만히 있어!"

미국과 중국 해군 함정들의 대치가 시작된 것은 2006년부터이다. 그해 10월 26일, 당시 미국이 유일하게 스프래틀리군도 지역에 전진배치했던 항공모함인 USS 키티호크의 항모 전투단 가운데로 중국 쑹급 잠수함이 불쑥 솟아올랐다. 이는 쑹급 잠수함이 항공모함의 9킬로미터 안쪽으로 감쪽같이 다가와 미사일 사정권 안에 들어설 수 있다는 뜻이었다. 그때 훈련 비행 중이던 전투비행사가 바로 아

래로 보이는 바닷속 커다란 물체가 고래가 아니라는 사실을 깨닫기
전까지 승선 중인 5,500명 누구도 잠수함의 정체를 알아채지 못했
다. 지금은 이런 '기습' 등장이 일반적인 것으로 자리 잡았다.

USS 키티호크함

2008년 중국이 키티호크함의 홍콩 정박권을 거부하면서 많은 군인
과 그들의 가족은 미국 태평양 함대가 매년 연례행사로 여는 추수감
사절 축제에 참석할 수 있는 기회를 잃었다. 이유 없이 홍콩 입항을
거절당한 직후(중국 당국은 나중에 '오해'였다고 둘러댔다.) 키티호크함
앞을 중국 구축함인 선전함과 쑹급 잠수함 여러 대가 가로막았다.
키티호크함은 곧바로 완전 전투배치 태세로 들어갔다. 대치 상태는
하루 동안 계속되었다. 미국은 타이완해협에 접근하는 미국 선박에
대한 중국의 통제권을 인정하지 않겠다는 성명을 발표했다.

USS 카우펜스함과 랴오닝함

두 나라 해군의 긴장은 2013년 12월 5일 더욱 고조되었다. 이날, 중
국 유일의 항공모함인 랴오닝함의 호위 군함 중 한 대가 미국의 타
이콘데로가급 유도탄 순양함인 카우펜스함과 충돌할 뻔한 사건이

있었다. 뉴스 보도에 따르면, 중국이 통제하는 해역 안에서 카우펜스함이 랴오닝함을 약 올리듯 바짝 따라붙고 있었다는 것이 중국 측의 주장이었다. 반대로 미국에서는 카우펜스함은 공동 해역 안에 있었는데, 인민해방군 해군의 도크형 수륙양용함이 갑자기 방향을 바꿔 카우펜스함의 진로로 들어와서는 500미터 앞에서 멈춰 섰다고 주장했다. USS 카우펜스함은 충돌을 피하려 어쩔 수 없이 방향을 틀어야 했다는 것이다. 어느 쪽이 먼저 시작했건 양국 해군이 서로를 도발하고 있다는 것은 분명했다. 두 나라 전투단 모두 상대의 '최근접 교전 거리' 안쪽으로 깊숙이 들어왔다.[13]

양국 해군의 위태로운 대치와 도발이 이어지는 가운데 긴장과 의견 대립도 갈수록 고조되면서 언제 군사충돌이 일어나도 이상하지 않은 상황이 되었다. 2014년 초, 허버트 '호크' 칼라일Herbert 'Hawk' Carlisle 태평양공군 전투사령관은 이렇게 말했다.

"동중국해 상황의 일부를 살펴보면 알 수 있듯 양쪽(미국과 중국) 군대는 아주 능란하게 움직이고 있다. 그곳에는 무언가 터질 가능성, 이를 테면 실수나 계산 착오, 오해가 발생할 가능성이 상존한다. 게다가 영유권 분쟁이 벌어지는 곳 주변에서는 두 나라 해군의 활동이 훨씬 늘었다. 내가 보기에는 위험한 상황이다."[14]

영유권 주장

남중국해 반경 225만 제곱킬로미터 안에 있는 여러 섬을 둘러싼 영유권 분쟁의 역사는 하루 이틀 이어진 것이 아니다.[15]

아시아에서 가장 크고, 가장 확실하게 눈에 띄는 긴장이 존재하는 곳은 타이완섬이다. 이곳은 지리적으로는 동중국해에 위치하며 분쟁의 대상이 되는 섬이 아니지만, 문제는 중국에서 타이완이 중국에 속한다고 주장한다는 데 있다. 미국은 1979년 맺은 타이완관계법 Taiwan Relations Act에 따라 타이완을 방어해야 할 법적 의무가 있다. 따라서 타이완의 지위에 대해서는 많은 잡음과 논쟁이 있지만, 중국은 경제 정책을 이용해 논란을 진정시켰다. 중국은 타이완 기업이 중국 경제에서 부를 쌓는 것을 허락해주고 있다. 중국은 군사적 대치로 위협을 가하기보다 경제적 유대를 강화하고 타이완 출신 사람들이 중국에서 재산을 모으는 것을 장려해주는 방법을 이용해 타이완 내에서의 지지를 늘려가고 있다.

타이완은 미국이 해군을 남중국해에 전진배치한 주된 이유이고, 여기에 북한의 핵 위협이 주둔의 정당성을 더욱 높여주고 있다. 하지만 사실 양국의 군사적 긴장은 남중국해 여기저기에 포진한 도련선島鏈線(1982년 중국의 류화칭 해군사령관이 근해 방어 전략을 설명하면서 남중국해의 섬들을 가상으로 이은 선-옮긴이)을 둘러싼 분쟁에서 연유한다. 도련선을 이루는 섬들 대부분은 풀 한 포기 나지 않고 사람도 살 수 없는 험준한 바위 섬이다. 하지만 중국은 물론이고, 이웃 국가들은 군사적 조치까지 동원해 강력하게 이 바위 섬들에 영유권을 주장하고 있다.

점선 따라가기

1948년 비공개로 출간된 남중국해 지도는 어떤 섬이 중국 영토이고 어떤 섬이 타이완 통치를 받는지를 표시한 11개의 선, 즉 남해 11단선十一段線(국민당 정부 시절 남중국해에 설정한 가상의 선으로, 오늘날 중국의 일방적인 해양 영토 분계선 역할을 한다. 남중국해 섬 거의 전부가 이 선에 속해 있다.-옮긴이)을 보여주었다. 물론 지금도 두 정부는 이 단선들의 위치를 두고 여전히 논쟁 중이다. 이 지역에서는 다른 나라 정부들도 이 섬들에 대해 영유권을 주장하고 있다는 것이 상황을 더욱 복잡하게 만든다.

2009년에 중국은 11단선을 수정한 9단선九段線 지도를 유엔에 제출했다. 9단선의 모든 선은 다른 나라의 해안에 바짝 붙어 있었다. 브루나이와 필리핀은 국제중재재판소에 중재를 위한 제소를 했고, 베트남과 말레이시아는 공동 소장을 제출했으며, 특정 섬에 대한 영유권을 주장하지 않던 인도네시아도 중재 신청서를 냈다. 중국은 제프리 베이더Jeffrey Bader 미국 국가안보회의 아시아 담당 선임 보좌관과 제임스 스타인버그James Steinberg 국무부 차관에게 이 섬들이 중국의 '핵심 이익core interest'과 관련된 문제라고 못 박아 말했다.[16] 중국이 '핵심 이익'이라는 말을 사용했다는 것은 협상의 여지조차 없는 문제라는 뜻이었다. 처음 그 핵심 이익이 적용된 지역은 타이완이었다. 2008년에는 티베트와 신장 웨이우얼 자치구에도 적용되었고,[17] 2010년부터는 동중국해와 남중국해에도 그 개념이 적용되고 있다.[18] 이로써 중국은 동중국해와 남중국해의 영유권 분쟁에 제3자의 '접근 금지'를 선포한 셈이었다.

시진핑 주석이 일본과 영유권 다툼이 있는 센카쿠열도(중국명 댜오위다오) 문제에도 '핵심 이익'을 언급했다는 말이 있지만 진위는 불분명하다.[19] 그러나 마틴 뎀프시Martin Dempsey 미군 합참의장은 2013년 4월에 베이징의 비공개 석상에서 센카쿠열도에도 '핵심 이익'이라는 표현이 적용되고 있는 것을 들었다. 얼마 안 가 화춘잉華春瑩 중국 외교부 대변인의 발표가 뒤따랐다.

"댜오위다오(일본명 센카쿠열도)는 통치권과 영토 보전의 문제이다. 물론 이것도 중국의 핵심 이익에 속한다."[20]

ADIZ

2013년 11월에 있었던 중국 공산당 18기 중앙위원회 제3차 전체회의에서 중국은 국가안전위원회 창설을 발표했다. 기존 외교정책과 그 밑바탕이 되는 국방 체계를 통합하고, '해외의 적대적 반중국 세력'에 대응한다는 것이 국가안전위원회를 창설하는 목적이었다.[21]

신설 안전위원회 체계를 수립한 후 중국은 11월 23일 첫 조치로 '동중국해 방공식별구역Air Defence Identification Zone, ADIZ'을 만든다고 발표했다.[22]

중국이 새로 정한 ADIZ 지도는 일본 영공 일부를 넘어 타이완 영공까지 포함하고 있으며, 심지어는 한국의 영공 일부까지 자국 방공식별구역으로 포함하고 있다. 춘샤오 가스전(일본어명은 시라카바 가스전으로 현재 중국과 일본의 영해 분쟁이 일어나는 지역에 있는 가스전-옮긴이)도 중국의 새로운 ADIZ 가운데에 위치한다.[23]

미국은 중국의 ADIZ 설정에 곧바로 적극 대응해 공식 발표 없이 B-52 폭격기 두 대를 댜오위다오(센카쿠열도)에 급파했다. 〈이코노미스트〉 보도에 따르면 중국은 "우리 ADIZ에 들어오려는 모든 비행기는 중국 당국에 비행 계획을 신고해야 하며, 라디오 통신을 유지해야 하고, 중국 관제탑의 지시를 따라야 한다. 그렇지 않은 비행기에 대해서는 '긴급 방어 조치'를 취할 것이다."라고 선언했다. 하지만 B-52는 비행 신고를 하지 않았다. 세계 초강대국과 아시아 신흥 최강국이 순식간에 대치 태세로 들어갔다.[24]

한국과 일본도 중국에 허가를 구하지 않고 중국의 새 ADIZ로 비행했다. 한국은 2013년 12월 초에 자국 ADIZ를 6만 6,000제곱킬로미터 확대한다고 발표했다. 이것은 중국이 주장하는 영공과 일부 구역이 겹쳤다. 2013년 12월 존 케리John Kerry 미국 국무장관의 말은 영토 분쟁을 다시 격화시켰다.

"오늘 나는 중국의 동중국해 방공식별구역 발표에 우려하는 마음이 커졌다. 나는 중국 외교부 장관에게 미국은 이 구역을 인정하지 않으며 수긍하지도 않는다고 말했다. 이 구역은 실행되어서는 안 되며, 중국은 아시아의 다른 지역에서, 특히 남중국해에서 그런 일방적 행동을 하는 것도 삼가야 한다."[25]

미국은 중국이 ADIZ를 확장할 가능성이 크지는 않더라도 어느 정도 존재한다고 믿고 있는 것이 분명하다.

오하이오에서 온 토마호크 미사일

중국은 미국이 먼저 긴장을 고조시켰다고 주장했다. 2010년 하노이 아세안ASEAN(동남아시아국가연합) 총회에서 당시 미국 국무장관이었던 힐러리 클린턴은 아시아 국가의 안보위원들 앞에서 중국이 그들을 적대 집단으로 보고 있다며 중국을 비난했다. 힐러리 클린턴은 이렇게 말했다.

"모든 나라와 마찬가지로 남중국해에서의 항해 자유, 공동 해역에 대한 개방 접근 그리고 국제법 존중에 미국의 국익이 걸려 있다."[26]

이것은 외교적으로 하늘에 대고 기관총을 발사한 것이나 마찬가지였다.[27] 힐러리 클린턴 국무장관의 말에서 간과하지 말아야 할 것은 "국익이 걸려 있다."라는 부분으로, 미국과 중국이 남중국해에서 이해관계가 정면으로 대치한다고 선포한 셈이었다.[28] 힐러리 클린턴 국무장관은 해양 문제의 중요성을 강조하면서 "스프래틀리군도를 비롯해 남중국해의 해양 경계선에서 벌어지는 영유권 분쟁을 해결해야" 한다고 주장했다. 그녀는 이 문제가 "외교적으로 최우선 순위"이자 "지역 안보의 중심이 되는" 문제라고 말했다.[29]

말로만 그친 것이 아니라 행동도 뒤따랐다. 힐러리 클린턴 국무장관이 연설한 것과 같은 시점에 〈타임〉에는 이런 기사가 보도되었다.[30]

"미국의 급이 다른 초강력 무기가 갑자기 (중국) 인근 바다에 떠올랐다. 오하이오급 잠수함은 수십 년 동안 소련을 목표로, 그리고 나중에는 러시아를 목표로 핵미사일을 탑재하고 다녔다. 이번 목표는 달랐다. 거의 3년 동안 미국 해군은 개량형 '부머boomer(거대 핵잠수함. 핵잠수함은 '킬러'와 '부머' 두 종류로 나뉜다.-옮긴이)'를 파견해 은밀히 바다를 돌게 했다(어쨌거나 잠수함은 물밑으로 다닌다.). 탄도미사일 탑재 잠수함 18척 중 4척은 핵탄두 미사일인 트라이던트를 탑재하고 있지 않다. 대신에 이 4척의 잠수함들은 1,000마일 이내라면 어디든 타격이 가능한 비핵탄두 미사일인 토마호크 순항유도탄(크루즈 미사일)을 최대 154기까지 탑재하고 있다."

게다가 미국은 여러 척의 핵잠수함이 같은 날 아시아에 도착하도록 계획했다. USS 미시간호는 한국에, USS 플로리다호는 미국 인도양 함대의 중심 기지이자 펜타곤이 '캠프 저스티스Camp Justice'나 '자유의 발자국Footprint of Freedom'이라고 부르는 디에고가르시아섬에 도착했다. 이 섬은 아프가니스탄과 이라크 폭격 작전 당시 주 전력기지이기도 했다.

〈타임〉 보도에 따르면 "중국 군대가 자고 일어나 보니, 총 462기나 되는 미군의 토마호크 미사일이 인근 바다에 배치돼 있었다." 아음속(마하 0.5~0.7 정도의 속도)의 저고도 장거리 '스마트' 순항유도탄인 토마호크는 현대전에서는 가장 큰 두려움의 상징이다. 이에 당시 후진타오 주석이 곧바로 안보 자문을 소집했다는 소문이 돌았다. 워싱턴 D.C. 주재 중국대사관 대변인의 발표도 뒤따랐다.

"우리는 미군의 행동이 아시아 지역의 평화와 안정, 안보에 도움이 되기를 희망한다. 그 반대가 아니기를 바란다."

우주와 사이버 공간

중국은 이런 상황에 어떤 식으로 대처하려 했을까? 일단 중국은 항공모함 등을 갖춘 '대양해군blue water navy(근해 작전을 수행하는 대다수 국가의 해군과 달리 원양 임무를 수행하는 해군-옮긴이)'을 키워 미국 및 그 동맹국들과 비슷한 해군력을 갖추기 위한 움직임에 들어갔다. 그러나 대양해군 증설보다 다른 나라의 물류 수송 능력을 방해하거나 와해하는 것이 더 현명하고, 돈도 덜 들며, 효과도 더 좋은 방법이라고 생각한 중국은 우주(위성)와 사이버 공간 쟁탈전에 더 힘을 들이고 있다.

백악관은 2010년 6월 말에 '국가우주정책National Space Policy'을 발표했다. 이 정책으로 미국의 대중국 최첨단 기술 제재 정책이 더욱 강화되었는데, 무엇보다도 위성이나 우주 프로젝트 분야의 모든 미국 기업과 거기서 일하는 미국인 직원의 중국 진출이 금지되었다. 또한 당국에 보고 없이 중국 국적의 사람을 접촉하는 것도 금지되었다. 미국의 입장은 분명했다. 중국이 우주와 위성을 통제해 최첨단 기술에 접근하는 것을 원천 차단함으로써 물류 능력의 우위를 계속 유지하겠다는 것이었다. 중국으로서는 매우 골치 아픈 일이었다.

구글은 또 다른 CIA이자 NSA인가

중국은 미국의 인터넷 장악에 검은 속셈이 있다고 의심한다. 〈와이어드〉가 게재한 '독점 기사: 구글, 웹 감시의 미래를 위한 CIA의 투자'라는 기사는 구글이 CIA이자 NSA(국가안보국)라는 중국의 의심에 신빙성을 더했다.[31] 공교롭게도, 2013년 6월 오바마 대통령과 시진핑 주석의 정상회담이 캘리포니아에서 열린 그 주에 중국과 대다수 미국인은 이런 염려가 단순한 염려가 아님을 확인하게 되었다.

에드워드 스노든Edward Snowden이라는 NSA 소속의 젊은 컴퓨터 기술자가 NSA 기밀문서가 잔뜩 담긴 USB 드라이브를 공개했다. 이로써 미국이 그동안 중국과 미국 시민들을 대상으로 벌여온 체계적 사찰 활동이 세상에 드러났다. 스노든이 곧바로 중국과 홍콩의 보호를 받으며 미국의 첩보 활동을 세상에 폭로한 것은 우연의 일치가 아니다. 이 사건으로 중국은 미국이 중국을 주요 타깃으로 삼아 사이버 활동을 펼치고 있었다는 확신을 굳혔다. 스노든은 이렇게 설명했다. "수천 곳의 테크놀로지회사, 금융회사, 제조회사가 민감한 정보를 제공하면서 NSA와 긴밀하게 공조하고 있으며, 그 대가로 기밀 정보 접근권 등 여러 혜택을 받는다."[32]

이 사태로 오바마 대통령은 중국의 사이버전이 미국을 겨냥한다는 비난을 이어가기가 힘들어졌다. 하지만 사이버 공간에서 중국의 해킹과 웨킹whacking(컴퓨터 시스템을 파괴하는 해킹의 일종-옮긴이), 첩보 활동이 광범위하게 진행되고 있다는 비난은 미국의 좌우 양 진영에서 여전히 가시지 않고 있다.

한편으로 미국은 중국의 사이버 역량을 한층 높이 평가했다. 2010년 4성 장군이며 군 정보책임자이고, 과거 CIA 국장을 두 번 역임했으며 NSA 국장이기도 했던 마이클 헤이든Michael Hayden 장군은 서구 대기업으로부터 산업기밀과 방위기밀을 훔쳐가려는 중국의 첩보작전에 대해 이렇게 말했다.

"첩보 전문가인 나도 한 발짝 물러서서 살펴보면 감탄과 경악이 절로 나온다. … 중국의 첩보작전은 깊이도 범위도 끈기도 실로 엄청나다."[33]

중국의 해커(정보 탈취에 목적)와 웨커(시스템 파괴 목적)는 국방부 장관의 개인용 랩톱을 비롯해 펜타곤의 모든 컴퓨터, 패트리어트 미사일 체계와 F-35 통합 전투기와 무음 P-C3 잠수함 기술 그리고 여러 중요한 방위 체계에 여러 번이나 침투한 전적이 있다. 이들이 겨냥한 목표는 단지 군대만이 아니다. 추측하기로 이들은 미국의 은행, 의회, 전력망, 테크놀로지회사, 방위산업체, 에너지회사, 인권단체, 법무법인, 사모펀드 등 중국이 중요 실물자산을 확보하는 데 유용할 만한 정보를 가진 곳이라면 어디든 다 목표로 삼는다.

중국 해커들과 웨커들이 보기에, 미국은 중국을 감시하고 국내 시스템을 잠재적으로 방해하려는 활동을 펼치면서 중국에 위해를 가하고 있다. 미국 정부가 체계적이고 종합적인 정탐 프로그램을 갖추고 있다는 점으로 미루어, 중국 내 목표물에도 이미 똑같은 수준의 체계적인 침투가 이뤄졌다고 판단하는 것이 맞을 듯하다.

2006년에 미국은 중국 상공에 정찰위성을 띄우면서, 북한의 핵위협을 감시하기 위해서는 중국도 관찰할 수밖에 없으므로 미국에 항의해서는 안 된다고 설명했다. 하지만 중국은 미국 정찰위성이 상공을 지날 때마다 지상 발사 레이저로 위성의 '눈을 가렸다.' 이에 대응해 미국은 좀 더 높은 궤도로 위성을 이동했지만, ASAT(위성요격실험)에 성공한 중국이 미국의 고궤도 군사위성을 쏘아 맞히는 것은 시간문제일 뿐이었다. 미국은 자체 ASAT를 시작했고, 위성을 완파하는 대신에 끄트머리를 맞혀 중국이 아직 갖추지 못한 정밀 요격이 가능하다는 것을 입증했다. 누가 더 멀리, 더 정밀하게 맞힐 수 있는지를 건 두 나라의 경쟁은 여전히 진행 중이다.

미국도 중국도 서로 상대에게 정찰기를 영구 배치하고 있다. 그러던 중 2001년 4월 영토 분쟁 지역인 파라셀군도 상공에서 미국 '월드와처스Worldwatchers' 편대의 EP-3 정찰기와 중국 J-8 정찰기가 충돌하는 사건이 발생했다. 이 충돌로 중국 전투비행사인 왕웨이가 죽었고, 미군 비행사들은 자신들이 정찰 중이던 하이난섬에 비상 불시착해야 했다. 한 주 동안 아슬아슬한 외교 협상을 벌인 끝에야 미군 비행사들은 집으로 돌아올 수 있었다. EP-3 정찰기는 몇 달 뒤인 2001년 7월 완전히 해체된 상태로 반환되었다.[34] 중국은 빈 깡통이나 다름없어진 기체를 러시아 민항사인 폴렛항공Polet Airline 화물기를 통해 미국에 전달했다. 왜 그랬는지는 말할 필요도 없다.

중국과 미국은 지금도 서로 상대에게 정찰기를 띄우고 있지만, 조금 조심스러워지기는 했다. 누가 옳다고 말할 수 있을까? 다만 상품과 원자재를 차지하기 위한 새로운 종류의 냉전이 펼쳐지고 있다는 것만은 분명하다. 과거 냉전이 랭글리의 CIA와 모스크바의 KGB가 벌이는 싸움이었다면, 사이버 공간에서 펼쳐지는 새로운 냉전은 포트 미드에 위치한 NSA와 상하이 다퉁로에 있는 인민해방군 소속 해커집단인 유닛 61398 사이의 싸움이다.

러시아도 사이버전을 피해가지 못하고 있다. 추측에 따르면 러시아 첩보부는 현재 내외부에서 사이버전 전문가들이 활동 중이다.

'서비스 거부 공격denial of service(컴퓨터 시스템이 원래 용도로 사용되지 못하도록 시스템을 공격하는 것-옮긴이)'의 대다수가 사실상 우크라이나에서 오는 것이라는 주장도 있다. 이 주장이 사실이라면 그 이유 때문에라도 러시아로서는 향후 누가 우크라이나의 정권을 쥐게 될지 관심을 쏟을 수밖에 없다.

허거와 슬러거

중국도 잘 알다시피 미국의 대중국 태도는 크게 두 진영으로 나뉘는데, 하나는 '차이나 허거China Hugger(대중국 포용파)'이고 다른 하나는 '차이나 슬러거China Slugger(대중국 강경파)'이다(다른 말로는 '판다 허거Panda Hugger'와 '판다 슬러거Panda Slugger'라고 불린다.). 허거 진영은 중국의 개혁 활동을 포용하고 미국과 중국 양국 공동의 이익을 조화시켜야 한다고 주장한다. 슬러거 진영은 양국의 경쟁과 이해 충돌에 초점을 맞춘다. 슬러거들은 양국 사이를 삐걱대게 만드는 사건이 발생할 때마다 잠재적 적대국인 중국에 대한 미국의 군사적·기술적 우위를 더욱 강화하는 것이 맞다고 주장한다. 두 진영의 생각을 절충해서 미국 정가가 만든 것이 이른바 '헤지 전략hedge strategy'이다.

애슈턴 카터Ashton Carter와 제니퍼 버클리Jennifer Buckley는 〈하버드 퍼시픽 아시아 리뷰〉에 미국이 처한 딜레마를 알기 쉽게 설명했다.

"중국은 군사적 미래를 세계에는 비밀로 하지 않지만, 그 나라 국민에게는 수수께끼이다. 최고위급 지도부조차도 수십 년 뒤에 중국이 미국의 친구가 될지 적이 될지 알지 못한다. 이런 전략적 불확실성으로 인해 미국은 어쩔 수 없이 양면적인 대중국 정책을 추구해야 한다. 한편에서는 중국과 교류하면서 중국이 국제사회에서 '책임 있는 이해상관자responsible stakeholder'가 되어주기를 권한다. 다른 한편으로는 중국의 강경 도발과 경쟁을 자극하는 행동을 '신중히 헤징hedging'하면서 이 나라를 적대국으로 다루지 않고 지속적 교류를 추진하는 것이다."35

일본

중국은 미국만이 아니라 일본과도 쫓고 쫓기는 실랑이를 벌이고 있다. 서로의 영공을 침범하는 일이 그치지 않으면서 두 나라 모두 전투기를 출격시키는 일도 잦아졌다. 중국은 2012년 말에 1958년 이후 처음으로 일본 영공에 무단으로 들어갔다. 그해 일본은 중국 항공기의 자국 영공 무단 침입에 대응해 전투기를 306회나 출동시켰다. 이 횟수는 매년 점점 늘어났다. 일본은 중국 잠수함과 군함이 화기와 사격관제용 레이더로 일본 선박을 겨냥하고 있다며 불편한 심기를 드러냈다. 아베 신조 일본 총리도 이에 대해 한마디 했다.

"이것은 어떤 예기치 못한 상황으로 번질지 모르는 위험천만한 행동이었다. 일중 정상회담이 성사될 가능성이 엿보이는 시기에 중국이 그런 일방적 도발을 감행한 것에 대해 깊은 유감을 표한다."[36]

게다가 중국 군함이 일본 해역 주위를 돌아다니는 것이 자주 목격되었다. 제일 위로는 홋카이도 북쪽 소야해협이었고, 아래로는 일본이 1차 '군사방어선'으로 생각하는 '제1도련선' 주위였다. '제1도련선'은 오키나와에서 타이완까지이고, '제2도련선'은 일본 남해상의 섬들로부터 괌까지 이어진다. 현재 중국 군함들의 해상 훈련이 진행되는 곳이기도 하다. 2012년 9월 11일 일본 정부는 영유권 분쟁 중인 센카쿠열도에 속한 작은 섬 여러 개를 '일본 국적의 개인 소유자'로부터 사들였고, 중국은 이를 언짢아했다. 중국은 센카쿠열도로 '229일 동안은 군함을 보냈고, 54일 동안은 그 주변 일본 해역을 돌게 했다.'[37]

러시아의 투폴레프 Tu-95 폭격기(별칭 '곰'), 미그-29 전투기(나토 코드명 펄크럼) 그리고 핵잠수함도 걸핏하면 일본 해역으로 들어왔다. 일본과 러시아는 공식적으로 제2차 세계대전을 종전하지 않았고 평화협정도 맺지 않았다. 두 나라는 일본 북쪽에 있는 쿠릴열도를 놓고 여전히 영토 분쟁 중이다(쿠릴열도 분쟁은 상당히 오래되었는데, 두 나라 모두 에도시대 이후부터 자국이 이 도서군을 지배해왔다고 주장한다.).

전략적 위협이 증가한 것이 일부 원인이 되어 아베 일본 총리는 2013년 역사상 최대 규모의 양적완화를 발표했다. 한 해 동안 일본의 통화량은 두 배로 늘어났다. 중국은 이 양적완화 조치가 경제적 이유 때문만은 아니라는 사실을 잘 알고 있었다. 아베는 경제를 자극하는 것이 그가 중요한 목표로 삼는 '일본 재무장'에 도움이 된다고 믿는다. 케인스식 경제 정책에서는 경제 확대와 지원이 당연한 수순처럼 이어지기 때문에 방위비 증가가 쉬워지고, 그런 방위비 지출이 경제 활동을 더욱 자극할 것이라는 논리였다.

이러한 경제확대 정책은 위협 감지가 늘어가는 시기에 일본의 방위력 증강을 가능하게 하려는 의도를 가지고 있다. 아베 총리는 제2차 세계대전 이후 자위대는 전쟁을 수행할 수 없다는 제한 조치를 풀기 위해 개헌을 요구했다. 하지만 현재까지 일본은 자위대를 유지만 할 수 있으며 자국 방어는 전적으로 미국에 의존해야 한다. 아베 총리는 일본 해군(해상 자위대), 일본 육군(육상 자위대), 일본 공군(항공 자위대)의 공식적 재편을 원하고 있다. '욱일기'를 달고 새로운 군함에 제국 해군전함의 명칭을 갖다 붙이는 행동은 과거 이 나라가 아시아 최대 침략국이었던 시절을 떠올리게 한다. 일본은 자국이 최초로 건조한 헬리콥터 모함을 '이즈모함'으로 명명했다. 이것은 1937년 상하이 전투에서 중국을 이겼던 기함의 이름이다.

태평양에서 미국과 중국의 외교 줄다리기가 점점 격해지면서 중국은 일본이 미국의 한 팔 역할을 수행한다고 생각한다. 미국과 일본의 방위 협력이 강화될수록 중국의 생각은 더욱 공고해졌다. 2014년 2월 일본 기시다 후미오岸田文雄 외무대신은 '위험이 뚜렷하게 상존'한다면 일본 영토에 미국 핵무기 배치를 허용할 수 있다는 뜻을 내비쳤다. 과거 정책을 뒤바꿀 수 있음을 암시하는 이 말은 물론 중국을 겨냥한 것이었다.

호크룩스

그러는 동안 지정학적 정세에서 나오는 신호는 이전보다도 훨씬 요란하게 경제라는 뼈대를 뒤흔들고 있다. 블룸버그는 '중일 전쟁을 막는 방법'이라는 제목의 보도에서[38] 일본과 중국에서 나오는 신호가 썩 긍정적이지 않다는 것을 인정했다. 2013년 말 류사오밍劉曉明 주영 중국 대사도 영국의 일간지 〈데일리 텔레그래프〉에 기고한 글에서 비슷한 신호를 내비치고 있다.

> 《해리 포터》에서 어둠의 마법사 볼드모트는 그의 영혼을 나눠서 보관한 7개의 호크룩스가 모두 파괴되어야 완전히 죽는다. 일본의 군국주의가 죽여도 살아나는 볼드모트라면 도쿄의 야스쿠니 신사는 일본 영혼의 가장 어두운 조각들을 담고 있는 호크룩스와 같다."[39]

며칠 후 주영 일본 대사도 〈데일리 텔레그래프〉에 맞대응하는 글을 실었다. "중국에는 두 개의 길이 열려 있다. 한쪽 길은 대화를 모색하고 법을 준수하는 것이다. 다른 길은 아시아에서 볼드모트 역할을 하면서 군비 경쟁과 긴장 고조라는 악마를 풀어놓는 것이다."[40]

불안

2014년 2월 대니얼 R. 러셀Daniel R. Russel 미국 국무부 동아시아태평양사무국 차관보는 의회에서 미국은 중국의 '9단선'을 인정하지 않는다고 말했다. "중국이 영유권 주장 문제를 고려하지 않은 채 무작정 제해권을 주장하며 사용하는 '9단선'은 국제법에서 허용하지 않는다."[41]

같은 해 5월 중국은 베트남이 영해를 주장하는 해역에 석유 굴착 장치를 설치하고 이 시설을 보호하기 위해 100척이 넘는 해군 군함과 5대의 전투기를 출동시켰다. 척 헤이글Chuck Hagel 미국 국방부 장관은 "중국이 남중국해 영유권을 주장하면서 불안을 조장하는 일방적 행동을 벌이고 있다."[42]라고 비난했다. 이 비난에 인민해방군 국방대학 방위학원장인 주청후朱成虎 소장도 미국이 '확장배치'로 힘겨워하고 있으며 나아가 "남자만의 질병인 EDerectile dysfunction(발기부전)에 걸렸다."[43]라고 응수했다.

시진핑 주석은 2014년 7월에 농담조를 싹 거두며 이렇게 말했다.

"중미 협력은 두 나라와 세계에 모두 이득이 되는 결과를 만들겠지만 대치는 재앙을 만들 것이다."

이로써 영유권 문제가 보내는 신호를 유심히 관찰해야 할 이유가 확실해졌다.

기대 관리

10억 중국 노동자들과 신흥시장 노동자들에게 이런 소식이 전해진다면 세계에도 중국에도 아주 심각한 사회 문제가 발생할 것이다.

"정말 유감입니다만, 세계 경제에서 당신은 더는 경쟁력이 없습니다. 그러니 농장으로 돌아가서 기대치를 줄이고 살기 바랍니다. 값싼 노동력만으로는 승부를 겨룰 수 없는 이 세상에서 당신이 새로운 비즈니스 모델을 발명했다는 소식을 듣게 될 날을 고대하고 있겠습니다."

'그 아이들이 농장에서 조용히 살아갈까(파리를 보고 왔는데)?'라는 옛 팝송도 있듯이, 의욕은 넘쳐 흐르지만, 돈은 없는 중국 노동자가 잠자코 집으로 돌아가지 않을 것이다. 물론 중국과 경쟁하는 신흥시장 노동자도 그럴 것이다. 중국과 신흥시장 지도자만큼이나 미국의 허거나 슬러거도 이들 나라에 사회 불안이 조장되는 것을 원하지 않는다.

간단히 말해 미국은 대중국 문제의 최상을 희망하고, 최악을 준비한다. 중국 역시 대미 문제의 최상을 희망하되, 최악을 준비한다. 이는 미국의 집권당이 민주당이 되건 공화당이 되건, 중국에서 강경파가 정권을 잡건 개혁파가 잡건 변하지 않을 진실이다.

미국과 중국은 최악을 준비하기 위해 아시아 지역의 군사 배치를 늘리고 있다. 여기에는 군함, 항공모함, 주둔군 배치, 통신시설, 사이버 능력 그리고 우방국들과의 관계 강화가 모두 포함된다.

일대일로

갑자기 중국이 정세를 근본적으로 뒤집을 새로운 대응책을 내놨다. 바로 '일대일로' 계획이다. 2013년 10월 시진핑 주석은 여러 압박에서 중국이 벗어날 수 있는 획기적인 구상으로, 일대일로를 건설하겠다는 계획을 발표했다.

'일대'는 실크로드로 알려진 옛 육로로, 중국 산시성 시안시에서 시작해 이탈리아 베니스, 그리스 아테네 피레우스항, 스페인 마드리드로 이어진다. 그리고 더 나아가 독일 뒤스부르크의 모든 항구, 벨기에 안트베르펜, 리에주의 철도 허브까지 이어진다.

'일로'는 해양판 실크로드이다. 중국의 해안선에서 출발해 태국과 인도네시아, 버마, 방글라데시, 파키스탄, 인도, 스리랑카 해안을 따라 올라가다, 중동을 넘어 수에즈 운하를 통과해 지중해를 넘어 서유럽에 이르고 마지막에는 대서양까지 이어진다.

공상에 불과하다고 생각할 수 있다. 그러나 2015년 2월 말, 중국 이우시를 출발한 첫 열차가 신장 웨이우얼 자치구를 거쳐 마드리드를 연결하는 이신어우義新歐의 왕복 2만 6,000킬로미터 여정을 무사히 마쳤다. 82대의 컨테이너를 연결한 열차가 이우시에서 실은 크리스마스 장식품을 전부 인도한 후 마드리드산 올리브유를 화물칸에 싣고 돌아오는 왕복 여정을 다 마치는 데 걸린 시간은 약 2개월이었다.[44]

일대일로라는 원대한 계획에는 여러 목적이 있다. 일단 첫 번째 목적은 중국에 꼭 필요한 식량과 에너지, 원자재에 대한 접근과 확보를 강화한다는 것이다. 그다음 목적은 중국산 제품과 서비스의 수요를 창출하는 것이다. 일대일로가 완성되면 공급 과잉인 중국산 콘크리트와 철강을 새로운 항만이나 도로, 다리, 공항이 건설되는 곳에 내다 팔 수 있다. 한마디로, 일대일로 계획이 성공한다면 중국은 자국 내의 경제특구가 거뒀던 것과 같은 효과를 볼 수 있다. 중국의 목표는 결국 해외에 경제특구를 만드는 것이다.

아시아인프라투자은행

일대일로 계획을 원활히 추진하기 위해 중국은 2016년 5월 아시아인프라투자은행을 창설했다. 일대일로를 위한 개발 자금을 마련하는 것이 아시아인프라투자은행의 목적이었다. 아시아인프라투자은행의 재무상태표는 차입까지 포함해 약 2,500억 달러로, 영업 첫날부터 세계은행보다 더 큰 재무상태표로 시작했다. 많은 나라가 창립 회원 국이자 지원국이 되기로 협약을 맺었다. 그러나 미국은 아시아인프 라투자은행 운영에 반대하면서 가입 협약을 체결한 동맹국들을 비 난했다. 예를 들어, 영국이 G7 중에서 처음으로 창립 회원국으로 참 여하기로 했을 때 워싱턴 일각에서 난색을 표했다는 뉴스가 보도 되었다. 〈파이낸셜 타임스〉는 익명의 한 워싱턴 고위 관료가 영국 이 중국에 "끊임없이 편의를 제공하고 있다."라고 비난했다는 말을 전하면서 '특별한 동맹관계'에 "큰 금이 갔다."라고 보도했다.[45]

중국에 일대일로라는 대규모 계획을 추진할 자금이 없다고 말하 는 사람도 있다. 중국은 외환 보유고가 줄줄 새나가고 있으며, 미국 이 금리 인상 정책을 추진하기 시작한 후에는 그 출혈이 더 심해졌 다는 것이다. 미국이 명목적으로나마 통화긴축 정책을 취하면서 대 다수 신흥시장 통화는 급격하게 가치가 하락했다. 중국은 미약한 수 준의 위안화 약세 정책을 취했지만(중국은 변동환율제가 아니라 관리변 동환율제를 취하고 있으며, 기준 환율은 시중 은행들이 아니라 사실상 인민 은행(중국 중앙은행)이 정하고 있다고 봐야 한다.–옮긴이), 통화 가치가 급 락한 다른 신흥시장 국가에 비교하면 경쟁력을 잃었다. 러시아 루블 화, 브라질 레알화, 남아프리카공화국 란드화, 카자흐스탄 텡게화를 비롯해 여러 신흥시장의 통화 가치가 기록적인 수준으로 떨어졌다.

그러나 중국은 수에즈 운하까지 운송로를 확대한다는 원대한 사 업 계획을 포기하지 않았다. 중국이 사우디아라비아 석유의 최대 수입국으로 부상한 것도 이런 면에서 보면 이해가 간다.

완벽한 원은 일대일로에서 끝난다

세계 경제를 흐르는 자본의 유출입 방식과 도착지를 바꾸려는 중국의 노력에서 최종 방점을 찍은 것이 바로 아시아인프라투자은행이다. 과거에 중국이나 다른 신흥시장들은 국내의 저축을 미국이나 영국, 일본, 유럽 등의 국채를 사는 데 사용했다. 이 선진국들은 신흥시장에서 흘러들어온 돈이 국내 지출과 소득의 간격을 메워준 덕분에 분수에 넘는 소비가 가능했다. 아시아인프라투자은행이 성공적으로 운영된다면 글로벌 자본시장의 판도가 근본적으로 바뀔 것이다. 신흥시장의 돈이 종이로 된 금융자산이 아니라 철도와 항만, 공항 같은 실제 경제 활동에 투자될 것이기 때문이다. 선진국의 채권으로 투자가 쏠리는 것이 아니라, 여러 나라로의 분산투자가 이뤄질 것이다.

개혁인가, 대체인가

일대일로의 목표는 게임의 규칙을 바꾸는 것이다. 중국을 비롯한 신흥시장 국가들은 이미 여러 해 전부터 기존 규칙과 국제 금융기관

(세계은행과 국제통화기금 등)을 보완하고 개혁하기 위한 운동을 벌이고 있다. 중국은 납부금을 늘린다면 거기에 걸맞게 세계은행과 국제통화기금에도 자국 입장이 더 많이 대변되어야 한다고 주장했다. 중국은 위안화가 국제통화기금의 특별인출권Special Drawing Rights, SDR 바스켓에 포함되는 기축통화로 인정받아야 한다고 주장했다. 미국은 여러 이유를 들어 중국의 요구에 반대했다. 미국의 반대가 거세기 때문에 개혁은 현실 가능한 선택이 아니라는 인식이 강해졌다. 설상가상으로 미국이 자국에 유리한 쪽으로 시스템을 바꿀 것이라는 인식마저 강해졌다.

완벽한 원의 주춧돌은 사회계약 개념이다. 이 계약에 따르면 미국 달러화 기반의 세계 경제에 속하고 세계은행, 국제통화기금, 국제무역기구ITO 등 세계 기구에 가입한 회원국들은 모든 나라에 최상의 이익을 제공하기 위해 노력해야 한다. 그러나 미국이 국제적 악영향은 고려하지 않고 자국 이익만을 위한 정책을 추진하고 있다고 생각하면서 신흥시장은 이 사회계약에도 의문을 품기 시작했다.

그 결과 중국을 비롯한 여러 신흥시장 국가는 자국에 더 이상 보탬이 되지 않는 사회계약을 대신할 다른 사회계약을 모색하고 있다. 그들은 국내의 저축을 미국 재무부 채권이나 길트Gilt(영국에서 가장 가치가 안정된 것으로 평가받는 유가증권. 정부 국채도 여기에 해당한다.), 분트Bund(독일 국채)에 투자하는 대신에 국내의 사회계약을 유지하는 데 더 도움이 되는 새로운 국제적 사회계약을 마련하기를 원한다.

신흥시장 국가들은 교역 대상국에 미국 달러화 체제를 따르는 것이 아니라 자국 통화로 거래할 수 있기를 요구한다. 신흥시장 국가들은 자신들만의 기구와 규칙을 만들기를 원하며, 자국의 이익(상업, 외교, 군사적 이익)을 자국의 방법으로 추구하기를 원한다.

진주 목걸이 가설

일대일로는 중국이 영향력을 확대하고 덤으로 군사 안보까지 강화하는 데 큰 도움이 되는 계획이다. 중국은 군사와 전략적 사안이 일대일로의 중요 목표는 아니라고 주장하겠지만, 무시할 수 없는 문제라는 것은 분명하다. 그 이유를 이해하려면 일단 미국이 '진주 목걸이 가설String of Pearls'이라고 부르는 개념부터 이해해야 한다. 컨설팅 회사인 부즈 앨런 앤드 해밀턴Booz Allen and Hamilton이 처음 제기한 진주 목걸이 가설에 따르면, 중국이 건설 자금을 대고 관리까지 맡는 해외의 항구들이 긴 띠처럼 서로 연결되는 순간, 중요 대양 항로에 주둔 중인 미군의 위협도 크게 줄어들 것이다.[46]

　진주 목걸이는 미국 해군처럼 원양 주둔을 목표로 하는 중국의 대양해군 건설 노력이 집결된 하이난섬에서 출발한다. 중국은 여러 항구에 대한 투자와 확장 계획을 추진 중이며, 시작은 버마의 시트웨항과 코코섬이다. 코코섬에는 중국의 대인도 통신감청기지가 있다고 알려져 있다. 중국은 인도가 미국의 아시아 대변국이라고 생각했는데, 2005년 미국-인도 민간원자력협정이 체결되면서 이 의심은 거의 확신이 되었다. 이 협정에 따라 미국은 인도와 모든 기술을 공유하고 연합 방어 시설을 구축한다. 여기서 중요한 것은 미국은 인도에 핵기술을 기꺼이 전수하지만, 중국을 특정해서는 모든 기술 이전을 금지하고 있다는 점이다. 게다가 오바마 대통령은 중국발 사이버 공격 가능성을 염려해 중국산 컴퓨터 제품을 구입하는 것도 금지한다고 발표했다.

인도를 믿지 않는 중국은 인도 주위를 빙 둘러싸며 항구와 기반 시설을 개발하는 정책을 추진하고 있다. 여기에는 방글라데시의 치타공항과 스리랑카의 함반토타항도 포함된다. 그리고 2013년 2월 18일 파키스탄은 과다르항의 운영통제권 일체를 중국에 내주었다. 몰디브 말레섬의 신공항 건설 수주를 중국이 가져갔다는 소문도 돌았다. 세이셸은 자국 내 중국 해군의 급유를 허락해주었으며, 마다가스카르와 몰디브에 중국 통신감청기지가 세워졌다는 말도 있다.

이란을 제외한 중동 산유국들은 미국과 우호적인 관계였기 때문에 중국으로서는 다루기 까다로운 상대였다. 최근까지는 그랬다. 오바마 대통령이 이란과 관계 정상화를 꾀하면서 중국은 중동 내 이해관계에 다변화를 모색해야 했다. 그런데 그런 관계 정상화 노력이 오히려 미국과 중동 우방들의 사이를 소원하게 만드는 결과를 초래했다. 중국으로서는 좋은 기회였다. 미국은 리비아 반군을 지원하고 아랍의 봄 당시 체제 변화를 지원하면서, 사우디아라비아 및 이스라엘과 소원해졌다. 셰일 가스와 셰일 석유 추출을 위해 수압 파쇄법 사용을 늘리고, 사우디아라비아산 석유 의존도를 줄이려는 미국의 노력은 사우디아라비아를 비롯해 중동 지역 여러 정권과 미국의 관계를 악화시켰다.

미국의 에너지 독립에 대한 말이 돌면서 중동의 에너지 생산국에는 미국이 조만간 자신들의 자산을 필요로 하지 않게 될 날이 올지도 모른다는 두려움이 팽배해졌다. 어쩌면 미국이 에너지시장에서 든든한 소비자가 아니라 강력한 경쟁자가 될지도 모르는 일이었다.

대미 관계에 지각 변동이 발생하면서, 사우디아라비아는 2013년 유엔 안전보장이사회 비상임이사국 자리에 앉는 것을 거부했다. 미국으로서는 안전보장이사회의 귀중한 동맹자 하나를 잃게 된 것이다. 1983~2005년 동안 워싱턴 주재 사우디아라비아 대사를 지낸 반다르 빈 술탄Bandar bin Sultan 왕자는 "이것은 유엔이 아니라 미국에 보내는 메시지다."라고 말했다.[47] 이라크와 아프가니스탄 철수로 중동에 주둔하는 미군이 줄어드는 정세 속에서 사우디아라비아와 미국의 관계에도 금이 간 것은 중국으로서는 중동 산유국들과 외교 관계를 강화할 수 있는 좋은 기회였다.

중국은 동아프리카로도 손을 뻗어 지부티에서는 여러 항구를, 수단에서는 수단항을, 케냐에서는 라무항을, 탄자니아에서는 바가모요항을 건설하거나 확대하는 사업에 참여했다. 중국 국적의 법인들은 남아프리카와 서아프리카에서도 비슷한 기반시설 사업에 참여했다. 특히 중점을 둔 곳은 나이지리아였다.

최근에 중국은 서유럽에서 벌어진 '청산 세일' 기회를 적극 활용했다. 빚에 쪼들려 한 푼이 아쉬워진 그리스는 중국 투자단에 자국 최대 항구인 피레우스항을 매각했고, 해상 운송 항로권도 일부 내주었다. 중국은 아드리아해의 항구들도 소홀히 하지 않았다. 크로아티아 리예카항, 이탈리아 베네치아항과 라벤나항, 키오자항에 투자함으로써 중국은 신형 초대형 화물선으로 기존 컨테이너선보다 선적량이 4배나 되는 머스크 트리플 E-급 컨테이너선을 취급하는 것이 가능해졌다. 중국으로 물자를 수송하려면 이런 초대형 화물선은 꼭 필요했다.

게다가 중국은 포르투갈령인 아조레스제도의 테르세이라섬에 있는 옛 나토NATO 기지인 라지스 필드를 임대차 형식으로 빌린 것으로 알려졌다.[48] 방위 전문가들은 대서양 한가운데 있는 아조레스제도가 중국에 미국의 요충지인 디에고가르시아섬만큼이나 전략적으로 중요한 섬이라고 본다(디에고가르시아섬은 인도양 가운데 있는 작은 섬이다. 아프가니스탄 전쟁과 이라크 전쟁 당시 미국은 미사일 공습을 수행할 때 상당수 미사일을 이 섬에서 쏘아 올렸다.). 포르투갈은 미국이 아조레스제도 기지의 대부분에 폐쇄 결정을 내리면서 그곳을 중국에 임대하기로 했다.[49]

새로운 위대한 게임

세계 무대에서 중국만이 도발적 행동을 취하고 있으며, 중국만이 세계 곳곳에서 제해권과 제공권을 장악하기 위해 미국이나 그 동맹국들에게 정면으로 맞서고 있다고 생각한다면 오산이다. 미국에도 미국만의 엄연한 '진주 목걸이'가 존재한다. 이 목걸이는 일본에서 시작해 한국, 필리핀, 베트남, 오스트레일리아, 뉴질랜드, 디에고가르시아섬, 인도, 아랍에미리트, 동아프리카 일부 지역, 나토가 통제하는 모든 지역까지 연결된다.

미국과 중국은 지금 한바탕 모노폴리 게임을 펼치고 있다. 두 나라 모두 세계 지도에서 자신들이 통제하거나 영향을 줄 수 있는 지역을 넓히는 것을 목표로 한다. 과거 인도 총독이었던 영국의 조지 커즌George Curzon 경은 1898년에 "국가들은 세계를 제패하기 위한 큰 게임이 펼쳐지는 체스판 위의 말들이다."라고 말했다. 이는 영국과 프랑스, 러시아, 중국 등이 영토와 나라를 차지하기 위해 벌인 침략사와 약탈사를 기록한 피터 홉커크Peter Hopkirk의 명저 《그레이트 게임The Great Game》에서 인용한 말이다. 오바마 대통령도 2013년 시리아 사태에 대해 비슷한 내용의 연설을 했다.

"지금은 냉전이 아니다. 이겨야 하는 위대한 게임은 없으며, 미국으로서는 시리아 국민의 안녕과 이웃 나라의 안정, 화학무기 제거, 테러리스트들의 피난처가 되지 않도록 하는 것 외에는 이 나라에서 얻을 이익이 없다."

그러면서 그는 "나는 미국이 모두의 이익을 대변하는 능력이 뛰어나다고 믿는다."[50] 라고 덧붙였다.

미국은 위대한 게임의 시대가 끝났으며, 자국이 모든 나라의 이익을 대변한다고 믿기로 했다. 그러나 그렇게 생각하지 않는 나라도 있다. 특히 중국과 여러 신흥시장 국가의 생각은 확연히 다를 수 있다. 그 나라들 입장에서 영향력과 자산을 둘러싼 쟁탈전은 여전히 진행 중이다.[51]

평화 배당의 종말

국가는 국민에게 합리적인 가격에 식량과 에너지를 공급해야 한다. 그렇지 않으면 정부를 거부하거나 혁명까지는 아니더라도 국민의 분노와 원성을 살 수 있다. 신흥시장이 귀중한 자산과 공급망을 확보하려는 경쟁에 너도나도 뛰어드는 것도 이런 이유에서다. 중국은 그나마 나은 편이다. 중국에 비해 대다수 신흥시장은 목표를 추진할 규모도 자원도 국력도 한참 떨어지기 때문에 중국보다 훨씬 취약한 입장이다. 그래도 그들에게는 선택권이 없다. 세계 경제의 고통의 악순환(디플레이션과 인플레이션)으로부터 시민을 보호하지 못하는 국가에는 사회 불안과 정부 몰락이 찾아올 수 있기 때문이다.

이런 경제 작용은 지정학적 요인이 세계 경제의 변두리 무대에서 중심 무대로 나아가는 데 물꼬를 터주었다. 진짜로 정면 대치를 원하는 나라는 없다. 정면 대치 태세로 전환하면 중국도 미국도 득이 될 것이 없다. 그러나 현실의 경제 작용은 두 나라를 심각한 대치 국면으로 몰아가고 있다.

다른 각도에서 생각해보자. 방위비 지출도 기반시설 투자도 경제에 돈을 펌프질하는 한 가지 방법에 불과하다. 중국이 서구처럼 과다 채무국이고 파산 직전이라고 말하는 사람도 있다. 중국은 서구 재정이 파탄 지경이라고 말한다. 그런 판국에 전략적 안보 문제를 핑계 삼으며 펑펑 지출을 해대는 것은 조금 놀랍지 않은가? 어쩌면 조만간 국방비와 기반시설 지출이라는 형태로 4차 양적완화가 발표될 수도 있지 않을까(현재까지 미국의 양적완화는 2012년 3.5차를 마지막으로 종료되었다.-옮긴이)?

중국이나 다른 신흥시장의 노동자들이 떨어진 생활수준을 순순히 받아들일 것이라고 생각한다면 오판이다. 이들에게 생산성을 더 늘리지 않으면 더 나은 삶과 고기를 맘껏 먹는 생활, 늙기 전에 부자가 되려는 꿈을 한정 없이 미뤄야 한다는 사실을 말할 수 있는 방법이 있기나 할까? 미래에 대한 신뢰와 희망의 상실은 희소 자원을 얻으려는 분쟁과 다툼, 경쟁을 더욱 부추기고 있음을 보여주는 신호가 여기저기서 나타나고 있다. 그리고 우리는 이런 신호들을 놓치지 말아야 한다. 세계 경제가 평화 배당 기조에서 분쟁 프리미엄 기조로 변신하고 있다는 신호가 이미 곳곳에서 등장하고 있다.

9장

또다른
지정학적 신호들

마크 퍼거슨Mark Ferguson 제독은 연합합동군사령부의 사령관으로서, 유럽과 아프리카에서 미국 해군을 지휘하고 있다. 그런 그가 유럽 주변 바다가 러시아와 펼치는 '승부의 장contested space'이 되었다고 말했다면 무슨 일인가 벌어지고 있다는 뜻이다.

2015년 10월 6일 퍼거슨 제독은 러시아-나토, 더 구체적으로는 러시아와 미국의 새로운 긴장 관계를 설명하며 '강철 포물선Arc of Steel'이라는 말을 처음 언급했다.

"북극에서 지중해에 이르는 '강철 포물선'의 건설은 러시아 안보 정책이 재무장화하고 있음을 입증한다. 러시아는 북극의 새 기지부터 발트해의 칼리닌그라드, 흑해의 크림반도까지 요격 미사일과 순항유도탄, 신형 발사 플랫폼을 배치했다. 또한 러시아는 해양에 힘을 투사하기 위한 군사시설을 짓고 있다. 러시아의 시리아 기지는 동지중해에서도 똑같이 힘을 투사할 수 있는 좋은 장소가 되었다. 러시아의 목적은 이 해역에서 작전을 수행하는 위험한 해상부대를 보유해 나토 작전 수행을 중지시키는 것이다. 한마디로 나토 해상부대를 목표물로 한 해양거부전략sea denial strategy(특정 해양을 영유하거나 사용할 목적이 없어도 적의 해양 사용을 거부하는 전략. 해양을 영유하고 사용하면서 적의 해양 사용을 거부하는 해양통제sea control보다 한 단계 약한 전략이다.-옮긴이)이다. 그러면서 러시아는 강철 포물선에서 나오는 힘을 투사하기 위해 군사 자산의 사정거리를 확대하고 있다. 구체적으로는 러시아 잠수함 부대의 작전 속도와 숙련도를 올리고 있다."[1]

블라디미르 푸틴 대통령은 미국과 나토를 같은 눈으로 바라본다. 2016년 1월 초 러시아가 공개한 새 전략 문서인 '러시아 연방 국가 안보 전략'에서는 미국과 나토를 현 러시아의 최대 안보 위협 국가 중 하나로 규정했다. 러시아가 미국을 전략적 안보 위협국이라고 노골적으로 지칭한 것은 냉전이 끝나고 처음 있는 일이었다.

그때부터 상황은 계속 나빠졌다. 2016년 2월 12일 드미트리 메드베데프Dmitry Medvedev 러시아 총리는 시리아에서, 예를 들어 지상군 원조 같은 특정 방법이 추진된다면 서구가 "새로운 세계 전쟁을 촉발하는" 것이나 다름없다고 말했다.[2] 2월 14일에 뉴스 매체는 메드베데프의 말을 인용해 "우리는 새로운 냉전시대로 슬라이딩해 들어가고 있다."라고 보도했다. 이로써 밀월은 확실하게 끝났다.

러시아

이제부터는 지정학적 문제는 저절로 해결될 것이라는 희망과, 러시아와 서구가 벼랑 끝 줄다리기를 펼치면서 정찰기와 전투기, 군함을 출동시키는 위기일발의 현실이 등을 돌리는 절차를 잘 수습해야 하는 시기가 되었다. 서로의 국경을 넘나들며 펼치는 존 르 카레John le Carré 유형의 첩보작전과 톰 클랜시Tom Clancy 스타일의 군사도발이 횡행하는 시대가 시작된 것이다. 몇 년 전만 해도 그런 일이 일어날 수 있다고 말하면 헛소리 취급을 받았을 것이다. 1997년에 클린턴 대통령은 대러시아 포용정책을 취하면서 러시아가 G8 회원국이 된 것을 두 팔 벌려 환영했다. 2014년, '러시아는 크림공화국을 합병'하고 (2014년 3월에 크림자치공화국과 세바스토폴은 우크라이나로부터 독립을 선포하고 크림공화국을 결성하였으며, 이후 주민 투표에서 압도적인 찬성표를 받고 러시아와 합병을 결정했다.-옮긴이), 사흘 후 분노한 다른 회원국들이 제명 조치를 취하기 전에 먼저 G8을 탈퇴했다.[3]

　러시아의 시각에서는 정말로 그렇든 아니든 미국과 나토는 재무장을 진행하면서 공격적 행동을 늘리고 있다. 러시아는 미국이 군사력과 경제력을 무기 삼아 러시아의 국익을 침해하고 위협한다고 주장한다. 당연히 러시아의 행동에도 이런 시각이 반영돼 있다고 봐야 한다.

　중국과의 대치 상황이 괜히 일어난 일이 아니듯, 지정학적 축이 '러시아 전선'으로 다시 돌아간 것도 우연이 아니다. 경제 작용은 매일같이 요란하게 펼쳐지는 드라마의 향연을 만들고 있다. 할리우드 영화 뺨치는 사건들이 일어나고 있지만, 문제는 허구가 아니라 실화라는 것이다.

첩보 사건

2015년 말, 베를린의 한 다리 위에서 벌어진 유명한 스파이 맞교환 작전을 다룬 스티븐 스필버그의 영화 〈스파이 브릿지〉가 개봉했다. 영화에서 미국은 러시아 첩자인 루돌프 아벨을 넘겨주는 대신에 U2 정찰기로 러시아를 정탐하다 붙잡힌 미군 조종사 게리 파워스와 첩자 의심을 받고 러시아 당국에 체포된 미국인 유학생의 송환을 요구한다. 그런데 흥미롭게도, 2015년 말에 영화가 개봉된 것과 비슷한 시기에 러시아와 에스토니아(나토 회원국)도 비슷한 스파이 교환 작전을 진행했다.

2014년 9월 러시아 연방보안국FSB은 에스토니아 보안경찰국KaPo의 에스톤 코흐베르Eston Kohver 요원을 '긴급 체포'하고 심문을 위해 그를 모스크바로 데려갔다. 코흐베르가 체포 당시에 국경의 어느 쪽에 있었는지는 잘 모른다. 몇 주 뒤 에스토니아 당국은 국경 안쪽의 나르바강에서 '낚시' 중이던 러시아인 두 명을 체포했다. 두 낚시꾼은 모두 전직 러시아 연방보안국 요원이었다.[4] 이 러시아 '낚시꾼들'에게는 실형 2개월이 선고되었다. 그리고 에스토니아 정부는 전직 에스토니아 비밀 요원이었지만 2년 전 러시아 이중간첩 혐의가 인정돼 재소 중이던 알렉세이 드레센Alexei Dressen과 코흐베르를 맞교환하기로 동의했다. 영화의 한 장면 같은 이 스파이 교환은 러시아와 에스토니아를 연결하며 흐르는 피우사강의 외진 다리에서 이뤄졌다.[5]

위키리크스와 에드워드 스노든의 폭로로 결국에는 미국이 누구나 인정하는 동맹국 독일에 대해서도 사찰을 행하고 있다는 것이 밝혀졌다. 동독에서 성장한 앙겔라 메르켈 총리는 러시아어에 능숙하고 러시아식 사고방식도 잘 이해하고 있다. 또한 러시아 에너지에 대해 독일이 얼마나 취약한 입장인지도 잘 알고 있다. 게다가 독일은 원자력 에너지 사업 중단을 선언했기 때문에 두 나라 사이에는 어느 모로 보나 대화가 필요했다.

물론 동맹국들이 서로서로 첩보 작전을 벌인 것은 어제오늘의 일이 아니다. 이는 G7 회원국들도 예외가 아니다. 나의 아버지가 들려준 흥미진진한 이야기에 따르면 이런 첩보 작전에서는 프랑스가 러시아나 이스라엘보다 한 수 위라고 한다. 미국이 영국, 오스트레일리아, 뉴질랜드, 캐나다('다섯 개의 눈Five Eyes')와 공조해 전 세계 통신을 도청 및 감청하는 에셜론ECHELON 감청 프로그램에 대한 진실이 폭로된 이후로(이 중대한 사건에 이런 말을 덧붙이는 것이 조금 경솔한 행동일 수는 있다. 하지만 나로서는 미국 정부기관 중 도청하는 기관이 NSA뿐이라고 여겨지는 것에 웃음이 절로 나온다.), 미국이 세상에서 벌어지는 거의 모든 일을 사찰하고 있다는 것을 믿지 않는 사람은 별로 없다.

폭로 기사가 대대적으로 보도되면서 메르켈 총리는 보여주기식 행동이라도 취해야 했다. 독일은 결국 표면상 스파이 행위를 한 것으로 드러난 CIA 지부장을 강제 추방했고, 미국의 이중간첩 혐의를 받은 독일 정보부 소속 요원 한 명을 체포했다. 메르켈 총리는 독일 연방정보원BND이 앞으로 미국은 물론이고, 가장 긴밀한 정보 협력국이기도 한 영국에도 적극적으로 사찰을 시작할 것이라고 발표했다.[6] 실제로 독일 지도부는 고위 관료들에게 민감한 내용의 서류를 작성할 때는 컴퓨터가 아니라 타자기를 사용하고, 도청 방지를 위해 사무실에서는 클래식 음악을 틀라고 요구했다. 독일 일간지 〈쥐트도이체 차이퉁〉은 에드바르 그리그의 피아노 협주곡 A단조가 제일 인기가 높다고 전한다.

미군이 독일과 유럽 곳곳에 주둔하는 총체적 목적은 독일과 유럽을 러시아로부터 보호하는 것인데, 이번 사찰 폭로는 세계에 새로운 지정학적 문제를 야기했다고 볼 수 있다.

스파이 사건은 그 후에도 계속 터졌다. 2015년 1월, 프리트 바라라Preet Bharara 뉴욕주 남부지검 연방검사는 러시아 정부 관료 두 명과 러시아계 은행 직원인 예브게니 부르야코프Evgeny Buryakov가 스파이로 활동하고 있다는 혐의를 제기했다. 바라라는 이렇게 말했다.

"냉전이 끝난 지 20여 년이 지났지만 러시아 간첩들은 여전히 우리 틈바구니에서 은밀하게 첩보 작전을 시도하고 있다."

최근 되살아난 냉전시대의 활동은 첩보 작전만이 아니다. 러시아와 서구의 군사 대치도 다시 시작됐다.

2014년 6월 오바마 대통령이 에어포스 원을 타고 일본으로 가고 있는데, 일본 근처 오호츠크해 상공 어딘가에서 러시아 Su-27 전투기(나토명 플랭커)가 미군 초계기RC-135U(컴배트 센트 전자정찰기)의 100피트(약 30미터) 이내 거리로 따라붙었다.[7] 펜타곤은 이 사건이 대외에 알려지기 전까지는 이 일을 공개하지도 확인해주지도 않았다. 왜 아무 언급도 하지 않았느냐는 질문에 펜타곤 대변인은 "적절한 답변을 찾을 수 없어서입니다."라고 대답했다.[8]

2015년 러시아 폭격기가 캘리포니아 앞바다 약 10마일(약 16킬로미터) 상공까지 날아왔고, 북미 영공 방어를 맡으며 유사시 경고 신호를 보내는 북미항공우주방위사령부NORAD는 이 폭격기들을 영공 밖으로 쫓아내기 위해 급히 F-22 전투기들을 출동시켰다.[9] 알고 보니 이런 일이 처음이 아니었다. 러시아 군용기들은 2002년 4월 이후로 이웃 나라 영공을 무시하고 침범하는 일이 잦았으며, 러시아 투폴레프 Tu-95 폭격기(나토명 베어)가 알래스카 상공 37마일(약 60킬로미터) 이내로 들어온 사건도 있었다. 베어 폭격기는 긴급 출동한 F-15 전투기 두 대에 의해 영공 밖으로 빠져나갔다.

2004년 1월에는 USS 키티호크급 항공모함의 함대원 한 명이 베어 폭격기가 요란한 소리를 내며 키티호크함 2,000피트(약 600미터)

이내로 접근하는 모습을 영상에 담았다. 2,000피트는 충분히 사정권 이내였고, 당시 키티호크함은 한국과 일본 사이의 동해에서 작전을 수행 중이었다.

2005년에는 러시아 전투기가 리투아니아 카우나스시 근처에 추락했다. 리투아니아, 라트비아, 에스토니아를 비롯해 과거 소비에트 연방에 속해 있던 몇몇 나라가 얼마 전에 서구의 주요 군사동맹인 나토에 가입했는데, 러시아로서는 상당히 못마땅하게 여길 만한 일이었다. 나토, 즉 북대서양조약기구는 전통적으로 소련과는 군사적 적대관계에 있는 기구이기 때문이다.

2007년 5월 10일 러시아 투폴레프 Tu-95 폭격기 두 대가 영국 영공을 향해 날아왔고, 영국 왕립공군은 스코틀랜드의 루카스 기지에서 전투기들을 출동시켰다. 나중에 알려진 사실이지만, 이 러시아 전투기들이 영국으로 가는 길에 노르웨이 상공을 지났고, 이에 노르웨이 공군 역시 같은 날 전투기들을 출동시켰다고 한다. 하지만 러시아는 단순한 훈련 비행이었다고 발표했다.

가끔 행해지던 훈련 비행은 지금은 보다 지속적이고 심각한 무언가로 바뀌었다. 일본이 전투기를 출격시키는 횟수는 냉전 이후 그 어느 때보다도 늘었다. 정부 공식 통계 자료를 보면 일본 전투기가 2013년 4월부터 2014년 4월까지 무단 영공 침범에 대응해 출동한 횟수는 810회나 되었다. 중국이 415회 침범했고, 러시아는 2014년에 359회, 2013년에는 248회 침범했다. 2016년 4월 중순에는 러시아 SU-24 전투기들이 USS 도널드 쿡 구축함에 '모의 공격'을 시행

하며 30피트(약 9미터) 가까이 초근접 비행을 했다는 뉴스가 보도되기도 했다.[10]

서구의 전투기들 역시 훈련 비행을 한다는 명목으로 뜻밖의 장소에 출현하는 것은 마찬가지이다. 결국 몇몇 나라만 영공 침범이나 스파이 작전을 행하고 있다는 뜻이 아니다. 2014년 6월 초 미군의 B-2 스텔스 폭격기 두 대(호출신호는 데스 11Death 11과 데스 12Death 12)와 아음속 전략폭격기인 보잉 B-52 스트래토포트리스 폭격기 세 대가 런던 서쪽 페어포드 왕립공군기지에 도착했다.[11] 아마추어 비행기 관찰자들은 흥분했다. 이 전략적 폭격기들은 평소 미주리주 화이트맨 공군기지에 머물러 있으며, 미국 밖으로는 잘 나가지 않는다. 이 폭격기들이 어떤 장소에 있다면, 그건 그 장소에 필요하다는 말이다.

2014년 4월 30일에 연방항공국은 미군 정찰기가 로스앤젤레스 공항 상공에 등장해 공항의 컴퓨터 시스템과 관제 시스템의 지휘권을 넘겨받아 50편의 비행을 취소시켰고 추가로 455편의 비행을 지연시켰음을 확인해주었다.[12] 최근 미군이 정찰기를 캘리포니아 상공에 출동시키는 이유는 러시아 전투기들이 미국 영공에 그 어느 때보다도 가까이 날아들고 있다는 의심이 들기 때문이다.

이유는 무엇인가

러시아가 영공과 영해와 영토에서 확장을 꾀한 것은 오래된 일이지만, 미국이 양적완화를 시작한 이후에는 그 시도가 더욱 대담해졌다. 러시아가 이렇게 공격적 행동을 하는 이유는 무엇인가?

베를린 장벽 붕괴 이후 나토의 계속된 동진은 러시아에게는 명백한 도발이었다. 러시아 입장에서 나토 지도를 보면, 최근 몇 년 사이 러시아가 가끔 영공을 침범하던 것보다도 훨씬 사태가 심각하다.[13] 미국과 유럽이 예전 소련 위성국가인 폴란드, 에스토니아, 헝가리, 체코공화국 등지로 나토 영역을 확대하기 위해 체계적으로 노력한 것이 러시아 지도부에게는 불안감을 불러일으켰다.

러시아는 서구가 소련 체제 붕괴 이후 시점부터 러시아가 핵 강국으로서 정당한 위상을 재확립하는 시점까지의 시간차를 '이용하고' 있다고 봤다. 러시아가 자국의 이익을 보호하지 못하는 시기를 틈타 미국에서 위대한 게임을 펼치며 러시아의 영향권을 '훔쳐가고' 있다는 것이었다. 이것은 처음 있는 일도 아니다. 러시아 충성파는 니키타 흐루쇼프 총리도 1950년대 소련이 잠시 불리한 국면에 처했을 때 크림반도와 우크라이나를 내주었다고 재빨리 응수했다.

러시아의 자부심을 회복하고, 과거 소련의 물리적 영역과 더 나아가 제국 시절의 영토까지 회복하는 일은 러시아 국민의 엄청난 지지를 받았다. 덕분에 블라디미르 푸틴 대통령의 인기 역시 서구나 신흥시장 지도자들은 상상할 수도 없을 정도까지 치솟았다.

내가 보기에 러시아 지도부는 자신들은 세상을 '위대한 게임'이 벌어지는 판으로 보고 있는데, 미국은 그렇지 않다는 사실에 놀라고 있다. 푸틴 대통령은 체스를 두고 있는데 오바마 대통령은 골프를 치고 있다는 러시아발 우스갯소리가 심심치 않게 들려왔다. 이런 러시아의 시각을 알아챘다면 그들이 미국의 양적완화를 어떤 의심의 눈초리로 보는지도 이해할 수 있다. 양적완화는 미국 정부가 타국의 피해를 제물 삼아 자국의 이익만을 위해 추진하는 적대 행위이다. 러시아는 채무 문제에서 벗어나려는 미국의 노력이 결국에는 러시아의 이익을 희생시키는 결과를 불러올 것이라고 믿는다.

이후 전개된 모습에서도 나타나듯이 양적완화는 러시아에 꽤 의미심장하면서도 부정적인 영향을 미쳤다. 양적완화는 다른 무엇보다 '위대한 게임'의 판에 올라와 있는 자산의 가치를 바꾼다. 미국이 세계 경제에 인플레이션이나 혹은 그것을 불러올 여건을 수출한다면, 달라진 자산 가치를 유리하게 이용할 준비를 해야 한다는 것이 러시아의 생각이다. 그렇다면 여기서 우리는 한 가지 질문을 던질 수 있다. 미국 통화 정책의 지배를 받고 나토가 확대되는 세계 정세에서 우크라이나나 발트해, 지중해나 시리아는 러시아에 어느 정도의 가치가 있는가?

우크라이나와 크림반도

우크라이나와 크림반도에 대해서는 여러 주장이 엇갈린다. '이 말도 맞고 저 말도 맞는' 상황이다. 분명한 것은 2013년과 2014년에 우크라이나의 채무 문제가 한계를 넘었다는 사실이다. GDP 대비 부채 비율이 너무 커졌기 때문에 성장 가능성이 아예 사라져버렸다. 우크라이나의 식량과 에너지 가격은 크림반도 사태가 일어나기 전 3년 동안 매해 걷잡을 수 없이 치솟았다. 당시 친러파인 빅토르 야누코비치 우크라이나 대통령이 인플레이션 데이터를 인위적으로 억누르면서 생활비 상승 압박을 가리고 있다는 의심도 오래전부터 돌았다. 당시 우크라이나에서는 식품비 지출만도 소득의 50%를 웃도는 것으로 추정되었다. 생활고에 시달린 우크라이나 국민들은 "왜 우리 사회의 부가 다른 사람에게만 돌아가고 나한테는 오지 않는 것인가?"라는 사회계약에 대한 중요한 질문을 던지기 시작했다.

일부 우크라이나 국민은 러시아를 등에 업은 야누코비치 대통령을 몰아내고 유럽연합과 뜻을 함께하는 것에 답이 있다고 생각했다. 유럽연합도 반기는 생각이었다. 반대로 크림반도의 시민들 대다수는 우크라이나로부터 독립하고 러시아와 합치는 것에 답이 있다고 믿었다. 러시아도 환영했다. 과거에 뜻을 같이한 것이 어느 쪽인지는 중요하지 않았다. 경제적 압박에 시달린 우크라이나 국민은 어느 편에 붙을지 선택해야 했다.

2014년 2월, 우크라이나와 크림반도, 러시아는 각자의 지정학적 이익을 계산한 후 변화를 모색하는 것이 좋겠다는 결론을 내렸다. 우크라이나 국민 일부는 유럽연합 가입을 요구했다. 크림반도에 사는 러시아어권 사람들은 독립을 희망하며 분리주의 운동을 벌였다. 러시아는 당연히 친러 분리주의 운동파의 독립운동을 지지했다. 어쨌거나 우크라이나가 엄청난 규모의 대러시아 채무에 불이행을 선언하면 러시아도 큰 피해를 입을 것이다. 더 늘어난다면 피해 정도가 아니라 위험했다.

지정학적으로 어떤 사건이 일어난다면 원인이 된 시발점을 딱 집어 말하기는 힘든 법이다. 하지만 유럽연합이 우크라이나에 회원 가입을 권했을 때 러시아 지도부가 무엇보다도 중요하다고 느낀 지정학적 문제는 '안보'였다. 러시아는 유럽연합이나 나토가 자국과 국경을 사이에 두었을 뿐 아니라 귀중한 자원까지 막대하게 보유한 나라를 통제하게 되는 것을 원하지 않았다. 알렉산드르 야코벤코Alex-ander Yakovenko 주영 러시아 대사가 내게 이런 질문을 던진 적이 있다. "당신네 미국인들은 쿠바 미사일 위기를 완전히 잊은 것입니까?"

이번 일이 얼마나 도발적인 것인지 알지 못하느냐는 뜻이었다. 내 대답은 이러했다. "네. 우리는 쿠바 미사일 위기를 완전히 잊었습니다(나는 꽤 자신 있게 대답했는데, 내 아버지는 존 F. 케네디 대통령의 국방 정책 자문으로 일했고 쿠바 미사일 위기 사건 때도 사태 해결에 참여했기 때문이다)."

우리는 러시아가 1962년 쿠바에 핵무기를 배치해 미국을 위협하려 했던 일을 잊었다. 그리고 서구의 사람들은 우크라이나가 유럽연합의 품에 안기는 것은 나토의 품에 안기는 것과 같다는 사실도 가끔은 이해하지 못한다(심지어 바라지도 않는다). 그렇기에 우리는 미국이 쿠바 미사일 위기를 받아들일 수 없었듯, 러시아도 국경에 나토 핵무기가 배치될 가능성을 받아들이지 못한다는 것을 이해하지 못한다.

그러나 나토와의 사이에 완충지대를 보존한다는 것보다 더 중요한 문제가 있다. 내가 보기에 러시아는 크림반도의 가장 귀중한 자산이 식량과 에너지라는 사실을 아주 잘 알고 있다. 우크라이나는 구소련의 곡창지대이며 세계 최대 식량 생산국 중 하나이다. 우크라이나에는 세계 30%에 달하는 비옥한 흑토지대가 몰려 있다. 또한 이 나라는 세계 최대 비료 생산국 중 하나이기도 하다. 인플레이션이 당장 내일 닥칠 수도 있는 상황에서는 아주 중요한 사안이다. 러시아의 이런 염려는 괜한 기우가 아니었다. 내가 이 글을 쓰는 시점에 러시아의 인플레이션율은 무서울 정도로 오르고 있다. 앞서 2015년 공식 발표된 자료에는 13%라고 적혀 있지만, 현실과는 크게 동떨어진 수치라고 봐야 한다. 러시아 식탁 물가가 크게 오르는 것은 시간문제이다.

게다가 우크라이나는 서유럽으로 가는 러시아 천연가스 파이프라인의 중심지이다. 러시아는 빅토르 야누코비치가 집권하고 있었을 때에는 가스 가격을 인위적으로 낮출 수 있었지만, 그가 축출된 후에는 가스 가격을 올리겠다는 위협을 서슴지 않았다. 이것은 러시아 의존도를 더욱 의식하게 만드는 결과를 낳았다. 반러시아의 의지를 보이기 위해 우크라이나의 반야누코비치-러시아 동맹인 마이단 인민연합은 러시아와 맺은 천연가스 계약의 85%를 취소하겠다고 발표했다. 물론 대안이 없는 공갈 협박이었다. 하지만 이 행동에 러시아도 자국의 약점에 대한 경각심이 고조되었다. 파이프라인이 묻힌 땅을 누가 장악하든, 그 사람은 진짜 큰 힘을 쥐게 되는 것이다. 채무불이행까지도 피할 수 있는 큰 힘이 될 수도 있다. 이렇듯 우크라이나와 크림반도는 원자재 가격 압박이 나라 간 분쟁의 또 다른 원천이 될 수도 있음을 보여준다.

이곳에는 다른 전략적 이해관계와 자산 문제도 얽혀 있다. 우크라이나의 세바스토폴항은 18세기 말에 러시아 흑해 함대의 본대가 주둔한 후부터 러시아의 유일하고 중요한 부동항이었다. 2009년에 우크라이나는 러시아와 임대차 계약이 그해 12월 13일로 만료된다고 발표했다. 공교롭게도 시리아의 불안이 깊어진 것과 같은 시기였다.

이 사태가 중요한 이유는 무엇인가? 세바스토폴을 빼면 러시아의 나머지 부동항이라고는 시리아의 라타키아와 타르투스만 남는다.[14] 2013년 6월에 러시아는 자국 부대를 시리아에서 철수했기 때문에 남은 부동항이 없다.[15] 시리아의 부동항을 잃은 상태에서 세바스토폴은 그 중요성이 더욱 크게 대두될 수밖에 없었다.

빅토르 야누코비치 정부가 2013년 11월 21일 우크라이나의 유럽연합 가입 노력을 무산시키면서 마이단 동맹은 항의 시위를 벌이기 시작했다. 처음에 평화롭던 시위는 봉기 수준으로 점점 격해졌다. 2014년 2월 22일 야누코비치는 국외로 망명했고, 2014년 2월 27일 무장 세력이 크림반도를 장악하기 시작했다. 그리고 3월 첫 주, 신원 불명의 군대(러시아의 76특공대라는 주장도 있고, 지역 준군사 조직이라는 말도 있다.)가 항구와 공항, 크림반도 최고의회(베르코브나 라다)를 장악했다. 그리고 2014년 3월 6일 크림반도는 신생 국가로 탄생했음을 선포했다.

2014년 5월 초 언론 보도에 따르면 러시아는 크림반도 사태가 가열된 직후 4월 중순에 돌연 '대규모 보복 핵 공격' 모의 훈련을 벌였다.[16] 러시아군의 북방함대와 태평양함대 소속 핵잠수함 두 대에서는 탄두를 제거한 대륙간 탄도미사일을 발사했고, 아르한겔스크 근처 플레세츠크 우주기지에서는 RS-24 야르 미사일 1기를 발사해 캄차카에 있는 목표물을 맞혔다.

이런 행동을 촉발시킨 원인은 무엇인가? 그 답을 알려면 이 책의 중심 논제로 돌아가야 한다. 인플레이션 압박이 더해진 채무 문제가 사회 압박을 만들었다. 채무 문제로 불거진 우크라이나의 미래에 대한 불신이 사회 곳곳에서 느껴졌다. 우크라이나가 빚더미에 올라앉고 국내 문제에도 속수무책이 된 이후 러시아계 사람은 국가에 대한 신뢰마저 잃었다. 그들은 분리주의 운동이 성공하기를 바랐다. 반면에 비러시아계 사람들은 유럽연합 가입을 원했지만, 러시아로서는 인정할 수 없는 일이었다. 또한 유럽연합으로서도 감당할 수 없는 일이었다. 기존 유럽연합 가입국들, 특히 유로존 국가들의 채무 문제도 해결하지 못하는 마당에 우크라이나의 빚을 해결해줄 만큼 돈을 가진 나라는 없었다. 우크라이나 전체든 아니면 일부든 이 나라가 러시아에 대한 채무불이행을 선언하는 것을 러시아는 용인하지 않았다.

중요한 자산의 가치가 치솟았다. 그리고 국제적 사회계약을 포함해 여러 나라의 사회계약이 파기 직전에 처했다. 러시아는 미국이 국제 금융 시스템에 속한 모든 참여자의 이익을 보호하는 것이 아니라, 타국의 희생을 무릅쓰고 미국의 이익만 추구하는 정책을 취한다고 생각했다. 미국(중간에 영국을 끼워)이 글로벌 금융 및 은행 거래 네트워크에서 러시아를 배제하는 제재 조치를 취하자는 제안을 하면서 러시아의 생각은 확신으로 굳어졌다. 양적완화로 자산 가치가 변하는 시기에 한 나라를 특정해 가혹한 제재 조치를 취하려는 움직임이 일자, 러시아는 자국 이익에 도움이 되지 않는 국제 금융 시스템에 공조하겠다는 마음을 버렸다. 그리고 물리적 영유권을 주장하고 영향력을 확대하려는 결심을 굳혔다.

스위프트와 마스터카드

2014년 10월에 러시아가 우크라이나 사태에 개입했다고 생각한 미국은 여러 가지 금융 제재를 제안했다. 영국은 국제 은행 결제 시스템의 핵심 기반시설인 국제은행간통신협회Society for Worldwide Interbank Financial Telecommunications, 줄여서 스위프트SWIFT에서 러시아가 축출될 수 있다고 암시했다. 스위프트에서 제외되면 러시아 화폐는 국내외에서 환전이 불가능해진다.[17]

미국은 또 다른 제재의 일환으로 비자와 마스터카드의 러시아에서의 결제 거래 중단을 제안했다.[18] 러시아는 미국과 영국에 두 방법 모두 성공하지 못할 것이라고 말했다. 미국 달러화는 국제 금융 시스템을 하나로 묶는 수단이 되기에는 역부족이다. 그렇기 때문에 달러화를 무기 삼아 자국 이익을 보호하기에는 무리가 있다는 반응이었다.

탈달러화

러시아도 중국도 미국의 불성실하고 부당해 보이는 책임 이행에 대응해 세계 경제의 '탈달러화de-dollarising'를 추진하고 위안화와 루블화를 이용한 결제 거래를 늘려야 한다는 입장이다. 또한 두 나라는 국제 금융 시스템에서 미국의 파워를 줄이기 위한 경제 정책을 이미 시행하고 있다. 한 예로, 2014년 5월에 러시아와 중국 지도부는 미국 달러화가 아니라 자국 통화를 이용한 거래 증가를 추진하는 협력 협정을 맺었다. 2014년 6월에는 세계 최대 규모의 가스를 거래하는 중러협정을 체결했다. 이 거래의 목적은 루블화와 위안화만 사용해 가스 대금을 결제하며, 중국과 러시아가 두 나라만의 천연가스 기준을 만들고 자국 통화로 가격을 결정한다는 것이었다.

보편적 강권

2014년 10월 24일 푸틴 대통령은 러시아 전문가 포럼인 발다이 토론 클럽Valdai Discussion Club 연설에서 전 세계에 미국의 '보편적 강권

Universal Diktat'에 도전할 것이라는 메시지를 던졌다. 다시 말해 미국 달러화가 주도하는 세계 질서에 도전한다는 뜻이었다.

"무엇보다도 세계 질서의 변화에는 (그리고 그런 변화의 맥락에서 오늘날 발생하는 사건들에는) 세계대전이나 갈등까지는 아니더라도 연쇄적이고 격렬한 지역 차원의 갈등이 동반하고 있다. 둘째로, 글로벌 정세에서 가장 중요한 것은 경제 리더십이다."

푸틴은 "우리가 시작한 것은 아니다."고 말하면서 미국이 이 길을 계속 고집한다면 "여러 나라가 매우 곤란한 상황에 처할 것이고, 심지어 완전히 파멸할 수도 있다."라고 덧붙였다.

짐짓 핵무기를 언급하면서 푸틴은 최근 몇 년 사이 러시아가 핵미사일과 극초음속미사일 발사 실험을 늘렸다는 사실에 주의를 유도했다. 푸틴의 연설이 있고 며칠도 지나지 않아 나토는 총 48시간 동안 26회나 보고된 러시아 전투기와 폭격기의 영공 침범에 긴급 대응해야 했다. 이만하면 충분히 중요한 신호였다.

드미트리 메드베데프 러시아 총리도 스위프트 문제에 대해 뼈 있는 성명을 냈다. "우리는 상황을 예의 주시할 것이다. 그리고 이런 결정이 내려진다면, 우리는 경제 대응은 물론이고, 다른 대응에서도 한계가 없을 것이다."[19]

러시아 공영 보도기관인 이타르타스ITAR-TASS 통신을 통해 보도된 이 성명을 읽으면서 나는 러시아가 핵무기 위협으로 스위프트 문제에 대응할 수도 있다는 뜻으로 받아들였다. 나는 펜타곤의 친구들에게 이에 대해 어떻게 생각하는지 물었다. 그들의 대답은 "스위프트가 뭐야?"였다.

미국도 이런 금융시장의 문제는 대체로 잘 모르는 편이었다. 금융시장에 있는 친구들에게 메드베데프 총리의 말을 어떻게 생각하느냐고 물었을 때 러시아가 미국 달러화가 가진 기축통화로서의 위상을 약화시킬 생각인 것 같다는 답을 들었다. 다시 말해, 러시아는 중국과 힘을 합쳐서 미국 달러화가 아니라 위안화나 루블화 또는 제3의 통화로 국제 무역이 거래되는 세상을 만들려고 노력 중이다.

러시아가 부지런히 금을 사 모으고 있는 것도 이것과 관련이 깊다. 러시아는 미래에는 미국 달러화의 가치가 떨어질 것이고, 루블화 역시 동반 하락할 수 있다고 가정하면서 금 보유량을 꾸준히 늘리고 있다.[20] 2016년 초에 루블화 가치가 사상 최저로 떨어진 후 금 매수 추진은 더욱 힘을 받기 시작했다.

핵무기가 협상 테이블로 귀환할 수 있다는 생각은 말도 안 되는 생각이라며 비웃음과 조롱을 받았다. 그렇지만 무시하고 넘길 일은 아니게 된 것 같다. 러시아는 핵무기 사용 위협을 적극적으로 강화하고 있다. 물론 러시아는 미국과 나토가 이런 사태를 유발했다고 말한다. 미국은 냉전이 끝나고 2012년까지 유럽에 배치했던 핵 시설의 약 90%를 체계적으로 폐기 처분하고 철수시켰다. 그러다 2012년 상황이 뒤집혔다. 오바마 대통령이 유럽에 잔존 중인 B-61 전술 핵폭탄을 향상해 '실전 사용 능력'을 높일 계획이라고 발표한 것이다.[21] 그 후로 미국은 유럽에 배치된 핵무기의 성능을 강화하고 업그레이드했다.

보른홀름섬

이러한 모든 상황을 종합할 때 다른 귀중한 자산이나 러시아의 이해 관계가 전부 우크라이나와 크림반도에만 연결돼 있다고 보는 것이 이상할 지경이다. 그러나 러시아의 모든 문제는 우크라이나 사태로 귀결된다는 것이 미국과 서구의 공통된 시각이다. 그러나 러시아 입장에서 우크라이나는 새로운 '위대한 게임'의 한 축일 뿐이다.

2014년 여름, 발트해에서 한 가지 흥미로운 사건이 발생했다. 발트해는 냉전 시절부터 러시아의 대규모 해상 훈련이 펼쳐지던 곳이었다. 당시에 미군이나 나와 안면이 있는 나토 군인들은 러시아의 함선이 출항 중에 가라앉을 것이다, 또는 귀항 중에 가라앉을 것이다 같은 농담을 하곤 했다. 그러다 2014년 미확인 '외국' 잠수함이 진짜로 스톡홀름 한가운데에서 목격되었다. 러시아 잠수함이라고 추측했지만, 진위는 밝혀지지 않았다. 나중에 스웨덴 당국은 그것이 잠수함이 아니었다고 밝혔다.

그 후 덴마크 비밀정보국DDIS은 발트해의 러시아 군함들이 주고 받는 암호화된 통신을 감청했다. 거기에는 러시아가 발트해 한가운데에 위치한 커다란 섬인 보른홀름섬에 대한 실제 공격을 '모의 훈런'했다는 내용이 담겨 있었다. 우연인지는 몰라도 이 모의 공격이 행해진 때는 덴마크 정치인들의 연례 회의가 열린 시기와 같은 주였다.

이 일은 미국은 물론이고, 유럽과 나토에도 심각한 문제였다. 만약 러시아가 마음만 먹으면 발트해를 물리적으로 장악하는 데 얼마나 걸릴까? 발트해 국가들은 냉전이 끝난 후부터 방위비에 별로 돈을 쓰지 않았기 때문에 얼마 걸리지 않을 것이다. 평화 배당은 모든 예산 지출을 다른 데로 돌리게 만들었다.

나토가 덴마크를 방어해줄까? 일단은 '아마 그럴지도'이다. 나토는 나토헌장 5조에 따라 공격을 받은 회원국을 방어해야 할 의무가 있다. 그러나 모두가 알다시피, 미국(그리고 미국의 대통령)은 지쳤고, 언제 끝날지 모르는 중동 사태로 인해 다른 대규모 대치 작전을 벌일 만한 입장도 아니다. 과연 미국인들이 지도상에 어디 있는지도 모르는 나라를 방어하기 위해 귀중한 자원을 또 쓰려고 할까?*

왜 하필이면 보른홀름섬이었을까? 답을 고민할 필요도 없다. 이 섬은 발트해에서도 수산 자원이 아주 풍부한 곳이다. 나날이 물가가 치솟는 러시아로서는 이 귀중한 수산 자원을 얻는 것이 아주 중요했다. 2016년 1월에 노르웨이산 연어 4.5킬로그램(연어 1마리에 해당)의 가격은 석유 1배럴보다 비쌌다.[22] 게다가 보른홀름섬의 전후좌우

---

* 미국인이 원하는지 아닌지는 중요한 문제가 아닐 수 있다. 대다수 미국인은 아프가니스탄이 세계 지도의 어디쯤에 있는지 모르며, 어쩌면 덴마크의 위치를 가리키며 아프가니스탄이 있는 곳이라고 할 수도 있다.

로 서유럽의 중요한 해양 운송 항로들이 위치한다. 러시아가 핵무기를 포함해 칼리닌그라드에 대한 무기 사찰을 허용한다고 리투아니아와 맺은 협정을 2014년에 파기하기로 발표한 것도 이 사태와 무관하지 않은 듯하다. 러시아의 월경지(국경 밖에 있는 영토)이며, 소수 민족 거주지인 칼리닌그라드는 남북으로는 폴란드와 리투아니아와 접해 있고, 서쪽으로는 발트해에 인접해 있다. 그리고 보른홀름섬과 덴마크와도 그리 멀지 않다.

또 덴마크의 섬을 목표로 삼은 이유는 그때 나토군 사령관이 덴마크인이어서 공격 목표로 가치가 있었기 때문일 수도 있다. 게다가 같은 시기에 덴마크는 자국 함대를 이용해 나토 레이더 기능을 개선해 자국 미사일 방어 체제를 향상할 방법을 모색하는 중이었다. 러시아는 여기에 대응해 덴마크 함선에 핵무기를 겨냥할 수 있다는 위협을 가한 것이다.[23]

러시아와 나토 사이에 벌어진 대치 사건을 일일이 다 열거하고 싶은 생각은 없다.[24] 그러나 여러 대치 상황이 쌓이고 쌓이면서 양쪽 모두 서로에 대한 경계심이 잔뜩 높아졌다.[25] 이제는 그들이 언제 어디에서 충돌하고 부딪쳐도 이상하지 않게 되었다.

강철 포물선

중국의 '진주 목걸이'처럼 러시아에도 지도상의 전략적 요충지들을 연결하는 '강철 포물선' 전략이 있다. 국가 간 이해관계의 경쟁이 눈에 띄게 심각해지는 이 장소들을 하나하나 살펴보자.

북극

북극에는 아직 발견되지 않은 석유의 최대 13%가 매장돼 있고, 천연가스도 30% 이상 매장되어 있는 것으로 추정된다. 보도에 따르면 메드베데프 총리는 북극을 '자원의 메카'라고 말했는데, 그럴 만도 하다. 드미트리 로고진Dmitry Rogozin 러시아 부총리도 2015년 4월 20일 노르웨이 스발바르제도 근처에 잠시 기착했을 때 비슷한 말을 했다. 노르웨이 당국에 사전 통보 없이 온 로고진 부총리는 "북극은 러시아의 메카다."라는 트윗을 올렸다. 노르웨이 정부는 즉시 러시아 대사를 소환해 사태를 엄중히 추궁했다.

러시아가 북극에 관심을 가진 것은 역사가 깊다. 2007년 8월에 러시아는 북극의 극관 얼음 아래를 탐사하기 위해 심해 잠수정인 미르호를 내려보냈다. 이 잠수정을 이용해 러시아는 심해 1만 4,000피트(약 4,270미터)까지 내려가 북극해를 가르는 로모노소프해령海嶺(바다 밑에 산맥처럼 솟은 지형)의 해저에 티타늄으로 만든 러시아 깃발을 꽂았다. 북극의 상당 부분이 러시아 영토라는 것을 주장하기 위한 일종의 상징적 행동이었다. 이어서 푸틴 대통령은 원자력 추진 쇄빙기의 뱃머리에 올라 연설을 했다. 그는 석유와 가스, 광물, 금, 니켈,

다이아몬드에 이르기까지 풍부한 천연자원을 보유한 북극에서 러시아 GDP의 20~25%가 나올 것으로 기대된다고 말했다. 그 후 러시아는 연방보안국에 새 특공대를 창설하고 북극 전투에 대비한 특수 훈련을 시작했다.

노르웨이에서는 시간이 흘러도 러시아가 자국의 일부를 물리적으로 점령하려 한다는 두려움이 사라지지 않았다. 이 지역은 너무 외따로 떨어져 있고, 너무 춥기 때문에 방어하지 않았고 할 수도 없는 곳이었다. 노르웨이도 자국의 북극 이익을 보호하고 방어하기 위해 특수 훈련을 받은 북극 낙하산 특공대를 창설하겠다고 발표했다. 또한 노르웨이는 스타방에르에 있던 합참지휘본부를 북극권 안쪽에 있는 보되로 옮겼다. 이곳에는 러시아의 핵 공격에도 버틸 수 있도록 냉전 시절에 지어진 기지가 있었다.

노르웨이는 중국이 북극이사회Arctic Council(북극에 인접한 8개 나라인 노르웨이, 덴마크, 러시아, 미국, 스웨덴, 캐나다, 아이슬란드, 핀란드가 북극과 관련된 여러 현안을 논의하는 정부 간 국제기구-옮긴이)의 영구 옵서버가 되는 것을 반대하고 있으며(현재 중국은 영구 옵서버 자격을 가지고 있다.-옮긴이), 러시아가 주장하는 '북극군' 창설을 지지한다. 2006년부터 노르웨이는 '하이노스High North'라고 부르는 지역에서 나토군이 참여하는 대규모 군사훈련인 '다국적 기동훈련Cold Response'을 행하고 있다. 연합훈련을 하는 이유는 북극 영유권을 주장하는 5개 나라 중 4개국(미국, 캐나다, 노르웨이, 덴마크)이 나토 회원국이기 때문이다. 핀란드와 스웨덴도 이 훈련에 참여한다.

북극 특공대가 되려면 특별한 훈련과 능력이 필요하다. 하지만 노르웨이가 러시아와 중국에 선수를 뺏기지 않을 정도로 튼튼한 북극 기반을 마련하고 유지할 수 있을지는 미지수다. 노르웨이가 2014년에 2억 5,000만 달러 상당의 북극 첨단 감시함인 마리아타함을 진수한 것도 이런 이유에서다. 노르웨이 국정원장 셸 그란다하겐Kjell Grandhagen 중장은 이렇게 설명한다. "정치권에서 이 지역 상황과 더불어, 군사적 측면에서 이 지역에 대한 방어 능력을 설명해달라는 요구가 있다."[26]

또 다른 신호도 있다. 2015년 10월 노르웨이의 한 방송국은 스릴러 소설가 요 네스뵈Jo Nesbø의 원작을 바탕으로 〈아큐파이드Occupied〉라는 드라마 시리즈를 방송하였다. 노르웨이에서 최대의 제작비가 들어간 이 드라마에서 러시아는 (유럽연합의 암묵적 승인과 미국의 나토 탈퇴에 힘입어) 노르웨이의 석유와 에너지 자산을 몰래 탈취한다. 러시아는 드라마 내용에 모욕감을 느꼈고, 노르웨이 주재 러시아 대사는 유감을 표명했다.

"제2차 세계대전 승전 70주년을 기념하는 시기에 드라마 작가들이 (소련군이 노르웨이 북부를 나치 점령군으로부터 해방시키는 데 혁혁한 공을 세웠다는 것은 까맣게 잊은 채) 최악의 냉전시대 망령에 사로잡혀, 있지도 않은 위협이 동쪽으로부터 가해지고 있는 것처럼 노르웨이 시청자들을 겁주고 있는 것에 심히 깊은 유감을 표한다."

북극이 강철 포물선의 잠재적 화약고가 되었다는 사실은 누가 봐도 분명해졌다.

지중해

중국이 복잡한 이해관계로 인해 남중국해 섬들에서 영유권 분쟁을 벌이는 것과 마찬가지로, 러시아가 지중해에 부득불 주둔군을 배치하려는 것도 이해득실의 문제가 깊이 얽혀 있기 때문이다. 새로운 시추 기술이 발전하면서 동지중해에 묻힌 막대한 양의 천연가스와 석유에 접근하는 것도 이제는 꿈이 아니게 되었다.[27] 물론 가스전 소유권을 두고 지중해 여러 나라가 치열한 경쟁을 벌일 것은 뻔하다. 유가가 아무리 떨어진다고 해도 채굴에 성공하기만 한다면 그 엄청난 가치의 가스전과 유전을 소유하게 되고, 그 나라는 세계에서 1인당 국민소득이 가장 높은 나라가 될 수 있기 때문이다.

이스라엘 기업들은 동지중해 지역의 에너지 탐사를 위해 에너지 시추권을 대거 취득했다. 이스라엘 정부는 이런 행보가 격랑이 심해지고 반이스라엘 성격이 짙어지는 중동 지역에서 에너지 독립을 확보하는 데 도움이 될 것이라고 믿는다. 영토 방어 능력이 미비하고 재정이 파탄 난 키프로스공화국이 시추권을 매각했다. 키프로스섬 남부는 키프로스공화국 정부의 지배를 받고 있지만, 북부는 가스전으로 재정적 이익을 원하는 북키프로스 튀르크공화국(미승인 국가)

이 장악하고 있다. 그리스도 오랜 앙숙인 키프로스에 맞서 가스전 소유권을 주장할 태세이다. 그리고 해상 경계선이 이 가스전과 맞닿은 터키, 가자, 시리아, 레바논도 소유권을 주장하려는 조짐을 보이고 있다. 관련 당사국들은 당연히 회담을 진행할 것이다. 그러나 러시아에는 이득이 될 것이 없는 상황이다. 가스전의 가치가 지질학적 조사 결과처럼 어마어마한 수준이라면, 러시아가 서유럽에 가장 인접한 주요 가스 공급국으로서 그동안 누리던 영향력이 한순간에 사라질 수 있기 때문이다.

이스라엘의 인접국들이 이 나라가 대중동 에너지 독립을 이루는 것을 과연 원하고 있는지도 미지수이다. 더군다나 이스라엘은 핵무기 능력을 강화했으며, 돌핀급 잠수함에 핵미사일을 탑재할 가능성이 있다는 것은 거의 기정사실처럼 여겨지고 있다.[28] 오랫동안 이란과 밀접하게 동맹 관계를 유지하면서 미사일과 요격용 미사일 대부분을 공급하는 러시아에게는 매우 엄중한 상황이다.

이스라엘은 이란을 잠재적으로 치명적인 위협 국가로 보고 있다. 금융시장과 다른 관찰자들은 이스라엘의 군 시설이 이란의 핵 프로그램을 '제거할' 능력이 있는지를 두고 오랫동안 추측성 논박을 벌였다. 주된 쟁점은 이스라엘에는 임무 수행 중인 비행기의 공중 재급유 능력이 없다는 단순한 사실에 맞춰졌다. 게다가 이스라엘은 비행 경로에도 접근할 수 없다. 이론적으로는 새 잠수함 함대를 이용하면 극복할 수 있는 제약이지만, 당연히 러시아의 이해와 맞지 않는다.

이집트와 러시아가 새 협정을 맺고 러시아가 또 다른 부동항에 접근하게 될 가능성도 현실적으로 높아졌다. 러시아는 과거 알렉산드리아에 부동항이 있었지만, 1972년에 안와르 엘 사다트 이집트 대통령이 소련군을 몰아냈다(이후 이집트는 미국과 우호조약을 맺었다). 지금 이집트는 재정위기이고, 국민의 필요를 충족할 만큼 충분하게 밀을 사거나 재배할 수 있는 형편이 아니다. 세계 최대 밀 수입국인 이집트에 러시아가 제공할 수 있는 한 가지가 바로 밀이다(우크라이나와 크림반도가 계속 러시아 뜻대로 된다면 넉넉히 제공하는 것도 가능하다). 반대로 국제통화기금과 세계은행, 유럽연합을 비롯한 국제기구들은 이집트의 채무 상환 능력 부족을 언급하면서 이 나라의 밀 공급 요청을 들어주지 않았다.

2013년 6월, 러시아는 지중해에 영구 주둔군을 배치할 계획이라고 발표했다.[29] 미국은 2015년 10월에 지중해 주둔군 '증강' 계획을 발표했다.[30] 동지중해에 진짜로 122조 세제곱피트(약 3조 4,500억 세제곱미터)의 천연가스가 매장돼 있다면 지중해는 핵심 관련국들이 에너지와 현금 흐름을 차지하기 위해 치열한 다툼을 벌이는 지정학적으로 '아주 시끄러운' 장소가 될 것이 분명하다.

그리스

러시아는 그리스에 유럽연합을 탈퇴하면 현금과 신용을 제공해주겠다고 제안했다. 러시아 익명의 관료의 말을 빌리자면, 러시아는 돈을 주고 그 대가로 '특정 실물자산'을 확보하는 것에 관심을 표했다. 그리스가 탈퇴 의사를 보이지는 않았지만, 유럽연합이나 나토는 러시아가 대규모 난민 행렬이 그리스 국경을 통과해 서유럽으로 들어가도록 일부러 유도하고 있다며 비난했다. 필립 M. 브리들러브 Philip M. Breedlove 나토 유럽연합군 최고사령관은 이렇게 말했다.

"러시아와 알 아사드 체제의 시리아는 유럽 체계를 무너뜨리고 유럽의 결의를 깨뜨릴 목적으로 이민 행렬을 고의적으로 무장시키고 있다."[31]

쿠릴열도

지정학적 화약고는 러시아의 서쪽에만 있는 것이 아니다. 동쪽에도 몇 곳 있다. 러시아와 일본의 쿠릴열도에 대한 영유권 다툼은 지금도 진행형이다. 쿠릴열도 해역에는 엄청난 양의 천연가스와 세계 최대 규모의 레늄(산업용 엔진 제조의 필수 금속) 매장지가 있고, 그 밖에도 여러 광물과 자원이 매장되어 있는 것으로 파악된다. 그러나 무엇보다도 러시아에 있어 쿠릴열도는 북극에 접근할 수 있는 핵심 항로이자, 상당량의 수산 자원을 얻을 수 있는 곳이라는 점이 가장 중요할 것이다.

자원을 확보하고 유지하기 위한 러시아의 행보는 국경 인접 지역에만 한정되지 않는다. 중국처럼 러시아도 나라 밖으로 영향권을 확대하고 있다. 러시아 위주의 '위대한 게임'은 이미 시작됐다. 2014년 2월 세르게이 쇼이구Sergei Shoigu 러시아 국방부 장관은 러시아가 베트남, 베네수엘라, 니카라과, 세이셸, 싱가포르, 지부티를 비롯한 먼 나라들에도 군사기지를 세울 준비를 하고 있다고 밝혔다.

시리아

강철 포물선의 북쪽 끝이 북극이라면 남쪽 끝은 시리아다. 앞에서도 말했듯이 러시아는 현재 IS에 대한 군사작전을 위한 본진으로 사용 중인 시리아의 라타키아와 타르투스에 있는 부동항 소유권을 유지하기를 원한다. 최근 러시아의 시리아 사태 개입보다 더 중요하게 봐야 할 부분이 있다. 현재 시리아는 중동 강국들과 글로벌 초강국들이 초근접 대치 중인 장소이고, 그것이 세계 경제에 중요한 변수가 되고 있다.

시리아 사태를 지역적·지엽적이고 독립적인 문제가 아니라, 더 넓은 차원의 경제와 지정학적 상황에 대입해서 바라볼 필요가 있다. 시리아 사태는 처음에는 지역적이고 국지적인 시민 봉기와 내전으

로 시작했다. 그러나 지금은 중동 최강자인 사우디아라비아와 이란
의 대치전이 벌어지는 장소이자, 세계적 핵 강국인 미국과 나토 그
리고 러시아가 정면충돌하는 화약고가 되었다.

내가 대화를 나누었던 중동 국가들의 정책 입안자들은 지금의 상
황이 벌어진 데에 미국의 책임이 크다고 비난한다. 사실이든 아니든
그들은 아랍의 봄이 시작되면서 오바마 대통령이 중동의 주요 동맹
국, 다시 말해 사우디아라비아와 이스라엘을 저버렸다고 주장한다.
미국이 오랜 세월 중동을 지배한 독재왕정 타도를 부르짖는 반정부
세력을 지지하기로 한 것이 사우디아라비아 정부의 심기를 크게 건
드린 것이다.

중동의 정책 입안자들은 밀과 빵을 비롯한 주요 식품의 가격 상승
이 결국 아랍의 봄으로 이어진 대중의 분노를 촉발하게 만든 결정적
원인이었다고 입을 모아 말한다. 이미 러시아와 오스트레일리아의
가뭄으로 밀과 빵의 값이 올라 있었기 때문에 가격 상승은 더 가팔
랐다. 글로벌 경기 침체와 빵값 상승이라는 이중고에 시달린 대중의
분노는 시위로 이어졌다. 30년 동안 이집트 정권을 틀어쥐고 있던
호스니 무바라크 전 이집트 대통령은 자신이 권력을 유지하는 비결
이 '빵과 서커스bread and circuses(고대 로마의 시인 유베날리스가 처음 언
급한 표현으로, 권력자가 빵(음식)과 서커스(오락)를 이용해 대중을 우민화
하는 정책에 대한 은유이다.-옮긴이)'라고 대놓고 말했다. 여기서 무바
라크가 말한 빵은 진짜 빵이었다. 이집트 정권은 아주 단순한 버팀
목 하나로 버텨왔다. 빈곤층이 거의 공짜로 빵을 살 수 있게 했던 높

은 보조금은 이집트 정부의 유일한 버팀목이었다.

밀과 빵, 식품 가격의 인상은 중동 전역 누구에게나 한 가지 중요한 문제를 제기했다. 기존 사회계약이 더는 국민의 이익에 도움이 되지 않는다는 인식이 늘어난 것이다. 중동 사람들은 왜 소수의 사람이 대부분의 부를 거머쥐고 있고, 다수의 대중은 거의 아무것도 가지지 못하는지에 의문을 품기 시작했다.

물론 그렇지 않다고 말하는 사람들도 있다. 뚜렷한 경고 조짐 없이 수십 년의 독재를 겪은 튀니지를 비롯해 중동 국가의 시민들이 어느 날부터 난데없이 "나는 오늘부터 민주주의를 원해!"라고 선언한 것이다. 뭔가 현실감이 없는 말이다. 중동 사람들은 오랫동안 불만을 꾹꾹 누르고 지냈고, 꿈을 이루지 못해도 참았다. 그런데 그들이 때를 기다리기라도 한 듯이 일제히 들고 일어난 이유는 무엇인가?

'아랍의 봄' 방아쇠를 당긴 주인공이 청과상이었다는 것은 우연의 일치가 아닐지도 모른다. 26살의 타렉 알타예브 무함마드 부아지지는 23년 동안 튀니지를 지배한 지네 엘 아비디네 벤 알리 독재정권에 항의하기 위해 2010년 12월 17일 시청 앞에서 자신의 몸에 휘발유를 붓고 불을 붙였다. 부아지지가 벼랑 끝으로 몰려 분신이라는 행동을 하게 된 것은 단지 식품 가격이 너무 올라 가게에 손님이 뚝 끊겨서만은 아니었다. 공무원과 경찰의 비공식적이고 끝없는 불법 상납 요구가 그를 가장 힘들게 했다. 신흥시장에서는 이른바 '세금'을 내지 않으면 장사를 할 수가 없다. 하지만 과일과 채소 가격이 오른 데다 비공식적인 세금마저 오르자 그는 더는 견딜 수가 없었다. 그가 선택한 항의 방법은 '퇴장'이었다. 부아지지의 죽음에 시민들은 거리로 뛰어나와 독재 타도를 외쳤고, 그의 죽음은 아랍의 봄의 시발점이었다.

불붙기 시작한 항의 시위는 중동 전체로 퍼져나갔다. 글로벌 경기 침체와 생활비 상승의 고통은 중동 사람들 모두가 절감하고 있는 것이었다. 많은 사람이 양적완화가 질적 압박으로 이어졌다는 결론을 내렸다. 하지만 중요한 것은 고통의 원인이 아니라, 대중이 사회계약의 재협상을 요구할 정도로 그 고통이 매우 컸다는 사실이다. 대중은 부와 경제적 기회를 더 공평하고 합리적으로 분배할 새로운 사회계약을 원했다.

이 사태는 사우디아라비아에 큰 후폭풍을 불러왔다. 사우디아라비아 왕조가 중동 다른 나라들보다 압박을 더 크게 받을 수밖에 없는 이유는 이 나라 사회계약의 본질적 성격에 있다. 사우디아라비아 국민 대다수는 왕실이 부를 공평하게 나누지 않고 있으며, 심지어는 메카의 수호자 역할도 잘하지 못한다고 생각한다. 하지만 그럼에도 지배 세력인 알 사우드Al Saud 가문에는 권력을 유지할 자격이 있다고 생각한다. 사우디아라비아의 사회계약은 그 밑바탕에 일종의 맞교환이 깔려 있다. 왕실인 알 사우드 가문은 초정통파인 와하비즘(이슬람교 수니파의 한 분파로, 쿠란을 토씨 그대로 따라야 하고 이슬람교의 타락과 형식주의를 지양하는 순수 이슬람 복고주의 운동. 알 사우드 왕가의 시조인 이븐 사우드Ibn Saud와 정치적 동맹을 맺음으로써 사우디아라비아 제정일치 문화의 기반이자 건국이념이 되었다.-옮긴이) 종교 지도자들에게 많은 자유를 허락해주는 (그리고 해외 활동 자금도 대주는) 대가로 국가부의 상당 부분을 장악하고 통제할 수 있는 권한을 부여받았다.[32]

사우디아라비아

그렇다면 유가가 그렇게 급격히 떨어진 이유는 무엇일까? 이 글을 쓰는 시점에서 유가는 2014년 6월보다 약 70% 정도 하락했다. 극심한 수급 불균형이 원인이라고 보는 견해가 있다. 초과 공급이 가격 하락을 이끌었다는 아주 간단한 경제학이다.[33] 사우디아라비아가 의도적으로 가격을 끌어내렸다고 보는 견해도 있다. 초과 공급을 그대로 유지할 계획이라고 밝힌 여러 번의 정부 발표가 이 견해를 뒷받침한다.

사우디아라비아는 석유시장의 가격 결정을 좌우할 힘은 잃었지만, 세계 최저 비용 산유국으로서의 위상은 여전하다. 따라서 사우디아라비아가 유가 하락을 관망할(즉 공급을 억누르지 않을) 뜻이 있음을 은연중에 내비친다면 시장은 사우디아라비아가 유가 하락을 바라고 있다는 것으로 받아들인다.

사우디아라비아가 유가 하락을 원하는 이유는 무엇일까? 여기서 음모론이 스멀스멀 피어오른다. 그러나 지정학적 요소들을 살펴봐야 한다는 것이 내 생각이다. 저유가는 중동이 이미 '교전' 중임을 나타내는 신호일 수 있기 때문이다.

첫째, 저유가에 가장 큰 피해를 보는 것은 누구인가? 이란과 러시아 그리고 미국의 수압 파쇄 산업이다. 이 셋 모두 사우디아라비아의 유가 영향력을 위협하는 경쟁자들이다.

내가 대화를 나눈 사우디아라비아 사람들 대부분은 이런 주류 언론의 가설에 동의했다. 그들은 미국이 아랍의 봄 당시 반정부 세력, 특히 리비아의 반정부 세력을 지지한 것에 크게 충격을 받고 분노했다. 그들은 오바마가 미국 수압 파쇄 산업을 구축해 대중동 석유 의존도를 낮추겠다고 언급했을 때 기분이 나빴다고 했다. 이것은 사우디아라비아와 다른 산유국들로 들어오는 현금 흐름이 장기적으로 볼 때 줄어들 것이라는 뜻이었다. 또한 그들은 미국이 아프가니스탄과 이라크에 개입했다가 철수하면서 중동을 끔찍한 악몽에 빠지게 했다고 비난한다. 그들은 1916년 사이크스-피코 협정Sykes-Picot Agreement(영국과 프랑스가 진행하고 러시아의 동의를 얻어 체결된 중동 세력권 분할 협정-옮긴이) 체결에 따라 설정된 중동 경계선이 미군 철수로 인해 무너지고 있다고 말했다. 사우디아라비아로서는 미국이 떠나고 생긴 공백을 생각만 해도 골치 아픈 IS, 이란 그리고 러시아가 빠르게 메우고 있다.

그러나 사우디아라비아의 입장에서 가장 큰 문제는 미국이 사우디아라비아의 존속을 위협하는 최대 위험인 이란 핵 문제를 해결하는 데 제대로 지원해주지 않았다는 것이다. 사실 오바마 대통령이 뭔가를 하기는 했다. 그러나 사우디아라비아의 기대에 크게 못 미쳤고, 막상 뚜껑을 여니 뜻대로 잘되지 않았다. 오바마는 대이란 관계를 정상화하고, 그것을 그의 대표 업적으로 삼기로 결심한 것이다.

물론 미국도 사우디아라비아에 대해 불만이 많다. 사우디아라비아 정부의 와하비즘 수출과 관련된 문제가 오랫동안 타개책이 마련될 기미조차 보이지 않고 있으며, 누구나 다 아는 9·11 사태는 언급할 필요조차 없다. 이런 일련의 사태들이 겹치면서 사우디아라비아와 미국의 관계는 이미 돌아올 수 없는 강을 건넜다고 봐도 좋을 듯하다.

이란과 러시아

아랍의 봄과 다른 여러 사태까지 겹치면서 이라크와 시리아, 예멘 등에서는 통합 정권의 부재로 인한 권력 다툼이 시작되었고 부족 갈등과 무력 충돌이 빈번해졌다. 내가 대화를 나눴던 사우디아라비아 사람들의 생각처럼, 이런 상황은 약해진 사우디아라비아에 이란이 '한번 덤벼볼 만한' 기회였다. 두 나라는 이슬람 세계의 수장 자리를 놓고 오랫동안 공방을 벌인 앙숙이다.

사우디아라비아는 이란이 알 사우드 왕가를 몰아내려는 의도로 1979년 11월 20일 메카 점령을 시도했다고 믿는다. 이란의 지원을 받는 주하이만 알오타이비Juhayman al-Otaybi가 이끄는 수백 명의 무장 세력이 7일 동안 메카를 물리적으로 점령했다. 그들은 '마흐디Mahdi'

야말로 메카와 이슬람을 더 훌륭하게 수호해줄 새로운 선지자라고 선포했다. 사우디아라비아는 이슬람 최고의 성지를 수복하기 위해 프랑스 낙하산 부대를 데려와야 했다.

시시비비를 떠나 사우디아라비아 사람들은 이란이 시리아와 예멘을 비롯한 중동 여러 곳에서 반사우디아라비아 세력을 물밑에서 지원한다고 믿는다. 대부분의 분석은 예멘의 시아파 반정부 무장단체인 후티Houthi나 시리아의 복잡한 정세 등 주로 지역 차원의 정치적·사회적 문제에 초점을 맞춘다. 그러나 이런 개별적 접근법도 좋지만 전체적인 관점에서 사태를 바라볼 필요도 있다. 중동 최강자 자리를 놓고 자국과 이란이 예멘과 시리아에서 대리전을 펼치고 있다는 것이 사우디아라비아의 시각이다. 또한 글로벌 초강대국인 미국과 러시아 역시 두 나라에서 대리전을 펼치고 있다고 생각한다.

이란과 러시아, 중국이 동맹을 맺은 이유도 짐작이 간다. 이란은 중동에서 유일하게 미국과 동맹을 맺지 않은 산유국이다. 러시아가 이란에 판매하는 최첨단 무기 체계인 알마즈-안테이 S-300과 S-400 장거리 고고도 지대공미사일은 이란에서 멀리 떨어진 곳에 있는 미사일과 비행기를 조준하여 요격할 수 있다. 이란에 러시아 무기가 배치되면서 미국 역시 여기에 대응하기 위해 어떤 무기 체계를 배치할 것인지를 두고 추측이 난무했다.[34] 중국 역시 다목적 전투기인 청두 J-10과 개량된 순항유도탄 미사일을 이란에 제공하고 있다.

사우디아라비아가 이란과 러시아가 대리전을 치르지 못하도록 돈줄을 말리기 위해 유가를 떨어뜨린 것이라고 보는 시각도 있다. 저유가는 사우디아라비아의 재정에도 피해를 준다. 그래도 유가가 1배럴에 120달러는 돼야 간신히 본전이고 그렇지 않으면 재정 파탄이 불가피한 이란과 러시아보다는 조금이라도 더 오래 버틸 수 있다. 당연히 러시아와 이란은 재정에 문제가 있다는 것을 부인했다.

사우디아라비아도 유가 하락의 고통을 버텨내지 못할 것이라는 사실은 아무도 예상하지 못했다. 그러나 유가가 무너지기 전부터 사우디아라비아 정부가 예산의 고삐를 죄고 있다는 조짐이 여기저기서 나타났다. 2013년에 사우디아라비아 왕실은 30년 동안이나 심혈을 기울여 추진한 사막 밀 재배 프로젝트를 비용 문제를 들먹이며 포기했다.[35] 2016년 전 사우디아라비아 첩보국장의 아들이며 살만 사우디아라비아 국왕의 조카인 무함마드 빈 나예프 왕세자(이때는 왕세자였지만 2017년 국왕의 친손자가 왕세자 자리에 오르면서 자연스레 폐위되었다.–옮긴이)는 사우디아라비아의 경제가 어려워졌다는 말을 은근슬쩍 내비치기 시작했다. 이 말은 사우디아라비아의 사회계약이 흔들리고 있다는 신호이기도 했다.

2016년 1월 28일 사우디아라비아 정부는 수십 년간 제공해오던 석유, 식량, 주택 보조금을 대폭 삭감한다고 발표했다. 전기와 디젤, 등유도 보조금 삭감 항목에 포함되었고, 휘발유 보조금은 50%나 줄었다. 여기에 부가가치세까지 적용되면 생활비는 20%나 오르게 된다. 알 사우드 왕실이 집권한 이후 처음으로 소버린 본드까지 발행하기로 했다. 게다가 알 사우드 왕실에는 사우디아라비아 산유량의 큰 부분을 통제하는 사우디 아람코를 IPO를 통해 투자자에게 매각하기 위한 계획안까지 나돌기 시작했다. 이 모든 상황은 사우디아라비아의 왕실이 역사상 최악의 재무적 압박에 처해 있음을 보여주는 증거였다.

내가 사회계약을 언급한 이유는, 중동 다른 국가도 마찬가지지만 사우디아라비아의 시민들도 부의 대부분을 소수가 가져가는 현실을 더는 잠자코 지켜볼 수 없었기 때문이다. 중동의 시민들이 왕실에 부를 더 공평히 나누라고 요구하고 있지만, 문제는 유가 하락으로 인해 정부의 세수 창출 능력이 약해졌다는 데 있다.

게다가 때를 맞춰 중동의 국경선이 유명무실해지고 전쟁 양상이 치열해지면서 난민 행렬이 기하급수적으로 늘었다. 사우디아라비아는 난민을 받아들이거나 금전적 지원을 해주는 일에 난색을 표했다. 심각한 예산 부족도 한 이유인데, 이란 등 전통적 적대국들이 사우디아라비아가 약해졌다고 판단해 과감한 도발 행위를 할 수도 있기 때문이다. 사우디아라비아가 국민에게 수표를 발행해 평화를 '사던' 시기는 지났다.

시간, 인플레이션, 전쟁

지정학적 위기를 부추기는 신호도 많고, 지정학적 상황이 내보내는 신호도 많다. 중국과 러시아 그리고 중동의 전통적 강국들은 식품 가격과 국내 정세 안정이 불가분의 관계라는 사실을 뼈저리게 인식하고 있다. 석유는 그 자체로 군사적 긴장과 지정학적 대치를 나타내는 신호가 되었다. 이 나라들은 어떻게 해서든 사회계약을 이행해야 한다. 정부가 새로운 형태의 지출 방법을 찾아낼 가능성도 있다. 시장이 그토록 열망하는 4차 양적완화가 군비 지출이라는 형태로 등장하는 것은 아닐까?

해외에서 적을 찾는 것은 뿌리째 흔들리는 국내 사회계약에 대한 대중의 분노를 밖으로 돌리는 데 도움이 될 수 있다. 미국은 중국과 러시아의 행보가 거기에 해당한다고 말한다. 반대로 중국과 러시아는 금리가 '제로 바운드zero bound(금리가 제로 또는 거의 제로 수준으로 떨어진 것을 의미한다.)'까지 내려간 판국에도 미국이 경제에 돈을 계속 펌프질하는 이유를 해명해야 한다고 말한다. 신흥시장 국가 대부분은 미국의 인플레이션 유발 정책이 자국의 이익에 정면으로 대치된다고 본다.

자기 나라 경제는 자기네 정부가 알아서 책임져야 한다는 미국의 말에 그들은 정말로 그렇게 하려는 움직임을 보이고 있다. 그들은 생존에 필요한 것을 얻기 위해 더 적극적으로 움직일 것이다. 이제는 단백질이 새로운 석유가 될 수도 있다. 강철 포물선과 일대일로는 과다 채무국들이 빚 문제를 해결하기 위해 인플레이션을 조성하는 세상에 맞서서 러시아와 중국이 내놓은 해결책이다. 서구의 동맹국들이 서로 아웅다웅하는 동안 누군가는 그리그의 피아노 협주곡 A단조를 틀어놓고 있다. 걱정스럽게 지켜봐야 할 신호이다.

프로이센의 군인이자 사상가였던 카를 폰 클라우제비츠Carl von Clausewitz는 "전쟁은 다른 수단으로 '정치와 정책politik'을 이어가는 것이다."라는 명언을 남겼다. 그의 말은 지금도 유효하다. 군사적 갈등은 어쩌면 다른 수단으로 통화 정책을 이어가는 것일 수 있다.

지금 상황은 대단히 위험하다

역사학자 마거릿 맥밀런Margaret MacMillan은 오늘날의 상황과 1914년 제1차 세계대전 발발 이전의 상황이 위험할 정도로 비슷하다고 경고한다. "1914년에 발발한 제1차 세계대전의 100주년은 우리 인간이 실수와 돌발적인 재앙, 단순한 사고에 취약하다는 사실을 새롭게 상기시킨다."

오늘날 이런 취약성을 관리하기가 훨씬 어려워졌는데, "통신 속도의 발달로 인해 정부에 위기 대응을 촉구하는 압박이 그 어느 때보다도 거세졌기 때문이다. … 정부는 신중한 대응책을 마련할 시간도 없다."[36]

이 모든 신호는 유럽에서 또다시 전쟁이 발발할 위험을 경고하며 1935년 9월에 헤밍웨이가 썼던 공개서한을 떠올리게 한다. "잘못 운영되는 나라의 첫 번째 만병통치약은 통화 팽창이고, 두 번째는 전쟁이다. 둘 다 잠시의 번영을 가져오지만, 둘 다 영원한 파멸을 불러온다."[37]

누구에게도 전쟁은 첫 번째 선택도, 마지막 선택도 될 수 없다. 전쟁을 원하는 사람은 없다. 그러나 초과 생산시설과 흘러넘치는 돈의 세상에서 경제의 작용은 초과 생산을 파괴하고 초과 자본을 무너뜨리기 위한 음모를 꾀할지도 모른다. 이런 파괴를 가장 효율적으로 이용하는 것이 바로 갈등과 대치다. 점점 전쟁 무대가 갖춰지고 있다. 국가들은 원자재를 얻기 위해, 환멸과 고통에 시달리는 시민들의 충성을 얻기 위해 물리적 공간을 차지하려는 싸움을 벌인다. 뜻하지 않은 사고는 언제든 일어난다. 어느 순간에 실수를 저지를지 모른다.

우리는 조심해야 한다. 적어도 자신이 무슨 선택을 했는지 정도는 알고 있어야 한다. 과도한 채무 부담에서 벗어나는 길은 얼마 되지 않는다는 사실을 우리는 잊지 말아야 한다.

첫째, 고통을 감수하고 디플레이션을 받아들인다. 일본이나 유럽 대륙처럼 몇 년은 성장을 포기하고, 한두 세대 동안은 채무 관리 과정을 진행하고, 채무불이행은 하지 않는다.

둘째, 인플레이션을 불러온다.

셋째, 갈등과 전쟁을 선택한다.

넷째, 아니면 혁신을 통한 성장으로 새로운 길을 도모한다.

정말 다행히 혁신은 이미 시작되었다.

10장

혁신

아주 험난한 길이다. 험준한 바위산이다. 유달리 뾰족한 돌부리가 곳곳에서 믿음과 자신감을 넘어뜨린다. 양적완화와 세계 경제로 흘러 들어간 모든 돈이 무색할 정도로 자신감도 성장도 위태롭게 비틀거린다. 양적완화에서 기대한 좋은 결과는 아직 감감무소식이고, 온갖 부작용이 기승을 부리고 있다. 실업률과 임대료는 너무 높은 반면, 성장과 대출은 너무 낮다. 2016년 세계 금융시장은 충격적인 폭락으로 시작했다.

그렇다. 압박은 무시무시하지만, 대신에 경제의 지속 성장에 필요한 한 가지를 촉진하기도 한다. 혁신이다. 나는 GDP를 만들어내는 것은 인간의 정신이라고 굳게 믿는다. 그리고 미래 경제의 초석이 될 계산된 위험감수와 혁신으로 이어지는 자기성찰을 이끄는 것은 바로 험난한 환경이다.

그렇지 않다고 믿는 사람도 있다. 그들은 새로운 실리콘 밸리도 없고, 금융시장에 필적할 만한 새로운 시장도 없고, 무너지고 전소된 경제의 일부분을 대신할 새로운 상품도 나타나지 않을 것이라고 단언한다. 그러나 인간이 무엇을 새롭게 탄생시킬지는 아무도 모른다. 스스로 선택해 '변화의 주체Be the change'가 될 것인가, 말 것인가? 이것이 우리에게 던져진 진짜 질문이다. 변화의 주체가 되지 않는다면 남은 선택지는 세계 경제가 강요하는 대로 변화에 굴종하는 것뿐이다. 변화의 주체가 된다는 것은 마하트마 간디의 다음과 같은 충고를 따르는 것이다.

"우리가 자신을 바꿀 수 있다면 세상의 흐름도 바뀔 것이다. 한 인간이 자신의 본성을 바꿀 수 있다면 그를 대하는 세상의 태도도 바뀔 것이다. … 남들이 무언가 하기를 기다려서는 안 된다."[1]

말은 그럴듯하지만 돈은 가장 절실한 사람에게 가장 희소한 자원이기 때문에 긍정적 결과는 없을 것이라고 말하는 사람도 있다. 중앙은행의 재무상태표는 몇 배로 늘어났지만, 기업 대출도 마이너스 대출도 담보 대출도 훨씬 힘들어진 것이 지금의 현실이다. 그러나 자원의 제약은 사람들로 하여금 실제 성과를 거둬줄 아이디어를 추구하도록 부추긴다. 아마존 창업자이며 CEO인 제프 베조스Jeff Bezos는 자본에 접근하지 못하는 것이야말로 가장 훌륭한 훈련이라고 말했다. 그는 아마존에서 자본 제약이 가장 심해서 문제 해결 수단이라고는 창의성과 상상력이 전부였던 팀들이 오히려 가장 성공적인 사업 결정을 내렸다고 말했다.

1904년부터 1910년까지 영국 해군의 제1해군경(해군참모총장)을 지낸 재키 피셔Jacky Fisher 제독의 말을 되새기는 것도 도움이 된다. 그는 '너무 약해서 전투를 치르지 못하고, 너무 느려서 도주도 못하는' 영국 함대의 군함들을 대거 폐기 처분하고, 빈자리를 HMS 드레드노트 전함으로 채웠다. HMS 드레드노트는 자금 부족에도 불구하고 당시 건조된 군함 중에서는 최대 규모의 위용을 자랑했다. 윈스턴 처칠 총리는 "제군들, 우리는 지금 돈이 없으니 생각을 해야 할 때이다!"라는 말을 즐겨했는데, 이 말을 처음 한 사람은 피셔 제독이다. 어려운 환경은 새로운 사고방식을 요구한다.

정말 다행히도 두려움과 고통, 손실이 혁신의 훌륭한 자극제가 되고 있다는 신호가 곳곳에서 보인다. 사람들은 이미 내일의 경제를 건설하기 위해 바쁘게 움직이고 있다.

끝에서 처음으로

데이먼 베이럴Damon Baehrel은 누가 봐도 괴짜다. 그는 사고로 은퇴하기 전까지 잘나가는 모터크로스(모터사이클로 하는 크로스컨트리 경기-옮긴이) 챔피언이었고, 그때에도 이미 괴짜기가 다분했다. 그런데 요리 수업도 훈련도 받지 않은 그가, 덜컥 셰프이자 레스토랑 경영자가 되기로 결심했다. 아니, 레스토랑 비즈니스 모델과 요리를 완전히 뒤바꾸기로 결심했다. 그는 블룸버그 인터뷰에 이렇게 말했다.

"나는 여기서 조금, 저기서 조금 배우기는 했지만 연구를 하지도 않았고, 요리책을 들여다보지도 않았다. 우리 가족은 알아서 요리를 배웠고, 자연에서 영감을 얻었다."[2]

베이럴은 뉴욕주 얼튼에 작은 레스토랑을 개업했다. 예약을 담당하는 아내를 제외하면 그가 유일한 직원이자, 셰프, 웨이터였다. 테이블 12개의 작은 레스토랑은 사무담당 매니저도 없고 광고도 하지 않았지만 5년 치 예약이 밀려 있다. 그가 매년 버는 순소득은 거의 70만 달러이다. 그는 금융위기가 시작되기 전인 2006년에 레스토랑을 시작했지만, 그럼에도 성공했다.

"나는 셰프이고 웨이터이고 채소 농사꾼이고 사료 주는 사람이고 치즈 만드는 사람이고 염지육을 만드는 사람이다. … 이 모든 것이 12에이커의 땅에서 나온다."[3]

그의 레스토랑은 경외의 대상이며, 수년간 미국 최고 레스토랑의 지위를 유지한 프렌치 런드리French Laundry의 경쟁자 자격이 있다고 여겨진다. 스티븐 스필버그는 베이럴의 레스토랑은 예약하기가 너무 어렵다며 투덜대기도 했다.

베이럴의 성공담이 주는 교훈은 분명하다. 해왔던 대로 하는 행동방식이나 몸을 사리는 사람들에게서 혁신이 나오기는 힘들다는 것이다. 위험에 몸을 내거는 것 말고는 다른 수가 없는 사람들이 혁신을 만든다. 사이드 푸르케이Saeed Pourkay가 그런 사람이다. 그는 뉴욕시에 있는 레스토랑의 귀퉁이에 수프 가판대를 마련하여 조리법이 복잡한 이란식 수프를 만들어 팔았다. 그가 수프 장사를 하기 전까지 살아온 인생사는 우리 시대의 이야기를 대변한다.

"나는 사업을 말아먹었고, 저축도 모두 날렸다. 결국 아내는 떠났고, 별거를 시작했을 때는 살 곳도 돈도 없었다. 의욕도 없었고 55세의 나이에 열정을 쏟을 만한 것을 찾기도 힘들었다. 또 실수하지 않으려면 내가 달리 무엇을 할 수 있겠는가?"[4]

푸르케이는 레스토랑 한 귀퉁이를 겨우 빌려 수프 장사를 시작했다. 그리고 줄이 늘어섰다. 호평이 이어졌고, 고객들이 소문을 퍼뜨렸다. 그는 성공했다.

이런 소상공인의 단발적 성공 사례는 훌륭한 혁신의 예가 되지 못한다고 말하는 사람들도 있다. 요식업은 살아남기 매우 어려운 사업이라고 말하는 사람들도 있다. 요식업은 이직률이 가장 높은 업종 중 하나이고, 마하의 속도로 개업과 폐업이 일어나는 분야이다. 나도 개인적인 경험으로 이런 사실을 뼈저리게 배웠다. 파이 사업에 돈을 댔다가 망한 경험이 있기 때문이다. 문을 여는 식당이 하나면 문을 닫는 식당은 셋이 넘는다. 그러나 음식 장사로 성공하는 방법을 터득한 한 사람이 부와 성장, GDP를 창출한다. 모두가 계속해서 GDP 창출에 기여하는 사람이 되는 것은 아닐지라도, 그들은 실패의 경험에서 귀중한 교훈을 배운다. 나도 그랬다.

성공을 하든 실패를 하든 자기 사업을 한다는 것은 자신이 가진 기술을 적절히 다룰 수 있을 만큼의 오만이 필요하다. 앞에서도 설명했듯 온갖 압박이 짓누르는 세상에서 자기 사업을 시작하려는 행동은 그 자체로 경외받을 만하다. 특별한 교육도 훈련도 받지 않은 사람이 어떤 분야에 뛰어들었다는 것은 모두의 의욕을 자극하는 멋진 신호이다. 이런 사람들의 성공은 마찬가지로 뜬금없고 정신 나간 아이디어를 가진 사람들에게 "당신도 변화의 주체가 될 수 있다."라는 메시지를 전하는 신호이다.

변화의 주체가 된다는 것

경제학자들이 충분히 데이터를 모으기만을 기다릴 수도, 기다릴 생각도 없는 사람들이 있다. 그들은 금융위기에서 문제없이 회복 중이라는 경제학자들의 선언을 기다릴 생각도 없고, 증거를 원하지도 않는다. 그들은 역사가들이 무엇이 잘못되었고, 무엇이 올바른 해결책인지 설명해줄 때까지 기다릴 생각이 없고, 그럴 여유도 없다. 대신 현실의 날카로운 칼날은 그들에게 인격을 강인하게 다지라고, 확신하지 못해도 변화를 모색하라고 요구한다.

　그들이 숭고함을 고려하여 그런 생각을 한 것이 아니다. 위험감수와 혁신은 사치품이 아니다. 우리 중 일부는 레스토랑을 재정의하기 위해 노력하지 않는다. 우리는 그냥 냉장고를 꽉꽉 채우는 데만 관심이 있다. 그러나 그것도 충분히 훌륭한 자극제이다. 경제는 숭고한 비전을 가진 사람에게도, 먹고사는 데 급급한 사람에게도 틈바구니를 만들어준다. 그것이 경제의 위대한 특징이다.

　어떤 이유에서 시작했건 위험감수 행동은 신호이다. 우리가 폭풍을 빠져나와 내일의 경제로 향하게 만드는 불빛이다. 이런 비약적인 상상과 에지워크를 하는 데에는 오만이 필요하다. 무엇이 옳은 행동이고, 무엇이 옳은 믿음이고, 무엇이 당연히 여겨지는지에 대한 관습적 기대치를 털어내는 데에는 단단한 의지가 필요하다.

개개인의 이런 위험감수 행동이 내일의 경제에 대한 신호를 발산한다. 마땅한 직장을 구하지 못한 MBA 졸업생은 자신을 기업가로 재정의한다. 기록적인 저금리 시대에 채권의 확정이자만으로는 생활이 힘들어진 은퇴자는 파트타임 일자리를 알아보기 시작한다. 기업은 양(+)의 현금 흐름을 창출하지 못하는 사업 라인을 정리하고, 흑자가 날 만한 사업 라인을 시작한다. 시민들은 현재 사회계약에 의문을 제기하고, 그것을 수정하거나 쇄신할 방법을 모색한다. 혁신은 고통이 만들어내는 긍정적인 결과이다.

지금부터 소개할 사례들 중 지속적인 성공으로 이어질 사례가 몇 가지나 될지는 알 수 없다. 그러나 나는 모든 곳에서 사람들이 내일의 경제를 건설하기 위해 노력하고 있다고 단언한다. 그들의 계산된 위험감수가 성공할지 실패할지는 모르지만, 다른 사람들에게 자신의 꿈을 좇도록 용기와 의욕을 불러일으키는 데에는 도움이 될 것이다. 10장의 목적은 내일의 경제에 사람들이 저마다 공헌을 시작하도록, 오만으로 균형추가 쏠리게 만드는 것이다. 물론 이런 엉망진창인 현실을 만든 것은 오만이다. 하지만 아이러니하게도, 우리를 이런 진창에서 빠져나오게 만드는 것도 합리적 위험 계산으로 균형감각을 살려낸 오만이다.

혁신은 오늘날 세계 경제와 사회계약을 짓누르는 무시무시한 압박을 효과적으로 떨쳐내게 해주는 완벽하고 바람직한 방법이다. 제자리이거나 줄어드는 국가 GDP를 재분배하는 방법에 대해 공론만 되풀이하거나, 정부가 시민의 돈을 더 많이 수용하기 위해 점점 더 교활한 방법을 모색하는 것. 혁신은 이런 효과도 없고 바람직하지도 않은 해결책과 완벽하게 대조를 이룬다. 부의 재분배에 대한 공허한 논박은 경제와 대중 토론을 진흙탕 싸움으로 변질시키고, 되돌릴 수 없는 편 가르기에 몰입하게 만든다. 이와 반대로 혁신은 부를 창조하고 생산성을 높이고 과거의 한계를 미래의 기회로 변신시킨다.

그러나 국가의 세금 징수권과 개인의 이익 창출권이 충돌하고 싸움을 벌이는 것은 여전한 현실이다. 또한 국가도 개인도 이 싸움에서 '승리'하기 위해 혁신적인 방법을 찾아내고 있다는 것도 여전한 현실이다.

기술 혁신만 혁신이 아니다

혁신이라고 하면 흔히 새 기계를 떠올리고 신기술을 생각한다. 하지만 경력에 변화를 가하고, 개인과 기업, 공동체와 국가 그리고 세계의 미래를 위한 새 비전을 생각해내는 자기 재창조personal reinvention 행동 역시 혁신이다.

안락지대의 끝에서 인생이 시작된다는 말이 있다. 최근 몇 년간 많은 사람 그리고 재무상태표, 국가가 그런 안락지대의 끝에 도달했다. 우리는 사회계약의 재조정이 필요하다는 것을 알고 있다. 소수만 혜택을 누리고 절대 다수는 피해를 입는 부당함이 가득하다고 여겨지는 세상에서는 어느 누구도 행복하지 않다는 것도 알고 있다. 투기꾼의 이익이 저축자의 이익보다 우선시되었고, 그런 부당함은 지속되지 못한다는 것도 잘 알고 있다. 제3차 세계대전이 일어나기를 원하는 사람이 없다는 것도 잘 알고 있다. 숫자들이 제자리걸음이라는 것도 잘 알고 있다.

구식 모델과 사업, 정책, 정의를 버리지 못하게 만드는 거부감과 새로운 시도를 탐구해야 한다는 압박감이 공존한다. 오늘날 개인과 가족, 공동체와 기업 그리고 국가는 자신들이 누구이고 이바지해야 할 목적이 무엇인지에 대해 재정의하고 있다. 그리고 먹고살기 위한 새로운 길을 찾아내기 위해 노력하고 있다. 이런 노력이 모두 기업가적 행동이다.

우리가 독립적 기업가를 자처하는지, 큰 조직 안에서 기업가정신을 발휘하는 사내기업가intrapreneur를 자처하는지, 그리고 정부 관료인지 평범한 시민인지는 중요하지 않다. 우리는 피터 드러커의 말처럼 모두에게 골고루 예외 없이 가해지는 특수한 경제적 압박에 맞서 자기 자신에게 3년에 한 번씩은 이런 질문을 던져야 한다.

"우리가 아직 이 일을 하지 않았다면, 이제는 해야 하지 않을까?"

위기가 찾아온 후에야 이 질문을 궁리한다는 것이 부끄럽기는 하다. 하지만 현재 상황에서 행복하지 못한 자신을 발견하는 순간은

새로운 대안을 고민하게 만드는 출발점이 되기도 한다.[5]

과거의 경제가 남긴 잔해를 조사하고 분류하고 해석하고 옹호하고 비난하는 와중에도 누군가는 내일 우리를 품을 경제를 건설하기 시작한다. 영국 철학자 찰스 핸디Charles Handy는 이렇게 도입과 성장, 성숙, 쇠퇴기를 거치는 생명주기 곡선을 이른바 '시그모이드 곡선sigmoid curve'[6]이라고 했다. 라디오 주파수처럼 경제도 오름과 내림을 반복한다. 다음번 상승은 지난번 하강이 끝나기 전에 시작되고, 다음번 하강은 지난번 상승이 끝나기 전에 시작한다. 상승과 하강을 모두 다룰 신호를 찾아내는 것이 우리가 해야 할 일이다. 다음의 신호들은 혁신이 뜬구름이 아니며 이미 진행 중이라는 것을 알려준다.

커피 100만 잔

캔자스시티에 있는 카우프만 재단Kauffman Foundation이 주관하는 '커피 100만 잔'이라는 풀뿌리 운동이 있다. 이 행사는 투자자와 다른 이해관계자(예를 들어 잠재적 직원)와 창업 아이디어를 가진 사람들을 한자리에 모은다.[7] 창업 기업은 10분 동안 아이디어를 소개하고, 후원자는 커피를 후원한다. 행사가 커지면 후원되는 커피는 100만 잔이 넘게 된다. 미국 전역에서 열리는 이 행사는 언제나 만석이다. 수백 명의 사람들이 와서 아이디어를 듣고, 투자할 만한 아이디어가있거나 새로운 창업 기업에서 일자리를 얻을 기회가 있는지 알아본다. 참석자들은 미래에 대한 신호를 찾고 있고, 그들 자신이 신호가 되기를 희망한다.

크라우드 펀딩

금융계에도 혁신은 여지없이 일어나고 있다. 금융위기의 한 가지 긍정적 결과는 세계 경제가 자금 대출을 위해 은행에만 의존하지는 않게 되었다는 것이다. 인터넷은 투자를 원하는 사람들과 투자받기를 원하는 사람들을 연결해준다. '크라우드 소스형 자금 조달', 즉 크라우드 펀딩crowd funding은 제품 생산자와 서비스 제공자가 생산 전에 제품을 판매할 수 있게 한다.

제품 아이디어가 있는 사람은 인디고고IndieGoGo나 킥스타터Kick-starter, 펀딩서클Funding Circle 등 인터넷 플랫폼에서 순식간에 돈을 모을 수 있다. 출시 전의 제품이나 서비스가 먹힐 만한 시장이 있는지 알아볼 수 있는 플랫폼도 있다. 고객은 제품을 선구매하고, 회사는 생산 전에 돈을 받는 구조이다. 게다가 크라우드 펀딩은 돈을 많이 조달하지 못해도 싼 광고와 마케팅이라는 부수적 효과를 얻을 수 있다.

하지만 크라우드 펀딩이 모두 성공하는 것은 아니다. 투자자들은 걸핏하면 손해를 본다. 몇 년 전에 나는 동업자와 함께 드론회사를 차렸다. 세계 경제에서 '변화의 주체'가 되려는 내 과감한 노력 중 하나였다. 아주 보기 좋게 실패한 드론 크라우드 펀딩 사례가 있다.

2014년 자노 프로젝트는 신형 드론 제작을 위해 1만 1,000명 이상의 투자자로부터 233만 5,119파운드라는 어마어마한 자금을 끌어모았다. 유럽 킥스타터 사상 최고의 펀딩 금액이었다. 불행하게도 신형 드론 제작사인 토킹Torquing은 드론의 비행 원리에 대해서는 하나도 몰랐고(이 분야에서는 흔한 일이다.), 결국 파산을 선언했다.[8]

그렇다. 크라우드 펀딩도 실패할 수 있다. 그러나 은행업이 시작된 이래로 은행에 악성 채무는 언제나 있었다. 전통적인 대출 사업은 부도율을 산정한다. 오늘날 우리가 채무 문제에 처하게 된 가장 큰 원인은 은행의 악성 채무다.

크라우드 펀딩은 세계 경제에서 아주 작은 부분만을 차지하고 있을 뿐이다. 일반적인 구멍가게도 영세기업도 여전히 마이너스 대출과 신용 한도가 필요하고, 송장 대금이 들어오지 않았을 때 융통성 있게 처리해줄 은행 직원도 필요하다. 하지만 우리는 대기업들마저 전통적 대출 시스템에만 기대지 않고, (크라우드 펀딩만이 아니라) 은행의 도움 없이 자체적으로 현금 흐름을 만들어내는 방법을 찾기 시작했다는 것에 주목해야 한다.

송장 팩토링

송장 팩토링invoice factoring(송장 채권 매입)은 금융 서비스 세계에서 가장 흥미롭게 발전하는 분야 중 하나가 되었다. 기업은 송장을 투자자에게 팔고, 투자자는 송장 대금이 만기에 전액 상환될 것이라고 가정하는 것이 송장 팩토링의 개념이다. 투자자는 오늘 기업에 현금을 지급해주고, 송장이 만기 내에, 예를 들면 3개월 뒤에 상환되지 않을지도 모르는 위험을 감수한다.

투자자는 송장 대금이 만기에 일부 또는 전액 상환되지 않을지도 모르는 위험을 감수하는 대가로 원래 대금보다는 낮은 값에 송장을 매입한다. 그러나 기업 입장에서 보면 소액의 대가를 치르더라도 지금 현금을 받는 것이 낫다. 기업으로서는 직원이 많고 이익이 날지라도 대금 상환까지 3개월을 기다려야 한다면 현금 흐름이 막힐 수 있기 때문이다. 송장 팩토링은 기업으로 하여금 은행에 대출금리 인하를 더 강하게 요청할 수 있게 한다.

기업 대출

양적완화는 매우 기이하고 탄식이 나올 정도의 부작용을 탄생시켰는데, 바로 대기업들이 자본시장에서 곧바로 돈을 조달할 수 있게 되었다는 것이다. 거대 기업들은 아주 싼 금리에 아주 쉽게 '증서'를 발행할 수 있다(기본적으로 이것은 돈을 갚기로 약속하는 '채무 증서'라고 보면 된다.). 그러나 거대 기업의 협력 업체들은 상대적으로 규모가 작기 때문에 은행 대출을 얻기가 쉽지 않고, 작은 규모 탓에 자본시장에서 돈을 조달하기도 힘들다. 혹여 은행이 이런 협력 업체의 대출을 연장해준다고 하더라도 금융위기 여파로 인해 껑충 오른 금리로 재대출을 승인해준다. 중앙은행이 은행의 자본을 재편성하는 방법은 초저금리로 은행에 돈을 빌려주는 것이지만, 그런 초저금리 혜택이 기업까지 돌아가지 않는다. 기업은 은행이 과거 부실 대출로 입은 손해만큼 높은 금리를 떠안게 된다.

그러나 현금 흐름 관리에 문제가 생긴 협력 업체는 무너졌고, 대기업 대다수도 그런 현실을 충분히 파악했다. 은행이 부과하는 대출 이자가 너무 높았다. 그래서 대기업들은 송장 팩토링만이 아니라 협력 업체의 은행이 되기로 했다. 최대 고객만큼 그 협력 업체의 사업과 담보 현황을 잘 아는 사람이 또 누가 있겠는가? 유능한 은행 직원이라도 어떤 협력 업체가 우량하고, 또 어떤 업체가 그렇지 않은지 미처 파악하지 못할 수 있지만 대기업은 알아낼 수 있다. 이렇게 해서 1950년대와 1960년대에 유행했던 구식 대출 모델이 새 생명을 얻게 되었다.

이런 모든 새로운 자본 경로는 한 가지 사실을 입증한다. 대출은 이익이 남는 사업이라는 사실이다. 현재 세계 경제는 실물경제가 금융시장보다 높은 수익률을 달성하고 있다. 아주 특별하면서도 긍정적인 현상이다. 대출기관들이 거액의 담보를 잡고(부동산이나 설비 등) 실물경제 기업에 제공하는 플레인 바닐라 대출(평범한 대출)로 벌어들이는 수익률이 연 15%를 넘고 있다. 이것은 은행들이 전통적 대출 사업으로 발걸음을 되돌리게 만들었다.

이런 대출 사업을 누가 시작했는가? 은행권이 거부한 대출에 대해서는 고금리를 산정할 수 있다는 사실을 깨달은 부유한 개인과 기업, 헤지펀드이다. 새로운 대출기관들이 은행의 자리를 차지하기 시작했다. 최근 몇 년 동안 이런 투자자들은 아주 높은 수익률을 거두었다.

2015년 헤지펀드의 평균 수익률은 '암울'했다. 2014년과 2015년에는 주로 마이너스였고, 두 해 모두 평균 2~3%로 마감했다. 헤지펀드가 왜 크라우드 펀딩 플랫폼의 주요 투자자가 되었는지를 이해하게 하는 부분이다. 대출업은 높은 실적을 내는 사업이다.

높은 수익률은 은행들도 대출시장으로 돌아서도록 만드는 계기가 되었고, 은행과 펀드 매니저들은 서로 다른 방식으로 실적 압박을 받았다. 담보를 설정하는 평범한 대출이 연 15%가 넘는 수익률을 거둔다면, 낮은 수익에도 익숙해져야 한다고 말하는 펀드 매니저의 소리가 귀에 들어올 리 없다. 진부하고 평범한 대출이 그토록 높은 수익을 거두게 한다면 헤지펀드 같은 복잡한 펀드운용 상품에 관심을 가질 이유가 없다. 높은 대출 수익은 자산운용 산업에는 매우 강력한 신호이다. 즉 실물경제의 혁신이 돈을 굴리는 방법에 대한 오래된 비즈니스 모델과 기존 관점들을 밀어내고 있다는 것을 보여주는 신호이다.

전직 은행 직원과 하수처리 사업

월스트리트에서 일하다 실직한 친구가 있다. 그는 대형 투자은행의 주식 판매 영업사원이었다. 어떻게 지내느냐는 말에 그는 좀처럼 대답하지 않았다. 그러고는 먹고살려고 어쩔 수 없이 뉴저지에서 작은 하수처리회사를 하는 친구와 함께 일하게 되었다고 멋쩍어하며 하는 말에 나는 이렇게 대답했다.

"근사한 일이네. 진짜 수요가 있고, 진짜 현금 흐름이 있는 분야잖아!"

하수처리는 온갖 끔찍한 사태로부터 시민을 보호하기 위해 꼭 필요한 분야이다. 내 열띤 반응에 용기를 얻은 친구는 그들이 어떻게 현금 흐름을 개선하고, 어떻게 경쟁사를 매수하고, 어떻게 회사를 IPO까지 성공시킬 계획인지 설명하기 시작했다.

금융계의 실직은 앞으로도 계속 이어질 것이다. 사회는 은행과 금융 서비스 분야가 국가의 재무적 미래를 걸고 도박하는 것을 더는 용납하지 않을 것이다. 금융계의 막대한 손실이 우리의 사회계약을 진짜로 위험하게 만들었다는 사실을 서서히 깨닫게 되면 시민들은 금융 서비스에 제약을 가해야 한다고 요구할 것이다. 금융 서비스가 축소되면 상대적으로 무능하고 약한 참여자들은 퇴출당할 것이다. 그리고 쫓겨난 사람들은 실물경제로 돌아올 것이다. 사실 그들이 돌아올 곳이라고는 실물경제밖에 없고, 그들의 능력은 실물경제에 도움이 될 것이다.

한 예로 월스트리트의 알고리즘 전문가들은 마지막에는 중서부와 중부 제조기업의 알고리즘 전문가가 될 것이다. 이렇게 생각할 수도 있다. 오늘날 알고리즘을 추구하는 가장 흥미로운 산업 분야는 어디인가? 대형은행의 객장이라는 것은 이미 지난 일이다. 이제는 제조업이, 그리고 '빅데이터' 분야가 그 자리에 들어앉았다.[9] 물론 모두가 이런 분야에서 성공하는 데 필요한 능력을 가지고 있지 않으며, 모두가 수학을 잘하는 것은 아니다. 결국 교육이 문제의 흐름을 바꿀 것이다.

평생교육

국가와 기업의 재무상태표가 엉망이 되었듯 고등 교육기관과 대학도 재무적으로 만신창이가 되었다. 대학들이 건설한 기반시설은 유지관리비가 많이 들고, 지금의 현실로는 비용을 감당할 수입이 부족하다. 등록금을 낼 형편이 안 되는 학생들은 학자금 대출을 받아야 한다. 그리고 졸업해도 대출을 갚을 정도로 보수가 넉넉한 일자리를 찾을 것이라는 가망이 없다. 넘쳐나는 졸업생으로 학위의 가치는 떨어졌고, 많은 기업은 회사에 맞는 방식으로 인재 훈련에 나서고 있다. 졸업생 중 상당수는 현대의 직장이 요구하는 수학과 작문 실력이 없다. 서구인들은 중국계와 인도계 학생들의 수학 점수가 더 높은 것을 걱정하고 있지만, 이것은 서구의 졸업생들이 다른 나라의 높아진 기준을 따라잡지 못하고 있다는 뜻이기도 하다. 게다가 금융위기 여파로 대학들의 기부금과 기금 모금액도 확 줄었다. 이래저래 교육계의 진지한 자기성찰이 진행될 수밖에 없는 현실이다.

사람들은 새로운 비즈니스 모델을 구축하고 있다. 교육은 평생의 작업이고, 기술 향상을 원하는 사람들이 배울 수 있는 양질의 콘텐츠가 늘어나고 있다는 것은 다행이라면 다행이다.

MOOC

MOOC Massive Open Online Course(온라인 공개수업)에 들어가면 유명 대학 강사들의 온라인 강의를 무료로 쉽게 만날 수 있다. 세계 어디에 있건 컴퓨터만 있으면 교육에 접속할 수 있다. 사람들은 구두나 옷, 각종 기기, '이런저런 것'에 쓰는 돈을 줄이고 '새로운 지식'을 배우는 일에 쓰는 돈을 늘리고 있다. 금융위기가 끝난 직후 온라인 교육 수요는 껑충 뛰었다. 저성장과 고실업률의 세상에서 일자리를 찾고 이익 창출력을 유지하기 위해 우리는 자신을 재창조해야 한다. 말이 필요 없는 상식이다. 그리고 수명이 길어진 세상에서 우리는 사는 동안 여러 번 자신을 재창조할 각오를 다져야 한다.

이름도 근사한 피닉스대학은 능력 개발에 대한 수요가 늘어나고 있음을 보여주는 좋은 사례이다. 고대 그리스 신화에서 피닉스(불사조)는 천년을 사는 신비의 새다.[10] 피닉스는 한 번의 생이 다하는 순간, 직접 장작을 쌓고 불꽃 속으로 몸을 던진다. 그리고 다 타고 남은 잿더미에서 솟아올라 다시 천년의 삶을 누린다.

피닉스대학의 창립자들은 오늘날 인기가 치솟고 있는 온라인 교육 분야의 선구자들이다. 그들은 1986년 저축대부은행 위기가 한창일 때 대학을 설립했다. 강좌 수는 딱 하나였고, 학생 수는 8명이었다. 현재 피닉스대학은 미국의 40개 주와 유럽, 중국, 멕시코에 분교가 있다. 가장 많을 때는 분교가 200개에 달했지만, 금융위기로 운영이 힘들어지면서 대부분 문을 닫았다. 지금은 MOOC의 모방에 성공한 하버드와 스탠퍼드, MIT 등 일류 대학들과 힘겨운 경쟁을 벌이고 있다.

이름도 낯선 새로운 경쟁자들까지 온라인 교육시장에 진입하면서 온라인 교육 분야에서는 더 많은 혁명이 일어나고 있다. 이름도 생소한 서던뉴햄프셔대학SNHU은 2013년 〈비즈니스 위크〉가 선정한 미국에서 가장 혁신적인 50대 기업 중 하나에 이름이 올랐다.[11]

서던뉴햄프셔대학의 폴 르블랑Paul LeBlanc 총장은 2,000명이던 등록생 수를 2만 2,000명으로 끌어올렸다. 그리고 온라인 역량 기반 학위 프로그램으로 과정당 수강료가 2,500달러이고 학위 이수에는 총 3만 8,000달러가 드는 칼리지 포 아메리카College for America를 신설했다. 칼리지 포 아메리카의 학생들은 학점이나 정해진 이수 시간에 구애받지 않고 실력만 있으면 다음 과정으로 넘어갈 수 있다. 똑똑하고 공부도 열심히 하는 학생은 일반적으로 2년이 걸리는 이수 기간을 6개월로 단축할 수 있다. 서던뉴햄프셔대학은 등록생 수를 500명 정도로 예상했지만 실제 등록생 수는 무려 5,000명이었다. 〈비즈니스 위크〉와의 인터뷰에서 르블랑 총장은 배울 만한 최고의 교육이 더는 남아 있지 않았다고 생각하는 학생들을 끌어오는 것이 이 대학의 목표라고 말했다.

"서던뉴햄프셔대학의 온라인 학사학위 이수 비용은 총 3만 8,000달러 이다. 적은 돈이 아니다. 그러나 전통적인 4년제 대학을 다니는 학생들 이 내야 하는 11만 2,000달러에 비하면(주거비와 식비는 제외) 아주 낮은 금액이다. 현재 우리 대학은 온라인 대학의 한 학년마다 2,900만 달 러의 이익이 날 것으로 예상한다. 이는 22%의 이익률이다."

경제학자이며 하버드대학 총장이었던 래리 서머스는 벤 버냉키 후임으로 연방준비제도이사회 의장 자리에 오바마 대통령의 지명 을 받지 못한 후 교육 혁신 사업을 구상했다. 서머스와 노련하고 명 망 높은 학계 인사들로 이뤄진 소수 정예 팀은 온라인 디지털사진 인화 업체인 스냅피시Snapfish의 창업자 벤 넬슨Ben Nelson과 함께 미네 르바라는 대학을 세우기로 뜻을 모았다. 미네르바대학은 전통적인 캠퍼스가 아니라 온라인상에서 현직 실무자들이 최고의 강의를 제 공함으로써 하이엔드 교육시장의 빈틈을 메우는 것을 목표로 삼았 다.[12] 세계 유수 대학에 입학할 자격이 충분하지만, 등록금을 낼 형 편이 안 되는 학생들이 선발 대상이다. 학생 선발과 강의는 지역과 국적을 가리지 않기로 했다. 교수진은 전통적인 학계 재임 기간이 아니라 철저히 실력 위주로 영입한다는 방침이다.

돈에 쪼들린 일부 학생들은 다니던 대학을 그만두고 다른 대학으 로 옮겨가기도 한다. 내가 인디애나대학의 행정환경정책대학SPEA 자문위원회에 들어간 이유도 이 때문이다. 내가 보기에 미국에서 경기 회복 가능성이 가장 높은 곳은 중서부였다. 그래서 그 지역에 발을 담그고 싶어 행정환경정책대학 자문위원회에 들어간 것이다. 〈US 뉴스 앤드 월드 리포트〉는 하버드 케네디공공정책대학에 이어 두 번째로 행정환경정책대학을 우수 공공 정책대학으로 선정했다. 하버드 케네디공공정책대학의 등록생 수는 줄어드는 추세지만, 인디애나 행정환경정책대학은 교직원과 건물 확충이 따라잡지 못할 정도로 등록생 수가 빠르게 늘어나고 있다. 세계 경제를 앞으로 나아가게 만드는 좋은 변화들이다.

경험 소비

부채 디플레이션debt deflation(소비자가 빚을 줄이기 위해 소비를 줄인 결과 내수가 위축되고 경제 성장의 추동력이 사라지는 현상-옮긴이)과 생활비 상승이라는 악순환에 갇힌 세상에서는 지출을 줄이는 것 외에는 다른 방법이 없다. 구세대적인 인상을 풍기는 것이나, 사자마자 곧바로 유행이 지나가는 것에는 점차 소비를 줄이고 있다. 빠듯하게 예산을 세워서 살아야 하는 사람이라면, 사면 기분이 좋고 특별함을 느끼게 해주는 경험, 다 끝난 후에도 오랫동안 유쾌하게 말할 수 있는 경험을 구매하는 데 돈을 쓸 것이다. 이런 경험 소비spending on experience는 새롭게 부상하는 소비 트렌드이다.

　이 소비 트렌드를 인식한 쇼핑몰과 백화점들은 고객에게 '경험' 콘텐츠를 제공하는 일에 팔을 걷어붙였다. 세계 쇼핑몰 분야의 선두 기업인 웨스트필드Westfield는 본사가 있는 오스트레일리아에서 오래전부터 고객에게 경험을 제공해왔고, 지금은 이 정책을 글로벌 사업으로 확장했다. 이 회사의 쇼핑몰은 평범하지만, 그 안에서는 마사지와 매니큐어 서비스, 카레이싱 시뮬레이션, 아이스 스케이팅 링크, 아이들이 번지점프를 하거나 뛰어놀 수 있는 정글짐 등 다양한 경험의 장을 함께 제공한다. 웨스트필드 쇼핑몰은 발레파킹 서비스와 쇼핑하는 동안 이용할 수 있도록 드라이크리닝 서비스도 제공한다. 웨스트필드는 '쇼핑' 경험을 재정의하고 있다.

시크릿 시네마

엔터테인먼트는 빠듯한 현금으로 사는 소비자들이 지갑을 열게 만드는 또 다른 경험이다. 이런 엔터테인먼트 제공 분야에서도 멋진 혁신이 일어났다.

시크릿 시네마Secret Cinema라는 회사가 있다. 2012년 영국에서 8만 명의 영화 애호가들은 40파운드(약 70달러)를 주고 영화 상영 이벤트 표를 구입했다. 하지만 그들은 이벤트의 내용이 정확히 어떤 것인지도 몰랐다. 시크릿 시네마의 창업자인 파비앙 리갈Fabien Riggall은 영화와 콘서트의 재창조가 필요하다고 인식했고, 그것이 이 이벤트의 시작이었다. 영화 애호가들은 상영작들이 할리우드 일색인 것에 따분해했고, 영화 푯값 못지않게 비싼 팝콘값에 극장에 가는 것에 시들하던 참이었다. 할리우드 스튜디오 시스템과 영화관은 오만의 무게에 짓눌려 스스로 무너지고 있었다. 게다가 넷플릭스Netflix와 아이튠즈iTunes 같은 온라인 영화 상영의 인기가 상승하고, 기술 발달로 인해 불법 복제가 쉬워진 것도 영화시장이 잠식되는 데 한 몫을 했다. 이런 이유로 리갈은 영화를 더 재미있게 즐길 수 있는 새로운 방법을 생각해냈다.

당신에게 문자 메시지가 온다. 날짜만 달랑 알려주고 장소와 상영작은 말하지 않으며, 입장을 하려면 롱존스(발목 길이에 몸에 딱 붙는 내복 비슷한 속바지) 의복 지참은 필수라고 한다. 다시 문자 메시지가 온다. 이번에는 버려진 폐감옥이 행사장이라고 한다. 푯값은 이미 치렀고, 감옥에 들어갈 때는 재소자처럼 몸수색까지 받아야 한다. 모두 개인 소지품을 가지고 들어가지 않겠다는 동의도 해야 한다. 당연히 휴대전화 소지도 금지다.

감옥에서 폭동 사태가 벌어지지만, 이 이벤트에 참가한 관람객들은 처음에는 재소자와 간수 역할을 맡은 배우들의 연기였다는 사실을 전혀 눈치채지 못한다. 이곳에서 상영된 영화는 〈쇼생크 탈출〉로, 관람객들은 이미 본 이 영화에서 교도소 세탁실과 작업장에서 맥주 캔으로 작은 금속의자를 만드는 방법을 배우기도 한다. 영화가 끝나고 일부 관람객은 '호텔'에서 하룻밤 묵기로 한다. 감방에 누워 있으면 철컹 소리를 내며 교도소 문이 잠기는 소리가 낡은 건물에 울려퍼진다. 불이 꺼진다. 그리고 모두의 머릿속에 의문이 든다. '내가 휴대전화도 없이 여기 갇혀 밤을 새려고 돈을 냈단 말이야?' 이때 갑자기 스포트라이트가 환하게 켜지고, 화려한 무대 의상에 하이힐을 신은 눈이 휘둥그레지게 아름다운 여자가 어두컴컴한 감옥의 복도로 걸어오며 노래를 부른다. 사람들은 꿈인가 싶다. 이 행사는 영화 상영회인 동시에 미니 콘서트였다.

시크릿 시네마는 광적인 추종자 무리를 만들었고, 팬들은 '절대 비밀 엄수'라는 회사의 모토를 철석같이 지킨다. 시크릿 시네마 관람객에게 언제 어디서 무엇을 했느냐고 아무리 캐물어도 소용없다. 시크릿 시네마는 비밀 클럽이지만 누구나 가입할 수 있으며, 푯값을 충분히 한다.

리갈은 콘서트 사업인 시크릿 뮤직Secret Music을 시작했고, 포크 뮤지션 로라 말링Laura Marling을 초대해 버려진 빅토리아시대 고딕 건물에서 첫 공연을 열었다. 그날 밤 '그랜드 이글 호텔'이라고 이름 붙인 공연장 내부는 한 편의 꿈속 장면처럼 꾸며졌다. 1920년대식 가구와 세간, 여기저기 아무렇게나 놓여 있는 낡은 레코드판과 시대상을 보여주는 사진들 그리고 바닥은 가을바람에 휘날리는 낙엽들이 장식되어 있었다. 말링은 이 방 저 방을 돌아다니다가 사람이 있으면 즉석에서 작은 개인 콘서트를 열었다.[13]

리갈은 비즈니스 모델과 영화 관람 경험을 재창조하였다. 그는 전통적인 영화와 음악의 비즈니스 모델을 뒤바꾸고 있다. 현대의 엔터테인먼트 사업을 재정의하였고, 세계 각지에서 상영 이벤트와 콘서트에 대한 제작·판권 문의가 쇄도하고 있다.

나는 세계 최고의 콘서트 프로모터라고 불리는 하비 골드스미스

Harvey Goldsmith를 만난 적이 있다. 골드스미스는 롤링스톤스와 엘튼 존, 마돈나, 밴드 뮤즈 등 최고 뮤지션들의 투어 콘서트를 기획했다. 하지만 그의 말에 따르면, 수십 번도 더 들었던 옛날 노래의 향연인 대형 콘서트나, 고가의 티켓을 사도 똑같은 노래만 듣게 되는 콘서트에 음악 팬들은 예전처럼 흔쾌히 지갑을 열지 않는다. 물론 대형 콘서트 시장은 여전히 존재하지만, 비싸지 않으면서도 배타적 경험을 누릴 수 있는 콘서트를 원하는 관중이 점점 늘어나고 있다. 그들은 아티스트를 더 가까이에서 볼 수 있고, 아티스트도 혁신적인 공연을 할 수 있는 그런 작은 무대를 더 선호한다.

시대를 읽을 줄 아는 가수와 뮤지션도 이런 특별한 공연 기회를 원한다. 유명 뮤지션들의 전화 세례에 리갈의 전화통이 불이 나는 이유이다. 그리고 네바다의 버닝맨이나 영국의 글래스톤베리 같은 뮤직페스티벌이 대성황을 이루는 이유이기도 하다. 이런 페스티벌은 예전에는 특이한 소수나 즐기는 '광적인' 행사였지만, 지금은 주류에 가까워졌다. 그리고 5년 전만 해도 상상할 수 없었던 높은 수익을 창출하고 있다.

팝업 스토어

팝업 레스토랑과 팝업 클럽, 팝업 숍도 독특한 경험에 대한 욕구를 반영한다. 현재는 팝업의 개념이 일반 직장에도 등장했다. 기업은 이전의 고루한 리셉션장이 아니라 라운지를 선호한다. 커피와 케이터링 서비스를 제공하는 사설 업체도 있다. 직장에 근본적 변화의 바람이 불고 있다. 여러 업체들이 간접비 부담을 줄이기 위해 한 장소를 같이 빌려 쓰는 경우도 늘고 있다. 드론회사의 공동 창업자인 나도 우리 팀이 3D 프린터, 메탈 라드, 용접기계를 공동으로 이용할 수 있는 장소를 임대하는 방안을 진지하게 고민 중이다.

부동산에서 들어오는 현금 흐름이 줄어들면서 부동산 소유주들은 효과적인 건물 관리 방법을 고민했고, 이런 공동 임대 방식이 하나의 현상으로 자리 잡게 되었다. 금융위기 여파로 사람들이 외식과 쇼핑을 줄이면서 부동산 가치도 폭락했다. 기업들은 규모 축소로도 모자라 임대료가 싼 시 외곽으로 사무실을 옮겼다.

임대 소득을 낼 수 있는 방법이라면 무엇이든 다 괜찮다. 연 단위의 고정적인 임대차 계약은 잊어야 한다. 두세 달이라도 적게나마 현금이 들어오는 것이 전혀 들어오지 않는 것보다 낫다. 아이디어의 유효성을 시험해보는 동안에는 장기 임대차 계약이 힘든 소기업에는 매우 이상적인 조건이다.

레스토랑은 하루에도 수십 곳이 문을 열고 닫는 분야로 악명이 높다. 최근에는 여는 것과 닫는 것이 하나로 합쳐지며 서로의 비즈니스 모델이 가진 단점을 보완하고 있다. 원래 있던 식당이 파산해 계약된 임대료를 내지 못하면, 건물주는 이익의 일부를 나누는 단기 임차인을 받아들여 임대료를 보전한다. 인터넷은 이런 단기 '팝업' 레스토랑과 숍, 클럽을 여는 것을 어렵지 않게 만들어준다. 이런 상점들은 전 세계에 광고를 하며 충분히 많은 손님을 끌어모을 수 있다. 이런 매장이 제공하는 경험은 그 특성상 혁신이 훨씬 많이 가미되어야 한다. 매번 새롭고 색다른 경험을 제공해야 하기 때문이다. 버려지고 쓸모없다고 여겨졌던 공간이 어느 날부터인가 아찔하고 혁신적인 경험을 할 수 있는 최상의 무대가 되기도 한다.

2014년 나는 런던 메이크굿 페스티벌Makegood Festival에서 연설을 했다. 행사장은 낡고 여기저기 뜯겨져 나가 더는 사용하지 않는 올드 셀프리지스 호텔이었다. 바닥은 콘크리트가 그대로 드러났고, 부서진 벽에는 전선과 배관이 그대로 노출되어 있었다. 메이크굿 페스티벌 주최 측은 사흘 동안 이 호텔을 빌려 영국 전역에서 온 소기업들을 위한 쇼케이스장으로 꾸몄으며, 다양한 업종의 회사들이 참여했다. 참가자들은 행사장에서 직물과 핸드백, 구두, 위스키, 샴페인, 초콜릿, 잼 등 직접 만든 다양한 상품을 전시했다. 참석 기업들은 이번 '팝업' 경험 제공이 성황을 이루었다고 말한다. 올드 셀프리지스 호텔은 사용할 수 없는 곳을 임대해주고 약간의 수입을 올렸고, 소기업들은 대중에게 제품을 알릴 공간을 얻었다. 모두에게 윈-윈의 결과였다.

발명

진짜로 새로운 물건을 만드는 혁신도 있다. 미켈 베스터가르드Mikkel

Vestergaard의 아버지는 덴마크 병원들에 유니폼을 제공하는 회사를 운영하고 있다. 그런데 미켈은 아프리카로 진출하기로 결정했다. 아프리카에 갔을 때 말라리아모기 퇴치용 모기장이 절실히 필요했고, 그의 회사에서 의료용 직물을 만드는 것도 괜찮겠다는 생각이 들었던 것이다. 그는 말라리아모기를 막아줄 직물을 만들었고, 현재 이 말라리아모기 퇴치용 모기장을 치고 자는 사람들의 수는 페이스북 사용자 수보다 더 많다.

미켈은 여기서 멈추지 않았다. 인도 등 여러 나라는 병충해로 인한 작황 손실이 엄청났다. 그래서 그는 병충해와 설치류가 뚫지 못하는 특수 직물로 곡물 포대를 만들었다. 2012년 인도는 곡물 저장 사업 분야에 외국인 직접투자를 허용할 것이라고 발표했다. 나는 인도의 곡물 저장고 개선과 저장 방식 향상 프로젝트를 분석한 적이 있다. 현대형 곡물 저장고의 운영과 관리에는 10명이면 충분하기 때문에, 새 저장고를 지을 때마다 곡물 포대를 갖다 놓는 작업을 하는 2,000명이 일자리를 잃게 된다는 것은 어느 누구도 이해하지 못하는 듯했다. 미켈의 아이디어는 이들의 일자리를 지키면서 저장 방식의 문제도 해결했다.

농업과 식량부문의 혁신

페란 아드리아Ferran Adria는 여러 해 동안 스페인에서 유명 레스토랑인 엘불리El Bulli를 운영했다. 엘불리는 세계 최고의 레스토랑을 꼽을 때면 늘 빠지지 않으며, 아드리아는 음식에서 새로운 맛을 끌어내는 실력으로 정평이 나 있었다. 그의 요리법은 요리라기보다 연금술에 가까웠다. 현재 아드리아는 엘불리의 운영을 중단했다. 그리고 3D 프린터를 이용하는 음식을 개발하고, 엘불리재단이라는 요리연구소를 열 준비를 하고 있다. 뭔가 괴상한 맛이 날 것 같지만, 현대 기술 덕분에 과거에 사람들이 질색하던 단백질원에 최상의 맛과 식감을 가미한 퓨전 음식을 만드는 것이 가능하다. 평범한 채소인 카사바가 맛있는 음식으로 바뀔 수 있다. 가루를 내고 으깬 곤충을 맛있는 단백질원으로 만들 수 있는 아이디어도 있다. 하지만 음식의 3D 프린팅이야말로 도저히 믿기지 않는 혁신이다.

식량을 3D 프린터로 만들 수 있다면 오늘날 세계 경제를 괴롭히는 식량 공급 부족 문제가 줄어들 것이고, 가난한 사람과 병자는 더 풍부한 영양 섭취가 가능해질 것이다. 병원의 의사들은 3D 프린터를 이용해 환자 개개인의 필요에 맞게 영양 섭취를 조절할 수 있게 된다. 수술에서 회복 중인 환자들의 식단은 동일해도 영양 성분은 서로 다르거나 더 개선될 것이다. 아니면 환자가 원하는 식단에 의사가 '처방을 내린' 영양 성분이 담긴 식사도 가능할 것이다.[14]

농업과 식량 생산에서도 혁신을 불러일으키기 위한 여러 가지 노력이 행해지고 있다. 위성에 기반한 레이저를 이용하는 땅 고르기는 토지의 생산성을 높일 것이다. 새로운 메가 트랙터는 운전자가 핸들을 조종하지 않고도 수확과 동시에 다양한 곡물 등급에 따른 가치와 무게를 정확히 알게 해줄 것이다.

칼렙 하퍼Caleb Harper는 MIT 미디어랩에서 시티팜을 운영한다. 그의 목표는 도심의 옥상과 건물에서 식량을 재배하는 것이다. 그의 접근법에는 흙과 화학물질이 필요 없으며, 적은 양의 물과 더 적은 양의 비료만 있으면 된다. 특히 시골에서 도심으로 식량을 가져오는 데 필요한 에너지에 비교하면 그의 도심 농장은 사용하는 에너지도 감당할 만한 수준이다. 그의 방식으로 재배한 식물은 생장 속도도 전통 방식보다 서너 배 빠르다. 도심에서 식량을 재배해 도심에서 소비한다면 식량 취약성도 줄어들 것이다.

식량 부문에서 놀라운 혁신이 연달아 나타나고 있다. 궁금한 점은 혁신의 실현 속도이다. 또 다른 아랍의 봄이나 사회 동요를 피할 수 있을 정도로 빠르게 식량 혁신이 일어날 수 있을 것인가? 아마도 아닐 것이다. 그렇다면 식량 혁신에 따라 앞으로 다가올 미래가 달라질 수 있을 것인가? 아마도 그럴 것이다.

유전자 검사의 혁신

스테펀 로에버Stefan Roever는 혁신에 관심이 많은 기업가로 실리콘 밸리의 여러 벤처회사에 투자했다. 유전학에도 관심이 깊은 그의 눈에 실리콘 밸리의 스타벅스 앞에서 한 남자가 유전학 책을 보고 있는 것이 들어왔다. 로에버는 남자에게 말을 건넸다. 남자는 버클리대학에서 유전학을 전공하다 중퇴했다고 했다. 연구소에 샘플을 요청하지 않아도 유전자 표지 식별이 가능한 기계를 만드는 데 전념하고 싶다는 것이 그가 대학을 중퇴한 이유였다. 남자는 자신의 차고에서 잘될 것이라는 확신도 없이 기계를 만들고 있었다.

로에버는 남자의 프로젝트를 살펴본 후 훌륭한 아이디어라고 결론 내리고는 투자하기로 결정했다. 그리고 그 남자는 오늘날 제니아 Genia라고 알려진 기업의 CFO가 되었다. 이 회사는 수천 달러에 이르는 유전자 검사비용을 100달러로 낮추는 것을 목표로 하고 있다. 또한 거의 모든 유전자 검사에서 환자와 의사가 결과가 나올 때까지 한참을 기다려야 하는 것이 아니라, 즉석에서 결과를 알 수 있도록 한다는 목표도 세우고 있다. 제니아는 유전의학에서 혁명을 일으키는 길을 걷고 있으며, 목표도 어느 정도 달성했다.

바이오 전쟁

혁신에 박차를 가하는 이러한 발명에 군과 방위 부문도 바짝 긴장하게 되었다. 유전학 기반의 바이오 전쟁 가능성이 대두되었기 때문이다. 2012년 11월 〈애틀랜틱〉은 '대통령 DNA 해킹'[15]이라는 기사에서 모든 나라의 정부가 국가 지도자들의 DNA를 안전하게 보관해야 하며(이것은 비밀경호국이 대통령의 손길이 닿은 모든 곳을 깨끗이 닦아내야 한다는 노골적인 요구이기도 하다.), 다른 나라 대통령이 머물다 간

자리에 남은 DNA도 보관해야 한다고 제안하였다. 이런 제안을 한 이유는 이론적으로 처음부터 특정 개인을 공격 목표로 삼아 질병을 만드는 것이 가능해졌기 때문이다. 현대전과 심지어 외교 방식마저도 바꿀 수 있는 서슬 퍼런 혁신이다.

유전자 검사나 신형 드론 제작처럼 복잡한 작업을 차고에서도 할 수 있게 된 이유는 과거 자격이 있는 소수 연구소나 가질 수 있었던 고도의 연산력과 재료를 얻는 것이 어렵지 않아졌기 때문이다. 나는 드론 제작에 참여하는 로봇회사를 공동 창업함으로써 혁신에 조금이나마 일조하고 싶었다. 드론은 신체가 마비된 사람에게 하늘을 '나는' 경험이나 이웃과 수다를 떠는 경험을 선사해줄 수 있다. 드론으로 건물이나 농지, 파이프라인 등을 점검할 수도 있다. 운동선수들은 스키를 탈 때, 보트의 노를 저을 때, 달리기할 때 자신의 모습을 실시간으로 관찰할 수 있다. 또한 응급 구조대는 더 빠르게 사고 피해자를 발견하고, 부상 정도를 확인할 수 있다. 드론 제작소는 런던의 내 사무실이었고, 납땜용 인두와 글루건, 전선으로 사무실은 난장판이었다. 우리는 주문이 들어오고 실제 생산이 시작되면 더 큰 곳으로 옮길 계획이다. 사무실의 시끄러운 소음은 내게 내일의 경제가 오늘 건설 중이라는 큰 위안을 선사하는 신호이다.

우버와 3D 프린터

부엌 식탁에서도 많은 새로운 사업이 탄생하는데, 이런 혁신에는 수학 능력이나 학위가 필요 없다.

헤일로Hailo라는 서비스가 있다. 런던에서 택시운전을 하던 세 남자는 금융위기가 닥치면서 수입이 형편없이 줄어들었다. 런던의 부자 은행가들이나 펀드 매니저들이 예전만큼 택시를 자주 이용하지 않았다. 이 세 명의 택시기사는 테크놀로지 분야의 전문가인 몇몇 친구들과 함께 잠재 고객과 더 쉽게 연결되는 방법을 궁리했고, 마침내 새로운 아이디어를 찾아냈다. 고객이 휴대전화로 택시를 '불러올' 방법이 있지 않을까? 이들은 GPS 기술을 이용하면 운전자는 승객을 태우려고 잠깐의 거리를 빈 택시로 가는 것이 손해 보는 일은 아닌지, 승객은 택시가 문 앞에 오기까지 몇 분을 기다리는 것이 시간 낭비는 아닌지 쉽게 알 수 있을 것이라고 생각했다.

아이디어는 구체적인 사업으로 발전했다. 런던 택시의 거의 절반이 헤일로 서비스에 가입했고, 영국에서의 큰 인기에 힘입어 유럽 전역과 북아메리카, 아시아로도 서비스가 확대되었다. 액셀Accel처럼 돈 냄새를 잘 맡는 투자자 그리고 스포티파이Spotify와 스카이프Skype의 창업자들이 헤일로에 투자했다. 헤일로는 눈부시게 성장했다. 그러다 주중 최소 요금을 10파운드, 주말 최소 요금을 15파운드로 올렸을 때 다른 택시 앱이 무섭도록 인기를 얻기 시작했다. 겟 택시Get Taxi라는 앱이었다. 현재 겟 택시는 미국과 러시아, 이스라엘로 사업을 확장했다.

　미국에서는 비슷한 서비스인 우버Uber가 시간이 있는 운전자와 차량이 필요한 승객을 연결해주고 있다. 공항 주변의 리무진 택시들도 승객이 뜸한 시간대에 우버에 로그인한다. 공항까지 일반 택시 요금보다 높지 않은 가격에 빠르고 깨끗한 리무진 택시를 이용하려는 고객들도 서비스에 로그인하고 있다.

　2014년 여름, 우버의 의미를 이해하기 시작한 전통적 택시기사들은 런던과 다른 주요 대도시에서 총파업을 시작했다. 그러나 그들은 아직 우버의 '진짜 의미'를 이해하지 못하고 있다.

　2013년 8월 구글은 우버에 2억 5,800만 달러를 투자했다. 구글이 흥미로운 사업체 인수를 추진하기 위해 별도로 배정한 예산의 86%나 되는 금액이었다. 이와 동시에 구글은 1세대 자율주행차단을 인수했는데, 물론 차량 운행은 우버가 할 것이다. 이번 인수가 끝나고 얼마 후 메르세데스도 2015년이면 일반 대중이 자사의 첫 자율주행 차를 이용할 수 있을 것이라고 발표했다. 기사 없는 리무진의 시대가 멀지 않았다.

　지금 이 글을 쓰는 시점까지 자율주행차의 총 주행거리는 70만 마일(약 110만 킬로미터)이며 사고 기록도 거의 없다(현재는 구글만 해도 도로 주행거리가 200만km가 넘으며, 테슬라까지 더하면 수백만km가 넘는다.-옮긴이). 인간의 기록보다 훨씬 낮다. 페이팔Paypal 창업자인 일론 머스크Elon Musk가 새롭게 세운 테슬라 모터스Tesla Motors는 기초부터 차근차근 밟으며 차량 디자인에 혁명을 꾀했다. 그 결과, 럭셔리

자동차 제작에 성공했다(테슬라 모델 X와 모델 S). 그러나 문제도 없지 않았다. 리튬 배터리는 충돌 시 불이 쉽게 붙는다는 단점이 있다. 나는 엔진에 불이 붙어 길가에 세워진 차를 본 적이 있는데, 그런 엔진에는 혁신의 영광이 없다. 하지만 테슬라의 자동차는 설계부터 혁신적이다. 엔진은 뒷좌석 아래에 위치하고, 앞좌석 쪽은 저장과 크럼플 존crumple zone(충격 흡수를 위해 차를 접히게 해 승객을 보호하는 부분- 옮긴이) 자리로 남겨두어서 혹시 있을지 모를 전면부 충격으로부터 탑승자를 보호한다. 전체적으로 테슬라의 자동차는 모양도 느낌도 덩치 큰 아이패드 같다. 이 커다란 아이패드는 일반적인 전기 소켓에 플러그를 꽂아 충전할 수 있다.

3D 프린터로 고객 취향에 맞춘 전문가용 주문 제작 자전거를 '프린트'하는 것도 가능하다. 티타늄 엠파이어 사이클 MX-6 풀 서스펜션 바이크와 티타늄 플라잉 머신 바이크의 3D 프린팅이 그 예이다. 현재 3D 프린터로 만든 모터사이클도 있다. 이탈리아의 에너지카 에고Energica Ego 바이크가 그것이다. 폴라리스 그룹의 클래식 브랜드인 빅토리 모터사이클은 3D 프린터로 오리지널 디자인을 그대로 카피해 새 생명을 얻었다.[16]

3D 프린터는 모터사이클 사고로 얼굴이 완전히 무너진 웨일스 남자의 얼굴을 되살리는 데에도 성공했다. 외과의사들은 그의 안와를 비롯해 두개골에서 날아가고 부서진 부분들을 3D 프린터로 똑같이 만들어냈다. 이처럼 신체 일부와 장기를 프린터로 만들어내는 것이 점점 현실이 되고 있다. 모든 곳에서 혁신이 일어나고 있다.

오트쿠튀르

모든 사업은 작은 모험에서 출발해 생명력을 키우기 시작한다. 유전학자의 능력이나 자동차회사와 같은 기술력이 반드시 필요하다고 생각하면 오산이다. 금속과 기계류를 제조하는 '중공업'만이 중요하다고 믿는 것도 오산이다. 의류와 직물, 패션도 경제를 움직인다.

랩프 앤드 루소Ralph & Russo는 비욘세의 무대 의상에서 왕실의 국빈 방문용 정장에 이르기까지 화려한 고급 의상을 제작하는 쿠튀르 회사이다. 랩프 앤드 루소의 드레스 한 벌은 몇만 달러는 가뿐히 넘고 몇십만 달러짜리도 있다. 이 회사의 드레스는 세계에서 땅값이 가장 비싼 대도시 중 하나인 런던, 그것도 중심가인 슬론 스트리트에 있는 아틀리에에서 고객의 주문에 맞춰 하나하나 수작업으로 제작된다.

오스트레일리아 출신의 타마라 랩프Tamara Ralph와 마이클 루소Michael Russo는 런던 거리를 산책하는 길에 우연히 만나 친구가 되었다가 결혼까지 했고, 쿠튀르 회사를 차렸다. 타마라의 집안은 몇 대째 재봉을 가업으로 이어왔다. 마이클은 벤처 창업 경험이 풍부한 젊은 기업가였다. 둘은 금융위기가 발발하기 직전인 2007년에 달랑 재봉틀 하나만 가지고 사업을 시작했다. 고급 의상을 주문하는 고객도 전혀 없는 상태였다. 무엇보다도 가장 큰 문제는 오트쿠튀르 의상을 만들 수 있을 만큼 솜씨 좋은 재봉 기술을 가진 사람이 부족하다는 것이었다.

이에 타마라는 "다들 '디자이너'가 되기를 꿈꾸지만, 재봉을 하고 싶어 하는 사람은 없다."라고 말했다. 패션계에는 스케치를 하고 스타일을 만드는 사람은 많지만, 제대로 재봉질을 하고 비즈를 박고 가죽을 처리하고 디테일을 완성하는 등의 오트쿠튀르 드레스 제작에 필요한 고숙련 기술을 가진 장인은 매우 부족하다. 이것은 누구나 알고 있는 현대 교육 시스템의 문제점을 알리는 신호이다.

현대 교육은 과거사가 된 화이트칼라가 되는 방법을 가르치지만 실질경제에 혁신을 일으키는 데 필요한 살아 있는 기술은 가르치지 못한다. 그나마 다행히 교육계도 이런 변화를 반영해 혁신을 일으키기 시작하고는 있다.

경제 회복과 성장, 부와 GDP 창출로 이어지는 에지워크와 재창조의 신호가 곳곳에서 등장하고 있다. 에지워크를 하는 사람들은 경제학자가 경제 변화를 확인해주거나, 역사학자가 그 변화를 설명해주기를 잠자코 기다리지 않는다. 그들은 변화하는 경제 풍경을 스스로 분석하고, 신호가 없는지 둘러보고, 오만의 추진력과 처벌에 대한 두려움 사이에서 균형을 잡는다. 그리고 스스로 선택해 세계 경제에서 '변화의 주체'가 된다.

뜨개질과 퀼팅

이런 일도 있었다. 2012년 나는 옥외 오찬장에 참석했는데 옆자리에 조용한 여자가 앉아 있었다. 같은 테이블의 동석자들은 모두 목을 길게 빼고 유명 정책 입안자의 강연 내용을 열심히 듣고 있었다. 나는 강연을 듣지 않고 그 여인과 잡담을 나누기 시작했다(강연자가 하려는 말을 이미 다 알고 있어서였다.). 내가 여러 번 넌지시 무슨 일을 하느냐고 물었고, 그녀는 마지못해 전문가용 모직실을 팔고 본격적으로 뜨개질을 배우고 싶어 하는 사람들을 위한 강좌도 여는 뜨개질 가게를 하고 있다고 말했다. 금융위기가 한창일 때 개업했지만 열자마자 이익이 꽤 짭짤하게 났다고 한다.

경기가 어떻든 뜨개질을 좋아하고 혁신적인 디자인을 원하는 사람은 언제나 있기 마련이다. 나는 경기 악화로 인해 직접 뜨개질하기를 원하는 사람들이 늘어난 것일 수도 있다고 말했다. 훨씬 적은 돈으로 독창적인 스웨터를 직접 만들 수 있다면, 비싼 돈을 주고 스웨터를 살 이유가 있을까? 뜨개질은 물건에는 돈을 적게 들이고 많은 경험을 할 수 있는 방법의 좋은 사례이다. 게다가 중국과 방글라데시의 공장 노동자들이 임금 인상을 요구하면서 스웨터 생산비가 올라간 것도 한몫을 했다.

정책 입안자들이 잔뜩 모인 자리에 기업가가 앉아 있다는 것은 나에게는 중요한 신호였다. 정말로 이상한 상황이 아닌가? 자신만의 해결책을 찾아 움직이는, 생생하게 살아 있는 시장의 좋은 예가 내 옆자리에 앉아 있다. 하지만 주위에는 그런 사람이 존재하지 않는다고 믿는 정책 입안자들만 가득하다. 더군다나 이 정책 입안자들이 정의하는 시장이란 월스트리트와 더 시티이지, 자신만의 방식으로 독창적 모험과 사업을 추구하는 수백만의 사람들이 존재하는 장이 아니다. 하지만 이런 사람들은 실재한다.

그들은 묵묵히 자신만의 흥미로운 사업을 추진한다. 제니 도안 Jenny Doan의 '퀼팅의 여왕Queen of Quilting'이 좋은 예이다. 〈월스트리트 저널〉에 따르면 100만 명이 넘는 시청자가 쉽고 빠르게 퀼트 만드는 방법을 알려주는 제니 도안의 유튜브 영상을 봤다고 한다(어지간한 음악 밴드들도 부러워할 만한 조회 수이다.).[17] 해밀턴에 있는 제니 도안의 가게인 미주리 스타 퀼트 컴퍼니Missouri Star Quilt Company는 직원만 80명이고, 매일 50~100명의 손님이 찾아와 퀼트를 만드는 데 필요한 온갖 재료를 사 간다. 따라온 배우자들이 근처 식당과 철물점에서 시간을 보내면서 옆 가게들도 덩달아 장사가 잘된다고 한다.

이런 일들이 왜 중요한 신호인가

연방준비제도와 다른 중앙은행은 제니 도안과 타마라 랠프, 일론 머스크 같은 사람들이 100만 명 있어도, 모든 대형은행과 다수 대기업이 일시에 무너져내린 사태를 수습할 수도, 상쇄할 수도 없다고 믿는다. 금융시장과 경제 전반이 위기에 처해 있을 때는 맞는 말이다. 중앙은행은 경제위기 때에는 최후의 여신기관으로서 굳건한 버팀목이 되어야 한다. 그러나 중앙은행이 내미는 긴급 구제의 손길이 오히려 기업가정신을 깨부수는 손길로 뒤바뀌는 것은 언제인가? 어떤 계량 경제 모델도 뒤바뀌는 경계선이 어디쯤인지 알지 못한다. 사회마다 주축이 되는 사회계약이 어떤 것인지에 따라서 경계선의 위치도 달라질 것이다. 지금 우리가 사는 세상의 경계선이 어디인지, 그리고 어디쯤에 있을 것인지를 알아내는 데에는 창의적 사고가 필요하다.

중앙은행의 위기 대응(저금리, 무한대의 유동성, 자산 매수)은 시장 부양이 목적이다. 시장이 무너지는 것을 방치하면 경제 전체가 의식불명에 빠지기 때문이다. 정책 입안자들은 제니 도안과 타마라 랠프, 스테펀 로에버 그리고 뜨개질 가게의 주인과 드론 벤처회사의 주인에게는 경제 신호를 감지할 능력이 없다고 생각한다. 그런 사람들에게는 임대료가 사상 최저로 떨어질 것이라는 신호나, 가족의 경제난이 직접 퀼트를 만들고 스웨터를 짜는 사람들을 탄생시킬 것이라는 신호를 감지할 능력이 없다고 믿는 것이다.

야성적 충동과 오만

중앙은행은 기업가나 '맘프러너mompreneur(엄마mom와 기업가entrepreneur의 합성어-옮긴이)', 소비자는 두려움을 혼자 극복할 수 없다고 생각한다. 이들이 다시금 위험을 감수하고 소비하게 하려면 격려와 자극이 필요하다. 그들의 '야성적 충동'*이 행동으로 바뀌도록 (그리고 상황이 좋아졌을 때는 다시 행동을 삼가도록) 유도해야 한다. 그들과 위험감수자들이 마음을 돌려 은행에서 돈을 꺼내 시장에 투자하도록 만들기 위해서는 초저금리라는 충격 요법이 필요하다. 이것이 중앙은행의 생각이다.

대형은행 한 곳에서만 부도가 나도 경제의 위험감수 능력이 마비되기에는 충분하다. 리먼 브라더스의 파산은 거의 모든 금융기관이 부도까지는 아니더라도 언제든 유동성이 막힐 수 있다는 사실을 일순간에 드러냈다. 존 밀스John Mills가 오래전에 했던 말처럼 "패닉은 자본을 파괴하지는 않는다. 다만 가망 없을 정도로 비생산적인 작업을 드러냄으로써 자본이 얼마나 심하게 망가졌는지를 보여줄 뿐이다."[18] 리먼 브라더스 파산 그리고 그 이후의 패닉과 금융위기는 거의 모든 선진국 경제에 은행 시스템이 무너지면 채무를 얻기 위한 자본 조달도 불가능하다는 문제가 있음을 드러냈다.

바닷물파도 민물파도 펀치볼에 가득 담긴 오만을 마시고 취한 시장의 손에서 운전대를 빼앗아야 한다고 생각했다. 하지만 운전대를 잡고 경제를 (보기에는) 더 안전한 장소로 무사히 데려간 후에도 정책 입안자들은 부엌 식탁과 차고에서 작은 사업을 하고 있는 무수한

---

* 이 말은 케인스의 저서 《고용, 이자, 화폐의 일반이론The General Theory of Employment, Interest and Money》(1936)에서 처음 등장했고, 더 최근에는 노벨경제학상 수상자인 조지 애커로프George Akerlof와 로버트 실러Robert Schiller의 공저 《야성적 충동Animal Spirits》(2009)에서도 등장했다. 두 저자는 이렇게 말한다. "부모의 적절한 역할이 조언을 하는 것이듯, 정부의 적절한 역할도 무대를 마련해주는 것이다. 이 무대는 자본주의에게 창의성을 맘껏 발휘할 자유를 주어야 한다. 동시에 우리의 야성적 충동으로 말미암아 그 창의성이 도를 넘는 것도 막아야 한다."

무명과 익명의 개개인에게 어디로 튈지 모르는 시장의 운전대를 양보하지 않을 것이다. 기업가와 맘프러너가 활약하는 이 바다에는 공짜 돈을 낚아채고 먹잇감을 물어뜯을 기회만 호시탐탐 노리는 금융시장 출신의 식인상어들이 가득하다는 것이 그 이유이다. 이런 생각 자체가 오만이 지배한다는 중요한 신호이다.

은행권의 손실을 정부 재무상태표(즉 납세자의 어깨)로 옮긴 정책 입안자들의 결정은 오만을 금융시장의 심장에서 정부의 심장으로 이식한 셈이었다. 정책 입안자들은 자신들의 능력이 시장의 능력보다 뛰어나다고 믿는다. 그리고 그들은 결과를 통제할 수 있다고 믿는다.

대공황

양적완화와 정부의 정책이 경기 침체를 연장하는지, 회복을 앞당기는지는 알기 힘들다. 이런 논박은 대공황 시절부터 시작되었다. 바닷물파는 루스벨트 대통령에게 환호한다. 그들은 후버댐을 짓고, 테네시강 유역 개발공사를 계획하고, 많은 '도랑 파기' 사업 등 미국을 되살리기 위한 루스벨트의 정책 덕분에 나라가 심각한 상황까지는 가지 않았다고 믿는다. 그러나 루스벨트의 이른바 도랑 파기 사업이 대공황 기간을 더 늘렸다고 믿는 사람도 있다. 나는 애미티 슐래스 Amity Shlaes의 의견에 동조하는 입장이다.[19]

애미티 슐래스는 우유와 철강 등 중요 상품의 가격을 통제한 루스벨트의 정책이 오히려 시장 메커니즘을 파괴했고, 경제 불황을 필요 이상 길어지게 만들었다고 주장한다. 경제가 스스로 부활할 수 있었는데, 정부가 시장에 개입해 가격을 통제하면서 자력 부활이 방해받았다는 것이다. 오늘날 라틴아메리카에서 중동, 아시아에 이르기까지 여러 나라의 정부는 식품 가격을 통제하기 위한 방편으로 수출을 제한하고, 수입에 관세를 부과함으로써 가격을 결정한다. 그러나 눈여겨봐야 할 부분은 정부가 가장 중요한 것의 가격을 인위적으로 억누르고 있다는 것이다. 바로 돈의 가격이다.

바닷물파도 민물파도 사실과 반대되는 가정을 들먹이며 금융위기에 대해 격론을 벌이지만, 누구도 부인하지 못할 현실이 있다. 시민의 삶을 위협하는 초유의 손실을 막기 위해 정부는 금융 서비스 부문에 백지수표를 위임했다. 손실을 면책받고 엄청난 현금에 접근할 수 있게 된 금융기관들은 자산을 헐값에 팔 필요가 없어졌다. 그러는 동안 실물경제는 금융기관 없이 살아남는 방법을 익혔다. 무한대의 정부 지원에 의기양양해진 은행들은 가만히 앉아서 경제가 호전돼 자산 가격이 정상 수준으로 돌아올 때만을 기다리기만 하면 됐다.

일부 정책 입안자들은 자산을 매각할 수 있는 기회의 창이 열리기 전까지 시간을 버는 것이 은행 구제금융의 목적이라고 말했다. 그들은 은행이 폭락한 자산을 매각해 시장의 투자가 되살아나고 은행 재무상태표도 다시 튼튼해지기를 기대했다. 하지만 계획이 틀어졌다.

정부가 주는 공짜 돈 덕분에 은행들은 폭락한 자산을 고스란히 유지한 것은 물론이고, 두 배로 불리기까지 했다.

이익 vs 세수

정부의 정책 기조가 혁신과 내일의 경제 건설을 저지하거나 둔화시키고 있지 않은가 하는 점을 중요하게 봐야 한다. 미국 경제학자 존 모리스 클라크John Maurice Clark는 1961년 《역동적 과정으로서의 경쟁 Competition as a Dynamic Process》에서 가격을 낮추는 경쟁은 정당한 것이지만, 혁신에는 '가능 조건'과 '전제 조건'이 붙는다고 설명한다. 앞에서 말한 '사람들의 인격', '세속의 정부 아래에서 일하며 문제를 해결하는 사람들'과 '문제 해결 행동을 환영하는 경건한 태도'도 이런 조건에 포함된다.

　어떤 질문을 해야 하는지가 나왔다. 정책 입안자들과 정부는 위험 감수자와 혁신을 '환대'하는가? 현재 대다수 정부는 통제의 고삐를 조이기를 원한다. 이 주제야말로 현대 정치경제학의 핵심이다. 혁신은 여기도 있고 저기도 있다. 그러나 눈에 띄지도 않는 회사와 이름도 모르는 누군가가 만드는 혁신이 국가의 혁신을 앞지를 수 있는가? 1장에서 말했듯이 세계 경제를 움직이는 근본적 힘은 크게 두 가지로 압축할 수 있다. 국가가 세금을 징수하는 힘과 개인이 부를 창출하는 힘이다. 두 힘 안에 각각 존재하는 오만과 처벌이 균형을

이루어야만 상호공존이 가능하다. 이런 이유에서 우리는 국가도 혁
신을 꾀하고 있다는 사실을 알아야 한다.

대마초 합법화

2012년 콜로라도주는 워싱턴주에 이어 대마초 합법화를 발표했다.
캘리포니아주와 뉴햄프셔주도 대마초 합법화를 고민 중이다.[20] 워
싱턴 D.C.는 대마초 사용 불법화를 없애려는 수순을 밟고 있다. 멕
시코 전·현직 대통령들은 캘리포니아주가 대마초를 합법화하면 멕
시코도 합법화할 것이라는 뜻을 밝혔다.

왜일까? 콜로라도주나 다른 주 시민들의 윤리의식이 갑자기 변했
기 때문인가? 아니다. 무언가를 합법화하면 거기에 세금을 징수할
수 있다는 간단한 이유 때문이다. 콜로라도주가 대마초 판매의 첫
세율로 30%를 징수하기로 한 것은 우연의 일치가 아니다. 2014년
1월 1일 대마초 합법 거래 첫날, 주 당국의 규제를 받아 대마초 산업
은 가격을 1온스당(약 28그램) 250달러로 정했고, 총 판매액은 100만
달러가 넘었다.[21] 콜로라도주는 2014년 한 해에만 판매액이 6억 달
러, 세수는 거의 7,000만 달러가 될 것이라고 했다. 이른바 '마우이
와우이Maui Wowie(하와이산 대마의 일종으로 대마초를 가리키는 별칭-옮긴
이)'가 주정부와 지방정부의 짭짤한 세원이 된 것이다.

이런 상황이 계속된다면 세수는 늘어나고, 대마초를 막기 위한 공

권력을 집행하는 데 필요한 자원은 크게 줄어들 것이다. 예를 들어 멕시코 마약과의 전쟁은 매우 부정적인 홍보 효과를 낳았다. 어림잡아 10만 명이 죽거나 행방불명되었으며, 연일 쏟아지는 목 없는 시신에 대한 보도에 투자자와 관광객은 대경실색했다. 어떻게든 정책의 초점을 바꾸는 것이 국경을 사이에 둔 두 나라 모두에 도움이 될 것이다. 캘리포니아주, 멕시코는 마약범을 소탕하기 위한 공권력 집행 비용이 줄어들 것이다. 한 가지 약물의 합법화가 다른 불법 약물의 거래도 활성화할 것이라는 우려의 목소리도 있다. 그럴 수도 있다. 그러나 지방정부도 중앙정부도 시민들의 기업가적 행동을 죽이지 않으면서 문제를 해결하기 위해 나름대로 혁신을 꾀하려 노력하고 있다는 점은 중요하게 봐야 한다.

금융시장의 사냥개

정부가 세수를 올리기 위해 즐겨 쓰는 방법은 과징금이다. 정책 입안자와 일반 대중은 금융 서비스 부문이 못된 장난질을 치지 못하도록 이 분야를 제한하는 것에 적극 찬성했다. 그래서 금융계에서는 규제감독도 많고 벌금도 많이 부과된다. 기존 법규의 집행이 강화되고 새로운 법규도 계속 도입되다 보니 금융 서비스 부문에 부과되는 과징금 행렬에는 끝이 없다. 과징금이 가장 많이 부과된 금융기관 중 하나는 J. P. 모건이다. 2013년 말 J. P. 모건에는 한 건에 대해서만 130억 달러의 과징금이 부과되었다. 이는 금융위기의 주요 원인이었던 모기지 투자와 관련해 투자자들을 호도한 혐의가 인정돼 미국 정부와 조정 과정을 거쳐 매겨진 과징금이었다.[22]

재무/최고투자본부Treasury/Chief Investment Office의 거래 손실(런던 웨일London Whale이라고 알려진 트레이더가 일으킨 '웨일' 스캔들)에 대해서도 10억 달러가 또 부과되었다. 금융위기 이후에 시장 조작 혐의부터 투자자 호도에 이르기까지 하도 여러 건에 걸쳐 과징금이 부과되었기 때문에 누계액은 계산하기도 힘들 정도이다.[23] 하지만 한 가지는 확실하다. 은행들은 규제감독이 전보다 훨씬 엄격해졌다고 느끼고 있으며, 규제기관들도 은행들이 그런 압박감을 확실하게 느끼기를 원한다. 이런 규제 압박으로 창출되는 세수는 일종의 덤이다.

그러나 규제 압박이 긍정적인 결과를 낳고 있는가? 금융회사들은 조금은 양심적으로 행동하기 시작했는가? 금융회사들이 완전히 쇄신되어 경제의 정상적 기능을 도와주는 윤활유로 새롭게 재탄생할 것인가?

잉글랜드은행 금융안정집행이사이며 금융정책위원회 위원인 앤디 홀데인은 간단한 비유를 제시한다. "개한테 프리스비(원반)를 쫓는 방법을 가르칠 수는 없다. 개는 그것을 그냥 쫓는 것이다."[24]

개가 물리학과 비행역학을 배운다고 해서 프리스비를 더 잘 잡는 것은 아니다. 금융도 마찬가지이다. 금융시장의 사냥개들을 원하는 방향으로 이끌려는 정부의 과도한 노력은 십중팔구 실패한다.

금융시장 종사자들을 사냥개로 비유하는 것에 거부감을 느끼는 사람도 있겠지만, 오랫동안 그들 무리에 속해 있던 내가 볼 때 사냥개는 맞는 표현이다. 그들은 이윤이라고 부르는 육즙이 흐르는 먹음직스러운 고깃덩어리를 귀신같이 잘 찾아낸다. 공산주의나 사회주의 경제 모델을 지지하지 않는 이상, 이윤은 경제 시스템을 살아 움직이게 하는 생명선이다(혹여 다른 경제 체제를 지지한다면 정부의 세출보다 세수를 늘릴 방법을 따로 알아내야 한다. 아니면 국가 부도 사태를 면하기 힘들 것이다.).

이윤을 창출하지 못하는 경제에서는 기업도 죽고 국가도 죽는다. 그렇다면 고삐 풀린 금융시장의 사냥개들이 무고한 대중을 마구잡이로 물어뜯는 참사가 벌어지지 않도록 막으면서 최대의 이윤까지 창출하는 방법은 무엇인가? 거액의 과징금은 정부가 이런 목표를 이루기 위해 취하는 한 가지 혁신이다. 그러나 이것만으로는 잘못된 행동을 하게 만드는 유인을 뿌리 뽑지 못한다.

양치기 개와 핏불테리어

내가 백악관에서 일할 때 만났던 존 화이트헤드John Whitehead가 천명한 말이 있다. 그는 골드만삭스의 매니징 파트너로 일할 때 이 회사의 행동 지침을 규정한 14가지 원칙을 만들었다.

"우리의 자산은 우리의 직원과 자본, 평판이다. 이 중 하나라도 손상을

입는다면 그중에서도 가장 복구하기 어려운 것이 평판이다. … 우리
는 따라야 하는 법과 규칙, 윤리 원칙과 정신을 준수하기 위해 혼신의
노력을 다한다. 이 기준을 어기지 않고 고수하는 것에 우리의 지속적
인 성공 여부가 좌우된다."[25]

화이트헤드가 이 원칙을 제정한 1970년대의 월스트리트와 금융
시장은 파트너(책임사원)가 회사의 손실에 대해 전적으로 책임을 지
는 파트너십 체제가 대세였다. 월스트리트와 더 시티에서 금융·회사
가 파산해도 고위 경영진이 손실에 대해 개인적 책임을 지지 않는
유한책임limited liability 모델로 옮겨간 이후, 유인도 달라졌다.[26] 존 화
이트헤드는 어떤 면에서는 양치기 개였다. 그는 이익을 충실하게 좇
았지만 우리 안의 순진한 양들(연기금 수령자, 저축자 그리고 월스트리
트의 사람)이 다치지 않도록 만전을 기했다.

은행이 파트너십이 아니라 주주 체제로 바뀌고, 무한책임unlimited
liability이 아니라 유한책임 제도가 들어서면서 법의 '조항과 정신'을
시험해보는 것에 무슨 문제가 있겠느냐는 생각이 퍼져나갔다. 누가
뭐라 해도 법과 규제의 경계선이야말로 최대의 이윤을 얻을 수 있는
곳이기 때문이다. 주주의 등장과 주가를 상승시키려는 유인은 파트
너십 체제일 때보다 위험감수에 더 큰 보상을 준다. 무한책임이 유
한책임에 자리를 내주면서 나타난 신호들로 양치기 개가 사나운 핏
불테리어로 바뀌었다. 하지만 더 양심적인 행동을 장려하는 정부 혁
신은 아직까지는 이뤄지지 않고 있다.

정부가 내놓은 대응책은 고대 그리스의 신들이 탄탈로스에게 내렸던 형벌과 비슷하다. '탄탈라이즈tantalize(감질나게 하다.)'라는 단어는 탄탈로스 신화에서 연유한다. 신의 음식과 음료를 훔치고 신들의 비밀까지 누설한 것으로도 모자라 신들의 연회에서 자식들을 시종으로 부린 탄탈로스에게 신들은 대노했다. 그런 탄탈로스에게 물속에서 목만 내놓고 있는 형벌이 내려진다. 손만 뻗으면 닿을 곳에는 과실이 열린 나뭇가지가 늘어져 있었지만 그가 과일을 따려고 할 때마다 가지는 저 멀리 달아났다. 그리고 그가 물을 마시려 고개를 숙일 때마다 물도 저만치 멀어졌다. 시장도 지금 비슷한 고문을 받고 있다. 유동성은 무한한 것 같은데, 정작 시장 참여자들은 필요한 순간에 유동성을 사용하지 못하는 형벌을 받고 있는 것이다.

규제의 신은 은행들이 플레인 바닐라 대출을 진짜 기업과 진짜 사람에게 제공하기를 원한다. 생각만큼 만만한 소원이 아니다. 은행은 여신 담당 직원들을 오래전에 정리해고하고, 대신에 정말 일을 잘하는지 아직은 의심스러운 알고리즘에 그 일을 맡겼다. 은행들의 행동을 관리감독하기 위해 행해지는 진상 조사(리보Libor(런던 은행 간 단기 금리) 금리나 외환거래 오남용 등에 대한 진상 조사)나 지불금 상한 설정 등 여러 규제 조치는 은행들의 공짜 돈 남용을 방지하는 효과가 있기는 하다. 문제는 이렇게 영원토록 이어지는 '탄탈로스 형벌'을 받은 은행이 사회가 원하고 필요로 하는 일인 이윤을 거두고 재앙을 피해야 한다는 임무를 제대로 수행할 능력마저 잃었다는 것이다.

존 코츠John Coates가 동일한 제목의 책에서 말하는 '개와 늑대 사이의 시간the hour between the dog and the wolf'은 의미심장한 울림을 전한다.[27] 그 변신의 시간에 일어나는 테스토스테론의 급증과 생화학적 변화는 트레이더들에게 먹잇감(이윤)에 온 정신을 집중하게 만든다. 우리가 원하는 것은 사냥개이지 학살자가 아니다. 그렇다면 이런 소망 안에서 오만과 처벌의 균형을 맞추는 방법은 무엇인가? 이런 유인의 주제는 사회계약의 핵심 화두이다. 과도하고 그릇된 위험감수에는 유인을 주지 않고, 좋은 위험감수에 유인을 주려면 어떻게 해야 하는가? 뭔가 어폐가 있는 질문이기는 하다. 하지만 대다수 선진국의 중앙정부들은 거액의 손실을 보상하고 보존해주는 정책을 펼치고 있다. 또한 저금리와 사실상 무한대의 공짜 돈이라는 형태로 금융 서비스 부문에 백지수표를 내어주는 정부의 정책이 반영구적으로 지속되고 있다.

엑시비션 로드

프리드리히 하이에크는 존 메이너드 케인스 못지않게 학계에서 영향력도 크고 명망도 높지만, 대중적 인지도는 그에 미치지 못한다. 하이에크의 견해는 경제에 문제가 생길 때마다 정부가 개입해야 하고, 또 그럴 수 있다고 주장한 케인스의 견해와 완벽하게 대척점에 있다. 하이에크는 경제위기를 헤쳐나가야 하는 시민의 부담을 덜어주기 위한 방편이라며 좌우 진영의 정치인들이 어떻게 국가 차원에서 경제계획을 짜고 재분배를 행하게 되는지 설명한다. 중도파는 '자유시장'이 시민에게 미치는 피해 때문이라도 '약간의' 국가적 보호가 보장되어야 한다는 생각에 찬성한다. 이렇게 한발 물러서는 순간, 우리는 하이에크가 말하는 '노예의 길: 더 적은 자유, 더 적은 선택, 더 낮은 생산성, 더 낮은 GDP'의 길로 접어들게 된다.

다른 길을 생각해볼 수도 있다.

런던 사우스켄싱턴에는 엑시비션 로드(자연사박물관을 비롯하여 빅토리아 앤드 앨버트박물관, 과학박물관, 임페리얼 칼리지 런던, 로열앨버트홀 등이 밀집되어 있는 거리)가 있다. 놀랍게도 엑시비션 로드에는 도로 표지판 등 어떤 신호도 없다. 차도와 인도를 구분하는 도로 경계선이나 연석도 없다. 주차선도 없으며, 도로 표지나 속도제한 표시, 신호등도 없다. 어디로 걷고, 어디에 차를 세우고, 어디로 차가 달리고, 어디서 차를 멈춰야 하는지 알려주는 표시가 하나도 없는 것이다.

처음 엑시비션 로드에 갔을 때 무서울 정도로 불안감에 휩싸였다. 방향감각이 사라졌다. 내 바로 옆으로 차 한 대가 스치듯 지나갔고, 내가 지금 걷고 있는 곳이 인도가 맞는지도 의심스러웠다. 길 한가운데가 분명한 곳에 차들이 아무렇게나 세워져 있었다. 나는 가던 길을 멈추고 주위를 유심히 둘러봐야 했다. 그게 이 길의 의도였다. 신호등도 표지판도 없기 때문에 모두가 속도를 늦추고 집중해야 한다. 운전자도 보행자도 알아서 자신의 안전과 행동을 책임져야 한다. 이렇게 표지판과 신호등을 제거하자 오히려 사고율이 감소했다.

유로본드

내 경험으로 말하건대, 금융시장 종사자들은 요트 경주를 하는 사람들과 비슷하다. 금융시장 종사자들은 규칙과 규제의 장벽을 거세게 밀치고 나아가는 능력을 기르기 위해 언제나 가장 좋고 가장 비싼 요트와 장비를 구비한다. 그들은 빠르게 앞으로 전력 질주한다. 반면에 감독기관의 요트는 비유하자면 작은 돛단배이다. 금융시장의 요트를 따라잡기는커녕 그들의 요트가 얼마나 빨리 달리는지 제대로 보지도 못한다. 감독기관은 사건이 일어나고 한참 후에야 진상을 알게 된다. 그래서 규칙을 늘리고 규제를 강화하고 법규를 새로 제정해도 문제를 해결하지 못한다. 대개는 문제를 악화시키거나 심각하게는 예상하지 못한 부작용을 낳기도 한다.

유로본드(통화국 외에서 발행하는 통화국 화폐표시 채권. 대부분 유럽에서 발행되었기 때문에 유로본드라는 명칭이 붙었다.) 시장이 좋은 예이다. 유로본드 시장에는 해마다 거의 4조 달러의 자본이 조달된다. 기업들은 해외에서 외환이나 자국 통화로 표기된 채권을 발행한다. 이런 식으로 기업은 직접 통화를 선택해 전 세계 투자자들로부터 돈을 조달할 수 있다.

1962년 당시 미국 대통령인 존 F. 케네디가 미국의 막대한 채무를 단번에 해결하는 것이 상책이라고 생각하면서 유로본드가 태동하게 되었다. 하지만 케네디는 그 채무액이 얼마나 커질지는 짐작하지 못했다. 그는 미국의 모든 정부 채권에 대해 금융서비스세(이자평형

세(interest equalization tax)를 부과하겠다고 발표했다. 메릴린치 런던 지사장인 스타니슬라스 '스탠리' 야스코비치Stanislas 'Stanley' Yassukovitch라는 젊은 트레이더는 런던에서 미국 정부 채권을 팔면 면세가 된다는 것을 알아냈다. 야스코비치는 오늘날 거대 유로본드 시장의 대부라고 불리는데, 그가 생각한 기발한 아이디어 덕분에 기업들은 미국 밖에서 매해 4조 달러의 자본을 조달할 수 있게 되었다.[28]

미국 외의 기업들도 유로본드 시장에서 자국 통화로 표기된 채권을 판매할 수 있다. 중국 위안화로 표기된 딤섬본드Dim Sum Bond, 일본 엔화로 표기된 사무라이본드Samurai Bond, 오스트레일리아 달러화로 표기된 캥거루본드Kangaroo Bond, 베트남 통화로 표기된 포본드Pho Bond 등이다.

세금으로서의 인플레이션

정부 혁신도 많고, 그런 혁신의 예상된 결과와 예상치 못한 결과도 많다. 하지만 인플레이션이 혁신적인 과세 방법이라는 점을 다시 언급할 필요가 있다. 대다수가 잊고 있던 옛 발상을 되살려냈다는 점에서 인플레이션도 나름의 혁신이다. 밀턴 프리드먼은 이렇게 말했다.

"기억도 못할 옛 시절부터 국가가 전쟁 자금을 마련하거나 기념물을 건설하거나 다른 목적을 위한 대규모 자원을 획득하려는 모든 시도야말로 인플레이션을 불러온 주요 원인이었다. 인플레이션은 국가에는 거부하기 힘든 매력적인 수단이다. 이 숨은 세금은 처음에는 아무고통도 없고 심지어 유쾌하기까지 하며, 무엇보다도 특정 입법 과정없이도 부과할 수 있다. 인플레이션은 표시가 나지 않는 진짜 세금이다.”[29]

이론적으로 채권시장은 정부의 인플레이션 조장에 제동을 거는브레이크가 되어야 한다. 돈의 가치가 현저히 떨어지거나 저금리가너무 오래 지속되거나 통화 공급이 너무 많아지면, 채권시장은 그런돈을 소진해야 한다. 정부의 인플레이션 지속 정책에 이런 식으로제동을 걸어야 한다. 하지만 정부는 채권시장이 인플레이션 압박에대응하거나 이것을 둔화하려 할 때 그렇게 하지 못하도록 여러 혁신적 장치를 만들 수 있다. 예를 들어 기존 규제를 강화하거나 새로 도입해 은행과 연기금으로 하여금 안전자산을 강매하게 하는 것은 누구나 아는 수단이다. 여기서 안전자산이란 통화가 팽창되거나 지폐가치가 하락할 때 투자자는 팔고 싶어 하지만, 정부는 그들에게 억지로 떠안기고 싶어 하는 자산을 의미한다. 그것이 바로 정부 채권이다.

채권 강매는 거액의 손실을 정부 재무상태표에서 시민의 호주머니로 이전하는 조용하면서도 강력한 수단이다. 물론 방법은 이것만이 아니다. 정부가 시민의 은행 계좌에서 돈을 직접 빼내가는 방법도 있다.

유로존 국가인 키프로스에서 2013년 3월 16일에 진짜로 일어난 일이다. 그날 세계은행과 국제통화기금 그리고 유럽연합은 키프로스 정부에 10만 유로 이하의 모든 은행 예금 계좌에는 6.75%, 10만 유로 이상의 계좌에는 9.9%의 '일회성 안정세'를 부과할 것을 요구했다. 목표 세액은 58억 유로였다.[30] 그리고 키프로스 정부는 GDP의 약 4.5%에 해당하는 긴축재정을 시행해야 했고, 중앙은행은 보유 중인 13.9톤의 금을 전량 팔아 현금을 마련해야 했다.

유럽연합은 키프로스에 230억 달러의 구제금융을 받을 자격 조건으로서 이런 예산 몰수를 요구했다. 그리스의 채무불이행으로 인해 키프로스의 은행과 정부는 유동성 부족을 넘어 언제 파산할지 모르는 상황이 되어 있었다. 생명연장 장치가 꼭 필요했던 키프로스 입장에서는 유럽연합의 구제금융이 절실했다.

현금을 내주는 대가로 시중은행인 뱅크 오브 키프로스Bank of Cyprus 예금주들은 은행 주식 증서를 받았지만, 증서는 휴지 조각이나 다름없었다. 라이키 은행Laiki Bank 예금주들은 아무것도 받지 못했다. 강제 몰수에 반발하는 예금주들이 해외로 돈을 옮기는 사태를 막기 위해 강제 몰수 발표와 동시에 자본 통제 조치도 같이 행해졌다. 하루 현금인출기 인출 상한액은 개인은 260유로, 기업은 500유로였다. 일부 분석에 따르면 이 몰수로 인해 뱅크 오브 키프로스와 라이키 은행의 10만 유로 이상 계좌에서 강제 수용된 금액은 대략 예금액의 47.5%였다.[31]

혁신인가, 개입인가

개인도 기업도 채무 문제라는 진창에서 빠져나갈 혁신적인 방법을 구상할 능력을 완벽하게 가지고 있다. 하지만 그 방법을 행하려면 정부가 황금알을 낳는 거위를 죽이지 말아야 한다는 전제가 따른다. 〈파이낸셜 타임스〉의 편집자 마틴 울프Martin Wolf는 이렇게 따끔하게 일침을 놓는다.

> "1816년에 영국의 순부채net public debt는 국내총생산의 240%였다. 프랑스와 125년 동안 전쟁을 치르면서 남은 재무적 유산이었다. 이 압도적인 채무 부담 후에 벌어진 경제적 참사는 무엇이었을까? 산업혁명이다."[32]

혁신이 GDP를 창출할 수 있다는 울프의 주장은 어김없는 진실이다. 그는 익명의 누군가나 모종의 과정이 갑자기 성공을 거둬 모두가 새롭고 혁명적인 경제 엔진에 올라타게 되기를 희망한다. 나는 그것이 현실이 될 것이라고 믿는다. 혁신을 불러일으켜 세계 경제의 복잡한 파도를 넘나드는 능력이 평범한 우리 안에 있다고 확신한다. 혁신이 이미 진행되고 있다는 신호가 계속 나타나고 있다. 경제 압박이 강해질수록 혁신과 재창조의 능력도 커진다. 그러나 새로운 산업혁명이 꿈이 아니라고 해서 그것이 현실이 된다는 보장은 없다. 현실이 된다고 해도 정부가 채무 문제를 해결해야 할 책임이 사라지는 것도 아니다. 슬프지만 채무는 가만히 있는 것이 아니라 살아 움직이기 때문이다.

다시 사회계약의 문제로 돌아왔다. 채무 문제 해결과 경제 발전을 동시에 이루기 원한다면, 우리는 시민의 이익과 혁신 창출 능력이 국가의 혁신 조장 및 방해 능력과 균형을 이루게 하는 방법이 무엇인지 진지하게 고민해야 한다.

11장

고르디우스의 매듭
자르기

세계 경제는 고르디우스의 매듭Gordian Knot으로 복잡하게 묶여 있다. 여러 갈등이 얽혀 있고, 무엇을 해야 하는지에 대한 생각도 저마다 다르기 때문에 억지로 당기고 풀려고 할수록 매듭은 더욱 단단하게 묶인다. 고르디우스의 매듭이라는 말은 고대 설화에서 유래되었다. 고르디우스라는 노인이 있었다. 그에게는 달구지가 한 대 있었는데, 우연한 횡재로 왕이 되었다. 신전에서 고르디우스의 달구지에 독수리가 앉은 것을 신탁으로 생각했기 때문이었다. 신탁은 달구지를 끌고 도시로 들어오는 사람이 왕이 될 것이라고 예언했다. 왕위를 놓치고 싶지 않았던 고르디우스는 달구지를 나무에 최대한 단단히 묶었다. 그가 묶은 특별한 매듭은 절대로 풀리지 않았으며, 억지로 풀려고 잡아당길수록 더 단단히 엉켰다. 이것이 고르디우스의 매듭 설화이다.

지금의 사태는 워낙 갈래도 다양하고 무수한 양상으로 진행되고 있기 때문에 진짜 시작점이 어디인지 알기도 어렵다. 고르디우스의 매듭처럼 말이다. 우리가 아는 것은 중앙은행들이 2008년 3월부터 총 637차례에 걸쳐 금리 인하를 단행했다는 사실이다. 중앙은행들은 12조 3,000억 달러의 채무를 매수했다. 그럼에도 불구하고 이런 조치가 무용지물이었는지, 아직은 효과가 나타나지 않은 것일 뿐인지, 아니면 이미 그 효과가 충분히 나타나고 있는지도 불분명하다. 판단은 우리의 관점과 의견을 묻는 대상에 따라 달라진다. 신흥시장 관료들도, 선진국의 관료들도, 매파도, 비둘기파도 모두 다른 말을 하기 때문이다.

크리스틴 라가르드Christine Lagarde 국제통화기금 총재는 "인플레이션이 지니라면 디플레이션은 결단코 맞서 싸워야 할 괴물이다."라고 말했다.[1] 지니를 불러내 정확히 알맞은 만큼의 인플레이션을 행한 후 아무도 다치는 일 없이 램프 안으로 들여보내는 것이 가능한지에 대해서는 의견이 크게 갈린다. 디플레이션을 죽이려면 인플레이션에 어느 정도 생명력을 불어넣어줘야 한다. 그리고 이것은 누군가에게는 득이 되겠지만 누군가에게는 해가 될 것이 분명하다.

악마와의 거래

지니나 괴물과 거래한다면 그 대가로 적어도 한두 가지(아니면 세 가지) 소원 정도는 이뤄져야 하지 않겠는가? 전 연방준비제도의 이사이자 대통령 경제 자문이었던 래리 린지의 현명한 말처럼, 악마와 거래를 할 때는 영혼을 파는 대가로 무언가 얻는 것이 있어야 한다. 아직까지 세 가지 소원 중 확실하게 이뤄진 것은 하나도 없다. 실업률은 여전히 높고, 대출 이자는 여전히 낮으며, 채무는 더 불어났다. 미국만 해도 2015년 채무액이 19조 달러로 늘어났고, 미국 의회예산처는 2020년에 채무액이 30조 달러를 넘어설 것이라고 전망했다. 미국인 1인당 평균 15만 4,161달러의 빚을 지고 있는 셈이지만, 인구조사국이 집계한 1인당 국민소득은 5만 5,000달러가 안 된다. 선진국 전체가 비슷한 구도를 보이고 있다. 여기에 복리 요소까지 감안하면 채무 가액은 임금보다 훨씬 더 빠른 속도로 늘어날 것이다.

한편으로는 세계 경제 곳곳에서 보이는 생명 징후는 더 공평한 부의 분배를 요구하는 목소리에 불을 붙이고 있다. GDP 대비 임금 비율은 사상 최저로 떨어지고, 이익률은 사상 최고를 유지하고 있다. 지금은 '가진 자'와 '가지지 못한 자'의 시대가 아니다. '가진 자'와 '많이 가진 자' 그리고 '아무것도 가지지 못한 자'의 시대이다. 다른 경제 체제가 처참하게 무너졌고, 유일하게 남은 길은 자본주의뿐이다. 하지만 이것을 올바로 정의하려면 두 배는 더 노력해야 한다. 저축자 이익과 투자자 이익 사이의 균형을 바로잡아야 한다. 개개의 민간 부문이 자동적으로 또한 부당하게 이익을 취하고, 반대로 다른 부문은 견딜 수 없는 피해를 입는 사태가 벌어지지 않도록 만전을 기해야 한다.[2]

독일 경제학자이며 정치가로서 제2차 세계대전 이후 독일의 시장경제 복구를 이끈 루트비히 에르하르트Ludwig Erhard의 말이 생각난다. 수년이나 지속된 인플레이션으로 독일은 결국 국가가 나서서 물가를 완전히 통제하고 관리했다. 독일은 의도치 않게 국가 통제경제 체제가 되었다. 당시 재무장관인 에르하르트에게 1950년대의 독일을 자유시장경제로 되돌리는 중책이 맡겨졌다. 그가 걸었던 길은 우리가 지금부터 걸어가야 할 길이기도 하다. 과거의 경험을 회고하며 에르하르트는 이렇게 적었다.

> "번영을 이루려면 진짜 발전보다 눈에 보이는 성공을 선호하는 정책은 단연코 지양해야 한다. 진정한 발전을 고민하는 사람은 통화의 안정성을 해치는 모든 공격에 열정적으로 맞설 각오를 해야 한다. 사회의 시장경제와 통화의 안정성이 병행하지 않는 것은 상상할 수도 없다. 이런 정책만이 전체 중 몇몇 부문이 이윤을 취하고 다른 부문은 희생되는 사태를 막는다."[3]

아바의 무대 의상

이 문제는 고르디우스 매듭에서 가장 중요한 부분이다. 시민의 이익 창출권과 국가의 세금 징수권이 균형을 이뤄야 한다는 것은 앞에서도 말했다. 그렇다면 우리가 사는 사회에서 적절한 균형점은 어디인가?

정부가 시민에게 원하지 않는 일을 강제할 수 있다는 것은 확실하다. 아바의 무대 의상에 얽힌 사연은 실소와 공포를 동시에 전한다. 젊은 세대는 모를 수도 있지만, 세계적 인기를 누린 스웨덴 밴드인 아바는 음악도 음악이지만 화려하면서도 다소 우스꽝스러운 의상으로도 유명하다. 이런 의상을 입은 데에는 이유가 있었다. 당시 스웨덴에서는 의상비에 대한 세금공제가 가능했지만, 일상복으로는 사용이 불가능한 무대 의상에 한해서였다. 요란한 스팽글과 착 달라붙는 상의, 깃털 장식을 잔뜩 단, 끝단이 펄럭일 정도로 넓은 나팔바지를 입고 거리에 나섰다가는 웃음거리가 될 것이 분명하다. 이것이 아바가 세금공제 자격 요건을 갖춘 비결이었다.

결국 우리는 정부가 시민에게 무엇을 요구하고 있는지 진지하게 생각해야 한다. 물론 정부도 정책 입안자도 그들의 신념을 솔직하게 밝혀야 할 의무가 있다.

정책 입안자들의 신념이 현실에 바탕을 둔 실현 가능한 신념이라고 희망하는 사람도 있다. 이 점에 대해서는 이론물리학자인 리처드 파인만Richard Feynman의 현명한 조언을 기억해야 한다. 발사 즉시 하늘에서 폭발하며 우주비행사 7명의 목숨을 앗아간, 결과적으로는 우주왕복 프로그램을 무위로 만들어버렸던 1986년 챌린저호 우주왕복선 참사의 진상을 밝히기 위한 조사단에 리처드 파인만도 초빙되었다. 조사 보고서에 파인만은 "현실이 홍보보다 우선해야 합니다. 자연은 속일 수 없기 때문입니다."[4]라고 적었다.

이것은 정책 입안자들이 스스로에게 던져야 할 질문이기도 하다. 그들은 자신만의 견해와 능력에 대한 맹목적 확신이 "진짜 발전보다 눈에 보이는 성공을 우선"하는 태도를 더욱 부추기는 것은 아닌지 스스로 물어야 한다.

1944년에 하이에크가 지적했듯이 핵심은 시간이다.

"현대 민주주의가 버텨내려면 한 가지 문제점을 타개해야 한다. 그 문제점이란, 평화 시에 심지어 경제가 장기간 정체 상태일 때 생활수준을 크게 낮춰야 할 필요가 있다는 것이다."[5]

인간은 답을 원한다. 그러나 모든 대답이 모 아니면 도로 갈려 대치한다. 민물파와 바닷물파, 좌와 우, 디플레이션 옹호자와 인플레이션 지지자, 선진국의 정책 입안자와 신흥시장의 정책 입안자. 이들 모두 상대를 향해 핏대를 세운다. 어느 것도 합의를 보지 못한다. 양적완화는 문제인가, 해답인가? 채무는 숙제인가, 해결책인가?

젊은 세대를 위주로 많은 사람이 사회주의에서 '제3의 해결책'을 찾아보고 싶어 한다는 것을 알려주는 징후가 뚜렷하게 나타나고 있다. 민주당 대선 경선 후보였던 버니 샌더스의 공약에 이 접근법이 담겨 있다고 말할 수 있다. 그의 공약은 한마디로 요약해 "나를 찍어주면 네가 원하는 것을 공짜로 줄게."였다. 멋진 공약이다. 그러나 그 공짜 돈도 결국 당신의 돈이다.

내 돈으로 받는 뇌물

우리는 자기기만에 사로잡히지는 않았는가? 미국 작가 업턴 싱클레어Upton Sinclair가 이 부분을 현명하게 꼬집었다. "만약 누군가의 월급이 무언가를 이해하지 않을 때 보장된다면, 그에게 그것을 이해시키는 것은 불가능하다."

우리 중 얼마나 많은 사람이 심판의 날이 계속해서 연기될 것이라고 확신하는가? 모든 것이 다 괜찮다고 믿는 것은 속 편하다. 더 심하게 말하면 행운이 아니라 능력 덕분이라고 믿고 싶어 한다. 이런 착각이 고르디우스의 매듭을 더 복잡하게 꼰다. 연방예금보험공사의 감독관이자 의장이었으며 직설 화법으로 유명한 실라 베어Sheila Bair는 모든 CEO에게 "내 덕인가, 아니면 연방준비제도의 덕인가?[6] 나의 실적과 정부의 경기 부양책(양적완화) 중 어느 것이 회사의 주가에 더 많이 반영되는가?"라고 강하게 일침을 놓았다.

이것은 우리 모두가 자기 자신에게 던져야 할 질문이기도 하다. "내 삶에서 나 자신의 노력으로 이뤄낸 결과는 얼마나 되고, 내 돈에서 비롯된 정부 경기 부양책으로 이뤄진 결과는 얼마나 되는가?"

19세기 프랑스 정치사상가인 알렉시스 드 토크빌Alexis de Tocqueville은 25세에 미국을 여행한 후 기념비적인 작품인《미국의 민주주의 Democracy in America》를 집필했다. 그는 오늘날에도 자주 인용되는 유명한 말을 남겼다. "아메리카공화국은 의회가 대중의 돈으로 대중에게 뇌물을 먹일 수 있다는 사실을 발견하기 전까지는 유지될 것이다."

정신이 번쩍 드는 말이다. 정부는 대중의 돈으로 대중에게 뇌물을 먹일 새로운 방법을 궁리하고 있지만, 대중은 그 이유를 알고 싶어

하지 않는다. 양적완화는 유인책이자 장려책이며 뇌물이다. 저금리를 유지하고 애초에 납세자의 것이었던 돈으로 은행권에 '공짜 돈'을 주는 것은 국민의 '야성적 충동'을 자극하는 수단이고, 합리적 인간이라면 하지 않을 위험을 다시 감행하라고 장려하는 수단이다.

몇 년 전 〈워싱턴 포스트〉는 독자들을 초대해 사전에서 아무 단어나 골라 거기에 글자 하나를 더하거나 빼서 새로운 뜻의 단어를 만드는 대회를 열었다.[7] 이때 만들어진 대표적인 두 단어가 '인택시케이션intaxication'과 '캐시트레이션cashtration'이다.

인택시케이션은 '환급이나 정부의 경기 부양책이 주는 희열'이란 뜻이다. 이 희열이 지속되는 시간은 그 돈이 처음부터 자신의 돈이었음을 깨닫기 전까지이다. 〈워싱턴 포스트〉가 소개한 캐시트레이션의 뜻은 무리하게 주택을 구입해 무기한으로 재무적 불능 상태에 빠지게 만드는 행동이다.

내 생각에 오늘날 캐시트레이션은 뜻이 조금 달라졌다. 정부 정책의 목표는 이론적으로는 시민의 소득을 불려주는 것이지만, 속내를 보면 증세와 생활비 인상으로 인해 시민의 돈을 훔쳐가는 행위나 다를 바 없을 때 캐시트레이션이 일어난다. 더 특정해서 말한다면 캐시트레이션은 감독기관이 은행권을 다루는 접근법이기도 하다. 은행에 공짜 돈을 준 후 그 돈을 너무 공격적으로 사용했으며, 정부가 원하는 식으로 대출을 제공하지 못했다고 맹비난하면서 과징금을 물리는 것이다.

지금 우리가 사는 세상에서는 누가 무엇을 가질지에 대해서는 시장이 결정하지 않는다. 지금 세상에서 그 결정권은 정책 입안자들에게 있다. 정책 입안자들은 메인스트리트(서민층과 실물경제를 은유)를 보호하기 위해 월스트리트에 넉넉한 보조금을 베풀었다. 이 문제의 근본적 원인을 우리는 진지하게 생각해봐야 한다. 우리는 어떤 사회계약을 원하는가? 재화와 부의 분배에 대한 결정권이 시장에 있는 사회계약인가, 아니면 누가 무엇을 가져야 하는지에 대한 결정권이 정책 입안자들에게 있는 사회계약인가? 우리는 전자를 선택했다고 생각했는데, 실상은 후자로 표류해왔다면 그 얼마나 비극인가?

반대 의견

가장 뚜렷하게 나타나는 문제 징후 한 가지는 반대 의견을 참지 못하는 태도가 늘어나고 있다는 것이다. 우리는 반대 의견을 축복해야지 억눌러서는 안 된다. 이 책에 나오는 주장은 현재 대세인 의견과는 반대되는 것들이다. 그러나 나보다 자격이 훨씬 뛰어나고 훌륭한 위치에 있는 상당수의 사람도 대세와 반대되는 의견을 말하고 있다.

정책 전문가 사이에서는 난상토론이 벌어지고 있으며, 누가 이기는지가 중요하다. 반대 의견이 무시되고 억압되고 비방당할 때, 기성 집단의 의견이 옳고 타당하며 진실이라는 생각이 공감대를 얻을 때, 우리는 조심해야 한다. 무엇보다도 앤드루 후스자르Andrew Huszar의 말은 내게 큰 충격이었다. 연방준비제도에서 월스트리트로 전향했다가 다시 연방준비제도로 돌아가 1차 양적완화의 실무를 책임졌던 후스자르는 2013년 11월 이렇게 말했다.

"'미안합니다, 미국이여.' 이 말밖에 할 수 없다. 나는 연방준비제도 관료로서 연방준비제도가 1차로 채권을 매입하기 위해 대대적인 규모로 현금을 투입하는 실험인, 이른바 양적완화를 실행하는 중책을 맡았다. 중앙은행은 메인스트리트를 돕기 위해 양적완화의 물레를 계속 돌리고 있다. 그러나 나는 이 양적완화의 본모습이 무엇인지 알게 되었다. 그것은 역사상 최대 규모로 행해진 비밀스러운 월스트리트 구제금융이었다."[8]

가장 놀라운 점은 정부가 양적완화의 효력이나 후폭풍에 대해 어떤 확신도 없이 무리하게 이 정책을 밀어붙였다는 사실이다.[9]

정부의 정책은 누구도 확신하지 못한다. 그러다 보니 반대 의견과 토론이 정말로 절실한 순간에 모두가 그런 반대의 말과 논점에 거부감을 보인다. 윌리엄 더들리 뉴욕 연방준비은행 총재는 2014년 전미경제학회 모임에서 "대규모 자산 매수 프로그램이 금융시장의 상태 완화에 얼마나 효과가 있을지 우리도 자세히는 모른다."[10]라고 말했다.

그만큼 양적완화는 그 효력의 정도와 여부를 가늠하지 못할 매우 혁신적인 방법이라는 말이었다. 양적완화의 최종 결과는 아직 알 수 없다. 시간이 더 흘러봐야 알 수 있을 것이다. 진실은 아직 드러나지 않았다. 양적완화가 충분히 효과를 거두었고, 인플레이션도 유발하지 않았다고 주장하는 사람들이 있다. 그들은 첫술에 배가 부른 나머지 모델을 맹신하고, 현실을 무시한 채 현상을 반영하는지도 미지수인 알고리즘을 추종한다. 양적완화로 인플레이션의 고삐가 풀렸다고 주장하는 사람들이 증거를 들이밀기는 하지만, 그 증거가 일반화된 현상인지는 더 두고 봐야 한다.

그전에도 중앙은행 관료들은 가능하다면 금리를 마이너스로 떨어뜨릴 생각이라는 말을 하고 다녔다. 하지만 이 꼬이고 꼬인 문제와 관련해서 중앙은행 관료들은 제로 금리의 문제가 '끈을 미는 것 pushing on a string(끈을 당기기는 쉬워도 미는 것은 불가능하다는 뜻에서, 통화 수축보다는 통화팽창을 멈추기가 그나마 쉽다는 것을 의미한다. 경기 부양과 소비 진작을 위한 통화 정책에는 한계가 있고, 중앙은행이 할 수 있는 일이 거의 없다는 것을 은유하는 말-옮긴이)'과 비슷하다고 비유한다.*

무이자 수준으로 금리가 떨어져서 '제로 바운드'가 되면 중앙은행으로서는 자산 매수 외에는 할 수 있는 일이 거의 없다. 그러나 정부가 주식과 채권 등의 자산 가격에 개입하기 시작하는 순간, 경제

---

* 케인스가 이 말을 처음 했다는 소리도 있고, 토머스 앨런 골즈버러Thomas Alan Goldsborough 의원이 1935년 은행법에 대한 하원 청문회에서 처음 했다는 소리도 있다. 매리너 에클스Marriner Eccles 연방준비제도이사회 의장의 "현 상황에서는 할 수 있는 수가 거의 없습니다."라는 말에 골즈버러 의원이 대답했다. "그 말인즉, 끈을 밀 수 없다는 것이군요." 에클스가 말했다. "적확한 표현입니다. 끈을 밀 수는 없는 법이니까요. 지금 우리는 깊은 침체의 늪에 빠져 있습니다. 그리고 할인율 삭감을 통해 통화팽창을 유도하는 것 말고는 연방준비제도가 회복을 위해 할 수 있는 조치가 거의 없습니다."

가 만들어내는 가장 강력한 신호가 무너지고 대신에 인위적 신호가 발산된다. 결과적으로 유인(인센티브)이 왜곡된다. 정부로서는 일단 주식시장과 채권시장에서 자산을 매수해 가격을 통제하기 시작하면 그 행동을 멈추기가 쉽지 않다.

중앙은행의 독립

중요한 문제를 두고 치열한 격론이 벌어지고 있다.

"중앙은행은 이미 독립을 몰수당했는가?"

이 질문에 중앙은행 관료들은 얼굴이 돌처럼 굳어지며 입을 다문다. 그들은 이 말이 사실일 수 있다는 암시만 들어도 격노한다. 하지만 중앙은행이 정부 채권의 최대 매수자가 되었는데도 그들을 독립기관으로 보는 것이 이치에 맞는 생각인가? 중앙은행은 표심을 얻고 인플레이션에 산소를 공급해 채무 문제를 덮으려는 정부를 돕는 단순한 자금줄인가? 하지만 중앙은행도 할 말은 있다.

"우리도 어쩔 수 없었다!"

의도치 않게 자금줄이 되었다고 해도 문제의 본질은 달라지지 않는다. 우리는 이미 벌어진 일을 없었던 일로 치부하거나 무시할 여유가 없다. 독립된 기관으로서의 중앙은행은 생생한 토론을 허용할 뿐만 아니라 적극 장려한다. 중앙은행이 반대 의견을 억압하고 대안을 피한다면 그것은 중요한 신호이다. 예를 들어 법원과 사회 정의를 구현해야 할 기관이 한쪽으로 치우치면 대중은 공정하고 불편부당한 정의가 존재하지 않는다고 믿게 된다. 중앙은행도 여신 제공자와 채권자, 저축자와 투자자, 국가와 시민 사이 힘의 균형을 조종할 수 있는 능력이 있다는 점에서 마찬가지로 정의 구현 기관이다. 인플레이션 정책은 기술적으로는 경제 정책이지만, 더 깊게 들어가면 정치적이고 사회적인 정의 구현 정책이다.

정부는 중앙은행의 오랜 독립의 역사를 중단시키려는 의사마저 보이고 있다. 정치인들은 통화 공급을 조절하고, 원할 때마다 돈을 찍어내 유통을 늘린다는 생각에 저절로 끌리기 마련이다. 그러나 통화 가치 하락은 물가 불안을 유발한다. 똑같은 재화와 서비스를 더 많은 돈이 좇으면서 물가가 (대개는 위로) 움직이기 시작한다. 여기에 중앙은행의 존재 의의가 있다. 중앙은행은 이론적으로는 가격의 극심한 요동을 막는 '물가 안정'의 수호자이다. 물가 안정은 경제학자들이 바라고 바라는 성배이다. 물가 안정은 경제 정책 전문가들이 가장 원하지만, 가장 얻기 힘든 결과이기도 하다.

과거에도 있었던 싸움으로, 지금의 상황은 1951년의 금융 상황과 다르지 않을 것이다. 제2차 세계대전 동안 미국의 전쟁 수행 자금을 대고, 금리를 억누르기 위해 미국 국채 매수에 나섰던 연방준비제도는 전쟁이 끝나고도 한참이나 매수세를 이어갔다. 1951년 매리너 에클스 당시 연방준비제도이사회 이사는 연방준비제도의 독립성이 사라지고 인플레이션 위험이 치솟은 것에 걱정스러운 마음이 들러 문제가 무엇인지를 천명했다(훗날 워싱턴 D.C. 연방준비제도 건물은 연방준비제도이사회 의장(재임 1934~1948년)이었던 그의 이름을 따서 건물명을 에클스 빌딩으로 지었다.). 그것은 연방준비제도가 '인플레이션 엔진'이 되었다는 것이었다.

> "연방준비제도(또는 잉글랜드은행에 아니면 다른 중앙은행)에 재무부가 정한 확정금리를 보호하기 위해 시장의 뜻에 맞춰 정부 증권을 매수하라는 요구가 가해진다면, 이것은 새로운 은행 준비금을 무한대로 마련할 준비에 나선 것이라고 봐야 한다. 이런 정책은 연방준비제도가 적극 움직여 은행 시스템 전체를 인플레이션 엔진으로 바꾸는 것이다."[11]

오늘날 미국은 재무부도 백악관도 받아들일 만한 수준의 금리가 어느 정도인지 구체적으로 정하지 않았다. 그러나 백악관도 재무부도 오랫동안 저금리를 유지하고 통제하는 데 혼신의 노력을 기울였다는 것은 의심할 여지없는 사실이다. 백악관으로서는 그럴 수밖에 없다. 혹여 금리가 오르기 시작하면 경기 회복은 고사하고 예산과 회계 정책만으로도 강한 압박에 시달릴 것이기 때문이다. 이런 이유로 백악관은 뜻이 같은 사람들로만 연방준비제도이사회가 채워지기를 원한다. 그리고 이런 이유로 연방준비제도는 테이퍼링이나 자산 매수 철회가 금리 정책과는 아무 상관이 없다고 거듭 말해야 한다. 하지만 자산을 매수하는 목적이 금리 억제에 있기 때문에, 아무리 봐도 어정쩡한 태도이다. 그래서 연방준비제도는 금리 인상을 발표해도

'타이트닝'이라고 인정하지 않고, '정상화'라고 표현한다.

문제는 시장이 금리 인상은 아니더라도 테이퍼링만 받아들일 준비를 하는 것만으로는 충분하지 않다는 점이다. 백악관과 의회도 준비를 해야 한다. 에클스와 라이트 패트먼Wright Patman 하원의원은 1951년에 다음과 같은 대화를 나누었다.

패트먼: 연방준비제도가 과도한 금리로부터 대중을 보호할 의무가 있다고 생각하지 않으십니까?

에클스: 달러 가치 하락으로부터 미국 대중을 보호할 의무가 더 크다고 생각합니다.

패트먼: 누가 주인입니까? 연방준비제도입니까, 재무부입니까? 아시다시피 재무부가 먼저였습니다.

에클스: 재무부는 저금리 기조를 원한다는 입장이고, 연방준비제도는 시장을 안정시키고 나아가 인플레이션도 멈춰 세우기를 기대한다는 입장입니다. 의원님이라면 이 입장 차이를 어떻게 좁히시겠습니까?

패트먼: 연방준비제도는 재무부의 입장(2.5%의 금리 유지)을 지지한다는 것입니까, 아니면 반대한다는 것입니까? 연방준비제도는 지금 재무부를 방해하고 있습니다. 당장 중단해야 합니다.

에클스: 연방준비제도는 독립기관으로서의 지위를 보장받아야 합니다. 그렇지 않으면 단순히 재무부 소속의 부나 국으로 전락하게 될 것입니다.[12]

중국과 러시아는 미국의 연방준비제도가 더는 세계 경제의 이익을 도모하는 기관이 아니라고 생각한다. 그들이 보는 연방준비제도는 미국의 이익만을 추구하는 기관이다.

공동의 부

'공동의 부'를 모두의 필요를 충족시키는 방식으로 관리하려면 아주 신중하게 접근해야 한다. 물가 안정은 우리가 생각하는 이상으로 '공동의 부'를 관리하기 위한 매우 귀중한 자산이다. 누군가는 물가 안정에 군사적 수단을 동원할 만한 가치가 있다고 생각하겠지만, 그런 극단적 사태로부터 교훈을 얻는 것은 피해야 한다.

제2차 세계대전 때 미국이 창설한 '브레튼 우즈Bretton Woods' 체제는 이후로도 쭉 세계 경제의 기본 지침이 되었다(물론 시간이 지나면서 일부 원칙이 잠식되기는 했다.). 브레튼 우즈 체제를 간단히 설명하면, 세계 경제에서 누가 무엇을 가질지 시장(국가나 정부가 아니라)이 결정한다. 그리고 식량과 에너지를 비롯한 거의 모든 중요 자산의 가격을 미국 달러화로 표시하며, 미국과 해당 지역 우방국들이 식량과 에너지 공급의 치안 유지를 맡는다.

브레튼 우즈 체제는 당시 조약을 맺었을 때와는 그 모습이 많이 달라졌다. 미국과 다른 나라들도 가끔씩 브레튼 우즈 체제를 뒤집는 발표를 했는데, 1971년 리처드 닉슨 대통령의 금본위제 폐지가 대표적이다. 하지만 모든 나라가 물가 안정이야말로 모든 것을 통틀어 가장 귀중한 자산이라는 핵심 사항만은 절대로 바꾸지 않으려 노력한다. 그리고 오늘날 많은 사람이 이 가장 귀중한 자산의 굳건한 수호자 역할을 미국이 제대로 하고 있는지에 대해 의문을 품는다.

물가 안정은 모든 중앙은행 제도 이론의 성배이다. 전후의 경제 질서는 무엇보다도 물가 안정을 유지하는 데 혼신의 노력을 기울였다. 따라서 다른 나라들이 보기에 미국이 물가 안정을 포기했고, 과도한 위험을 감수하고 있으며, 미국의 이익을 위해 다른 나라의 이익을 희생시키고 있다면 반기를 들 수밖에 없다. 한 나라의 물가 안정에 대한 최종 책임은 그 나라에 있다. 하지만 세계 최대 경제대국이 물가 안정을 가지고 도박을 한다면, 그 나라로서는 책임을 완수하기 매우 어려워질 것이다.

인플레이션을 유발하지도 않았고, 물가 안정을 침해하지도 않았다는 연방준비제도의 입장이 맞을지도 모른다. 그러나 극심한 고통에 시달리는 당사자들로서는 다른 누군가나 다른 나라에 책임을 돌려도 잃을 것이 없다. 반대로 신흥시장의 주장이 옳을 수도 있다. 세계 경제의 기록적인 저금리 기조와 사상 최대의 자본 수혈은 누수효과와 불균형, 인플레이션을 유발했다. 하지만 신흥시장 정부들로서는 극심한 고통에서 벗어나기 위해 다른 대응 방안이 없었다.

러시아, 중국 등 신흥시장 지도자들은 '내 주머니에서 돈을 훔쳐 가겠다고? 이건(땅, 자산, 가스전, 섬, 국가, 해양 운송 항로 등) 원래부터 내 것이야!'라는 생각을 점점 더 굳히고 있다. 많은 나라가 원자재와 귀중한 자산을 잃었을 때의 불가피하고 고통스러운 결과를 피하기 위해 쟁탈전을 시작했다. 지독한 경제적 압박이 모든 개인과 기업 공동체 그리고 모든 나라의 숨통을 세게 조이고 있다.

대중은 이중고에 시달리게 된다. 한쪽에서는 성장 동력의 상실과 미래에 대한 믿음의 상실이 엄습하고, 다른 쪽에서는 생활비 상승과 생활수준 하락이 밀려온다. 불어날 대로 불어난 고통과 상실감을 정부가 덜어주지 못한다면, 대중은 정부에게 주었던 힘을 다시 가져가려고 할 것이다. 이는 정부도 잘 아는 사실이다.

실물자산에 대한 가격 상승 압박이 지속되면 이런 자산이 제때 적절한 가격에 대중에게 전달되지 못한다. 그러면 분노한 대중은 투표소나 거리로 향하기 때문에 지정학적 정세에도 영향을 미친다. 실물자산의 가격 상승 위험이 증가하면서(서구의 인플레이션 정책 때문이건, 아니면 신흥시장의 독자적인 정책 때문이건) 필수 자원을 얻기 위한 국가들의 경쟁이 새로운 양상으로 전개되기 시작했다.

완벽한 원이 깨진 지금, 정치 게임과 지정학적 게임이 무대로 컴백했다. 고통의 악순환에 빠진 대중은 "왜 우리 사회의 부는 다른 사람에게만 배분되고, 나에게는 배분되지 않는가?"라는 단순한 질문을 던진다. 정부는 대중이 필요로 하고 기대하는 것을 확실하게 제공해줄 방법을 진지하게 고민할 수밖에 없게 되었다. 원자재를 확보하고 GDP를 높이기 위한 경쟁은 새로운 불씨가 되어 세계 경제의 잠재적 충돌을 예고하고 있다.

위험의 무수익률

선진국에서 노골적인 가격 통제는 대놓고 비웃음당하기 십상이다. 국민은 정부가 소고기나 초콜릿 가격을 통제하려 한다고는 생각하지 않는다. 하지만 집값이나 임금에 관심을 두는 것은 괜찮다고 생각할지 모른다. 그러나 실상을 보면 선진국 정부는 경제에서 가장 중요한 가격인 돈의 가격에 적극 개입한다. 프리드리히 하이에크는 이렇게 말한다.

"특정 상품의 가격이나 양을 통제하려는 그 어떤 시도라도 행해지면 개개인의 노력이 효과적으로 조화되도록 유도하는 경쟁의 힘은 박탈된다. 통제가 이뤄진 순간부터 가격 변화는 모든 유의미한 상황 변화를 반영하지 못하고, 더는 개개인의 행동을 이끄는 믿음직한 안내자 역할도 하지 못하게 되기 때문이다."[13]

케인스 역시 '돈의 중요성은 돈이 현재와 미래의 연결고리라는 데서 연유하므로'[14] 돈의 가격을 통제하는 것은 백해무익한 행동이라고 생각했다.

로마제국 시대 이후로 사상 최저 금리 기조가 이어지고 있다.[15] 돈의 가격을 인위적으로 낮추고, 보조금까지 지급하는 것은 미래와 어떤 상관이 있는가? 이런 정책은 대중으로 하여금 돈을 빌리고, 고금리에서는 절대로 하지 않을 투자를 하라고 유혹하는 것이다. 즉 이런 정책은 대중에게 자산 가격과 미래에 대해 도박을 하라고 유혹하는 것이다.

돈의 가격보다 더 중요한 가격은 없다. 정부 개입으로 인위적인 저금리 기조가 형성되면 채권시장이 왜곡되고 심각한 부작용이 발생한다. 정부가 발행한 국채는 이른바 무위험 수익률risk-free rate of return 지표로서 다른 투자 상품의 실적을 측정하고 판단하는 잣대가 되어야 한다.

사업이나 투자 수익이 정부 채권수익률만큼도 못하다면 높지 않은 보상에 너무 큰 위험을 거는 것이다. 정부가 나서서 자국 국채를 사서 저금리를 유지하는 것은 정부의 명맥을 유지하기 위해서다. 자국 채권의 매수자가 됨으로써 정부는 싸게 돈을 빌릴 수 있고, 고금리로 파산할 위험도 피할 수 있다. 이로써 정부는 채무 문제를 해결해야 할 유인을 전부는 아니더라도 일부를 잃게 된다.

이처럼 돈의 가격에 대해 인위적 통제를 하게 되면 국채시장은 무위험 수익률이 아니라 위험의 무수익률을 제공하는 시장으로 변질될 수 있다.[16] 위험의 무수익률이라고 말한 이유는 채권 금리가 너무 낮아 보유자에게 창출되는 실질 소득이 거의 없기 때문이다. 돈의 가격을 통제하려는 정부의 노력이 어느 순간 실패하고 금리가 오르기 시작하면, 정부는 돈을 찍어내는 것 외에는 빚을 갚을 만한 자원이 부족하다는 사실을 누구보다도 먼저 알게 된다.

앞에서 중요한 신호 하나를 언급했다. 일본은 2016년 1월 초에 공식적인 마이너스 금리 기조로 전향했다. 공식 발표가 난 후 일본에서 처음 열리기로 한 국채 경매는 시작도 못하고 취소되었다(일본은 매수자가 충분하지 않다는 것이 드러나는 사태를 피하기 위해 2016년 2월 2일로 예정되었던 국채 경매를 취소했다.). 그리고 마이너스 수익을 내는 소버린 본드를 발행해 자본을 조달하는 것이 가능한지에 대한 우려의 목소리가 커졌다. 이는 우리가 유심히 관찰해야 하는 중요한 신호이다.

불가능한 과제

그렇다면 무엇을 할 수 있는가?

알렉산드로스 대왕(기원전 356~기원전 323년)은 고르디우스의 매듭을 풀 수 있는 방법은 한 가지밖에 없다는 것을 보여주었다. 알렉산드로스 대왕의 오만은 그가 정복한 영토만큼 넓었고, 오만이 결부된 그의 자아는 역사에 따를 사람이 없을 정도다. 명석한 군사령관이었던 알렉산드로스는 군대를 이끌고 유럽과 인도, 중앙아시아, 중동을 질주하면서 왕국을 정복하고 강제로 복속시켰다. 그리고 마침내 대제국을 건설했다. 그는 33세에 죽기 전에 이 모든 위업을 달성했다.

테르메소스라는 작은 도시에 도착한 알렉산드로스는 고르디우스라는 초라한 늙은이와 매듭으로 칭칭 묶인 달구지를 보게 되었다. 알렉산드로스는 왕위 때문에 작은 노인의 달구지를 차지하려고 싸움을 벌이는 것은 유치한 짓이라고 생각했다. 매듭을 풀려고 했지만 하면 할수록 매듭은 더 복잡하게 꼬였다. 알렉산드로스는 검을 꺼내 들고 매듭을 잘랐다. 그리고 그는 달구지를 타고 테르메소스성에 입성해 신탁의 예언대로 자신이 왕임을 선포했다. 그러고는 지체 없이 다음 정복지를 향해 길을 떠났다.

고르디우스의 매듭을 푸는 데에는 오만에 가까운 용기가 필요하다. 과거에 대한 집착과 미래에 대한 두려움은 현재 벌어지는 이 오만한 행동들을 명확하게 보지 못하도록 방해한다. 현실의 날카로운 요구는 강인한 인격을 끌어내고, 남들이 아직 공유하지 않았거나 앞으로도 공유하지 못할 확신과 명료한 비전 외에는 가진 것이 없는 사람을 앞으로 나아가게 만든다. 그런 사람들의 노력은 경제의 뿌연 안갯속에서 내일의 경제로 나아가는 길을 밝혀주는 신호이자 한줄기 빛이다.

맨체스터대학의 스티브 퍼버Steve Furber 컴퓨터 공학 교수는 2013년 〈이코노미스트〉의 혁신상 시상식에서 흥미로운 수상 소감을 발표했다.[17] 그와 동료인 소피 윌슨Sophie Wilson은 "스마트폰과 디지털 카메라를 비롯해 기타 모바일 기기 내부에 들어가는 프로세서 칩을 관장하는"ARM 칩을 개발했다. 이 칩은 현재까지 400억 개가 판매되었고, "전 세계 모든 소비자 기기 중 35% 이상의 심장부에 이 칩이 들어가 있다."

퍼버는 "혁신 문제에 있어서는 젊은 사람들에게 뚜렷한 우위가 있다. 그들은 아직 무엇이 불가능한지 모른다."라고 말했다.

그렇다. 우리 앞에는 불가능한 과제가 놓여 있다. 어쩌면 이 불가능한 과제야말로 우리로 하여금 없는 상상력도 동원하게 만드는 그런 과제일 수 있다. 중국의 옛 성현 노자老子는 이런 말을 했다(헨리 데이비드 소로의 말이라고 전해지기도 한다.).

"생각을 조심해야 함은 생각이 말이 되어서이고, 말을 조심해야 함은 말이 행동이 되어서이다. 행동을 조심해야 함은 행동이 습관이 되어서이고, 습관을 조심해야 함은 습관이 인격이 되어서이다. 인격을 조심해야 함은 인격이 운명이 되어서이다."

기다릴 것인가, 만들 것인가

나는 이 책을 쓰는 동안 "결론을 어떻게 내릴 생각인가? 해결책은 무엇인가?"라는 질문을 자주 받았다. 친애하는 독자 여러분, 답은 여러분에게 달려 있다. 여러분 역시 세계 경제의 신호이다. 무엇이 보이는가? 거기에 무슨 의미가 담겨 있다고 생각하는가? 기다릴 것인가, 만들 것인가? 오만에 가까울 정도로 상상의 비약에 빠진 사람을 보면 뭐라고 말할 것인가?

새로운 음악 스타일을 만들기 위해 완벽하게 성공한 스타일을 버린 마일스 데이비스와 찰리 파커에게 뭐라고 말하고 싶은가? "무엇을 위해? 왜 바꾸는 거지? 지금도 충분히 성공했잖아!"라고 말할 것인가, 아니면 "대단해! 멋져! 완전히 새로운 비전이네!"라고 말할 것인가?

위험에 몸을 맡기기로 결심한 사람에게 어떤 말을 할 것인가? 그 사람이 새로운 아이디어를 추구하고 재창조를 하는 것을 친구이자 동료로서 적극 환영하고 격려할 것인가? 데이터로 경기 회복이 입증될 때까지, 회복이 가시화되기 전까지는 입도 뻥긋하지 않는 경제학자들이 확실한 어조로 축복을 내리기 전까지 기다렸다가 움직이라고 말할 것인가? 위험을 감당하겠다는 그 사람의 능력과 인격이 그런 결정에 어울리는지 아닌지 어떻게 알아볼 것인가?

인구통계학과 섹스

조금 유머러스한 상상력을 발휘해도 용서해주기 바란다. 경제에서 섹스가 맡은 역할을 진지하게 고민하는 것이 경제 문제를 해결하고 더 나은 사회계약을 만드는 한 가지 방법일 수 있다.

인구통계 구조가 경제 성장의 열쇠라고 말하는 사람들이 있다. 그들은 정부가 아무리 좋은 혁신을 구상해도 결과의 성패는 인구통계 구조가 좌우한다고 주장한다. 이는 현실이 십분 반영된 주장이다. 앞에서도 말했듯 미국이 인플레이션이라는 악수를 두지 않고 해결할 수 있었던 유일한 채무 부담은 제2차 세계대전 후 쌓인 채무 부담이었다. 왜일까? 베이비 붐이 주는 보상이 채무 부담을 보전하고도 남았고, 부 창출까지 이끌어 채무 상환에도 도움을 주었기 때문이다.

나는 섹스가 양적완화의 대응책이라는 주장을 강력히 지지한다 (물론 더 많은 섹스가 더 많은 출산을 이끈다는 전제하에서.). 시답지 않은 말로 들릴 수 있지만, 인구 증가는 곧 경제 성장의 기회 증가로 이어진다(섹스가 양적완화의 훌륭한 정치적 대안이라는 말을 지지하고 싶은 생각이 든다면 그런 지지를 당당히 밝혀야 한다.).

정부도 이런 정책 전선에 뛰어들어 혁신을 꾀해야 한다. 〈파이낸셜 타임스〉의 질리언 테트Gillian Tett의 주장에 따르면, 현재 일본에서는 성인용 기저귀가 아기용 기저귀보다 많이 팔린다고 한다. 일본이 가족 수의 증가를 이끌 만한 유인을 만들었다면 이런 일은 생기지 않았을 것이다.[18] 한편으로 2014년 킴벌리 클라크Kimberly Clark는 패키지 한 묶음에 들어가는 기저귀 수를 성인용과 아기용 모두 7% 줄이고 가격은 종전대로 유지한다고 발표했다.[19] 킴벌리 클라크가 '슈링크플레이션'으로 소비자에게 비용 증가를 떠넘겨야 할 만큼 인플레이션으로 인해 투입 비용이 크게 늘어났다는 신호인가? 맞다. 늘어난 비용은 누가 감당하는가? 일본에서는 노년층이고, 다른 나라에서는 젊은 세대이다. 아기용 기저귀가 성인용 기저귀보다 더 많이 팔렸다면 일본의 인구통계 구조는 지금과는 사뭇 달라졌을 것이다.

더 신랄하게 말한다면, 만약 일본이 여성들의 근로시장 참여를 권장한다면 채무와 성장의 문제도 해결할 수 있을 것이다. 또한 생산성과 실적이 비약적으로 늘어날 것이다. 일본만이 아니라 다른 나라들도 고심하는 질문이다. "일하는 여성이 늘어나는 동시에 아기도 늘어나는 것이 가능한가?"

이것은 사회계약과 관련된 질문이다. 이 질문에 대해서는 싱가포르도 한국도 스웨덴도 저마다 접근법이 다르다. 싱가포르는 독신 생활을 오래할 마음이 들지 않도록 원룸형 아파트의 수를 제한한다. 한국에서는 출산율 증가를 독려한다는 취지에서 '가정의 날' 제도를 시행하는 곳이 있다. 예를 들면 매월 셋째 주 수요일을 가정의 날로 정해 오후 7시가 되면 사무실 전체를 소등한다(직원들이 일찍 귀가해 가족과 화목한 시간을 보내게 하려는 희망에서다.). 스웨덴의 경우는 자녀 양육을 시작한 부부는 남편이건 아내건 쉽게 유급 육아휴직을 신청할 수 있다.

베이비 붐의 경기 부양 효과는 양적완화 못지않다. 하지만 양적완화를 포기하고 양적 즐거움quantitative pleasing을 택하려는 욕구는 이상할 정도로 낮은 편이다. 그렇긴 해도 중국이 최근에 '한 자녀 정책'을 포기하기로 결정한 밑바탕에는 정확히 이 욕구가 깔려 있다.

착오는 왜 일어나는가

현실에 대한 수학적 전제에 들어맞지 않는다는 이유로 신호를 무시하거나 의도적으로 못 본 척하는 것은 어리석은 차원을 넘어 위험한 짓이다. 케인스도 모델에 '들어맞지' 않는 신호에 경제학자들이 주의를 기울여야 한다고 충고한다.

"우리의 분석 목표는 완전무결한 대답을 만들어줄 기계나 맹목적 조작 방법을 제시하는 데 있지 않다. 해당 문제에 대한 체계적이고 질서 정연한 사고방식을 제공하는 것이 우리의 목표이다. 그리고 상황을 복잡하게 만드는 요인들을 하나씩 고립시켜 잠정적 결론을 내린 후에는 생각을 뒤집어 그 요인들 사이에 상호작용이 이뤄질 수도 있다는 것을 인정해야 한다. 이것이 경제적 사고의 본질이다. 정형화된 사고 원칙을 그 밖에 다른 방식으로 대입한다면(그러나 이 원칙이 없으면 우리는 숲에서 길을 잃는다.) 착오를 일으킨다. 최근 들어 지나치게 비중이 커진 '수리 경제학'은 이 경제학이 의지하는 초기 가정만큼이나 정밀하지 못한 조작에 불과할 뿐이다. 수리 경제학은 학자가 실제 세계의 복잡성과 상호의존성을 보지 못한 채 허울만 있고 도움이 안 되는 상징으로만 가득한 미로를 헤매게 만든다."[20]

나는 수리 모델에 들어맞지 않는 신호에 대해서도 어느 정도 연구가 이뤄지고 있다고 믿고 싶다. 어쩌면 계량 경제학자와 통계학자가 이런 신호를 연구하고 토론하면서 대중에게 모델을 제시하고 있을지도 모른다. 하지만 이제는 대중도 토론에 참여할 수 있다. 우리는 신호에 대해 지극히 상식적인 질문을 던졌을 때 "알고리즘이 시켰습니다."라는 어설픈 변명을 하지 않아도 되는 경제를 만들 수 있다. 그러기 위해서는 인격이 필요하다. 피터 드러커의 말대로 "너무 많은 사람이, 특히 한 분야에서 많은 지식을 쌓은 사람일수록 다른 분야의 지식을 업신여긴다. 아니면 똑똑한 머리가 지식을 대체할 수 있다고 믿는다."

치료책은 어렵지 않다. "지적 오만 때문에 무능하게 만드는 무지 disabling ignorance가 어디에서 유발되는지 찾아내 그 오만을 극복해야 한다."21

내 친구인 경제학자 제임스 갤브레이스James Galbraith는 이 책이 '인상주의 점묘법'의 화풍으로 그린 그림이라고 말한다. 수학적 청사진을 제시하는 전통적 접근법 한편에 점묘법을 위한 자리가 있을지도 모른다. 점묘법으로 세상을 보면 더 많은 사람이 세상에서 벌어지는 일을 더 자세히 볼 수 있을지도 모른다.

나는 내가 목격한 신호와 다른 사람들이 관찰한 신호가 완벽히 대치되기를, 그래서 어디에서 우리의 '지적 오만'이 '무능하게 만드는 무지'라는 결과로 이어지는지 찾아낼 수 있기를 바란다. 정책 입안자, 기업인 그리고 가계 재정을 관리하는 사람도 그런 지점을 찾아낼 수 있다.

일상생활이 던지는 신호를 알아보는 눈썰미를 기를 때 우리는 스스로 판단을 내리는 능력을 기를 수 있고, 더 나아가 자신의 경제생활을 관리하는 방법에 대해서도 더 훌륭한 결정을 내릴 수 있다. 진실은 어느 누구의 독점물이 아니고, 미래를 확실하게 예언해주는 수정구를 가진 개인이나 학파도 존재하지 않는다. 그 반대로 세계 경제는 무수한 결정이 합쳐진 결과, 전진하거나 후퇴한다. 그 무수한 결정에는 요직의 정책 입안자가 내린 결정도, 익명의 개개인이 내린 결정도 있다.《이상한 나라의 앨리스》의 하트 여왕이 한 말처럼 우리에게는 상상력이 필요하다.

스티브 잡스와 괴짜 행동

스티브 잡스의 2005년 스탠퍼드대학 졸업식 연설은 이런 상상력이 무엇인지를 분명하게 설명했다.

"앞날을 내다보며 점을 연결할 수는 없습니다. 단지 뒤를 돌아보며 점을 연결할 수 있을 뿐입니다. 그러니 그 점들이 미래에는 어떻게든 연결될 것이라고 믿어야 합니다. 믿는 무언가가 있어야 합니다. 자신의 본능이나 운명, 인생, 인연 같은 것들 말이죠. 이 점들이 훗날 연결될 것이라고 믿기만 해도, 잘 닦인 길을 벗어나게 되는 순간이 왔을 때 자신감을 가지고 마음이 이끄는 길을 따르게 될 것입니다. 그리고 그것이 모든 차이를 만들 것입니다."[22]

신호에 대한 토론은 생생하고 뜨거울수록 좋다. 우리 앞에 기다리고 있는 힘과 위험을 조금이라도 더 알게 될 때 우리는 자신의 길을 굳건히 걸을 것이고, 성공 가능성도 더 높아질 것이다. 우리 모두 몸을 사리지 말고 세계 경제에 대해 질문을 던지고 자신의 주장을 펼쳐야 한다. 이런 스스럼없는 태도가 우리를 "잘 닦인 길에서 벗어나도록" 이끈다. 존 스튜어트 밀은 이렇게 말했다. "사회에서 괴짜의 양은 대체적으로 그 사회가 가진 천재와 정신적 활력, 도덕적 용기의 양에 비례한다. 괴짜가 되려는 용기를 가진 사람이 그토록 적다는 것이 이 시대의 가장 큰 위험이다."[23]

경제학에 조예가 깊은 일부 사람들은 새롭고 순수한 눈으로 세계 경제를 바라보면서 열성적으로 토론에 참여하려는 일반인들을 비웃는다. 경제학자들은 누구나 세계 경제의 신호를 식별할 수 있고, 그 신호의 의미를 직접 판단할 수 있다는 내 말에 손사래를 칠 것이다. 그러나 뒤만 돌아보고 데이터에만 의존하면서 내 말에 코웃음을 치는 사람들은 "1온스의 행동이 1톤의 이론보다 낫다."라는 에머슨의 말을 귀담아들어야 한다.

현실에서 소용 있는 것을 이론적으로도 소용 있는 것으로 바꾸기 위해 몇 년의 시간과 노력을 바칠 각오가 된 사람들이 많다. 그리고 미래 경제의 향방에 중대한 영향을 미칠 결정을 내리고, 행동으로 옮길 각오가 된 사람들은 더 많다. 그들에게는 그저 자신들만의 에지워크를 행할 뿐, 가설을 세우고 검증하는 절차는 필요 없다.

신호는 예기치 않은 장소에서도 많이 나온다. 2009년 11월에 발간된 한 잡지 표지가 아직도 내 뇌리에 생생히 남아 있다. 그것은 얼마나 많은 사람이 책임 전가의 물음에 빠져 있는지를 보여주는 강력한 신호였다. 아름답고 부유한 한 여성이 〈W〉 잡지 표지를 장식했다. 다이아몬드가 빼곡히 박힌 목걸이를 두른 그 여성은 부랑자나 걸인들이 쓸 법한 골판지 피켓을 들고 있었다. 피켓에는 "다른 사람의 잘못입니다."라고 적혀 있었다.[24] 마녀 사냥은 고르디우스의 매듭에서 벗어나는 한 가지 방법일 수는 있다. 그러나 이 길을 걸어간 다고 해도 종착역에서 만나는 것은 래리 린지가 말하는 '경제 순환의 비난 국면recrimination phase'이다.[25] 희생양을 찾아내 교수대에 그들의 목을 매단다(즉 그들을 신문 1면에 내걸고 감옥까지 가게 한다.). 이 방법은 혁신이나 GDP를 촉진하는 데 도움이 안 된다. 그러나 표심은 얻을 수 있다.

여성지를 뒤적이며 패션 산업이 헴라인이나 실루엣을 결정하지 못해 갈팡질팡하고 있는 모습을 볼 때마다 나는 "이것이 뉴 룩이다."라고 대담하게 선언하는 누군가는 매출을 올리고 이익을 거둘 수 있을 것이라고 확신한다. 아닐 것 같지만 1947년 2월 12일 파리에서 크리스티앙 디오르는 잘록하게 들어간 허리 라인과 순전히 미적인 목적을 위해서 '쓸데없이 원단을 풍성하게 사용한' 스커트로 '뉴 룩'을 선보이면서 그런 일을 해냈다. 그는 여성들의 옷차림을 바꾸었고, 그 결과 GDP도 창출했다.

잡지도 나름의 방식으로 수리 모델에 못지않게 타당한 신호를 발산할 수 있다는 말에 누군가는 코웃음을 칠 것이다. 그러나 〈와이어드〉에서 〈우든 보트〉에 이르기까지 신문 가판대에 올라 있는 모든 신문과 잡지는 혁신으로 가득 차 있다. 유럽핵입자물리연구소CERN의 대형 강입자가속기[26]나 F1 자동차에서 나온 쓰레기 더미를 주워서 미술품이나 가구, 쓸모 있는 기계를 만드는 예술가들에 대한 기사가 소개된다. 텔레비전에서는 세계에서 가장 시청률이 높은 스포츠 중 하나인 크리켓이 트웬티 20(20오버로 제한해 경기 시간을 줄인 크리켓-옮긴이)으로 혁신을 도모하고 있는 모습을 볼 수 있다(이 새로운 형태의 크리켓은 2003년에 처음 등장했지만 폭발적 인기를 얻기 시작한 것은 금융위기 이후부터였다.). 말하려고 마음만 먹는다면 혁신은 어디에나 있다.

다음 질문은 "인플레이션은 진짜로 디플레이션의 천적인가?"이다. 내가 보기에 인플레이션과 디플레이션의 싸움은 부차적인 문제이다. 서로 대척하는 두 악마가 벌이는 싸움은 주위를 만신창이로 만들지만, 두 악마도 혁신이라는 거대한 힘 앞에서는 단번에 소탕될 수 있다. 위대한 혁신은 성장과 부를 이끌고, 물가를 정상 수준으로 유지시킨다. 위대한 혁신은 용감한 개개인이 일상에서 조용히 펼치는 계산된 위험감수 행동에서 나온다. 관건은 국가가 개인들에게 도움이 되는지, 아니면 사사건건 방해를 하며 그들의 앞길을 가로막는지의 여부이다. 내 귀에는 사람들이 말하는 최근의 절망과 상실, 회복과 재창조의 사연이 혁신으로 들린다.

에머슨과 경제학

사회계약의 붕괴에 항의하는 시위대는 정치에서도 혁신이 일어나고 있다는 신호이다. 전 세계적으로 사회계약은 그 계약을 준수하는 시민의 이익에 도움이 되는 방향으로 개선되어야 한다. 사회계약의 재협상은 세계 경제에 도움이 되지, 해가 되지는 않는다. 물론 실수나 사고는 있을 수 있다. 미국만 해도 사회 붕괴의 위협 없이 사회계약을 수정하고 개선하는 제도와 이상이 만들어지기까지 여러 번의 시행착오가 있었다. 미국은 몇 번이나 첫 단추를 잘못 끼우는 실수를 반복하다가 1914년이 되어서야 비로소 그럭저럭 괜찮은 중앙은행 모델을 구상할 수 있었다. 이 모델은 현대에 맞게 점검하고 수정할 필요는 있지만, 제도 자체는 냉엄한 눈길을 견뎌낼 만큼 충분히 튼튼하다.

뜻밖의 행운

나는 신호만 보는 것이 아니다. 그 신호 속에서 희망하는 삶을 위해 혁신하고 적응하고 준비하고 창조할 수 있는 기회도 같이 엿본다. 뜻밖의 행운serendipity은 맡은 바 소임을 다하고 있다.

누군가는 신호를 잘못 해석할 것이다. 누군가는 해석은 맞게 하지만, 오만과 균형을 맞추지 못해 실패를 맛볼 것이다. 그러나 실패에서도 보상과 교훈을 얻을 수 있다. 향수의 고전인 샤넬 No. 5는 원래 실패작이었다. 조향사인 어네스트 보Ernest Beaux의 조수들은 어네스트가 적어준 공식을 잘못 읽는 바람에 알데히드를 정량의 10배나 넣고 말았다. 그러나 어네스트가 제출한 여러 개의 샘플 중에서 코코 샤넬이 고른 것은 실패작인 No. 5이었다. 샤넬 No. 5는 엄청난 성공을 거두었고, 향수 산업에서는 알데히드를 많이 넣는 것이 주류가 되었다.

당연히 위험도 만만치 않다. 앞에서 자동차 경주를 언급했지만, 나는 F1 서킷에서 대형 사고가 일어나는 것을 몇 번이나 봤다. 한번은 운전 중인 경주 차량이 다른 차의 위로 돌진하는 사고가 일어났다. 나는 밑에 깔린 차의 레이서가 죽었을 것이라고 짐작했지만 그는 곧바로 튀어나와 미친 듯이 화를 내며 펄쩍펄쩍 뛰었다. 그 장면을 보면서 나는 F1 경주 역사상 가장 위대한 드라이버 중 한 명으로로 칭송받는 아일톤 세나Ayrton Senna의 죽음을 떠올렸다. 그의 죽음 이후 F1 주최 측은 선수들의 안전을 위해 모든 조치를 강구하게 되었다.[27]

그때부터 안전벨트, 방화 마스크와 의복, 시케인(자동차 속도를 줄일 수 있도록 만든 이중 급커브-옮긴이), 안전 헬멧 등 여러 안전장치와 절차가 마련되었다. 이 혁신의 일부는 훗날 일반 대중의 안전으로도 이어졌다. 세나는 목숨을 잃었지만 그가 남긴 유산은 그의 뒤를 잇는 많은 드라이버의 목숨을 지켜주었다. 이 에지워커는 정말로 벼랑을 탄 것이지만, 그의 벼랑 타기는 안전운전 원칙에 대한 문을 열었다. 경주용 차량을 운전할 때에도 세계 경제를 항해할 때에도 가장 중요한 것은 안전과 속도의 균형이다. 그러나 과도한 '안전(규제)'은 성장 속도를 제한한다.

실패는 삶의 한 단면이다. 삶이란 어차피 상실과 손실의 연속이다. 자신감의 상실, 비전의 상실, 돈 손실, 시간 손실, 자원 손실까지 세계 경제의 첨단을 걸으려면 유혈 사태를 각오해야 한다. 그래도 괜찮다면 나는 여왕에게 보내는 두 번째 편지를 쓰려 한다.

존경하는 여왕 폐하께
런던 SW1A 1AA 버킹엄 궁전

마담,

마담께서 2008년 11월 런던정경대 학자들에게 던진 질문은 매우 인상적이었습니다. 그리고 미흡한 제가 거기에 대한 대답을 말씀드리고 싶습니다. 저는 우리가 신호의 중요성에 관심을 기울일 때 미래 경제에 대해 더 좋은 결정을 내릴 역량도 얻게 된다고 믿습니다. 에지워크 행동은, 다시 말해 능력의 한도를 벗어나 무언가에 닿으려는 행동이나 결과를 알지 못하면서도 미래를 건설하려는 행동은 도전적인 작업입니다. 그러나 마담께서 1952년 BBC 첫 크리스마스 특별방송에서 하신 말씀처럼, 인간에게는 변화에 적응하고 새로운 미래를 건설할 능력이 있습니다. 마담의 현명한 이 말씀을 우리는 두고두고 새겨야 합니다.

"많은 엄중한 문제와 난관이 우리 앞에 직면해 있습니다. 그러나 우리는 선조들이 물려주신 유구하고 웅대한 신념들에 대해 새로운 믿음을 다지면서, 과거의 안전을 뛰어넘어 모험을 하는 강인함을 갖추고 맡은 소임을 다해야 할 것입니다. 무엇보다도 우리는 젊음의 가장 훌륭한 품성인 용감한 모험 정신을 꺼뜨리지 말아야 합니다. 여기서 젊음이란, 나이의 젊음만을 뜻하는 것이 아닙니다. 제가 말하는 젊음은 나이와 상관없이 마음이 젊은 사람 모두를 가리키는 말입니다.

이 광활한 토대 위에서 우리는 자신과 동료를 진정으로 파악하고, 나라와 나라 사이의 관용과 이해를 도모하고, 이 지구상에서 인류를 발전시키기 위해 과학과 학습의 장대한 힘을 사용하는 작업에 들어가야 합니다."[28]

당연히 손실도 있었습니다. 우리는 이런 손실을 우리에게 전가하려는 행위가 있는지 잘 살펴야 합니다. 결과를 준비할 기회는 모두에게 주어져야 합니다. 하지만 이런 손실은 변혁의 토대도 되었습니다. 어쩌면 우리는 불가능할 것 같고 예상하지도 못한, 하지만 실제가 될 가능성이 아주 큰, 전보다 훨씬 더 역동적인 경제를 상상하며 다가올 피해를 없애게 될지도 모릅니다.

신호 해석 능력을 기름으로써 우리는 더 유연하고 기민하게 세계 경제의 역동성에 적응할 수 있습니다. 저는 그렇게 되기를 희망합니다. 신호를 이해함으로써 우리는 오만과 처벌에 대한 두려움 속에서도 자신만의 최상의 비전을 추구할 수 있습니다. 그럼으로써 내일의 경제는 과거의 경제적 피해를 극복하고 발전할 것입니다.

똑같은 신호일지라도 사람마다 해석하는 방법은 다릅니다. 이것이 시장의 정수입니다. 시장은 (구매자와 판매자의) 모든 생각이 만나는 곳입니다. 하지만 가장 중요한 점은 신호와 그 신호에 대한 해석이 개인적이고 주관적이라는 사실입니다. 저와 스티브 잡스가 똑같은 신호를 봤더라도, 잡스의 능력과 기회 그리고 비전은 저의 것과 다릅니다. 잡스로 하여금 애플이 살아 움직이는 기업이 될 수 있다고 믿도록 이끈 신호를 제가 봤더라도, 저는 절대로 애플을 키우지 못했을 것입니다. 제가 본 신호와 능력 그리고 오만과 처벌의 위험 사이에서 제 나름의 방식으로 맞춘 균형의 조합은 저를 다른 곳으로 이끌었습니다. 이것이 핵심입니다. 똑같은 신호여도 사람마다 해석도 다르고, 결과도 다릅니다. 외적으로는 신호를 인식하고, 내적으로는 자신이 가진 기술과 위험관리 능력을 인지해 이 둘을 조합하는 작업이야말로 세계 경제의 어떤 풍랑도 이겨낼 수 있는 비결입니다.

존경을 담아,
피파 맘그렌

프랑스 소설가이며 예술평론가, 문화부 장관을 역임했던 앙드레 말로André Malraux는 이렇게 말했다.

"성공한 사람과 실패한 사람은 대개 능력이나 아이디어의 뛰어남으로 갈리지 않는다. 그보다는 아이디어를 시험해보고 계산된 위험을 감수하고 행동할 수 있는 용기를 가졌느냐로 갈린다."

이것은 경제를 건설하는 사람에게도, 정책 인프라와 사회계약을 고심하는 사람에게도 적용되는 진리이다. 그렇다면 우리가 행동을 취하도록 만드는 신호는 무엇인가? 결정은 전적으로 우리의 몫이다.

들어갈 것인가, 나갈 것인가

나는 헨리 제임스Henry James의 "어떤 것도 놓치지 않는 사람이 되려고 노력하라."라는 조언을 따르려 노력하지만, 지금까지의 내 설명이 경제가 보내는 신호에 대해 개인이 무엇을 '해야' 하는지 설득하는 것은 아니었을까? 우리는 주식시장에 들어가야 하는가, 거기서 나와야 하는가? 채권에 투자해야 하는가, 빠져나와야 하는가? 부동산을 사야 하는가, 팔아야 하는가? 우리 자신에게 투자해야 하는가, 경제에 투자해야 하는가? 오늘 공짜 돈을 받아 미래에 이익이나 손해가 날 위험한 자산에 투자해야 하는가, 하지 말아야 하는가?

우리는 자신의 능력에 따라, 위험을 추구하는 성향에 따라, 오만의 정도에 따라, 처벌에 대한 두려움의 정도에 따라 직접 결정을 내려야 한다. 답은 여러 가지이지만 자신에게 맞는 답은 몇 개 되지 않는다. 모두가 자신에게 맞는 결정을 내리게 되기를 바란다.

의견과 행동이 다양해질 때 세계 경제의 급격한 부침을 이겨낼 수 있는 사회의 능력도 강해진다. 신호에 대한 다양한 의견은 경제를 튼튼하게 만든다. 옳은 의견도 있고 틀린 의견도 있겠지만, 에지워크와 계산된 위험감수가 없으면 경제는 존재하지 못한다. 누구도 정답을 독점하지 못한다. 연방준비제도도, 백악관도 또는 거기에 상응하는 정부도, 우리의 이웃도 그러지 못한다. 다양한 의견이 '시장'을 형성하는 근간이 된다. 시장은 구매자와 판매자를 효율적으로 짝짓는 결제 메커니즘이다. 시장은 어쩌다 정부 요직에 오르거나 기업의 최고경영자가 되어 답을 '알고' 있다고 주장하는 사람들에게 의존하는 것보다는 더 나은 접근법이다. 우리에게는 자신만의 경험과 능력, 계산된 위험감수 성향을 근거로 신호를 읽고 해석할 능력이 있다.

전체를 엮는 실

적당한 가격에 충분한 빵을 공급하지 못한다면 나라도 가정도 붕괴할 수 있다는 내 결론에 동의하는 독자도 있을 것이고, 아닌 독자도 있을 것이다. 비열하게 물고 늘어지는 재무적 고통은 사회 동요와 혁신을 동시에 자극한다. 양적완화는 질적 압박을 유발하고, 평화 배당을 갈등 프리미엄으로 바꾼다. 모든 나라의 사회계약이 이런 압박을 받고 있지만, 동시다발적으로 새로운 사회계약이 촉구되고 있다는 것 역시 혁신이 일어나고 있다는 뜻이다. 기존 사회계약을 보완하고 수정한 새로운 사회계약이 등장할지도 모른다. 더 나은 사회계약이 등장할지도 모른다. 그렇기 때문에 인플레이션이라는 지니를 불러내도 디플레이션이라는 괴물을 무찌르지는 못한다. 지니와 괴물이라는 두 악마는 모두 우리가 맞서 싸워야 할 대상이다.

있는 부를 재분배만 하는 것은 새로운 부의 창출을 몰아내는 제자리 돌기 게임이다. 생산적인 유일한 탈출구는 혁신뿐이다. 그러려면 우리 모두 이 두 악마가 발산하는 신호를 해독할 수 있어야 한다. 그럴 때 우리는 어떤 종류의 에지워크와 계산된 위험감수를 해도 안전을 유지할 수 있는지 알게 된다.

나는 세계 경제에서 무관해 보이고 심지어 상충돼 보이지만, 실제로는 복잡한 패턴으로 얽혀 있는 정보들을 연결해 한 폭의 천으로 엮으려 노력했다. 눈을 두는 곳 어디에서나 보이는 신호들은 이런 세계 경제의 패턴을 구석구석 환하게 비춘다. 경제학자나 알고리즘 전문가가 아니더라도 신호를 간파하고 토론할 수 있다. 약간의 상식만 더한다면 일반적인 경제 대화를 이어나가는 데 있어 아주 훌륭한 양념이 될 수 있다.

집 주변에서 등장하는 신호는 중요하다. 2013년 크리스마스 직전에 대형 초콜릿회사들(마즈Mars, 캐드버리, 라운트리Rowntree 등)이 내놓을 크리스마스 특별 상품이 가격은 전년도와 똑같지만 내용물은 2~12조각 줄어들 것이라는 보도가 나왔을 때 트위터에서는 한바탕 난리가 났고, 나도 거기에 동조했다.[29] 2014년과 2015년에도 비슷한 일이 있었다. 이런 슈링크플레이션(가격은 그대로이지만 양은 줄이는)은 대중의 분노를 사고, 정책 입안자들의 말을 반은 새겨듣고 반은 흘려들어야겠다는 생각을 하게 만든다.

대중은 공식 물가지수 통계 자료의 신빙성에 의구심을 품는다. 지금 이 글을 쓰는 내 눈에, 책상 위에 놓인 허쉬 키세스 초콜릿이 보인다. 이 회사 역시 비용이 8% 이상 상승했다고 발표했다. 가격 인상과 공급 부족의 직격탄을 동시에 맞은 초콜릿에 '새로운 샴페인'이라는 별명이 붙었다. 초콜릿바와 그것의 크기가 무슨 중요한 신호이냐고 생각할 수 있다. 하지만 이것은 공식 데이터와는 상관없이 일상 생활용품의 투입 비용이 날로 치솟고 있다는 것을 알려주는 중요한 신호이다.

사회계약이라는 이야기의 실타래는 '끈을 미는' 일을 언제라도 시도하려는 중앙은행 관료에서 출발해 중국과 방글라데시의 방직 노동자, 오트쿠튀르 의상 디자이너를 거쳐 퀼트를 만드는 사람에게 도착한다. 이들 모두 기존 사회계약의 직물을 찢고, 새로운 사회계약을 다시 짜고 있는 사람이다. 난데없이 새 실이 끼어들기도 하고, 정보의 실타래끼리 충돌하기도 한다. 어떤 것은 가격이 오르고, 어떤 것은 가격이 내린다. 그러나 사회 조직이라는 직물의 씨실과 날실에 강한 압박이 가해지고 있다는 것은 모두가 느낀다. 경제학은 이 직물에서 유일하거나 가장 중요한 실이 아니다. 문화와 역사, 정치 모두가 중요한 씨실과 날실이다.

지금까지의 내 설명이 경제학에 색을 물들였기를 바라는 마음이다. 경제학은 회색도 아니고, 따분한 학문도 아니다. 솔직히 말해 경제학은 수시로 경고의 빛을 반짝여 사람을 놀라게 하는 네온사인이다. 역사와 경제학은 우리가 어떤 사회계약을 원하고, 바람직하게 생각하는지 재차 고민해봐야 한다는 듯 합동작전을 펼치고 있다. 정부와 시민 사이에는 어느 정도의 관계와 균형이 적절한가? 국가와 시민의 권리와 책임은 무엇인가? 우리가 원하는 사회 조직은 무엇인가? 이것은 세계 경제를 살아가는 우리 모두가 싫어도 궁리해야 할 중요한 질문이다.

유동성 문제라는 물살은 우리 일상의 구석구석을 끊임없이 파고 든다. 디플레이션이 가장 큰 위험이라고 믿는 사람과 인플레이션이 제일 심각한 위험이라고 생각하는 사람 사이에는 좁혀지지 않는 깊은 의견 차가 존재한다. 인플레이션이 끝났다고 성급하게 선언하는 사람들은 역사상 최대의 유동성 물살 한가운데 서 있다는 사실을 인지하지 못한다. 인플레이션 지지자는 이 물살을 가득 채운 것이 단순히 물이 아니라 촉매제라고 믿는다. 디플레이션 옹호자는 이 물살이 의심을 떠내려 보내고 성장을 되살릴 것이라고 믿는다. 유동성 물살이라는 촉매제가 우리를 하늘 높이 띄웠다가 결국에는 과거의 초인플레이션 시대로 날려 보낼 것이라고 선언하는 사람도 있다. 하지만 그들은 가격을 낮추는 혁신의 능력을 과소평가하고 있다.

어느 쪽의 말이 맞든 우리는 유동성이 정상 수준으로 돌아간 후에야 지금의 유동성 문제가 사회 조직에 득이 되었는지 해가 되었는지 판단할 수 있을 것이다. 〈월스트리트 저널〉의 칼럼니스트인 페기 누넌Peggy Noonan은 이렇게 말했다.

"보호받는 사람들과 보호받지 못하는 사람들이 있다. 보호받는 사람들은 공공 정책을 만든다. 보호받지 못하는 사람들은 그 정책으로 살아간다. 보호받지 못하는 사람들은 강한 힘에 의해 뒤로 밀려난다. 보호받는 사람들은 안전하고 모든 것을 이룬 성공한 사람들이다. 그들은 힘을 가졌고, 힘에 접근할 수 있다. 그들은 난폭한 세상에서도 많은 것을 보호받는다. 더 중요하게는 그들을 보호하는 것은 그들이 만든 세상이다."[30]

다시 말하지만 답은 우리 모두가 내리는 총체적 결정 속에 존재한다. 하지만 우리의 진실을 담은 이 총체적 담요가 모두의 이해득실을 충분히 덮어주는지 아닌지는 또 다른 문제이다. 시민과 정책 입안자들이 얼마나 한마음으로 전진하는지에 따라, 그리고 그 방향이 바닷물 쪽인지 민물 쪽인지에 따라 많은 것이 달라진다.

지정학적 측면에서 웃지 못할 반작용이 펼쳐지고 있다. 중앙은행들은 막대한 돈을 세계 경제에 수혈해 돈의 가격과 변동성, 위험 대비 비용을 낮췄다. 덕분에 식품과 부동산, 주식, 채권 등 자산 가격은 올라갔다. 그 결과 펀드 매니저와 경영자는 보험에는 무조건 돈을 아끼려 한다. 투자 산업은 문제가 생기면 중앙은행이 언제라도 유동성을 추가해 '수습'해줄 것이라고 확신하면서 사회계약의 침식이나 지정학적 중요성의 대두에는 관심을 가질 필요가 없다고 생각한다. 사회적·정치적·지정학적 사건이 수시로 발생하는데도 자본과 관련된 리스크 수준은 실제로 낮아지는 것도 이런 이유에서다. 시장은 어떤 지정학적 사건에도 (크게) 흔들리지 않는 듯하다. 쿠데타나 군사정부 등장도, 우크라이나나 시리아 사태도, 러시아와 국제 사회의 대화 단절도, 이라크의 국경선과 미국 남부의 오랜 국경선이 무너진 것도, 중국과 러시아의 군함과 전투기들이 불러일으키는 위기 일발 사태에도 어지간해서는 흔들리지 않는다.

중앙은행들은 어쩔 수 없는 이유에서 양적완화를 추진한다. 정부가 군사행동이나 군비 지출을 유지할 수 없을 정도로 채무액이 천문학적인 수준으로 증가했기 때문이다. 선진국들이 대응할 능력도 의

지도 보이지 않은 것이 다른 나라들에게는 영토와 외교의 경계선을 시험해볼 마음을 품게 했다. 그러면서 지정학적 위험이 증가했다.

그러나 훨씬 더 큰 아이러니는 따로 있다. 어떤 사람들은 선진국 중앙은행들의 인플레이션 장려 정책을 적대 행위로 간주하는 것이 마땅하다고 생각한다. 식량과 에너지 가격의 상승, 그에 따른 사회 동요의 발생이 국경 너머 자산에 손을 뻗는 것을 정당화하는 결과를 불러왔기 때문이다.

"너희가 우리에게 채무불이행을 하면(인플레이션은 채무불이행의 한 형태이다.) 우리가 어떤 보호 수단을 쓰든 정당하다."

이것이 그들이 주장하는 논리이다. 결국 돌고 도는 악순환의 시작이다. 채무 문제에서 벗어나려던 해결책이 현실에 안주하게 하고, 정치와 지정학적 압박의 위험도 늘어났다. 이로 인해 이야기의 실타래를 되감다가 한참을 궁리해도 풀리지 않을 매듭으로 엉켜버린다.

슈퍼마켓에서 흔히 보는 슈링크플레이션과 지그재그 가격 변동은 언론에 보도된 전투기와 군함의 일촉즉발 상황과 어떤 식으로든 관련이 있을 것 같다는 생각이 자꾸 든다. 자국 국민에게도 채무불이행을 할 수밖에 없는 정부가 나라 밖에서 이익을 수호하는 방법이 무엇이겠는가? 국내 사회계약이 언제 어떻게 변할지 모르는 마당에 국제적 '사회계약(게임의 규칙)'을 집행하려면 어떤 방법을 동원해야 하는가? 국제 정세가 원만하게 유지된다면 문제될 것이 없다. 그러나 가격이 오르거나 내리면 이해관계의 충돌을 피하기 힘들다. 여러 나라가 관계된 공동의 이익이 깨지지 않고 단단히 뭉쳐 있으려면 아교처럼 끈끈한 경제적 상호관계성이 필수이다.

그러나 우리도 잘 알다시피, 영국과 독일은 제1차 세계대전 발발 1년 전까지만 해도 긴밀한 교역 파트너였다. 나는 군사적 행동의 당위성을 말하고 싶은 생각은 절대 없다. 하지만 왜 많은 나라가 지정학적·군사적 충돌을 일으키는 구실로 경제적 이유를 들먹이는지 충분히 이해가 된다. 버나드 쇼는 "해야 할 일이 이해관계의 반대편에게 넘어가도록 두는 나라는 패배한다."라고 말했다. 이는 완전히 맞는 말이었다.[31]

세계 경제의 '공동의 부'를 모두의 필요를 충족하는 방법으로 적절히 관리하려면 좀 더 신중한 접근법이 필요하다. 물가 안정은 어쩌면 상상 이상으로 굉장히 귀중한 '공동의 부'에 해당하는 상품일 것이다. 연방준비제도, 각국의 중앙은행 그리고 일반 대중이 물가 안정을 위해 벌이는 싸움은 충분히 가치가 있다. 누군가는 필요하다면 군사적 충돌까지 동원해야 한다고 생각할 것이다. 하지만 그건 너무 큰 결과를 치러야 하는 학습 방식이다.

반면에 선진국의 근로자들이 낮아진 생활수준을 조용히 받아들이는 작은 기적도 있었다. 아직까지는 그러하다. 하지만 신흥시장 근로자들이 그런 생활수준의 하락을 묵묵히 받아들일 것이라고는 기대하기 힘들다.

"미안하지만 당신은 더 이상 경쟁력이 없습니다. 고기도 맘껏 못 먹고, 당장 원하는 어떤 것도 할 수 없습니다. 새로운 비즈니스 모델이 생각나면 그때 연락주시기 바랍니다."

이런 말을 그들에게 할 수는 없다. 그러면 무언가 반응을 보일 것이다. 사람들이 늘어만 가는 고통을 영원히 참지는 않을 것이다. 그들은 갈수록 늘어나는 부국과 빈국의 격차, 즉 같은 나라 국민의 빈부 격차가 문제의 주범이라고 느낄 것이다. 하지만 진짜로 중요한 점은 우리에게 언제나 더 많은 부의 창출이 필요하다는 것이다. 그 해결책은 혁신이다. 비즈니스 모델, 창의적 기업가가 세우는 벤처 기업, 외교, 정부의 통치 방식, 기술, 개인의 목표, 이 모든 것에서 혁신이 이뤄져야 한다. 혁신만이 나라와 나라 그리고 국민과 국민의 이해관계를 일치시키고 조화시킬 수 있다.

"알고리즘이 시켰습니다."라는 변명에 기대는 일은 더 이상 없어야 한다. 계량하기 힘든 위험을 '블랙 스완' 딱지가 붙은 상자에 처박아 한편으로 치우는 일도 더는 없어야 한다. 물론 진짜 블랙 스완인 위험도 있겠지만, 신호 인식 능력을 기른다면 눈에 보이는 현상들을 더 쉽게 이해할 수 있다. 노벨 물리학상 수상자인 닐스 보어 Niels Bohr의 이 말은 우리에게 위안을 준다.

"예측, 특히 미래를 예측하기는 대단히 어렵다."

미래를 정확히 예측하거나 예언할 수 없다고 해서 기분 상할 일은 아니다. 우리는 일어날 가능성이 있는 사건들에 대한 준비성을 더 철저히 기르기만 하면 된다.

"마음이 준비되면 모든 준비가 다 된 것이다."라는 셰익스피어의 말도 우리에게는 큰 용기를 심어준다.[32] 고르디우스의 매듭을 자르는 것은 과거의 실타래를 풀거나 미래를 정확히 예측하는 행동이 아니라, 창의적 행동이나 무언가를 엮어 새로운 것을 만들거나 지금 있는 것으로 더 튼튼한 무언가를 만들어내는 행동이다. 우리가 사는 세상에는 다양한 사람들이 저마다 다른 능력과 재능, 목표와 신호해석 방식을 가지고 있다. 이런 풍성한 조합 속에서 탄생할 사회 조직은 과거보다 더 훌륭하고 튼튼할 것이다. 개개인이 조용히 결정하는 선택들이 조화를 이룰 때만이 사회의 균형을 바로잡을 수 있는 어떤 변화, 즉 빈자와 부자, 가진 자와 가지지 못한 자, 정부와 시민의 균형을 바로잡을 수 있는 변화가 일어날 수 있다. 우리는 지금의 진창에서 빠져나갈 방법을 조리하고 재단하고 건설하고 다시 쓰고 혁신할 수 있다. 이것은 과대망상이 아니다.

인간은 무에서 유를 창조할 수 있고, 실제로도 그렇다. 바닷물파나 민물파도, 독립적 기업가나 사내기업가도, 야심가도, 직장인이나 구직자도, 배관공이나 정책 입안자도, 위정자도, 정육점 주인이나 빵집 주인도, 촛대 제작자도, 용접공이나 양복장이도, 군인이나 스파이도, 수학과 알고리즘 이야기만 하는 사람도, 일상적인 말밖에는 하지 않는 사람도, '입에 풀칠하기 힘든 사람이나 간 큰 베팅을 하는 사람도'[33] 신호에 대해 계속 펼쳐지는 대화에 참여하기를 바란다. 신호 인지와 해석은 경제학자와 정책 입안자만의 전유물이 아니다.

미래의 경제라는 선물 꾸러미를 여는 열쇠는 당신의 관점이다. 이 선물이 무엇일지는 아무도 예측할 수 없다. 하지만 그 내용물의 성격은 모두가 오늘 어떤 결정을 내리는지에 달려 있다. 이렇게 생각하자. 세계 경제는 끊임없는 인격 시험의 장이고, 시험에 필요한 것은 괴짜 행동과 에지워크 그리고 경상(중상이 아니라)이나 희망 충족을 기대하면서 행하는 계산된 위험감수이다. 우리가 추구하거나 추구하지 않기로 결정한 에지워크로 결과의 성격이 결정된다.

대안은 분명하다. 신호를 직시하는 인격이 부족하고 에지워크를 피한다면, 영국학사원이 엘리자베스 2세 여왕에게 지난번 금융위기 때 둘러댔던 "총체적 상상력의 실패가 가장 큰 원인이었습니다."라는 변명을 다음번 위기 때도 또 듣게 될 것이다.[34] 그것은 피할 수 있는 총알이다(앞에서 은제 탄환으로 벌이는 전쟁이라는 중국의 표현을 기억하기 바란다.). 우리는 새로운 춤을 배워야 한다.

새로운 춤

현금이 넉넉히 돌아 모두가 필요한 만큼 손에 돈을 쥘 수 있을 때는 싸움도 없다. 그러나 현금이 없으면 모든 곳이 싸움판이 된다. 우리끼리도 싸우고, 다른 나라와도 싸운다. 전략적 안보와 경제학은 새로운 도전과 불확실성이 가득한 지정학적 풍광이 펼쳐지는 세상에서 한편이 되어 춤을 춰야 하지만, 방위 집단은 새로운 댄스 파트너인 경제학을 쉽게 인정하지도 받아들이려 하지도 않는다. 경제학 집단도 새로운 댄스 파트너인 지정학을 인정하지 않는 것은 마찬가지이다. 물론 둘은 초면이 아니다. 둘은 원래 손을 맞잡고 파트너가 되는 것이 정상이다. 그러나 베를린 장벽 붕괴는 경제학을 스타로 만들고 지정학을 무대 뒤편으로 내쫓았다. 이런 결별은 예외 사항에 불과할 뿐이지만, 우리는 그런 예외를 정상이라고 생각하게 되었다.

지금 국가는 시장에 추월당했고, 여기에 대응해 국가는 시장을 다시 추월하려 시도하고 있다. 그래서 한동안 상대하지 않았고, 좋은 기억으로 남지 않은 파트너와 볼썽사나운 춤을 추게 되었다. 이 새로운 춤을 이끄는 것은 인플레이션인가, 디플레이션인가? 두 댄스 파트너는 혁신을 할 것인가, 제자리만 맴돌 것인가? 오만과 처벌, 골룸의 망령은 우리가 선택한 길의 어느 골목에 매복해 있는가?

이런 질문들에 대한 답을 알 수 있고, 신호 인식 능력으로 무장까지 한다면 오만과 처벌 사이에서 균형을 맞추는 것도 문제가 없을 것이다. 더 나아가, 세계 경제가 우리 품에 안길 여러 문제와 귀중한 보물을 더 능숙하게 이용하고 관리할 수 있을 것이다. 당신이 선택한 인격이 당신에게 그리고 우리 모두에게 다가올 미래를 정의할 것이다.

감사의 말

뉴스 보도 내용과 진실에는 언제나 차이가 있음을 가르쳐주신 아버지 해럴드 맘그렌에게 이 책을 바친다. 아버지는 세계 경제가 (섬유에서 철강, 농업, 자동차 부품에 이르기까지) 매혹적인 것으로 가득 차 있음을 보여주셨다. 아버지가 내게 해주신 그 많은 것(단순히 자녀 교육이라는 의무를 다한 것을 넘어)에 감사드린다. 아버지의 격려가 이 책을 쓰는 데 큰 도움이 되었다. 아버지의 말처럼 "시민에게 채무불이행을 하려는 나라는 그 채무불이행을 감추려 한다. 따라서 상황을 분명하게 밝히는 것이 모범시민의 의무이다."

이 책은 그러한 문제를 다루었다. 이 목표를 이루기 위해 나는 1974년 노벨상을 수상한 존 힉스 경과 1940~1950년대 공공 정책 분야 최고 전문가 중 한 명이었던 그의 아내 우르술라 힉스의 조언을 따르려 노력했다. 그녀는 누구보다도 수학적 능력이 뛰어났던 남편에게 늘 이렇게 말했다고 한다.

"그건 아주 좋아요(그의 뛰어난 수학과 숫자 능력을 가리키는 말이었다). 하지만 그것을 쉬운 언어로 설명하지 못하면 공공 정책에는 어떤 영향도 미칠 수가 없어요."

그래서 나도 세계 경제를 쉬운 언어로 풀어쓰려 노력했다. 내게 J.R.R. 톨킨, C.S. 루이스, W.H. 오든과 동문수학했고, 쉬운 말로 세계 경제에 대한 '이야기를 풀어쓸' 언어 구사력을 물려주신 어머니가 있다는 것이 얼마나 다행인지 모른다. 어머니가 백악관 오벌 오피스(미국 백악관에 있는 대통령 공식 집무실)의 문 위에 사악한 골룸이 살고 있다고 비유한 내 표현을 보셨다면 무척 기뻐하셨을 것이다. 실제 그곳에는 골룸이 상주하고 있다. 내가 직접 목격했다. 그리고 골룸은 연방준비제도에도 새 보금자리를 마련한 것 같다. 내가 이 책을 쓰는 데 몰두하고, 추진력을 낼 수 있도록 지원과 충고를 아끼지 않았던 많은 분에게 감사의 말을 전한다.

이 책을 계속 써나갈 수 있도록 너그럽고 친절한 조언을 해주신 분들에게 특별한 감사의 말을 더하고 싶다. 캔자스시티 연방준비은행 잭슨홀 총회 초대장을 보내준 톰 호잉 박사에게 감사를 전한다. 덕분에 그곳에서 친분을 쌓고 귀한 통찰을 얻을 수 있었다. 리엄 폭스 박사는 영국 국방부 장관으로 재임하는 동안 내가 점들을 연결하게 해주고 경제와 정치, 국방이 어떻게 상호 관련돼 있는지 보여주는 밑그림을 그리도록 도와주었다. 그분께 특별한 감사의 말을 전한다. 결정적인 지지와 조언을 해준 휴 모건, 리처드 매코맥 대사, 제이콥 프렌켈, 에스더 조지, 제프리 래커, 밥 젠킨스에게도 감사의 말을 전한다. 앨런 멜처 연방준비제도 공식 역사가는 내게 책에 유머감각을 불어넣게 해주었다. 제임스 갤브레이스는 글의 세세한 부분까지 살펴보는 수고를 아끼지 않았다. 데이비드 스믹의 친절한 배려로 나는 〈인터내셔널 이코노미〉에 몇 개의 글도 실을 수 있었다.

감사를 전할 사람은 더 있지만, 내 딸 페니에게 이 책을 바친다. 내일의 경제는 이미 오늘 건설을 시작했고, 페니는 대단히 새롭고 역동적일 내일의 한 부분이 될 것이다. 어렵지만 중요한 비결은 《이상한 나라의 앨리스》에 나오는 여왕의 충고대로 매일 아침 식사 전에 적어도 여섯 번은 불가능한 일을 상상하려 노력하는 것이다. 왜냐하면 불가능한 일이 결국에는 실제로 일어나기 때문이다. 목격한 신호를 토대로 계산된 위험을 감수하고, 하고 싶은 일을 하고, 거기에 모든 노력을 다한다면, 나머지는 저절로 뒤따라올 것이다.

주

들어가는 말

1. Alexandra Sims, 'Saudi Arabia switches to "Western" Gregorian calendar so it can pay workers less and save money', Independent, 3 October 2016.
2. Brian Rohan, 'Russian, Egypt troops to hold drill on Mediterranean coast', Associated Press, 12 October 2016.

1장. 세계 경제가 신호를 보내고 있다

1. 머빈 윌렛 고넌 중령의 1945년 일기 발췌문. 현재는 런던 임페리얼 전쟁 박물관에 소장돼 있다.
2. Oliver James, *Affluenza*, Vermillion Press, 2007. 국내 출간명 《어플루엔자》
3. 'Just an Old-Fashioned Girl', Marve Fisher 작사(1958).
4. James Quinn, 'HSBC hit by sub-prime crisis', *Daily Telegraph*, 22 September 2007.

5. Michael Seamark, 'Another 30 airlines will go bust before Christmas, warns BA chief', *Daily Mail*, 13 September 2008.

6. Dr Pippa Malmgren, 'Countries can pull up the drawbridge – but capital will pull them down again', *MoneyWeek,* 4 December 2015.

7. 'The China – Tibet Inflation Black Swan and Global Implications', ATCA, 19 March 2008.

2장. 휴브리스와 네메시스

1. *Macbeth*, 1막 7장, 25~28행

2. Amy C. Edmondson, 'Strategies for Learning from Failure', *Harvard Business Review*, April 2011.

3. 캔자스시티 연방준비은행이 후원하고 와이오밍주 잭슨홀에서 열린 연례 경제 심포지엄 연설, 1997년 8월 29일.

4. Tyler Durden, 'Hugh Hendry is Back: Full Eclectica Letter', *Zero Hedge*, 29 April 2012.

5. Mark Hanna, 'Hugh Hendry's Interview with *Barron's*', *Market Montage*, 22 February 2012.

6. 'The Money Trust Investigation', 1912년 12월 19일, 하원 금융통화 분과위원회.

7. 'Andrea del Sarto' (Called the 'Faultless Painter'), 1855.

8. 50 Cent and Robert Greene, *The 50th Law*, G-Unit Books, 2009. 국내 출간명 《50번째 법칙》

9. Hunter S. Thompson, *Hell's Angels: The Strange and Terrible Saga of the Outlaw Motorcycle Gangs*, Random House, 1966.

10. Malcolm Gladwell, 'Offensive Play: How different are dogfighting and football?', *New Yorker*, 19 October 2009.

11. Peter Drucker, *Innovation and Entrepreneurship*, Elsevier, 1985. 국내 출간 명《기업가 정신》

12. Noel M. Tichy and Stratford Sherman, *Control Your Destiny or Someone Else Will*, HarperCollins, 1993.

3장. 여왕에게 보내는 편지

1. David Turner, 'Credit Crunch failure explained to Queen', *Financial Times*, 26 July 2009, www.britac.ac.uk/news/newsrelease-economy.cfm도 참조.

2. 버킹엄궁 공식 웹사이트에 따르면 '마담'이 정확한 호칭이다.

3. John Kenneth Galbraith, *A Short History of Financial Euphoria*, Whittle Books, 1990.

4. John Stuart Mill, *On Liberty and the Subjection of Women*, Penguin, 2006. 국내 출간명《자유론》,《여성의 예속》

4장. 알고리즘이 시켰습니다

1. Matthew Crawford, *Shop Class as Soulcraft*, Penguin, 2009. 국내 출간명《손으로 생각하기》

2. Felix Salmon, 'Recipe for Disaster: the Formula That Killed Wall Street', *Wired*, 17 February 2009.

3. 'Requiem for a Prudent Man', *Economist*, 27 March 2008.

4. Peter Schiff, 'The Federal Reserve's Nightmare Scenario', 23 February 2016; www.realclearmarkets.com/articles/2016/02/23/the_federal_reserves_nightmare_scenario_102022.html

5. Daniel Yankelovich, *Corporate Priorities: A Continuing Study of the New Demands on Business*, 1972.

6. Peter Drucker, *Technology, Management and Society*, 1970. 국내 출간명《일과 기술의 경영》

7. Peter Drucker, *Classic Drucker: From the Pages of Harvard Business Review*, Harvard Business School Press, 2008. 국내 출간명《클래식 드러커》

8. Alan Greenspan, 'We will never have a perfect model of risk', *Financial Times*, 16 March 2008.

9. John Lanchester, 'Money Talks', *New Yorker*, 4 August 2014.

10. Donald Rumsfeld의 국방부 브리핑, 2002년 2월 12일.

11. C. P. Snow, 'The Two Cultures', 1959.

12. C. P. Snow, 'Science and Government', the Godkin Lecture at Harvard University, Harvard University Press, 1960.

13. Peter Kilborn, '"Fresh Water" Economists Gain', *New York Times*, 23 July 1988.

14. Paul Krugman, 'How Did Economists Get It So Wrong?' *New York Times*, 2 September 2009.

15. David Brooks, 'Bentham vs Hume', *New York Times*, 5 October 2009.

16. Clive Thompson, 'Goalkeeper Science', *New York Times*, 12 December 2008.

17. 20 June 1970, updated 20 January 1992.

18. David Brooks, 'Ward Three Morality', *New York Times*, 2 February 2009.

19. Charles Krauthammer, *Washington Post*, 29 December 1989.

20. J. K. Rowling, *Harry Potter and the Philosopher's Stone*, Bloomsbury, 1997. 국내 출간명《해리 포터와 마법사의 돌》

21. Robert S. McNamara, *In Retrospect: The Tragedy and Lessons of Vietnam*, Times Books, 1995.

22. Steven Levy, 'Can an Algorithm Write a Better News Story Than a Human Reporter?', *Wired*, April 2012.

23. Catherine Taibi, 'It's All Over: Robots Are Now Writing News Stories, And Doing A Good Job', *Huffington Post*, 18 March 2014.

24. Liam Halligan, 'The Low Tricks of High Finance: a Conversation with Michael Lewis', *Spectator*, 22 January 2016.

25. CNBC 인터뷰, 2016년 1월 7일, Matt Clinch 보도.

26. 'No, it isn't 2008 all over again – Roubini', Reuters, 22 January 2016.

27. François de La Rochefoucauld, *Maxims*, 1665.

28. Henry E. Mattox, *A Conversation with Ambassador Richard T. McCormack @(www.xlibris.com, 2013)*.

5장. 사회계약

1. 나는 이 개념을 설명하려고 노력하던 중에 디즐리 파크에서 열린 총회에 참석했다. 이런 시각에서 사회계약을 설명해준 니얼 퍼거슨Niall Ferguson에게 감사한다.

2. 'Lady Godiva: The Naked Truth', July – August 2003; www.harvardmagazine.com/2003/07/lady-godiva-the-naked-tr.html

3. Robert Wernick, 'In Search of William Tell', *Smithsonian Magazine*, August 2004; www.smithsonianmag.com/history/in-search-of-william-tell-2198511/?all

4. Adam Nagourney, 'Two-Tax Rise Tests Wealthy in California', *New York Times*, 6 February 2013.

5. Stephen Adams and Michael Powell, 'NHS charges patients £14,000 to jump queue for crucial ops: Hospitals are letting those in need of knee and hip surgery pay to skip the queue', *Mail on Sunday*, 30 May 2015.

6. S. J. Simon, *Why You Lose at Bridge*, 1967.

7. Carmen M. Reinhart and Kenneth Rogoff, *This Time is Different*, Princeton University Press, 2009.

8. Stephen Moore, 'Tapping the Power of Compound Interest', 최초 게재 *The East Valley Tribune*, 24 January 1999, 재게재 the Cato Institute website (www.cato.org).

9. Hugo Scott-Gall, 'Stanley Druckenmiller on China's Future and Investing in the New Normal', www.zerohedge.com/news/2013-06-14/stanley-druck-enmiller-chinas-future-and-investing-new-normal

10. 2012년 7월 26일 런던 글로벌투자총회에서 마리오 드라기 유럽중앙은행 총재가 한 말의 전문.

11. Duncan Robertson, 'EU plans to send more border guards to Macedonia – Greece border', *Financial Times*, 6 February 2016.

12. 'Third School goes Bilingual': Wandsworth Council announcement, 16 December 2011.

13. Aoife Kelly, 'Liam Neeson won't move home because of water charges', *The Independent*, 26 January 2014.

14. Gillian Tett, 'Panama and a new Copernican revolution', *Financial Times*, 15 April 2016.

6장. 덫의 고리

1. David Edmonds and John Eidinow, *Wittgenstein's Poker: The Story of a Ten-Minute Argument Between Two Great Philosophers*, HarperCollins, 2002. 국내 출간명 《비트겐슈타인과 포퍼의 기막힌 10분》

2. 유엔 식량농업기구UN Food and Agriculture Organization 식료품지수.

3. Anatoly Medetsky, 'Russians stung by ruble pay near record even for local wheat', Bloomberg.com, 26 January 2016.

4. '1,000 bakeries in EP seek hike in product prices', *Arab News*, 5 January 2016.

5. Mohammad Amin, 'What is so special about onions in India?' blogs.worldbank.org, 18 January 2011.

6. Minimum Export Price (MEP).

7. Emiko Terazono and David Keohane, 'Dal shock hits India as pulse prices soar', *Financial Times*, 23 November 2015.

8. Neil Hume, 'Rio Tinto vow after its biggest loss ever', *Financial Times*, 14 February 2013.

9. 'Want cheap labour? Head to Mexico not China', *Financial Times*, 14 January 2016.

10. Robert W. McCutcheon, Robert Pethick, Michael Burak, Anthony J. Scamuffa, Sean T. Hoover, Robert B. Bono, Michael Portnoy and Thomas Waller, 'A Homecoming for US manufacturing? Why a resurgence in US manufacturing may be the next big bet', www.pwc.com, September 2012.

11. Cameron McWhirter and Dinny McMahon, 'Spotted Again in America: Textile Jobs', *Wall Street Journal*, 22 December 2013.

12. 'Manchester Airports Group launches £130m "China Cluster" at Airport City', *Manchester Evening News*, 23 October 2015.

13. Graeme Brown, 'Chinese investors' plan to fund major Birmingham regeneration schemes', *Birmingham Post*, 6 November 2015.

14. Peter Plisner, 'Chinese firms drawn to West Midlands investment', BBC News, 14 October 2013.

15. 'Global Monetary Policy: A View from Emerging Markets. A discussion with Raghuram Rajan, Governor of the Reserve Bank Of India', 10 April 2014. 청중 Q&A 미수정 녹취본; www.brookings.edu

16. Lucinda Shen, 'Japan's Negative Interest Rates are Driving Up Sales of Safes', *Fortune Magazine*, 23 February 2016.

17. Andrew Liszewski, 'Monopoly Ultimate Banking Eliminates Cash with a Tiny ATM that Scans Property Cards by', toyland.gizmodo.com, 15 February 2016.

18. Kristina Cooke, 'iPad price remark gets Fed's Dudley an earful', Reuters. com, 11 March 2011.

19. James Quinn, 'Why GDP Is Not All That - The 14-Year Recession', Stockman's Contra Corner, 15 May 2014.

20. Daniel Martin, 'Fury as rail fares in the north rise by up to 162 per cent from today', *Daily Mail*, 8 September 2014.

21. 바이플레이션을 이런 개념으로 설명해준 칼 매시Karl Massey에게 감사한다.

22. 'Flawless 12 Carat Blue Moon diamond sells for world record $48.4m in Geneva', Reuters, 11 November 2015.

23. CPI는 소비자 물가지수Consumer Price Index의 약자이다.

24. Ezra Klein and Evan Soltas, 'Wonkbook: The trick of chained-CPI', *Washington Post*, 8 April 2013.

25. Damon Silvers, 'Bad Policy: President Obama's Budget Cuts Social Security and Medicare', aflcio.org, 4 June 2013.

26. Milton Friedman, *Monetary Correction: A Proposal for Escalator Clauses to Reduce the Costs of Ending Inflation*, Institute of Economic Affairs, Occasional Paper, no. 41, 1974.

27. Sean Poulter, 'Food packet racket: The sizes are shrinking······ but the price stays the same', *Daily Mail*, 20 March 2013.

28. Louise Eccles, 'Uncovered······ great sun cream swindle: Prices inflated then slashed to give the illusion of discounts', *Daily Mail*, 14 July 2014.

29. Jonathan Ernst, 'Many more Americans seen spending half their income

on rent', Reuters, 21 September 2015.

30. John del Signore, 'First Look Inside NYC's Tiny New "Micro-Unit" Apartments, Creepy Old Man Ghost Included', Gothamist weblog, 22 January 2013.

31. Alyssa Pereira, 'Mountain View man renting small tent near Google for $965 per month', CBS, 24 January 2015.

32. Lizzie Riviera, 'New version of Monopoly map for Generation Rent reveals the spiralling cost of being a London tenant', *Evening Standard*, 28 January 2016.

33. Patrick Wintour, 'No.10 says people should consider wearing jumpers to keep fuel bills down', *Guardian*, 18 October 2013.

34. Jessica E. Lessin and James R. Hagerty, 'Apple CEO Says Mac Production Coming to US', *Wall Street Journal*, 6 December 2012.

35. 'Governor Jan Brewer Welcomes Apple to Arizona: New Manufacturing Operation to Create 700-plus Quality Jobs', 애리조나주 주지사실 보도자료, 4 November 2013.

7장. 완벽한 원

1. 'Holding Back China's Capital Flight "Dam" is Key', Bloomberg News, 7 February 2016.

2. Ambrose Evans-Pritchard, 'Time running out for China on capital flight, warns bank chief', *Daily Telegraph*, 1 February 2016.

3. Kenneth Rogoff, 'Can China avoid a huge, destabilising devaluation of the yuan?', MarketWatch, 2 February 2016.

4. 'Central Banking at a Crossroad – Remarks by Paul Volcker Upon Receiving

the Economic Club of New York Award for Leadership Excellence'; transcript at www.econclubny.com, 29 May 2013.

5. William B. English, J. David López-Salido and Robert J. Tetlow, 'The Federal Reserve's Framework For Monetary Policy – Recent Changes And New Questions', The International Monetary Fund's 14th Jacques Polak Annual Research Conference, 7 – 8 November 2013, transcript at www.imf.org

6. Mary Anastasia O'Grady, 'Janet Yellen's Record', *Wall Street Journal*, 6 August 2013.

7. Pippa Malmgren interview with Allan Meltzer Part One, Real Vision TV, 4 September 2015.

8. Jeffrey M. Lacker, 'Economic Outlook, June 2013', Judicial Conference of the Fourth Circuit, White Sulphur Springs, West Virginia, 28 June 2013. Transcript available at www.richmondfed.org

9. Tyler Durden, '$7 trillion in bonds now have negative yields', www.zerohedge.com, 9 February 2016.

10. Jeff Cox, 'Fed's Janet Yellen: Not sure we can do a negative rate; rate cut unlikely', CNBC, 10 February 2016.

11. Pippa Malmgren, 'Singh's song: an exclusive interview with Manmohan Singh, Finance Minister of India', *International Economy*, 1 May 1993.

12. 내가 하고 싶었던 긴 설명을 이 압축적인 문장 하나로 완벽하게 요약해준 내 친구 엘리자베스 뎀지Elizabeth Dempsey에게 감사한다.

13. Steve Malanga, 'How States Hide Their Budget Deficits', *Wall Street Journal*, 23 August 2010.

14. Martin Feldstein, 'Warning: Inflation is running above 2 per cent; research suggests that unemployment may not restrain wages. If so, real trouble may be ahead', *Wall Street Journal*, 9 June 2014.

15. Interview on Real Vision TV with John Taylor, released 23 October 2015.

16. Shawn Donnan, 'Fed's Fischer sees "first stirrings" of rising inflation', *Financial Times*, 7 March 2016.

8장. 이해관계의 충돌

1. Hillary Rodham Clinton, 'America's Pacific Century: The future of politics will be decided in Asia, not Afghanistan or Iraq, and the United States will be right at the centre of the action', *Foreign Policy*, 11 October 2011.

2. 'Remarks by President Obama to the Australian Parliament', from the White House Office of the Press Secretary, 17 November 2011.

3. Professor Michael Ignatieff, 'The post-Ukraine world order', 50th Annual Lecture at the Ditchley Foundation, 12 July 2014. 그는 이 강의에서 자본주의와 본질적으로 권위주의적이고 고도의 국가 통제와 개입을 행하는 전제적 자본주의 체제의 차이를 설명한다. 그는 전제적 자본주의를 '경제학적으로는 자본주의이고 이데올로기에서는 민족주의'라고 설명한다.

4. Hillary Clinton, 'America's Pacific Century', *Foreign Policy*, 11 October 2011.

5. Chief of Naval Operations Admiral Jonathan Greenert's Statement before Congress on FY2013 Department of Navy Posture, March 2012.

6. Emiko Terazono, 'Global fish prices leap to an all-time high', *Financial Times*, 18 June 2013.

7. Lucio Blanco Pitlo III, 'Fish the real hazard in South China Seas', *Asia Times*, 25 July 2013; and 'Fish: the overlooked destabiliser in the South China Sea', *Stratfor*, 12 February 2016.

8. Christopher P. Cavas, 'China's "Little Blue Men" Take Navy's Place in Disputes', *DefenseNews*, 2 November 2015.

9. Jeff Himmelman, 'A Game of Shark and Minnow', *New York Times Maga-*

zine, 27 October 2013.

10. Christopher Bodeen, 'China, US stress good manners in avoiding aerial incidents', *Military Times*, 26 October 2015.

11. Elias Groll, 'Did China Just Re-Enact the famous "Birdie" Scene from *Top Gun* with US plane?', *Foreign Policy*, 22 August 2014.

12. David Larter, 'South China Sea standoff: "Both sides need to step back"', *Navy Times*, 1 February 2016.

13. David Alexander, 'US, Chinese warships narrowly avoid collision in South China Sea', NBCNews.com, 13 December 2013.

14. 'US general criticises Japan, Philippines' anti-China Views', *Sydney Morning Herald*, 10 February 2014.

15. Beina Xu, 'South China Sea Tensions', *Council on Foreign Relations* news brief, 11 January 2013.

16. Edward Wong, 'China Hedges Over Whether South China Sea Is a "Core Interest" Worth War', *New York Times*, 30 March 2011.

17. 'China's Evolving Core Interests', *New York Times 'Sunday Review'*, 11 May 2013.

18. Joseph Kahn, 'Turnaround by China: Centre Stage at Talks on North Korea', *New York Times*, 28 August 2003.

19. 'In Summit with Obama, Xi Declares Senkakus China's "Core Interest"', *Asahi Shimbun,* Asia & Japan Watch, 12 June 2013.

20. 'China officially labels Senkakus a "core interest"', *Japan Times*, 27 April 2013.

21. Willy Lam, 'Xi's Power Grab Dwarfs Market Reforms', *Asia Times*, 21 November 2013.

22. Justin McDonnell, 'Five Questions on China's Air Defence Identification Zone', *The Diplomat*, 29 November 2013.

23. 'China, Japan conflict on Chunxiao/ Shirakaba gas field', *Turkish Weekly*, 25 July 2013.

24. 'Regional turbulence: China escalates a dispute, angering Japan and un-nerving its neighbours', *The Economist*, 28 November 2013.

25. John Kerry, Secretary of State Department of Foreign Affairs, 'Remarks with Philippine Foreign Secretary Albert del Rosario', Manila, Philippines, 17 December 2013.

26. Hillary Rodham Clinton, Secretary of State, National Convention Centre, Hanoi, Vietnam, 23 July 2010.

27. See 'Secretary Clinton delivers remarks at ASEAN Ministerial' on YouTube.

28. Daniel Ten Kate and Nicole Gaouette, 'Clinton Signals US Role in China Territorial Disputes After Asean Talks', Bloomberg.com, 23 July 2010.

29. Kathrin Hille, 'China blasts Clinton's Maritime Adventure', *Financial Times*, 30 July 2010.

30. Mark Thompson, 'US Missiles Deployed Near China Send a Message', *Time*, 8 July 2010.

31. Noah Schachtman, 'Exclusive: Google, CIA Invest in "Future" of Web Mon-itoring', *Wired*, 28 July 2010.

32. Michael Riley, 'US Agencies Said to Swap Data With Thousands of Firms', Bloomberg.com, 14 June 2013.

33. Joseph Menn, 'Ex-CIA chief downplays claims of China's "cyber war"', *Financial Times*, 30 July 2010.

34. Erik Eckholm, 'China Agrees to Return Partly Dismantled Spy Plane as Car-go', *New York Times*, 29 May 2001.

35. Dr Ashton B. Carter and Jennifer C. Bulkeley, 'America's Strategic Re-sponse to China's Military Modernisation', *Harvard Asia Pacific Review*, Winter 2007.

36. John Brinsley and Isabel Reynolds, 'Abe Calls China Radar Targeting of Japan Vessel Provocative', Bloomberg News, 6 February 2013.

37. 'Insight: China puts Japan on notice that warship drills are now routine', *Asahi Shimbun*: Asia and Japan Watch, 30 July 2013.

38. Kishore Mahbubani, 'How to Prevent a War Between China and Japan', Bloomberg.com, 29 December 2013.

39. Liu Xiaoming, 'Liu Xiaoming: China and Britain won the war together', *Daily Telegraph*, 1 January 2014.

40. Keiichi Hayashi, 'China risks becoming Asia's Voldemort', *Daily Telegraph*, 5 January 2014.

41. Testimony Before the House Committee on Foreign Affairs Subcommittee on Asia and the Pacific by Daniel R. Russel, Assistant Secretary, Bureau of East Asian and Pacific Affairs, State Department. Washington, DC, 5 February 2014.

42. 'Chuck Hagel: Beijing "destabilising" South China Sea', BBC.co.uk, 31 May 2014.

43. William Kazer, 'Chinese General Says US Foreign Policy Has "Erectile Dysfunction" Problems', *Wall Street Journal Asia*, 2 June 2014.

44. Alistair Dawber, 'China to Spain cargo train: successful first 16,156-mile round trip on world's longest railway brings promise of increased trade', *Independent*, 25 February 2015.

45. Geoff Dyer and George Parker, 'US Attacks UK's "constant accommodation" with China', *Financial Times*, 12 March 2015.

46. Julie A. MacDonald, Amy Donahue and Bethany Danyluk, 'Energy Futures in Asia', Booz Allen, 17 January 2005.

47. Ellen Knickmeyer, 'Spy Chief Distances Saudis From US: Prince Bandar's Move Raises Tensions Over Policies in Syria, Iran and Egypt', *Wall Street*

Journal, 21 October 2013.

48. Felix Seidler, 'Will China's Navy Soon Be Operating in the Atlantic?' Centre for International Maritime Security, 8 February 2013.

49. Julian E. Barnes, 'US, Portugal Wrangle Over Fate of US Base in Azores', *Wall Street Journal*, 16 June 2015.

50. Christopher Dickey, 'Obama's American Exceptionalism', *The Daily Beast @(www.thedailybeast.com)*, 24 September 2013.

51. 새로운 '위대한 게임'에 대해서는 Dambisa Moyo, *Winner Take All: China's Race for Resources and What it Means for Us,* (Penguin Books, 2013) 과 Elizabeth Economy and Michael Levi, *By All Means Necessary: How China's Resource Quest is Changing the World*, (Oxford University Press, 2014) 참조.

9장. 또 다른 지정학적 신호들

1. Daniel Schumacher, 'Remarks as delivered by Adm. Mark Ferguson at the Atlantic Council', 6 October 2015.

2. Richard Spencer, Mathew Holehouse and Louisa Loveluck, 'Russia warns of "new world war" starting in Syria', 12 February 2016.

3. Kenneth Rapoza, 'Russia Quits G8', *Forbes*, 5 June 2014.

4. Michael Amundsen, 'Estonia arrests former KGB officers', *Guardian*, 3 October 2014.

5. Shaun Walker, 'Russian "spy swaps": the cold-war cliché making a comeback', *Guardian*, 29 September 2015.

6. Tony Paterson, 'Germany's Plan to take on NSA: Block Eavesdroppers with classical music, and use typewriters', 15 July 2015.

7. David Lerman, 'Russian Military Jet Intercepted US Plane Near Japan', Bloomberg, 4 June 2014.

8. Department of Defense Press briefing by Colonel Warren via Teleconference from Bagdad Iraq, Department of Defence Press Office, 24 November 2015.

9. Brian Todd and Jethro Mullen, 'July Fourth message not the first from Russian Bombers', CNN, updated 24 July 2015.

10. David Blair, 'Russia jets make "simulated attack" on US warship in "aggressive" Baltic incident', *Daily Telegraph*, 14 April 2016.

11. Dave Cenciotti, *Aviationist*, 8 June 2014.

12. Laura Stampler, 'FAA Confirms Spy Plane caused LAX Chaos', *Time Magazine, 6 May 2014.*

13. 'The Expansion of NATO', 유튜브 비디오, 2014년 2월 9일 게재. 또는 the Map of EU/EEC, NATO, Warsaw Pact 1949 – 2015, 2015년 5월 19일 게재.

14. Fred Weir, 'Why Russia evacuated its naval base in Syria', *Christian Science Monitor*, 27 June 2013.

15. Miriam Elder and Ian Black, 'Russia withdraws its remaining personnel from Syria', *Guardian*, 26 June 2013.

16. 'Putin oversees Russian nuclear force exercise', Associated Press, 8 May 2014.

17. Kenneth Rapoza, 'Russia to retaliate if banks given SWIFT kick', *Forbes*, 27 January 2015.

18. Carol Matlack and Elizabeth Dexheimer, 'Russia gets ready for life without Visa and Mastercard', Bloomberg, 24 March 2014.

19. Howard Amos, 'What would exclusion from payment system SWIFT mean for Russia?' *Moscow Times*, 28 January 2015.

20. Mark O'Byrne, 'Russia Gold "Buying Spree" Continues – Buy 22 Tons in

November', *Goldcore*, 22 December 2015.

21. Michaela Dodge, 'US nuclear weapons in Europe: critical for transatlantic security', *American Enterprise Institute*, 18 February 2014.

22. Mikael Holter, 'One salmon costs more than barrel of oil as slump deepens', Bloomberg Business, 26 January 2016.

23. 'Russia threatens to aim nuclear missiles at Denmark ships if it joins NATO shield', Reuters, 22 March 2015.

24. Lizzie Dearden, 'Full list of incidents involving Russian military and NATO since March 2014', *Independent*, 10 November 2014.

25. Max Fisher, 'The risk of unintended war with Russia in Europe explained in one map', *Vox*, 9 February 2016.

26. Karl Ritter, 'Cold War spy games return to the Arctic', Associated Press, 12 June 2014.

27. 타마르 가스전에 10조 세제곱피트(약 2,800만㎥), 레비아탄 가스전에 19조 세제곱피트(약 5,400만㎥)가 매장된 것으로 추정되며, 두 가스전 모두 이스라엘의 지중해 연안에 위치한다. Eran Azran, 'Is the Leviathan gas field a sure thing or a whale of a problem?' *Haaretz*, 26 January 2014.

28. Victor Gilinsky, 'Israel's sea-based nuke pose risks', *Bulletin of Atomic Scientists*, 8 February 2016.

29. Alexei Anishchuk, 'Russia Announces Permanent Mediterranean Naval Presence', Reuters, 6 June 2013.

30. David Larter, 'Navy 6th Fleet ramps up to face Russia, ISIS', *Navy Times*, 19 October 2015.

31. Matthew Holehouse, 'NATO Chief: Vladimir Putin "weaponising" refugee crisis to "break" Europe', *Daily Telegraph*, 2 March 2016.

32. Karen Armstrong, 'Wahhabism to ISIS: how Saudi Arabia exported the main source of global terrorism', *New Statesman*, 7 November 2014.

33. Clifford Krauss, 'Oil prices: What's behind the drop? Simple Economics', *New York Times*, 9 February 2016.

34. Dave Mujamdar, 'American F-22s and B-2 Bombers vs Russia's S-300 in Syria: Who Wins?' *National Interest*, 22 September 2015.

35. Diana Al-Jassem, 'Kingdom to halt wheat production by 2016', *Arab News*, 14 April 2013.

36. Margaret Macmillan, *The Rhyme of History: Lessons of the Great War*, Brookings Institution, 14 December 2013.

37. 'Notes on the Next War: A Serious Topical Letter', 최초 게재, *Esquire*, September 1935.

10장. 혁신

1. "세상에서 보고 싶은 변화가 있다면, 당신이 그 변화이어야 한다."라는 표현과 번갈아 사용된다. 첫 등장은 *Collected Works of Mahatma Gandhi*, Vol. 13, Chapter 153 ('General Knowledge About Health').

2. Sean Patrick Cooper, 'Damon Baehrel, Chef of Most Exclusive Restaurant in the US, opens up', *Bloomberg*, 12 December 2013.

3. www.damonbaehrel.com

4. Alex Gallafent, 'This chef serves Persian comfort food from the corner of a pizza joint in New York City', www.pri.org, 11 December 2013.

5. Peter Ferdinand Drucker, *Classic Drucker: Wisdom from Peter Drucker from the Pages of Harvard Business Review*.

6. Charles Handy, *The Age of Paradox*, Harvard Business School Press, 1994.

7. 이 행사를 관심 있게 봐야 할 필요가 있다고 알려준 바버라 모리Barbara Mowry 캔자스시티 연방준비은행 총재에게 감사한다.

8. Samantha Hurst, 'Largest UK Kickstarter Campaign Ever Zano Goes Bust. Begins Creditors' Voluntary Liquidation', www.crowdfundinsider.com, 18 November 2015.

9. 빅 데이터와 이것의 정치 응용에 대한 종합적이고 탁월한 연구는 Nate Silver, *The Signals and the Noise: The Art and Science of Prediction*, Penguin Books, 2012 참조.

10. 피닉스 신화는 조금씩 변형돼 많은 소설에 등장했다. 가장 최근의 예로는 J. K. 롤링의 《해리 포터와 불사조 기사단》(2003)이 있다.

11. John Hechinger, 'Southern New Hampshire, a Little College That's a Giant Online', *Business Week*, 9 May 2013.

12. minervaproject.com

13. 이 콘서트는 녹화되었고 LauraMarling.com이나 SecretMusic.com에서 볼 수 있다.

14. 이런 통찰을 알려준 네덜란드 응용과학연구소 TNO의 하이테크 시스템 재료 혁신 분야 이사인 에흐버르트얀 솔 Egbert-Jan Sol에게 감사한다.

15. Andrew Hessel, Marc Goodman and Steven Kotle, 'Hacking the President's DNA', *The Atlantic*, 24 October 2012.

16. Scott J. Grunewald, 'Classic American Motorcycle Brand Indian Motorcycle Ressurected With 3D Printing', *3D Printing Industry*, 14 March 2014; http://3dprintingindustry.com/2014/03/14/3d-printing-indian-motorcycle-resurrected/

17. Jim Carlton Short, 'Entrepreneur Stitches Together a Quilting Business', *Wall Street Journal*, 31 January 2014.

18. John Mills, *On Credit Cycles and the Origin of Commercial Panics* (1867).

19. Amity Shlaes, *The Forgotten Man: A New History of the Great Depression*, Harper Collins, 2007.

20. 앤드루 쿠오모 Andrew Cuomo 뉴욕 주지사는 중증 질환자에게만 허용하던 마리

화나 사용을 완화할 계획이지만 완전 합법화 계획은 없다고 못 박았다. 뉴욕주
는 21번째로 이런 계획을 추진하고 있다. Susanne Craig and Jesse McKinley,
'New York State is Set to Loosen Marijuana Laws', *New York Times*, 4 Janu-
ary 2014.

21. Alec Torres, '$1 Million in Pot Sold in Colorado on First Day of Legal Sales',
National Review, 3 January 2014.

22. 'JP Morgan in record $13bn settlement with US authorities', Business
News, bbc.co.uk, 20 November 2013.

23. 'JP Morgan Chase's Long List of Expensive Legal Settlements Grows Even
Longer', TheDailyBeast.com, 20 September 2013.

24. Andrew G. Haldane and Vasileios Madouros, 'The Dog and the Frisbee',
Federal Reserve Bank of Kansas City's 36th economic policy symposium,
'The Changing Policy Landscape', Jackson Hole, 31 August 2012(www.
bankofengland.co.uk).

25. 골드만삭스의 14가지 비즈니스 원칙은 www.goldmansachs.com에 들어가면
볼 수 있다. 'Who We Are' 섹션의 'Business Principles'.

26. 은행이 공개한 목록을 통해 인센티브 변화를 연구한 옹가이레 우즈Ngaire Woods
옥스퍼드대학 블라바트닉스쿨 학장에게 감사한다.

27. John Coates, *The Hour Between the Dog and the Wolf: Risk-taking, Gut
Feelings and the Biology of Boom and Bust*, Fourth Estate, May 2012.

28. '유로본드 시장의 또 다른 아버지'라고 알려진 마이클 본 클렘Michael von Clemm
은 1997년 타계하기 전에 내게 이 이야기를 들려주었다.

29. Milton Friedman, 'Monetary Correction: A Proposal for Escalator Clauses
to Reduce the Costs of Ending Inflation', Institute of Economic Affairs, Lon-
don, 1974: Occasional Paper, no. 41.

30. 유로그룹의 2013년 3월 16일 키프로스 성명 참조. www.consilium.europa.eu/
press/press-releases/2013/03/pdf/Eurogroup-Statement-on-Cypus/

31. 213 Menelaos Hadjicostis, 'Bank of Cyprus depositors lose 47.5 percent of savings', *USA Today*, 29 July 2013.

32. Martin Wolf, 'Austerity loses an article of faith: The UK industrial revolution shows the Reinhart-Rogoff thesis on debt is not always right', *Financial Times*, 23 April 2013.

11장. 고르디우스의 매듭자르기

1. Sandrine Rastello, 'Lagarde Warns Officials to Fight Deflation "Ogre" Decisively', Bloomberg.com, 15 January 2014.

2. Friedrich Hayek, *The Road to Serfdom*, 1944.

3. Ludwig Erhard, *Prosperity Through Competition*, 1957.

4. From Appendix F of the Report of the Presidential Commission on the Space Shuttle *Challenger* Accident, 'Personal observations on the reliability of the Shuttle', RP Feynman, 6 June 1986.

5. Friedrich Hayek, *The Road to Serfdom* (1944), p. 216.

6. Jordan Carney, 'Bair: Economic Reform Requires Taking the Long View', *National Journal,* 22 November 2013.

7. 'The Style Invitational' at www.washingtonpost.com

8. Andrew Huszar, 'Andrew Huszar: Confessions of a Quantitative Easer', *Wall Street Journal*, 11 November 2013.

9. Bruno J. Navarro interview with Andrew Huszar, 'Ex-Fed Official: "I'm Sorry for QE"', cnbc.com, 12 November 2013.

10. William Dudley, President and CEO Federal Reserve Bank of New York, 'Economics at the Federal Reserve Banks', American Economic Association 2014 Annual Meeting, Philadelphia, Pennsylvania, 4 January 2014.

11. Robert L. Hetzel and Robert F. Leach, cited in 'The Treasury-Fed Accord, A New Narrative Account', US Congress 1951.

12. 'The Treasury-Fed Accord, A New Narrative Account'.

13. Friedrich Hayek, *The Road to Serfdom*, 1944.

14. J. M. Keynes, *The General Theory of Employment, Interest and Money*, 1936 (Chapter 21: 'The Theory of Prices').

15. Sydney Homer and Richard Sylla, *A History of Interest Rates*, 2005.

16. Robert Jenkins(전 잉글랜드은행 금융정책위원회 소속), 'The Safety Catch', *Financial World*, July 2014.

17. *The Economist*'s Innovation Awards 2013 at www.economist.com. 시상식 은 British Academy of Film and Television Arts(BAFTA)가 주관했다.

18. Gillian Tett, 'Falling fertility rates pose threat to government revenues', *Financial Times*, 5 August 2013.

19. Paul Ziobroa, 'P&G to cut package Sizes for Diapers', *Wall Street Journal*, 8 September 2013.

20. J. M. Keynes, *The General Theory*, Cambridge University Press, 1936.

21. Peter Drucker, 'Managing Oneself', *Harvard Business Review*, 1999.

22. Steve Jobs, 'You've Got to Find What You Love', 14 June 2005.

23. John Stuart Mill, *On Liberty*, 1869.

24. Linda Evangelista, photographed by Pierpaolo Ferrari for the cover of *W* magazine, November 2009, www.fashiongonerogue.com

25. 말만 들어도 이해가 가는 개념으로 정리해준 래리 린지 전 연방준비제도 이사 겸 조지 W. 부시 행정부 수석경제 자문에게 감사한다.

26. Madhumita Venkatarmanan, 'Inspired by CERN, these lab instruments double as kitchen appliances' *Wired* (UK Edition), December 2013.

27. Sid Watkins, *The Science of Safety: The Battle Against Unacceptable Risks in Motor Racing*, Haynes Manuals, 2000.

28. Andrew Pierce Read, 'The Queen asks why no one saw the credit crunch coming', *Daily Telegraph*, 5 November 2008. Full transcript in *The Daily Telegraph* online, 25 December 2012.

29. 'Manufacturers reduce size of festive boxes of chocolates (but the price stays the same)', *Daily Mail*, 13 November 2013.

30. Peggy Noonan, 'Trump and the Rise of the Unprotected', *Wall Street Journal*, 25 February 2016.

31. Bernard Shaw and Richard Burton, *The Man and the Mask*, Henry Holt, 1916.

32. *Henry V*, 4막 3장.

33. Charles Blow, 'We Can't Grow the Gap Away,' *New York Times* Opinion article of 14 March 2014. 이 우아한 비유를 사용해준 찰스 블로에게 감사한다. 하지만 나는 혁신으로 그런 격차를 없앨 수 있다고 생각한다.

34. 영국학사원이 2009년 8월 10일 여왕에게 보낸 편지.

찾아보기